國家圖書館出版品預行編目資料

明代心學編年史／姚文永 著 -- 初版 -- 新北市：花木蘭文化出
版社，2015〔民104〕
目 2+350 面：19×26 公分
（古典文獻研究輯刊 二十編；第 15 冊）
ISBN 978-986-404-096-4（精裝）
1. 理學 2. 明代
011.08   103027406

ISBN-978-986-404-096-4

9 789864 040964

古典文獻研究輯刊
二十編　第十五冊　　　　　　　ISBN：978-986-404-096-4

明代心學編年史

作　　者　姚文永
主　　編　潘美月　杜潔祥
總 編 輯　杜潔祥
副總編輯　楊嘉樂
編　　輯　許郁翎
企劃出版　北京大學文化資源研究中心
出　　版　花木蘭文化出版社
社　　長　高小娟
聯絡地址　235 新北市中和區中安街七二號十三樓
　　　　　電話：02-2923-1455 ／傳真：02-2923-1452
網　　址　http://www.huamulan.tw 信箱 hml810518@gmail.com
印　　刷　普羅文化出版廣告事業
初　　版　2015 年 3 月
定　　價　二十編 24 冊（精裝）台幣 42,000 元

明代心學編年史

姚文永　著

作者簡介

姚文永，男，1978 年生，河南延津人，2011 年畢業於四川大學，獲歷史學博士學位，同年任職於山西運城學院。工作以來，主持教育部青年項目「《明儒學案》補編」一項，山西省姚奠中國學基金項目和四川大學專項項目各一項。出版專著《明代河東編年史》（鄭州：河南大學出版社，2014 年版）、《黃宗羲〈明儒學案〉研究》（成都：四川大學出版社，2014 年版）等兩部，發表論文二十餘篇。主要研究方向爲明代儒學、河東文化等。

提　　要

　　《明代心學編年史》是明代心學的編年史專著，涵蓋黃宗羲《明儒學案》所列出的明代王學學人及弟子，還有東林學派學人及弟子。同時，也有少量黃宗羲在《明儒學案》沒有收入的王學門人，此又有兩種類型：一種是黃宗羲認爲不應入學案的，如李贄等；一種是黃宗羲受限於資料沒有列入的黔門學案，主要人物如李渭、孫應鼈、萬虞愷等。《明代心學編年史》對事件的記述除學人的生卒外，多關注其問學求師、思想轉折、學術論爭、著述刊刻等處，可以說《明代心學編年史》關注學人思想的發展、學術論爭與演進等。

　　《明代心學編年史》以綱目體爲體例，以揭示明代王學發展與演變爲宗旨，勾述明代重要王學學者的思想軌跡及其與其它學派的交流與論戰等，以讓學人有一個更爲清晰的視角來觀察明代王學的發展脈略。本文的主旨界定爲：通過明代王學產生、形成、傳播、分化、論爭與沒落的歷史進程，在明代王學爲主流的大背景下，既結合明代王學發展與演變這一線索和主旨，又同時體現了明代王學發展的個案與整體、論爭與分化、民間化與沒落等方面，對明代王學的發展演變以時間爲經，以其論爭分化的空間爲緯，全景式貫穿發展與演變這一主旨。爲了使行文更爲清晰，本編年分爲三卷，分別是：卷一：王陽明早年悟道期；卷二：王陽明心學形成並漸成潮流期；卷三：王學後學成長並論爭期。

目

次

體例、方法與內容 …………………………………………… 1

總　論 …………………………………………………………… 5

編年史 ………………………………………………………… 25

　　卷一：王陽明早年悟道期 ……………………………… 27

　　卷二：王陽明心學形成並漸成潮流期 ………………… 57

　　卷三：王學後學成長並論爭期 ………………………… 127

結　語 ………………………………………………………… 335

參考文獻 ……………………………………………………… 337

致　謝 ………………………………………………………… 349

體例、方法與內容

　　中國自古就有撰著編年史的傳統，孔子之修《春秋》、司馬光之作《資治通鑒》是其代表。作爲一種史體，編年史具有其它體裁難以代替的作用。同時，明代思想史的研究也取得了很多進展，據筆者所知，關於明代思想研究的著作頗多。如嵇文甫的《晚明思想史論》、容肇祖《明代思想史》、王健《中國明代思想史》、張學智的《明代哲學史》等，當然，這還沒有計算很多通史的明代部分，但有一點是相同的，他們均非以編年形式貫穿明清思想史全過程。近代以來，對於中國學術編年，自三十年代劉汝霖出版《漢晉學術編年》、《東晉南北朝學術編年》開啓先河，麥仲貴《明清儒學家著述生卒年表》（臺灣學生書局，1977 年 9 月出版）頗有特色，是書以儒學家活動爲主線，凡主要儒學家皆有涉及，所收材料較爲豐富並表明出處，頗便查詢。〔日〕今關壽麿《宋元明清儒學年表》（北京圖書館出版社 2002 年 4 月版）也是一部編年體著作，此書所列述較爲簡略，文獻資料也有限。2006 年 10 月由陝西師範大學出版社出版了張豈之教授主編，劉學智教授副主編，由十位在中國思想史、哲學史、古籍文獻等領域學有專長的專家學者分撰的《中國學術思想編年》，該叢書共分六卷，包括先秦卷、秦漢卷、魏晉南北朝卷、隋唐五代卷、宋元卷、明清卷，是我國第一部以編年體的形式所撰寫的中國學術思想通史。《中國學術思想編年》所長在於其體例按條目和文獻原文分開，若干地方還有編者按語，可以使讀者有一個清晰的邏輯順序。但其編年仍嫌較簡，對許多具體事件照顧不夠。又是學術編年，對儒學關照不夠。同時，該書也存在著一些遺憾，如本書對原始文獻的引用還有一定欠缺。特別是在介紹人物生卒年時，沒有有效的利用年譜、碑傳、墓誌銘等更爲原始的

文獻。這樣的後果是很多人物生卒年代有的沒有解決，有的存在一些錯誤，不能給讀者提供有效地使用依據。

另外，相關的編年體著作還有：《孔子大辭典》（附錄《評孔大事年表》，張岱年主編，上海辭書出版社 1993 年版。）本附錄編年至 1991 年。其條目亦不限於孔子，可以提供進一步完善的線索。

其它研究成果涉及儒學的各個方面，難以枚舉，按其類可分為以下數種：

a 各類人物年譜，尤其是各主要儒學人物年譜。北京圖書館藏珍本《年譜叢刊》和臺灣商務印書館於 20 世紀七八十年代出版的《新編中國名人年譜集成》涉及大量明代王學人物，是研究明代王學必不可少的參考書。

b 各類人物傳記和人物專題研究。傳記也是近年來人物研究的一個重要形式，是瞭解人物的一個重要管道，亦可以通過此得到擴展材料。同時一些以儒學與人物為主題的研究更值得參考，比如王畿儒學思想研究之類。

c 分期儒學史、學術史研究。明代儒學尚沒有王學的專門史，有一些儒學全史對此一階段有所涉及。比如姜林祥主編的《中國儒學史》、李申的《中國儒教史》、盧連章的《中國新儒學史》等都有明代王學的部分，足資參考。

d 各種圖書總目，儒學和經學研究目錄。如林慶彰編《經學研究論著目錄》等，都可以參考。

e 斷代史與歷史編年。斷代史有《明史》等、編年有《中國歷史大事年表》等，可做為背景材料。

f 學案體著作。黃宗羲的《明儒學案》可謂研究明代王學的重要參考資料；張岱之主編的《中國學術思想編年》，其體例和資料均可參考。

g 叢書類。四川大學古籍所主編的《儒藏》等。其中，《儒藏》中的明人年譜、碑傳是研究明代王學的重要參考資料。

h 各種和儒學相關的專書和優秀論文。如錢明的《明代儒學思想研究的回顧與展望》、彭國翔的《20 世紀宋明理學研究的回顧與前瞻》等等。

鑒於前人與時下的研究成果，本文的體例、方法與內容如下：

1、本編年史是儒學史編年，以儒學為主幹。

2、採用繫年方法，一般以年為單位，若有重大的儒學事件，亦可精確到時、月、日。

3、採用綱目體：先列某時有某事，作為綱（或稱經），下面列舉史料進行說明作為目（也稱緯）。自己的考證、論說性案語放在各條之後，前加「案：」

作為標識。本體例兼顧經緯——時間、空間，對於某些重大且不在一時發生的事件，本文多以重大事件的分節點為切入點，分別記述。

4、重要儒學人物：盡量考證出其生卒年月日，讀書、應舉、及第、重要學術活動、重大政治活動、重要交遊、講友、重要論著的寫作過程、公佈出版時間、學術影響（可酌錄同時或後人的評價），等等。

5、重大儒學事件：如與儒學相關的政策、政令，尊孔與反儒事件，孔廟崇祀，針對重要儒學人物的事件（如褒贈、從祀等等），皇帝臨幸太學（孔廟、闕里等等），帝王講經，三教爭論，等等。

6、重要儒學著作：歷史上有影響的儒學人物的著作的寫作過程、刊刻情況，等等。

7、背景資料：應適當係錄一些重要的歷史事件，作為儒學史的背景。

8、充分吸收和利用已有的編年成果（包括種種編年史、年譜、墓誌、行狀、碑銘等等。）。同時，本文對時下的研究多有參考，有些在文中注出，有些通用性用語多直接引用，望讀者諒之。

9、充分利用文獻數據，包括歷代正史、雜史、文集、方志、序跋、年譜等。本文所有條列均有文獻出處，或在文中，或在文末，對一些不甚準確的地方，有案語或考證或待考。同時，本文的文獻來源多限於常見之文獻，對於某些文獻，限於本人閱讀範圍有限及時間原因，可能會有遺誤。

10、編纂方法參考下列圖書：劉汝霖《漢晉學術編年》、《南北朝學術編年》；陸侃如《中古文學系年》；張豈之《中國學術思想編年》（多卷本）；陳祖武《乾嘉學術編年》；《中國文學史編年》（十八卷本）。

11、本文所言的王學、心學、陽明心學、陽明學、良知說、致良知學，蓋指明代心學。

總　論

　　相對於政治史、經濟史的研究，目前史學界研究最成熟的莫過於思想史的研究，其中，明代思想史特別是心學的研究無疑也是相當充分的。個人認為，思想是整個社會前進的先行者和探路者，它可能是社會前進與發展的方向和指南；也可能是社會走向激進與不安的誘因和助動器。無論任何年代，思想無疑是最為活潑、最難控制的社會因子。思想是無形的，但其效果卻讓人觸目心驚；思想是無止的，但其所依附的對象卻可以被制度束縛；思想是頑強的，它可以穿越時空；思想又是脆弱的，它無時無刻不面臨現實的考驗。

　　思想的原創性成果往往由一人或多人、獨立或共同發掘，思想的繼承或發展確需要一代人或數代人共同完成，執有此共同思想的人在完善和發展此思想的過程中，因共同的志趣、共同的追求、共同的責任，往往在思想上能以不同形式集中起來，此就是學派的成立。正如章太炎（1869～1936）所言：

　　　　視天下之鬱蒼蒼，立學術者無所因。各因地齊、政俗、材性發

　　抒，而名一家。〔註1〕

　　不同的時代有不同的際遇，就會有不同的思想底蘊，所以就會產生不同靈氣的思想旨向。明代也不例外，明代王學的誕生就是時代的使然。明代是普通的，也是特殊的。普通的是它如同其它王朝一樣更替而來，特殊的是明代所面臨的時代定位。

　　經濟上，自明代中期以來，土地關係出現了一些變動，皇莊的規模日趨擴大，加上地主的貪婪，其結果必然是農民土地的銳減，無地農民的增加，

〔註1〕　章炳麟：《章太炎全集》卷三，上海：上海人民出版社，1984 年版，第 133頁。

有地農民賦稅加重，這是導致明代中期便出現農民起義的主要原因。農民起義不僅是對現有體制的破壞，而且也是對統治思想——程朱理學的撕裂，農民對現有制度的不滿，即是對天理的割捨，這也間接證明客觀而強制的程朱天理論的軟弱和不堪一擊。同時，商品經濟大力發展，社會風氣日趨世俗化。「民間社會漸漸擁有較大的空間，市民生活風氣也趨向多樣化，倫理同一性的約束越來越少，而官方控制力也越來越鬆弛。」〔註2〕明代經濟的繁榮在時人的筆下時有描述，如明人張瀚（1510～1593）在《松窗夢語》中說：

> 沿大江而下為金陵，乃聖祖開基之地。北跨中原，瓜連數省，五方輻輳，萬國灌輸。三服之官，內給尚方衣履，天下南北商賈爭赴。自金陵而下控故吳之墟，東引松、常，中為姑蘇。其民利魚稻之饒，極人工之巧。服飾器具，足以炫人心目，而志於富侈者爭趨傚之。〔註3〕

張瀚描述的是南京的商品發展狀況，南京地理通暢，物品富足，「天下南北商賈爭赴」，不僅如此，南京還帶動了附近松江、常州的發展。可以說，南京周圍到處商賈如雲、貨物琳琅，而人們追逐財富的心也蠢蠢欲動、毫不遮掩。

商品經濟發展、人們對財富的追逐、是非觀念的改變，是一系列不可避免的社會變遷歷程。其中，所引起的人心變化是最明顯，人們欲望增加、道德開始鬆動、天理慢慢被突破也就順其自然而來。顧炎武（1613～1682）便對此深有所見：

> 逮至正德末、嘉靖初則稍異矣，商賈既多，土田不重。操資交接，起落不常；能者方成，拙者乃毀；東家已富，西家日貧；高下失均，錙銖共競；互相凌奪，各相張皇；於是詐偽萌矣，訐爭起矣，芬華染矣，靡汰臻矣。〔註4〕

從顧炎武的記述可見，由於商品經濟發展、財富變遷加快、人們的不滿意識明顯增強，於是，道德的客觀約束銳減，人們主觀的欲望劇增，「詐偽萌矣，訐爭起矣，芬華染矣，靡汰臻矣。」同時，作為道德律令的天理只是客

〔註2〕 葛兆光：《七世紀至十九世紀中國的知識、思想與信仰》，《中國思想史》第二卷，上海：復旦大學出版社，2000年版，第409頁。
〔註3〕 張瀚：《商賈紀》，《松窗夢語》卷四，上海：上海古籍出版社，1986年版，第74頁。
〔註4〕 顧炎武：《歙縣風土論》，《天下郡國利病書》，上海：上海書局，卷十六。

觀懸在人們頭頂的一把利劍，但遵守與克制的理念卻是社會強加給帶有主體思想的個人的一種無形的心理束縛。隨著商品經濟的發展，現實利益首先衝擊的便是懸在頭頂的道德，於是，利劍開始變鈍、頭腦開始變靈，一切在不自然中自然演進。

　　商品經濟發展只是明代經濟變化的一種，大量工商業城鎮的出現、海外貿易的蓬勃發展、市民文化的興起與繁榮等無不是人們追逐物質欲望的結果，又反過來促進人們對物質的直接追求。

　　經濟上的變化最終都能反映到觀念上，觀念的個性化和差異化是社會經濟發展的必然。在專制時代，經濟發展的前景自然遷移到個人主體意識的增強，進而對自由的嚮往加重，從此角度而言，王守仁的龍場悟道便可以解釋為在專制制度與心靈自由之間的道德取捨。

　　政治上，明朝建立之初便體現了朱氏皇權的專制與暴力，重典治吏、誅殺功臣、興文字獄、封國建藩、廢除丞相等，在一系列權利的運作之下，明代前期國家還算穩健，明代政治上的一大特色就是廢丞相、建內閣。內閣制建立的初衷雖然只是皇權補充與影子，但整個內閣制的體系卻賦予了明代社會更多選擇與闡釋的空間。明代的皇權的絕對性和權威性是歷史罕見的，但內閣制度中內閣成員的任免與更替又給社會的變革帶來了難以估計的變數，加上內閣內部首輔之爭及成員的相互傾軋與推諉，使得內閣制本來可以有一定發展空間的政治制度變得更為脆弱與無力。1449 年的土木之變是明代社會危機顯現的標誌，學者們開始對明代政治、經濟、軍事有了新的思考，其中，內閣制導致閣員的推諉與避讓也是不得不慎重思考的問題。明代又是中國歷史上宦官嚴重的時代之一。王振、曹吉祥、汪直、劉瑾等大閹不斷，使社會更為混亂。同時，明代皇權與藩王的矛盾一直存在，先有燕王起兵並成功稱帝，後有漢王朱高煦、安化王朱寘鐇、寧王朱宸濠等叛亂。這些政治變革與叛亂都與程朱理學的道德規範與說教格格不入，即是對程朱理學的挑戰，也展現了程朱理學的無力和滄桑，更為程朱學者們重新思考舊說的客觀性和現實性提供了新的契機。此後，「大禮議」之爭以新禮戰勝舊禮結束，此亦是開士氣變通之風的重要一擲，期間縉紳、學者的歷練和洗禮為明代中後期思想的自由和開放注入了活力。總體而言，明代的政治特徵為：「雖然仍是封建君主專制主義統治的國家，但君權至尊的思想在某種程度上已有所動搖；雖然仍是封建自然經濟形態，但新生產方式的萌芽已經在個別地區出

現；雖然階級結構和階級關係尚未發生質的變化，但在地主階級內部畢竟形成了一股新的微弱的政治勢力；雖然整個國計民生仍為封建官僚地主所操縱，但國民大眾要求變革舊的生產關係、反抗超經濟剝削的呼聲已經日益高漲；雖然對外仍是閉關自守，但在某些方面封閉的局面已被打破，歐洲殖民主義勢力開始人侵，中國領先世界的風采漸漸不復存在，而有些領域則開始面向世界，中西方文化科技交流逐步深人。總而言之，在明代舊勢力仍居主導地位，而新因素業已出現。」〔註5〕，處在明代中期的王守仁，面對北方元代遺留勢力的窺覦、內部農民起義的洶湧波濤，加上明代政治的衰頹景象，已有一種失落和不安，「今天下波頹風靡，為日已久，何異於病革臨絕之時，然又人是己見，莫肯相下求正。故居今之世，非有豪傑獨立之士的見性分之不容己，毅然以聖賢之道自任者，莫之從而求師也。」〔註6〕除了失落和不安，王守仁還提出了醫症之方，即必須有「以聖賢之道自任」的「豪傑獨立之士」出現，方才能救其「波頹風靡」之世。但是，此種「豪傑獨立之士」出現的條件是什麼呢？王守仁認為是「從而求師」，故弘揚學術師道乃救世之本。此種見解的提出時間是正德壬申，即正德七年（1512），是年王守仁 41 歲，學問剛剛成型，也是剛從貴州龍場回到北京。對於明學術、重師道的重視，王守仁是持之以恆的，在嘉靖戊子年，即嘉靖七年（1528），是年王守仁 57 歲，正是這一年王守仁逝世，也是思想成熟並定型之年，王守仁又重申前說，「今夫天下之不治，由於士風之衰薄；而士風之衰薄，由於學術之不明；學術之不明，由於無豪傑之士者為之倡焉耳。」〔註7〕可見，倡導學術、呼喚「豪傑之士」一直是王守仁治世思想的重要組成部分。同時，「豪傑之士」又是和良知之學相聯繫的。「諸友始為惜陰之會，當時惟恐只成虛語。邇來乃聞遠近豪傑聞風而至者以百數，此可以見良知之同然，而斯道大明之幾，於此亦可以卜之矣。喜慰可勝言耶！」〔註8〕在劉曉、劉邦采等創辦惜陰會之事上，王守仁並不認為一定能成功（「恐只成虛語」），但結果是遠近豪傑幾百人踴躍參加，「此可以見良知之同然」，即豪傑之士至少是有良知的，抑或是認同良知的。不僅如此，王守仁還認為持良知之學者皆是

〔註5〕 林金樹：《明代政治史研究的思考》，《汕頭大學學報》，1997 年第 6 期。
〔註6〕 王守仁：《王陽明全集》，上海：上海古籍出版社，1992 年版，第 814 頁。
〔註7〕 王守仁：《王陽明全集》，上海：上海古籍出版社，1992 年版，第 884 頁。
〔註8〕 王守仁：《王陽明全集》，上海：上海古籍出版社，1992 年版，第 222 頁。

豪傑之士。「學絕道喪且幾百年，居今之時，而苟知趨向於是，正所謂空谷
之足音，皆今之豪傑矣。便中示知之。」〔註9〕「學絕道喪且幾百年」，即
心學不明幾百年，而今王守仁倡導良知之學，正所謂繼絕學於時下，那些敢
於在程朱理學統治下持良知之學者的心學學者，便自然是「空谷之足音，皆
今之豪傑矣。」故王守仁便毫不吝嗇的傳之所學，「便中示知之。」在以學
術拯救世道的同時，王守仁也不忘清醒的提醒學者，「是以雖在豪傑之士，
而任重道遠，志稍不力，即且安頓其中者多矣。」〔註10〕可以說，從政治
層面而言，王守仁心學體系的建立，是呼籲有更多持良知之學的豪傑之士出
現並勇擔重任，也是以學術救世道之使然。

　　相對於經濟、政治上的闡釋，思想的演變顯得更有說服力，畢竟，學術
的發展與演變有其獨特甚至不合乎常理的地方。

　　思想上，明代的科舉考試制度使學人的思想更為禁錮，些許成聖的希翼
也被制度俗化。詮釋文本、辭章訓詁成為學人的常態。可以說，明代在王守
仁心說誕生之前，思想界基本是沉悶的、無生機的、冷清的。特別是在永樂
年間，在朱棣的親自布置下，一套以程朱理學為標準，集經、傳、注為一體
的《五經大全》、《四書大全》、《性理大全》的彙集和頒佈，使思想界變得更
為沉悶和平靜。直到王守仁誕生前，此種風氣才有所改變。

　　幾乎和王守仁（1472～1528）同時期的祝允明（1460～1527）已有一種
「出明教外」、張揚個性的士風。《明史》言其「好酒色六博，善新聲。求文
及書者踵至，多賄妓掩得之。惡禮法士，亦不問生產，有所入，輒召客豪飲，
費盡乃已，或分與持去，不留一錢。」，對其評價為：

　　　　吳中自枝山（祝允明）輩以放誕不羈為世所指目，而文才輕豔，

　　傾動流輩，傳說者增益而附麗之，往往出名教外。〔註11〕

　　祝允明的好友唐寅（1470～1523）也是一位不識禮法的放誕之士。士風
的變化是人們潛意識的外在流露，是明代整個思想改變的前兆。顧炎武對此
便有灼見，顧氏曰：「蓋自弘治、正德之際，天下之士厭常喜新，風氣之變已
有所自來，而文成以絕世之資，倡其新說，鼓動海內。」〔註12〕

〔註9〕　王守仁：《王陽明全集》，上海：上海古籍出版社，1992年版，第210頁。
〔註10〕　王守仁：《王陽明全集》，上海：上海古籍出版社，1992年版，第201頁。
〔註11〕　張廷玉等撰：《明史》，中華書局，1974年版，第7353頁。
〔註12〕　顧炎武：《日知錄》卷十八《朱子晚年定論》，見黃汝成集釋：《日知錄集釋》，
　　　　　上海：上海古籍出版社，2006年版，第1065頁。

可見，士風的變化和王守仁心學的出現不是偶然的。也許是物極必反，也許是各種理由的堆積，使陽明心學自覺般突出而來。王守仁自然、活撥、開放的學風喚醒了學人多年的夢想和追求，形成並促進了一場波瀾壯闊的思想解放運動。他們強調自我、揮灑個性，走出書齋、立於社會，放棄內斂、擁抱開放。同時，皇權天然的專制性與「良知」與生俱來的主體性的格格不入，便注定了王學在專制時代的命運。

從明代的思想進程（特別是王學）而言，最早可以追溯到孟子（約公元前372～公元前289）。

> 孟子曰：「人之所不學而能者，其良能也；所不慮而知者，其良知也。孩提之童，無不知愛其親者；及其長也，無不知敬其兄也。
>
> 親親，仁也；敬長，義也。無他，達之天下也。」〔註13〕

孟子所言之「良知」是一種人與生俱來的判斷能力，是一種德行的自然決斷力。其詮釋僅爲「良知」的最基礎、最原始的解釋，遠遠沒有注入哲學的力量。此後數千年，雖然注釋《孟子》的學者甚多，但對良知的詮釋並沒有多大突破，直到陸九淵的出現，良知才被提到「吾之本心」的地位。

> 孟子曰：「所不慮而知者，其良知也。所不學而能者，其良能也。」此天之所與我者，我固有之，非由外爍我也，故曰：「萬物皆備於我矣，反身而誠，樂莫大焉。」此吾之本心也。〔註14〕

陸九淵（1139～1192）認爲，良知爲天之所與我者，是吾之本心，這是首次釋良知以本體的地位，也具有了哲學的內涵。不僅如此，陸九淵還提出「心即理」說。

> 孟子曰：「心之官則思，思則得之，不思則不得也。」又曰：「存乎人者，豈無仁義之心哉？」又曰：「至於心，獨無所同然乎？」又曰：「君子之所以異於人者，以其存心也。」又曰：「非獨賢者有是心也，人皆有之，賢者能勿喪耳。」又曰「人之所異於禽獸者幾希，庶民去之，君子存之。」去之者，去此心也，故曰「此之謂失其本心」；存之者，存此心也，故曰「大人者不失其赤子之心」。「四

〔註13〕 孟子：《孟子·盡心上》，朱熹：《四書章句集注》（《新編諸子集成》），北京：中華書局，1983年版，第353頁。

〔註14〕 陸九淵：《與曾宅之》，《陸九淵集》卷一。陸九淵著，鍾哲點校，北京：中華書局，1980年版，第5頁。

端」者，即此心也。「天之所與我」者，即此心也。人皆有是心，
心皆具是理，心即理也。故曰「理義之悅我心，猶芻豢之悅我口」。
所貴夫學者，爲其欲窮此理，盡此心也。〔註15〕

　　陸九淵以孟子之言導出「心即理」說，「心」是什麼呢？是「仁義之心」、
是「赤子之心」、是「四端」之心，「理」是什麼呢？是仁、義、禮、智、信
等道德規範。同時，良知又是「吾之本心」，這就不難得出，良知亦是仁、
義、禮、智、信等道德規範。可以說，陸九淵即賦予良知本體性的內涵，又
界定了良知的定義。可惜的是，陸九淵「心即理」說僅僅作爲朱子「性即理」
說的一個相對命題存在，卻並沒有進一步工夫性的論證和精進，更沒有給心
更爲準確的界定，即心的能動性沒有得以釋放，此項工作是由王守仁最終完
成的。當然，陸九淵最大的成就是提出「心即理」說，最大的弊病也是「心
即理」說沒有最終確立，在「心即理」外，還存在一個「天本體」，「這便是
陸九淵的思想矛盾，這便是陸九淵『心學』的不徹底處。『道』、『獨歸之於
人』，於是他高揚了一個『心本體』；『道』、『又復歸之於天』，於是他仍保留
著一個『天本體』，這就意味著在主張『心即理』的同時又肯定『心外有理』，
在主張『心與理一』的同時又『析心與理而爲二』，從而嚴重地違背了『心
學』要旨。」〔註16〕

　　不過，陸九淵在程朱理學占絕對地位的前提下，能夠提出「心即理」說
已屬不易。其原因恐怕有以下幾點：第一，朱熹和陸九淵所依據的主要理論
不一樣，一是《中庸》〔註17〕、一是《孟子》，不一樣的理論依據，可以提

〔註15〕陸九淵：《與李宰書》之二《陸九淵集》卷十一。陸九淵著，鍾哲點校，北京：
　　　　中華書局，1980 年版，第 149 頁。
〔註16〕趙士林：《從陸九淵到王守仁──論「心學」的徹底確立》，《孔子研究》，1989
　　　　年第 4 期。
〔註17〕關於朱熹理論主要來自《中庸》說，並非一個嚴格的說法。朱熹對《四書》
　　　　都很重視，只是相對陸九淵「心即理」說來自《孟子》，朱熹的程朱學統更偏
　　　　向於《中庸》。舉例如下：1、朱子說：「《中庸》何爲而作也，子思憂『道學』
　　　　之失而作也。」可見，朱子是把《中庸》作爲道統的重要傳承工具，這也爲
　　　　把其自己作爲程朱的道統繼承人服務的。2、《中庸》有三個重要命題，「天命
　　　　之謂性，率性之謂道，修道之謂教」，這三個命題突出了性體，強調了後天學
　　　　習的重要性，這和程朱理學的主要思想也是一致的。3、《中庸》用了大量詞
　　　　句來表述「誠」這個概念，並把其上昇爲主體性地位，這也是朱熹後來理學
　　　　思想的重要思想來源。4、在《中庸》中，其最高之範疇爲天、天命、天道。
　　　　二程從其哲學的最高範疇「理」來評價與發揮《中庸》，「其書始言一理，中

供給陸九淵更大的發展空間。第二，朱熹之學師承淵源明確，其學是對師說的繼承和發展，並多有弘道之志，而陸九淵學多家學及自得，並沒有立教壓力，故思想更爲活潑與自由。第三，宋學傳至朱子，其學所要應對的挑戰是佛道之學，而陸九淵針對的卻是朱熹之學。至於陸九淵在提出「心即理」說之後，沒有進一步的完善，應該是其與朱熹交流切磋不夠有關，雖有論戰經歷，但雙方吸收對方的不多，尤其是陸九淵吸收朱子之學不多。

朱熹與陸九淵的同時出現是中國學術思想以《中庸》和《孟子》兩種不同體系發展的結果。兩者的思想固然有諸多不同，但最大的不同莫過於他們理論基點的不同，朱熹繼承宋學傳統，其理論基點在於性體的構建於完善；陸九淵遠承孟子，近在自得，重於心體的拓展。在以朱熹爲主的理學家那裡，性體得以突出，性體的道德性得以確立，而心是人之知覺，有道德性的一面，也有私欲的一面，於是，化心爲性便是理學家們不懈的追求。相反，在陸九淵那裡，突出了心的主宰作用，並企圖用心來統攝性，實際上也是強調道德的主體性與自立性。除了本體的定位不同之外，朱熹和陸九淵所構建的通向本體的工夫也是不同的。朱熹強調的是繁瑣的格物致知——即物窮理，即以外在知識的增加來企求本體的完善，陸九淵強調的是簡易工夫，以直指本心的道德自律來約束本體的至善。在陸九淵那裡，雖然心體得以確立，但沒有形成一套完整、可行、可信的理論，其直指本心的道德自律更有直覺至上的傾向。

從朱陸之辨到元代滅亡之前，朱陸融合的努力一直持續著。他們自覺不自覺充當並推動了理學發展與過渡的腳步。

宋儒在明初依然有相當大的影響，宋濂、劉基、方孝孺、曹端、薛瑄等學者都是以宋學而存世的。《明史·儒林傳》曰：「原夫明初諸儒，皆朱子門人之支流餘裔，師承有自，矩矱秩然。曹端、胡居仁篤踐履，謹繩墨，守先儒之正傳，無敢改錯。」（張廷玉等：《明史》，北京：中華書局，1974年版，第7222頁。）此話基本是符合實際情況的。但具體而言，但理氣問題上，曹

散爲萬事，未復合爲一理。放之則六合，卷之則退藏於密。其味無窮，皆實學也。善讀者玩索而有得焉，則終身用之，有不能盡者矣。」（注：《中庸章句》引程子語，見《四書集注》，中華書局，1983年版。）這些思想也爲朱熹所繼承。5、朱熹將「人心惟危，道心惟微，惟精惟一，允執厥中」十六個字，看成《中庸》所闡述的「傳授心法」。其實，這十六個字確實可以用來概括朱熹哲學的一些核心思想。

端已經逐漸開啓宋學變革之門。朱熹認爲，理隨氣而動，猶如人之乘馬，故理氣不能混一。對此，曹端提出了異議，曹氏說：

> 先賢之解太極圖說，固將以發明周子之微奧，用釋後生之疑惑矣。然而有人各一說者焉，有一人之說而自相齟齬者焉，且周子謂「太極動而生陽，靜而生陰」，則陰陽之生，由乎太極之動靜。而朱子之解極明備矣，其曰「有太極則一動一靜而兩儀分。有陰陽則一變一合而五行具」，尤不異焉。及觀語錄，卻謂「太極不自會動靜，乘陰陽之動靜而動靜」耳，遂謂「理之乘氣，猶人之乘馬，馬之一出一入，而人亦與之一出一入」，以喻氣之一動一靜，而理亦與之一動一靜。若然，則人爲死人，而不足以爲萬物之靈，理爲死理，而不足以爲萬化之原，理何足尚？而人何足貴哉？今使活人乘馬，則其出入、行止、疾徐，一由乎人馭之何如耳。活理亦然。不之察者，信此則疑彼矣，信彼則疑此矣，經年累歲無所折衷，故爲辨戾，以告夫同志君子云。〔註18〕

　　周敦頤的《太極圖說》是宋儒的奠基性著作。對此，宋儒多有所論，朱熹也不例外。作爲至理的太極能生陰生陽，朱熹、曹端均無異議。然曹端所疑的是作爲至極之理的太極不會動靜，必須依靠陰陽之氣而動靜，如此一來，理便是不會自由動靜之理，曹端稱爲「死理」，有如朱熹人馬之喻，人便是毫無生機之「死人」，如此「理何足尚？而人何足貴哉？」對此，曹端深爲懷疑。在此基礎上，曹端提出太極（至理）自會動靜，太極與動靜合一，如此，理如氣合一，理也成了活理。

　　曹端的理氣一元論是對朱熹理氣論的重大修正，在此說的基礎上，薛瑄對其理氣一元論進行了更爲清晰的闡釋。總體而言，曹端、薛瑄是在一個方向上發展朱子的思想，是對宋學原則上的修補。然薛瑄重日用，多困於流俗，被黃宗羲稱爲「悃愊無華」〔註19〕而宋濂、劉基和方孝孺卻不同，宋濂偏重於儒佛本一、劉基把道家的元氣推到一定的高度，均是不同程度對宋學的割裂，惟方孝孺學承程朱，強調修身養性，且偏重於內省，同時，主張學問與事功結合，被黃宗羲稱爲「有明之學祖」〔註20〕，然方孝孺對宋學理論貢獻不大。

〔註18〕曹端：《曹端集》，北京：中華書局，2003年版，第23～24頁。
〔註19〕黃宗羲：《明儒學案》，北京：中華書局，1985年版，第109頁。
〔註20〕黃宗羲：《明儒學案》，北京：中華書局，1985年版，第1045頁。

從思想的進程而言，程朱理學發展到元明時期，其心性二元論的體系造就了一個龐大的客觀法則，然面對格物法則的存在，人的主觀性得不到有效的釋放。因此，呈現給人民面前的更多是一種客觀而純粹的價值體系，而不是探究終極目的的園地。其前進動力和發展空間均不甚明朗，程朱學者們繼承多於創新，消化多於吸收〔註21〕。縱然曹端、薛瑄在理氣一元上進行了有益的探索，但卻客觀上促進了羅欽順氣本理末的唯物主義的誕生〔註22〕。與此同時，一種以心性一元的新的思潮正在興起，這種體系恰當擺放了個體的位置，他們重約輕博、合客觀與主觀為一體，徹底釋放了個人的潛能，最終成就了生機盎然的明代學術。作為明代學術的總結性專著，在《明儒學案》中，黃宗羲特從吳與弼入手，雖然有其褒揚王學的理念，但客觀上也為我們勾勒了明代前期學術演進的軌跡。

吳與弼（1391～1469）基本是一個朱子學者，從其《日錄》看，多次夢朱、仰朱、向朱，同時，由於其學無明顯師承，且多從五更枕上、汗流淚下自得，故特有涵養性情一面〔註23〕，故四庫館臣言其兼采朱陸也不為過〔註24〕。其弟子知名者以胡居仁、陳獻章、婁諒為最，胡居仁、婁諒基本繼承其師朱學傳統，且以操存踐履著世，惟陳獻章學風一轉。

明代學風自吳與弼起，多延宋儒尊德性一脈，且以居敬為工夫，以人心教化為內容，至陳獻章，逐漸化釋了居敬之工夫，突出了心體的作用，心不再為工夫（萬物）所累，心體也逐漸呈現清虛之體。雖然吳與弼對陳獻章多

〔註21〕 對於朱學最終被王學取代的原因，學者亦有不同意見。一般而言，多以朱學體系思想僵化為由，但一些學者也提出不同意見，如唐宇元便認為是「朱學內部發生的思想動盪、分化」，具體而言，是宋濂、劉基、方孝孺、曹端、吳與弼、薛瑄等，「他們在理學上固然宗奉朱學，但不是徒守吟誦、思想僵化，而是對朱學採取一種所謂『體認』的方式，提出種種議論。他們的議論雖各自不同，但都是從不同角度上越出朱學的『規矩』，致使朱學思想分流邅變，肢解了朱學的體系。」（唐宇元《朱學在明代的演變與王學的緣起》，《哲學研究》，1986年第9期）。

〔註22〕 錢穆認為，「自月川（曹端）死人騎活馬之疑，遂啓羅整庵（欽順）『天地無非一氣，初非別有一物曰理』之論」。（錢穆：《朱子新學案》第一冊，臺北：三民書局，1982年版，第282頁。）

〔註23〕 如果說薛瑄等明初大儒多種言行日用等下學，那麼吳與弼偏重於上達，並主動「尋向上工夫」，這也是他們途徑不同所致。

〔註24〕 《四庫全書總目提要》卷一百七十：「與弼之學，實能兼采朱、陸之長，而刻苦自立。其及門弟子陳獻章得其靜觀涵養，遂開白沙之宗；胡居仁得其篤志力行，遂啓餘干之學。有明一代兩派遞傳，皆自與弼倡之，其功未可以盡沒。」永瑢等：《四庫全書總目提要》，海口，海南出版社，1999年版，第896頁。

有不滿，但陳獻章的清虛之體與吳與弼之思想關係密切。吳與弼多重操存踐履，此操存踐履的發展趨勢只能有兩個方向，一爲居敬不失者，發展爲胡居仁、婁諒等學者，一爲氣質高揚者，發展爲陳獻章等學者。

陳獻章（1428～1500）在心學上的地位歷來被看重。《明史・儒林傳》說「原夫明初諸儒，皆朱子門人之支流餘裔，師承有自，矩矱秩然。曹端、胡居仁篤踐履，謹繩墨，守儒先之正傳，無敢改錯。學術之分，則自陳獻章、王守仁始。」〔註25〕黃宗羲則說，「有明學術，至白沙始入精微」〔註26〕。陳獻章曾自述其爲學經歷曰：

> 僕才不逮人，年二十七始發憤從吳聘君學。其於古聖賢垂訓之書，蓋無所不講，然未知入處。比歸白沙，杜門不出，專求所以用力之方。既無師友指引，惟日靠書冊尋之，忘寢忘食，如是者亦累年，而卒未得焉。所謂未得，謂吾此心與此理未有湊泊吻合處也。於是舍彼之繁，求吾之約，惟在靜坐，久之，然後見吾此心之體隱然呈露，常若有物。日用間種種應酬，隨吾所欲，如馬之御銜勒也。體認物理，稽諸聖訓，各有頭緒來歷，如水之有源委也。於是渙然自信曰：「作聖之功，其在茲乎！」有學於僕者，輒教之靜坐，蓋以吾所經歷，粗有實效者告之，非務爲高虛以誤人也。」〔註27〕

陳獻章從吳與弼那裡雖然收穫不大，但肯定受到其師重視道德「涵養」的影響，回到白沙後，依然廢寢忘食，還是沒有達到「此心與此理湊泊吻合」的地步。這才開始由繁返簡、由博返約，並以靜坐入手，不久，「吾此心之體隱然呈露，常若有物」，這說明陳獻章此時的主體意識得以呈現，即找到了吾心與天理的融洽處。從陳獻章的爲學方法看，其由繁返簡、由博返約的路徑徹底突破了宋學格外物以求理的程序，其靜坐也突破了宋學「即物窮理」的爲學工夫，道德修養的方式也開始由外而內。陳獻章的道德修養方式的轉變對明代中後期學術的影響極爲重大，它不僅爲心作爲道德主體進行了理論探討，也爲心作爲道德主題最終凸現並獨立提供了可能。

陳獻章之說的特色是擺脫了其師吳與弼居敬之嚴謹，發展了其重視人心

〔註25〕張廷玉等：《明史》，北京：中華書局，1974年版，第7222頁。
〔註26〕黃宗羲：《明儒學案》，北京：中華書局，1985年版，第78頁。
〔註27〕陳獻章：《陳獻章集》，北京：中華書局，1987年版，第145頁。

教化的功能，從而確立了「以自然爲宗」的爲學宗旨，其對心體的界定爲「天地我立，萬化我出」，爲學工夫爲「靜坐中養出端倪」。陳獻章之「端倪」和王守仁之「良知」、陳獻章之「自然爲宗」與王守仁之「時時知是知非，時時無是無非」都非常具有可比性。可以說，陳獻章從理論上爲良知說的誕生作了提前的準備，只待良知說的誕生。同時，陳獻章的缺點也是明顯的，心之「端倪」雖被陳獻章所看重，但依然稍顯籠統，心的道德性色彩沒有得到應有的彰顯，到其高弟子湛若水那裡，突出了「隨處體認天理」的地位，「隨處體認天理」最早由陳獻章提出，但陳獻章「以自然爲宗」，故其「隨處體認」也就自然變成「隨處自然體認」，加上陳獻章崇尚「靜坐」，所以其學說中的自然、超脫與不作爲之風甚重。到了湛若水那裡，湛若水已有很大改變，注重動靜兼顧，動處著力，靜處修養。因此，「隨處體認天理」簡直就是「自然良知」的代名詞，可惜無論「隨處體認天理」如何改變，其主動性終顯不足，湛若水「主靜而近狷」〔註28〕（錢明認爲，甘泉「主靜而近狷」，陽明「主動而近狂」，從整體氣勢而言，此比喻甚當。），高貴中帶有無爲和保守，其「隨處體認天理」的理論體系終不如王守仁「良知」說穩固和可操作，故只能作爲明代學術的支流出現，但湛若水與王守仁個人關係非同一般，學術影響也不容忽視，加上湛若水有明確的師承和天然的理論，故對王守仁「良知」說的形成影響甚巨，這一點王守仁自己也不迴避，王守仁說：「晚得友於甘泉湛子，而後吾之志益堅，毅然若不可遏，則予之資於甘泉多矣。」〔註29〕關於王守仁與湛若水之間的同異，後人多有闡釋，不過，時人的解讀或許給我們更多的暗示。甘泉學人何遷（1501～1574）說道：

> 昔者某也聞之，東海有洞天焉，曰陽明，是故執天下之至虛而成不言之教者，莫大乎是。吾悅之而學之。又聞之，南海有原泉焉，曰甘泉，是故體天下之至實而宰無爲之功者，莫大乎是。吾悅之而學之。是故學於陽明，則登太山而天下難爲言矣。是故學於甘泉，則觀滄溟而天下難爲功矣。是故臥斯洞而玩斯泉，由二有主之幾以遊之乎！〔註30〕

〔註28〕錢明《陽明學的形成與發展》，南京：江蘇古籍出版社，2002 年版，第 94 頁。

〔註29〕王守仁：《王陽明全集》，上海：上海古籍出版社，1992 年版，第 231 頁。

〔註30〕何遷：《吉陽先生文錄》，日本內閣文庫藏明刊本。轉引錢明《陽明學的形成與發展》，南京：江蘇古籍出版社，2002 年版，第 95 頁。

　　從何遷的意思看，王守仁、湛若水俱是當時首屈一指的大學問家。王守仁的特點是「執天下之至虛而成不言之教者」，湛若水的特點是「體天下之至實而宰無爲之功者」。王、湛一個「至虛」，一個「至實」；一個「成不言之教」，一個「宰無爲之功」。王守仁是「至虛」「成不言之教」，湛若水是「至實」卻「宰無爲之功」，這確實匪夷所思，但卻道出了王、湛之學的異同。王守仁格物之「正念頭」（「至虛」）到「致良知」（「成不言之教」），湛若水格物之「至理」（「至實」）到「隨處體認天理」（「宰無爲之功」）。其中，「致良知」是「天理」與「吾心」的統一，「隨處體認天理」是「自然」與「天理」的結合。故「致良知」與「天理」具有必然性，「隨處體認天理」與「天理」具有自然性，這也是王、湛之學相同之中的一個很大的區別。

　　可以說，在吳與弼著名的三弟子胡居仁、婁諒、陳獻章中，婁諒、陳獻章直接、間接都和王守仁有關係，王守仁師承上問學於婁諒，學術上對陳獻章多有繼承，這對王守仁良知之說的形成來說不能只算偶然，他們學術上的關係，時人早有評價。

　　　　國初固多才，然而挺然任聖道者寡矣。自河津薛公起而引聖道爲己任，危言細行，必準古遺訓而繩之。蓋自是天下學道者四起，爭自濯磨以承聖範。豈謂盡出河津哉？要之，默自河津啓之也。然而士知惇質行已矣，於心猶未有解也。自新會陳公謂「學必有源，靜而反觀乎此心之體，得其自然而不假人力。」以爲至樂具是矣，其於世之榮名若遺也。蓋自是天下學道者，浸知厭支離而反求諸心。豈謂盡出新會哉？要之，默自新會啓之也。然以其初知反本眞也，則猶隱然與應感二之也。自會稽王公於百難萬變中，豁然有悟於學之妙機，以爲天下之道原自吾本心而足也。於是揭人心本然之明以爲標，使人不離日用而造先天之秘，不出自治而握經世之樞，及其隨所施而屢建大勳，則亦由學之約而達也。蓋自是天下學道者，浸知顯微之無間，體用之一源，劃然有中乎道之竅郤。豈謂盡出會稽哉？要之，默自會稽啓之也。〔註31〕

　　李庭機（？～1616）以薛瑄、陳獻章、王守仁爲標誌劃分明代學術，可謂慧眼獨具，同時，李庭機強調他們三人只不過是學術思潮變化的引爆者，

〔註31〕李庭機：《從祀文廟疏議》，《陳獻章集》附錄四，中華書局，1987年，第927～928頁。

真正推動學術演進的是學者「於心猶未有解」、「浸知厭支離而反求諸心」、「浸知顯微之無間,體用之一源,劃然有中乎道之窾郤」之內在動力,即學術思想演變並非個人力量所能及,而是社會思潮的推動使然。

通過以上分析,我們分別從兩條思想途徑來推演心學的誕生,一條是曹端、薛瑄一路,他們論證了理氣合一,這為王守仁把它們最終合一為心奠定了基礎;一條是吳與弼、陳獻章、湛若水一路,不管是吳與弼的「靜觀涵養」,還是陳獻章的「靜中坐養出個端倪來」,均有心理合一之勢,但均未明言,加上湛若水與王守仁的切磋,此種影響亦不可小視。可以說,這些理論的探討都為王守仁「心即理」說的提出及心學的誕生提供了必要的條件,只待機遇的到來。

王守仁被貶貴州龍場便是一個極好的機遇。身心疲憊、得失榮辱、生死恐懼等均同時集於一身,思想的突破、生死的覺化與超越的灑脫也如期而至。

在王守仁對心學的理論建設過程中,除了陸九淵對《孟子》的詮釋以及明初諸儒的探索外,《大學》的闡釋對王學產生也有不可忽視的作用。儒家經典《大學》本為《小戴禮記》中的第四十二篇,是倡導格物致知、誠意、正心、修身、齊家、治國、平天下、以修身為本的先秦儒家典籍。自從朱熹《大學》改本的出現和定型,此後數百年間,人們閱讀《大學》時,一直受其影響。到了明代以後,特別是陽明王學的誕生,對《大學》闡釋又成了一門顯學。王陽明對《大學》一書很重視,其以鄭玄所傳古本《大學》為依據,撰有《大學問》。通過《大學》來闡發其心學思想的核心「致良知」說。王陽明認為朱熹改本並非聖門本旨,而主張恢復《大學》古本,去掉朱熹增補的文字,不再分章,以復《大學》之舊。在此基礎上,王陽明闡發其「致良知」說並最終完成其哲學邏輯的構建。王陽明批評並改造朱熹經學,對「致知」的關鍵詮釋使其圓滿完成本體、認識、修身為一體三維概念——「致良知」,以更具主體思維能動性和先天預設性的「良知」範疇和「致良知」說揚棄並發展了傳統的程朱道統論,使「良知」說成為左右當時思想界逾百年的學術思潮,並對後世產生了重大影響。其在《大學問》中說:

> 「致知」云者,非若後儒所謂充廣其知識之謂也,致吾心之良知焉耳。良知者,孟子所謂『是非之心,人皆有之』者也。是非之心,不待慮而知,不待學而能,是故謂之良知。是乃天命之性,吾心之本體,自然靈昭明覺者也。凡意念之發,吾心之良知無有不自

知者。……格者，正也，正其不正以歸於正之謂也。正其不正者，

去惡之謂也。歸於正者，爲善之謂也。夫是之謂格。〔註32〕

王陽明對《大學》的詮釋最重要的是關於「格物致知」的重新闡釋，由朱熹訓「格」爲「至」、訓「物」爲「理」，改爲陽明訓「格」爲「正」、訓「物」爲「意之所在」；由朱熹訓「知」爲「聞見之知」改爲陽明訓「知」爲「良知」；由朱熹的「窮理」之「格物」改爲「正心」之格物；由朱熹「致知」之「知識」之知改爲「良知」之知。其是否合乎《大學》本意尚待討論，（其實王守仁對《大學》的解釋並不一定符合《大學》本義，蔡方鹿便指出：「雖然王陽明推重《大學》，藉以闡發自己的『致良知』說，但他對『致知』之義的闡發，卻與《大學》本義有所不符。」〔註33〕）但其理論的跨越直接導致了陽明心學的誕生和蓬勃發展。

王守仁對《大學》的重新闡釋亦是爲建立一個完整、可行、可信的心體作準備，王守仁給心預設了先天的道德性與必然性，又賦予其後天的普遍性與可行性。同時，相對於程朱構建性體的努力，王守仁突出了心體的能動性，卻並沒有刻意貶低性體，性爲心之本，性體的本體地位王守仁也是承認的，甚至王守仁還主張心性一元，只是在構建以「良知」爲主導的《大學》格物、致知、誠意、正心、修身、齊家、治國、平天下八條目中，沒有留下性體的位置。

明代王學的誕生，除了儒學淵源外，對佛道的有益借鑒和吸收也是一個不可否認的淵源。儒學發展到宋代，面對佛道的挑戰，已經開始有意識地汲取諸家之長，到王守仁創建心學之時，佛道體系已經相當完備與縝密，其灑脫與逍遙的情懷是過分拘泥於義理的儒家所缺乏的，故王守仁也毫不避諱的加以運用。王守仁說：

二氏之用，皆我之用：即吾盡性至命中完養此身謂之仙；即吾盡性至命中不染世累謂之佛。但後世儒者不見聖學之全，故與二氏成二見耳。譬之廳堂三間共爲一廳，儒者不知皆吾所用，見佛氏，則割左邊一間與之；見老氏，則割右邊一間與之；而己則自處中間，皆舉一而廢百也。聖人與天地民物同體，儒、佛、老、莊皆吾之用，

〔註32〕王守仁：《王陽明全集》，上海：上海古籍出版社，1992年版，第 971～972頁。

〔註33〕蔡方鹿：《陸王心學與經學》，《中華文化論壇》，2004年第 4 期。

是之謂大道。二氏自私其身，是之謂小道。〔註34〕

可以看出，守仁看重的是道家「吾盡性至命中完養此身」、佛家「吾盡性至命中不染世累」的境界與情懷，當然，還含有佛道的一些思維方式與處世原則，這些都是構建一個完整、和諧、縝密的思想體系所不可或缺的。

總之，經濟上商品經濟的發展、政治的專制與腐敗、思想上社會風氣的變化等種種合力促使了王學的誕生。同時，種種闡釋守仁王學的誕生都可以視爲後天的主觀詮釋或人爲的尋找、構建理由的過程。從其客觀存在而言，其存在的理由便是社會客觀的需要。相比較而言，闡釋存在的意義比詮釋其存在的原因會更有價值。然而，限於本節是對王學誕生的路徑梳理，對王學的誕生意義闡釋只能簡單爲之。

從明代王學的生存環境而言，明代官方依然以程朱理學爲主，但王學在民間已有波濤洶湧、勢不可擋之狀，這些狀況時人是最有發言權的。如晚明佛教四大師之一的智旭就直言：「余嘗謂明朝功業之士，遠不及漢、唐、宋，理學則大過之。陽明一人，直續孔顏心脈。」〔註35〕作爲佛教中人，藕益智旭自不會偏袒一方。同時，以程朱爲標的的《明史》，雖對王學善言不多，但王學在明代的影響，已經盡數指出。《明史‧儒林傳》言：「宗守仁者曰姚江之學，別立宗旨，顯與朱子背馳，門徒遍天下，流傳逾百年，其教大行，其弊滋甚。嘉、隆而後，篤信程、朱，不遷異說者，無復幾人矣。」〔註36〕可以說，王學在明代中晚期已成爲思想界主流，而王學的集大成者王守仁也毫無質疑的是當時乃至後世具有原創性的一流學者。

明代王學的建立既是在吸收孟子、陸九淵等直接思想淵源而來，也是建立在對佛道思想的間接汲取上，又是對朱學大量借鑒的結果。且不說王守仁提出龍場悟道之前對朱子之書的研讀和實踐，其良知、致良知的提出，也是對《大學》重新闡釋的結果。

王守仁的良知、致良知說是《孟子》良知本體說和《大學》致良知工夫論的合理結合和昇華，是「心即理」與格物致知的濃縮和必然。總之，王守仁突出了心體，發現了良知，融合了天理，把心、良知、天理合而爲一，建

〔註34〕錢德洪等：《年譜三》，王守仁：《王陽明全集》，上海：上海古籍出版社，1992年版，第 1289 頁。

〔註35〕藕益智旭：《靈峰宗論》，北京：北京圖書館出版社，2005 年版，第 393 頁。

〔註36〕張廷玉等：《明史》，北京：中華書局，1974 年版，第 7222 頁。

立了一個心體爲基礎、良知爲旗幟、天理爲內涵的全新學說──心學。

　　心學的建立與完善是王守仁畢生精神感悟、思想體驗、實踐積累、現實考驗的結果，爲明代乃至整個中國古代社會儒家思想發展做出了開拓性的貢獻。惜王守仁歿後，王學在傳播和發展中既得到了進一步的演進和普及，又伴隨著令人痛心的分化與異化。學術的自然分化一般是良性的，它表面上是學術的紛爭和內訌，但卻有效的推動了學術的精進和完善；學術的異化卻不然，它只能把學術推向不歸路。從王學的發展而言，亦是如此。

　　黃宗羲在《明儒學案》中，有意按地域劃分王門諸子，分別是：浙中王門、江右王門、南中王門、楚中王門、北方王門、粵閩王門、泰州學案、止修學案、東林學案、蕺山學案等。其中，前六個王門分支基本是以地域爲主，而泰州學案、止修學案單獨列出，便是王門分化的考慮（東林學案、蕺山學案另有所因。）。

　　從王門的分化而言，儘管王門弟子各執一端，但終究不出王學範圍，如聶豹之歸寂、王畿之四無說、錢德洪之四有說、王艮之淮南格物，蕺山之誠意等，甚至廣義而言，李材之止修、東林之事功也是對王學發展的有益探索，因爲它們並未失去儒家規範。

　　異化是在分化基礎上的變異。從王學的異化而言，李贄之童心；周汝登、管志道、方與時、鄧豁渠等之佛道，已經開始不受儒家規則約束，儒家核心道德「理」已經逐漸剝盡，並使王學走向不歸路，故可稱爲王門異化。

　　對於王學的分化，時人是最有發言權的。王畿便言道：

　　　　慨自哲人既遠、大義漸乖而微言日湮，吾人得於所見所聞，未
　　免各以性之所近爲學，又無先師許大爐冶陶鑄銷熔以歸於一，雖於
　　良知宗旨不敢有違，而擬議卜度、摻和補湊，不免紛成異說。〔註37〕

　　王畿認爲，先師王守仁逝世後，各人對良知認識不同，加上沒有先師指點歸一，故終成分歧。不但如此，王畿還指出有四種（參王畿《滁陽會語》）或者六種（參王畿《撫州擬峴臺會語》）良知異見。

　　除此之外，聶豹把王門後學分爲兩種（參聶豹《贈王學正之宿遷序》，《聶豹集》卷二），胡翰也對王門分化提出了看法。胡翰曰：

　　　　先師標緻良知三字，於支離汩沒之後，指點聖真，真所謂滴骨

〔註37〕王畿：《龍溪王先生全集》卷二《滁陽會語》，《四庫全書存目叢書》，第98冊，
　　　　濟南：齊魯書社，1997年版，第277頁。

血也。吾黨慧者論證悟，深者研歸寂，達者樂高曠，精者窮主宰流
行，俱得其說之一偏。〔註38〕

胡翰認為，王守仁之「致良知」，是其經過艱難之實踐得出，尤謂滴骨血
之痛而出，可謂真知灼見。惜後學如王畿、聶豹、王艮、劉師泉等專憑己見，
只得一偏。

從王門後學分化原因而言，縱然有諸多原因之必然〔註39〕，但一個極為
重要的原因是，對於良知之學，王守仁也是在不同的時間、空間進行思考、
總結、提煉、表達，前期重收斂，後期重發散，學生的入學早晚及個人資質
等不同，其結果只能是各言其學。儘管如此，但在王守仁逝世之後，王守仁
的直接弟子中，也確實沒有出現一個綜合補闕性的人來，直到劉宗周的出現，
這也是王學加速分化的一個重要原因。

逮至劉宗周出現，時間已經進入真正的明末，社會危機如影隨從，思想
的分歧已變為次要。明亡之後，學者們又開始檢點明亡之因，王學又成了替
罪羊，隨著鞭打王學的人日增，王學的日子也就愈加暗淡。

明代王學的發展基本有三條線索，一是以「心即理」的命題消解天人之
間的緊張，以良知的自信取代天理，高揚道德主體性；一是站在儒家萬物一
體的立場吸收佛道「無」的精神境界，以提升儒學的境界；一是針對良知本
體與致良知工夫的互動與演進〔註40〕。對於第一條線索，高揚道德主體，是
以王畿為代表；第二條線索，王守仁、王畿均是如此，凡儒學者學術之晚年

〔註38〕黃宗羲：《明儒學案》，北京：中華書局，1985年版，第330頁。

〔註39〕關於王學分化之原因，陳來的分析最為全面，資錄如下：「就王學的情況而言，
　　　　這種分化起於多方面的原因。首先，陽明在不同時期、針對不同傾嚮往往強
　　　　調的側面不同，這些曾被強調的不同側面都可能被片面地加以發展。其次，
　　　　陽明思想採取的理論形式往往並不嚴格，這就不能避免後來者擴張這些形式
　　　　而容納陽明自己並不主張的內容。再次，門人資性各異，不僅對致良知的理
　　　　解各自不同，入道經歷亦往往有別，所得受用也不一致。這就決定了他們之
　　　　間必然發生理論和實踐上的分歧。復次，由於門人對當時思想界的弊病認識
　　　　不同，從而他們為了對治這些弊病而各自強調的師門宗旨也不相同。從整個
　　　　明中後期的社會思潮來說，由社會經濟、政治、文化諸因素綜合決定的一定
　　　　歷史時期的社會思潮運動必然要借助既有的思想系統和材料向前發展，而既
　　　　有思想材料並不能決定這一思潮發展的方向。這些都決定了王學自陽明之後
　　　　的分化和演變是不可避免的。」陳來：《有無之境──王陽明哲學的精神》，
　　　　北京：人們出版社，1991年版，第331～332頁。

〔註40〕參考彭國翔：《良知學的展開》，生活、讀書、新知三聯書店，2005年版，第
　　　　20頁。

多歸於此；第三條線索，王學後學的工夫派鄒守益、聶豹、羅洪先等與本體派王畿、王艮、羅汝芳等論戰、交錯是其代表。

　　明代王學的流行，使儒學更爲社會化，使儒學眞正與豐富多彩的社會接軌，走出學術神聖的殿堂。學術的流行，必然伴隨學術的世俗化進程，王學亦是如此。王學後學的主流是以王畿、王艮的現成良知說形成出現的。現成良知說強調良知的先天、顯在、當下、流行性，雖然使王學風行天下，但由於其不可避免對良知工夫性的稀釋，弊端也如影隨形，王學在明代的最終漸失其傳也是如期可遇之事。

　　總之，明代王學的發展與演變，不僅是明代社會思想變革的反應，也是明代政治、經濟在學術上的折影，更是我們瞭解明代中晚期社會走向的鑰匙。

　　關於明代王學的發展與演變，學術的橫向、縱向研究都有很大的進展。但遺憾的是，目前並沒有一個以編年史爲體裁併反映明代王學發展的著作。從編年體的意義而言，編年體不僅可以將明代王學學術的發展與演變展示出來，而且可以將王學的重要事件按年繫出，提供了一個不同於儒學史的觀察儒學進展的新角度。以往一些往往被忽略的聯繫，在材料按時間排列的情況下有可能被表彰和發現，同時，編年體還可以對事件本身進行還原與訂正。

　　《明代心學編年史》主要以編年爲體例，以揭示明代王學的發展與演變爲宗旨，特別勾述明代重要王學學者的思想軌跡及其與其它學派的交流與論戰等，以讓學人有一個更爲清晰的視角來觀察明代王學的發展脈略。

　　本文的內容界定爲：明代王學人物界定本來是一個可以探討的問題，明代王學是一個開放性的學說，王守仁的良知思想經弟子不斷演繹、發展，到了明代晚期，已經大不同於前，加上王守仁本身及其弟子王畿等和禪道有割捨不了的聯繫（不管是主動接納或是被動影響，王學與佛道關係都是客觀存在的。），許多王學再傳弟子的思想已有諸多變化，可能不是最初我們設想的王學。同時，思想本身具有多緯解讀性，故思想的傳承界定也是非常困難的。所以，本文採用寬泛的形式，標準主要是兩條：思想和師承，思想爲主，師承爲輔。思想指與王學思想有明確繼承或共同推動王學發展之人；師承指有明確師承或私淑等間接師承關係之人。涵蓋黃宗羲《明儒學案》所列出的明代王學學人及弟子，還有東林學派學人及弟子。從嚴格意義而言，東林學派並非王學，但東林學派又在師承和學術上與王學有千絲萬縷的聯繫，故也列入進去。同時，也有少量黃宗羲在《明儒學案》沒有收入的王學門人，如李

贄、李渭、孫應鼇、萬虞愷等。

本文的時間跨度爲：王守仁出生至明代滅亡，涵蓋明代中後期一百七十餘年歷史。

本文的主旨界定爲：通過明代王學產生、形成、傳播、分化、論爭與沒落的歷史進程，在明代王學爲主流的大背景下，既結合明代王學發展與演變這一線索和主旨，又同時體現了明代王學發展的個案與整體、論爭與分化、民間化與沒落等方面，對明代王學的發展演變以時間爲經，以其論爭分化的空間爲緯，全景式貫穿發展與演變這一主旨。另外，本文所展示的王學發展與演變這一主旨是以明代儒學這一大背景下的發展與演變，不可否認，王守仁、王畿、管志道、周汝登等思想中或多或少都有佛道的影響或因子，但這些佛道思想不是本文關注的重點，故只是點到爲止。

本文的術語界定多依據《明儒學案》中對各學術流派的分類，如浙中王門、江右王門等。雖然黃宗羲以地域劃分學派有很多問題，特別是泰州學案和止修學案單獨列出已引起很多學人的不滿，當然，本人對此種分法也有異議，但鑒於約定俗成的原因，本文還姑且沿用。

本文的寫作依據主要是以年譜、墓誌銘、行狀、碑傳以及正史資料爲準，由於《明儒學案》依然是研究明代王學必不可少的參考資料，故本文的人物評價也多有參考。同時，隨著文獻的更多被挖掘、更多明人文集的印刷，《明儒學案》的研究也逐步被改寫和重新界定，故對此，本文也有所參考新的研究成果及明人文集。

《明代心學編年史》的體例是綱目體，也可以理解爲編年和紀事本末相結合的體裁，編年是文獻的整理，紀事本末體賦予了個案的敘述和評價。理想的結果是對明代王學諸成員盡行研究之後，再有編年史的出現。近年來，雖然王學的研究已經不再局限於《明儒學案》的評價，但眞正有所研究的還是明代王學之中的代表性人物，許多明代王學之中的小人物（說是思想還未被挖掘者更爲恰當）或是因爲文獻、或是因爲個人興趣未至等原因還沒有有效的研究，再加上本人的研究能力有限（也許更重要是如此），所以，本文的研究目的雖是想去觸動明代王學整體脈搏的跳動，但依然可能展示的是個人主觀邏輯的演進，而不能客觀呈現明代王學的走向，故不當之處，概有本人負責。

編年史

卷一：王陽明早年悟道期

自王陽明出生（1472）至龍場悟道（1508）爲王陽明早年悟道期，此階段計三十七年。王陽明早期爲一「英毅淩邁，超俠不羈」（《龍溪王先生全集》卷二《滁陽會語》，《四庫全書存目叢書》，第 98 冊，濟南：齊魯書社，1997年版，第 275 頁。）之人，讀書聰明又不以科舉爲事，做事果斷又不爲俗事所累，有聖人情節，又有邊事之憂。可以說，王陽明早期便確立了功名與成聖之志，同時，其思想與行爲均不羈於時事，這也決定了其未達到目標之前途徑的多變。王陽明既有遍求考亭遺書讀之的決心，又有格物不成的苦悶；既有游心於舉業外的酣暢，又有浪子回頭的堅定；既有建功立業的宏願，又有現實的羈絆。在一個時時被邊患侵擾的年代，作爲一個超俠男兒，青年的王陽明是亢奮的。建功立業是時代的驅使，成聖爲賢則是家庭的浸潤。如果說成聖爲賢是精神領域的追求，那麼建功立業則是實實在在的存在。這兩者在早期王陽明身上一直或明或暗、或隱或現的存在著，王陽明也在這兩者的影響下不斷擴充自己獨立的人格、自由的精神，不論是在政治事件中的磨練，還是在內心境界的提升上，王陽明都實現了自我的超越。

憲宗成化八年　壬辰（1472 年）

王守仁 1 歲，湛若水 7 歲，董沄 16 歲。

九月，王守仁生　王守仁，明代「心學」的創始人，也是整個宋明理學中「心學」學派的集大成者。字伯安，浙江餘姚（今浙江餘姚）人，因曾居住於會稽山陽明洞，自號陽明子，世稱陽明先生。是時，鄭太夫人娠守仁十

四月，生時，祖母岑氏夢神人衣緋玉雲中鼓吹，送兒授於岑，岑醒來，就聞到嬰兒啼聲，岑氏之夢如同天（「雲」）送神童，祖父竹軒公感到奇怪，即爲孩子取名雲，鄰居中也因此流傳著王守仁出生時的玄秘傳說，並把其出生時的房子命名爲「瑞雲樓」。當然，這種渲染也是家人對守仁寄予厚望的感性表達。

王守仁的先祖可以追溯到晉代王融次子王覽，王覽（205～278），字玄通，以孫王導仕晉貴，追贈光祿大夫。至王覽曾孫王羲之時，始遷餘姚。有文獻明確記載的王守仁六世祖爲王綱，王綱（1302～1372）有文武之才，又與劉伯溫友善，故明初被推薦爲兵部郎中，後爲廣東參議，1372年因苗事死於增城，明廷建祠加以表彰。多年之後，王守仁安撫廣西，特意拜謁先祖廟，並有詩爲證。「我祖死國事，肇禋在增城。荒祠幸新復，適來奉初蒸。亦有兄弟好，念言思一尋。蒼蒼蒹葭色，宛隔環瀛深。入門散圖史，想見抱膝吟。賢郎敬父執，童僕意相親。病軀不遑宿，留詩慰殷勤。落落千百載，人生幾知音？道同著形跡，期無負初心！」〔註1〕王守仁在此既有對先祖的緬懷與敬仰，又有男兒志向難酬的苦悶與自慰，也有不辜負先祖的適意與欣慰。王守仁的五世祖王彥達、四世祖王杰、祖王天敘、父王華均以學行立世，且學有所專，並以道德文章著稱。

錢德洪等《王陽明全集·年譜一》（《王陽明全集》卷三三，以下簡稱爲錢著《年譜》。）：「憲宗成化八年壬辰九月丁亥，先生生。是爲九月三十日。太夫人鄭娠十四月。祖母岑夢神人衣緋玉雲中鼓吹，送兒授岑，岑警寤，已聞啼聲。祖竹軒公異之，即以雲名。鄉人傳其夢，指所生樓曰『瑞雲樓』。」

黃綰《陽明先生行狀》（《王陽明全集》卷三八）：「陽明先生王公諱守仁，字伯安，其先琅琊人，晉光祿大夫覽之後。覽曾孫羲之少隨父曠渡江家建康，不樂，徙會稽。其後復徙剡之華塘，自華塘徙石堰，又徙達溪。有曰壽者，仕至迪功郎，乃徙居餘姚。六世祖諱綱，字性常，博學善識鑒，有文武長才，與永嘉高則誠宗人高元章、括蒼劉伯溫友善。仕國朝，爲廣東參議，死苗難。五世祖諱彥達，號秘湖漁隱，有孝行。高祖諱與準，號遁石翁，精究《禮》、《易》，著《易微》數千言。曾祖諱傑，號槐里子，以明經貢爲太學生，贈禮部右侍郎。曾祖妣孟氏，贈淑人。祖諱天敘，號竹軒，封翰林院編修，贈禮部右侍郎。祖妣岑氏，封太淑人。父諱華，成化辛丑狀元及第，仁至南京吏部尚書，封新建伯。妣鄭氏，封孺人，

〔註1〕 王守仁：《書泉翁壁》，《王陽明全集》卷二十，上海：上海古籍出版社，1992年版，第799頁。

贈夫人。繼母趙氏，封夫人。鄭氏孕十四月而生公。」

憲宗成化九年　癸巳（1473 年）

王守仁 2 歲，湛若水 8 歲，董沄 17 歲。

李夢陽（1473～1530）生。

憲宗成化十年　甲午（1474 年）

王守仁 3 歲，湛若水 9 歲，董沄 18 歲。

王廷相（1474～1544）生。

八月，蔡宗兗生　蔡宗兗，明代浙中王門學者。字希淵，號我齋，浙江山陰（今浙江紹興市）人。

季本《奉議大夫四川按察司提學僉事蔡公墓誌銘》（《季彭山先生文集》卷三）：「公諱宗兗，字希淵，……越丁未六月八日以疾卒於正寢，距生成化甲午八月一日，享年七十有四。」

憲宗成化十一年　乙未（1475 年）

憲宗成化十二年　丙申（1476 年）

王守仁 5 歲，湛若水 11 歲，董沄 20 歲。

十二月，王道生　王道，明代學者，甘泉學派門人。字純甫，號順渠，山東武城（今山東武城）人。

韓邦奇《河南府通判王公墓誌銘》（《苑洛集》卷四）：「公諱道，字純甫，……成化丙申十二月二十六日，公生。嘉靖己丑正月初七日，公卒。享年五十有四。」

案：王道列於甘泉門下，不是以地域劃分，也不是以思想判斷，其與甘泉、陽明均有師承關係。據黃宗羲所言：「先生又從學甘泉，其學亦非師門之旨，今姑附於甘泉之下。」

是年

王守仁五歲始能言　王守仁五歲還不會說話，這可急壞了其家人。一

日，守仁與群兒玩耍，一道人經過看見說：「好個孩兒，可惜道破。」意思是說，「雲」這個名字的意思第一爲「日」，洩露了天機（天（「雲」）送神童），第二爲對「雲」送神童的揭露，受到不能講話的懲罰。祖父竹軒公醒悟，就把王雲改爲王守仁。其名是據《論語》「知及之，仁不能守之，雖得之，必失之」（《論語・衛靈公》）而來。果然，守仁就開口講話了。從姓名學而言，這種名字的改變既是表明守仁對道家（「雲」）的叛離，也預示其對儒家（「守仁」）的回歸。一日，誦竹軒公所嘗讀過的書，眾人都很驚訝。一問，回答說：「聞祖父讀時已默記了。」這表明守仁還不能講話就能默記經籍，其聰明已不言而明。

　　錢著《年譜・年譜一》（《王陽明全集》卷三三）：「（成化）十有二年丙申，先生五歲。先生五歲不言。一日與群兒嬉，有神僧過之曰：『好個孩兒，可惜道破。』竹軒公悟，更今名，即能言。一日誦竹軒公所嘗讀過書。訝問之。曰：『聞祖讀時已默記矣。』」

憲宗成化十三年　丁酉（1477 年）

　　王守仁 6 歲，湛若水 12 歲，董沄 21 歲。

　　黃綰生　黃綰，明代浙中王門學者。字宗賢（《明儒學案》作叔賢），號久庵，又號石龍，浙江黃岩（今浙江台州黃岩區）人。

　　案：關於黃綰的生年，文獻沒有明確記載，《明儒學案》記其卒年七十五，今據容肇祖的考證（容肇祖：《王守仁的門人黃綰》，《燕京學報》第27期），黃綰約是年生。

憲宗成化十四年　戊戌（1478 年）

憲宗成化十五年　己亥（1479 年）

　　王守仁 8 歲，湛若水 14 歲，董沄 23 歲，黃綰 3 歲。

　　正月，穆孔暉生　穆孔暉，明代北方王門學者。字伯潛，號玄庵。山東堂邑（今聊城市東昌府區）人。是年生。

　　王道《簡穆公墓誌銘》（《明文海》卷四三八）：「嘉靖己亥八月南京太常寺卿玄庵穆公以疾終於家。……生成化己亥正月十六日，享年六十有一。」

案：嘉靖己亥年爲1539年，其生年61，故是年生。

憲宗成化十六年　庚子（1480 年）

王守仁 9 歲，湛若水 15 歲，董沄 24 歲，黃綰 4 歲。

朱得之生　朱得之（1480～？），明代南中王門學者。字本思，號近齋，直隸靖江（今屬江蘇）人。曾爲江西新城丞，邑人稱之。其學宗良知，師事王守仁，尚自得之學，但亦近於老氏。著有《參元三語》、《老子通義》、《莊子通義》、《列子通義》、《印古詩說》等。

黃宗羲《明儒學案》卷二五：「朱得之字本思，號近齋，直隸靖江人。……從學於陽明，所著有《參元三語》。其學頗近於老氏，蓋學焉而得其性之所近者也。其語尤西川云：『格物之見，雖多自得，未免尚爲見聞所梏。雖脫聞見於童習，尚滯聞見於聞學之後，此篤信先師之故也。不若盡滌舊聞，空洞其中，聽其有觸而覺，如此得者尤爲眞實。子夏篤信聖人，曾子反求諸己，途徑堂室，萬世昭然。』即此可以觀其自得矣。」

案：「據王重民輯錄、袁同禮重校《美國國會圖書館藏中國善本書錄》載，嘉靖年間刻本《老子通義》前，有朱近齋自序一首，序末署『大明嘉靖四十四年孟夏既望虛生八庚八乙老人參元居士朱得之書於近渠齋。』（臺北：文海出版社，1972年版，第791頁。）王重民據此推出朱近齋當生於明成化十六年（1480）。」以上轉引吳震：《明代知識界講學活動繫年1522～1602》，上海：學林出版社，2004年版，第122頁。

憲宗成化十七年　辛丑（1481 年）

王守仁 10 歲，湛若水 16 歲，董沄 25 歲，黃綰 5 歲。

劉曉生　劉曉，明代江右王門學者。字伯光，號梅源，江西安福（今江西安福）人。

鄒守益《貞壽篇》（《東廓鄒先生文集》卷二）：「（嘉靖）庚戌季夏，梅源翁亦升七褎矣。同志徵言以壽，乃書以爲賓筵祝。」

案：據《貞壽篇》，「七褎」爲七十歲，（嘉靖）庚戌爲1550年，故劉曉生應在1481年。

憲宗成化十八年　壬寅（1482 年）

憲宗成化十九年　癸卯（1483 年）

王守仁 12 歲，湛若水 18 歲，董沄 27 歲，黃綰 7 歲。

六月，王艮生　王艮，明代心學家，泰州學派創始人。字汝止，號心齋，泰州安豐場（今屬江蘇東臺）人。初名銀，王守仁爲其更名艮。是年生。

《王心齋全集·年譜》：「明憲宗成化十九年癸卯，先生生。（是年六月十六日巳時也）。」

八月，蔣信生　蔣信，明代心學家，楚中王門學者。字鄉實，晚年號道林，人稱正學先生，湖南常德（湖南常德市）人。

孫應鼇《正學先生道林蔣公墓誌銘》（《明文海》卷四四二）：「歲嘉靖己未冬十月，某以省觀，道武陵，侍論道林先生桃岡，三日期蒞官再侍焉，逾三月，某以蒞官復道武陵，未至前十日先生屬纊矣。十二月三日也，嗟痛哉！先生壽七十有七。……成化癸卯八月丁亥爲先生始生。」

九月，顧應祥生　顧應祥，浙中王門學派學者，思想家、數學家。字惟賢，號箬溪，祖籍長洲（今江蘇吳縣），後遷浙江洪橋。

徐中行《顧公行狀》（《明文海》卷四四九）：「顧公諱應祥，字惟賢，號箬溪，……楊淑人夢有龍首而麕身者，降其室，神指曰麟也，乃產公。翁奇之，名夢麟，蓋成化十九年九月二十五日。」

是年

王守仁始有爲聖賢情節　「成聖」是古代讀書人延續了兩千多年的集體意識。孟子的「人人可以爲堯舜」（《孟子·滕文公上》），荀子的「塗之人可以爲禹」（《荀子·性惡》）等均爲此種精神的代表，到宋明時期，「成聖」更注入了程朱理學的血液，流入知識分子的腦海中，成了古代讀書人的共同追求。王守仁自小豪邁不羈，並受異人點化，對成聖自然增加了幾許神往，在讀書中，更表現出成聖高於登第的卓越抱負，可見，此時陽明內心深處已萌動聖賢情節。

錢著《年譜·年譜一》（《王陽明全集》卷三三）：「（成化）十有八年壬寅，先生十一歲，寓京師。……（成化十九年）明年就塾師，先生豪邁不羈，龍山

公常懷憂，惟竹軒公知之。一日，與同學生走長安街，遇一相士。異之曰：『吾為爾相，後須憶吾言：鬚拂領，其時入聖境；鬚至上丹臺，其時結聖胎；鬚至下丹田，其時聖果圓。』先生感其言，自後每對書輒靜坐凝思。嘗問塾師曰：『何為第一等事？』塾師曰：『惟讀書登第耳。』先生疑曰：『登第恐未為第一等事，或讀書學聖賢耳。』龍山公聞之笑曰：『汝欲做聖賢耶？』」

憲宗成化二十年　甲辰（1484 年）

王守仁 13 歲，湛若水 19 歲，王艮 2 歲，黃綰 8 歲。

胡居仁（1434～1484）卒。

三月，舒芬生　舒芬，明代學者。字國裳，號梓溪，江西南昌進賢（今江西南昌進賢縣）人。

陳沂《翰林院修撰舒先生墓誌銘》（《明文海》卷四三五）：「先生諱芬，字國棠，舒姓，……丁亥春三月十有四日，先生以疾卒。……先生生於成化甲辰三月十有二日，享年四十有四。」

案：據《明儒學案》的劃分，舒芬不屬於明代王學，但錢著《年譜·年譜一》（《王陽明全集》卷三三）記載舒芬曾師事陽明（下詳），故本文列入。

憲宗成化二十一年　乙巳（1485 年）

王守仁 14 歲，湛若水 20 歲，王艮 3 歲，黃綰 9 歲。

九月，季本生　季本，明代心學家，浙中王門學者。字明德，號彭山，浙江會稽（今紹興）人。

徐渭《師長沙公行狀》（《徐渭集》卷二七）：「先生姓季，諱本，……易簀而瞑，為嘉靖癸亥四月二十九日，距生成化乙巳九月十三日，享年七十有九。」

是年

南大吉生　南大吉，明代北方王門學者。字元善，號瑞泉，明代陝西渭南（今陝西渭南市）人。

馮從吾《瑞泉南先生》（《關學編》卷四）：「先生名大吉，字元善，號瑞泉，渭南人。……嘉靖辛丑卒，年五十有五。」

案：嘉靖辛丑為1541年，其生年55，故是年生。

憲宗成化二十二年　丙午（1486年）

王守仁 15 歲，湛若水 21 歲，王艮 4 歲，黃綰 10 歲，季本 2 歲。

六月，薛侃生　薛侃，明代心學家，粵閩王門學者。字尚謙，號中離，世人稱之為中離先生，廣東揭陽縣（廣東揭陽市揭陽縣）人。

饒宗頤《薛中離年譜》：「明憲宗成化二十二年丙午（公元一四八六），一歲。六月二十九日戌時先生生。」

十月，何廷仁生　何廷仁，明代江右王門學者。字性之，號善山，江西省雩都人。

羅洪先《南京工部屯田清吏司主事善山何公墓誌銘》（《念庵文集》卷十五）：「君初名秦，字廷仁，晚以字行，字性之，號善山。……君生成化丙午十月初三日，卒嘉靖辛亥五月二十五日，享年六十有六。」

是年

王守仁出遊居庸三關，有經略四方之志　是時，明朝國內局勢並不太平，既有盜賊橫行，又有農民起義；邊境還有元代蒙古族後裔的騷擾，這種不安的狀況在整個時代彌漫，也深深影響了守仁幼小的心靈。是年，守仁 15 歲出遊居庸三關，慨然有以天下為慮之志。他在塞外考查諸少數民族的種族概要，實地而有計劃的思考備禦之策，適時驅逐胡兒騎射，使其不敢南犯，經月始返。由於國家邊疆不穩，人心思動，國家意識時刻在有志者心中蕩漾，加上守仁一心想著建功立業，以至於在夢中拜訪伏波將軍廟，以示敬仰之情，並賦詩言志，有男兒當以馬革裹屍還的氣概。

王守仁《夢中絕句》（《王陽明全集》卷二○）：序曰：「此予十五歲時夢中所作。今拜伏波祠下，宛如夢中。茲行殆有不偶然者，因識其事於此。」

錢著《年譜·年譜一》（《王陽明全集》卷三三）：「（成化）二十有二年丙午，先生十五歲，寓京師。先生出遊居庸三關，即慨然有經略四方之志：詢諸夷種落，悉聞備禦策；逐胡兒騎射，胡人不敢犯。經月始返。一日，夢謁伏波將軍廟，賦詩曰：『卷甲歸來馬伏波，早年兵法鬢毛皤。雲埋銅柱雷轟折，六字題文尚不磨。』時畿內石英、王勇盜起，又聞秦中石和尚、劉千斤作亂，屢欲為書獻於朝。龍山公斥之為狂，乃止。」

案：關於「時畿內石英、王勇盜起，又聞秦中石和尚、劉千斤作亂，屢欲為

書獻於朝。龍山公斥之爲狂，乃止。」據陳來考證，石和尚、劉千斤之亂，起自成化元年，至二年冬已平。此爲誤記。參考陳來《年譜箋證》，（《有無之境——王陽明哲學的精神》，北京：人民出版社，1991年版。）。

周冲生 周冲，明代南中王門學者。周冲字道通，號靜庵，江蘇宜興（今江蘇宜興市）人。

湛若水《唐王府紀善周公冲墓碑銘》（《國朝獻徵錄》卷一〇五）：「君諱冲，字道通，姓周氏，號靜庵，常州宜興人。……壬辰，王疏薦曰：『周冲心志通明，操持端謹，』詔加五品俸級儲長史缺。八月得疾，將瘳，聞母訃號慟，轉亟卒，實二十二日也，享年四十有七。」

案：周冲嘉靖壬辰卒，即1532年，其生年47，故是年生。

方獻夫生 方獻夫，明代粵閩王學學者。初名獻科，字叔賢，號西樵，廣東南海（今廣東南海市）人。

《明史》卷一九六：「方獻夫，字叔賢，南海人。生而孤，弱冠舉弘治十八年進士，改庶吉士。」

案：弘治十八爲1505年，方獻夫弱冠（20）歲中進士，故是年生。

憲宗成化二十三年　丁未（1487年）

王守仁16歲，湛若水22歲，王艮5歲，黃綰11歲，季本3歲。

正月，聶豹生 聶豹，明代心學家，江右王門學者。字文蔚，號雙江，江西永豐（今江西永豐縣）人。

徐階《明故太子太保兵部尙書贈少保諡貞襄聶公墓誌銘》（《聶豹集·附錄》）：「公諱豹，字文蔚。……公生成化丁未正月十三日，卒嘉靖癸亥十一月初四日，享年七十有七。」

相關的記載有：

吳震《聶豹略年譜》：「明憲宗成化二十三年丁未（1487），聶豹生。聶豹，字文蔚，號雙江，晚年又號白水老農、東皋居士，江西永豐人。是年正月十三日，聶豹生於雙溪里。」

春，徐愛生 徐愛，明代心學家，浙中王門學者。字曰仁，號橫山，浙江餘姚（今浙江餘姚）人。爲王守仁最早的入室弟子。

蕭鳴鳳《明故奉議大夫南京工部都水清吏司郎中徐君墓誌銘》（《徐愛錢德洪董沄集・橫山遺集・附錄》）：「君諱愛，字曰仁，姓徐氏。……丙子秋，考績，便道歸省。明年五月十七日，以疾卒於山陰寓館，距生成化丁未春□三十有一。」

相關的記載有：

張惟驤《疑年錄彙編》卷七：「徐橫山三十一愛，生成化二十三年丁未，卒正德十二年丁丑。」

《明儒學案》卷一一：「徐愛字曰仁，號橫山，餘姚之馬堰人。……十一年歸而省親，明年五月十七日卒，年三十一。先生為海日公之婿，於陽明，內兄弟也。陽明出獄而歸，先生即北面稱弟子，及門莫有先之者。其後與陽明同官南中，朝夕不離。」

孝宗弘治元年　戊申（1488 年）

王守仁 17 歲，湛若水 23 歲，王艮 6 歲，黃綰 12 歲，季本 4 歲，徐愛 2 歲，聶豹 2 歲。

楊慎生，楊慎（1488～1559），字用修，號升菴，四川新都人，明代著名學者。

劉魁生　劉魁，明代江右王門學者。字煥吾，號晴川，江西泰和（今江西泰和縣）人。

案：劉魁生卒年，文獻皆不載，今據姜亮夫《歷代人物年里碑傳綜表》載，劉魁生於弘治元年戊申（1488），卒嘉靖壬子（1552），年65歲。

孝宗弘治二年　己酉（1489 年）

王守仁 18 歲，湛若水 24 歲，王艮 7 歲，黃綰 13 歲，季本 5 歲，徐愛 3 歲，聶豹 3 歲。

陽明十八歲，問學婁諒，有聖學之志　是年，王守仁去江西迎娶夫人諸氏，路過廣信，針對宋儒格物之學中的困境及為聖之路的狀況，曾嚮明儒婁諒求教，並得到「聖人必可學而至」的啓迪。這為王守仁以後通過儒學的學習達到成聖的目標奠定了精神支柱，故《年譜》曰：「是年先生始慕聖學」。

黃綰《陽明先生行狀》（《王陽明全集》卷三十八）：「陽明先生王公諱守仁，字伯安，……年十七，……明年，還廣信，謁一齋婁先生。異其質，語以所當學，而又期以聖人，為可學而至，遂深契之。」

相關的記載有：

錢著《年譜·年譜一》（《王陽明全集》卷三三）：「（弘治）二年己酉，先生十八歲，寓江西。……是年先生始慕聖學。先生以諸夫人歸，舟至廣信，謁婁一齋諒，語宋儒格物之學，謂『聖人必可學而至』，遂深契之。」

孝宗弘治三年　庚戌（1490 年）

王守仁 19 歲，湛若水 25 歲，王艮 8 歲，黃綰 14 歲，季本 6 歲，徐愛 4 歲，聶豹 4 歲。

劉文敏生　劉文敏，明代江右王門學者。字宜充，號兩峰，江西安福（今江西安福縣）人。

張惟驤《疑年錄彙編》卷七：「劉兩峰八十三文敏，生弘治三年庚戌，卒隆慶六年壬申。」

相關的記載有：

《明儒學案》卷一九：「劉文敏字宜充，號兩峰，吉之安福人。……隆慶六年五月卒，年八十有三。」

黃省曾生　黃省曾，明代南中王門學者。字勉之，號五岳。吳縣（今江蘇蘇州）人。

案：關於黃省曾的生卒，文獻沒有具體記載，本文參考王成娟的《黃省曾研究》。其原文（生年）考證如下：

據黃省曾《先昭信馬術墓記一首》記載，省曾祖父黃暉辭官歸田後，著意修治祖墓，因眷愛孫子，祖孫同往，「予年十齡，爰挈以隨」。省曾接著又寫道，自祖父去世，由於家難而一直未能修葺祖墓，後來省曾自己繼承先志，重新修葺祖墓，「時距府君建碑又越四十年」。該文作於嘉靖十八年（1539），往前推四十年應該是弘治十二年（1499），而那年省曾剛好十歲，由此可以推斷出省曾應該是出生於弘治三年（1490）。（《黃省曾研究》為浙江大學 2007 級碩士研究生王成娟的碩士畢業論文。）

孝宗弘治四年　辛亥（1491 年）

王守仁 20 歲，湛若水 26 歲，王艮 9 歲，黃綰 15 歲，季本 7 歲，徐愛 5 歲，聶豹 5 歲。

婁諒卒　婁諒（1422～1491），字克貞，號一齋，江西上饒人。

二月，鄒守益生　鄒守益，明代心學家，江右王門學者。字謙之，號東廓，江西安福（今江西安福縣）人。

宋儀望《翰林院侍讀學士追贈禮部侍郎諡文莊東廓先生行狀》（《明文海》卷四四四）：「世有大儒曰東廓先生，姓鄒氏，諱守益，字謙之，吉之安福人。……以弘治辛亥二月二日生先生於澈源之第。」

孝宗弘治五年　壬子（1492 年）

王守仁 21 歲，湛若水 27 歲，王艮 10 歲，黃綰 16 歲，季本 8 歲，徐愛 6 歲，聶豹 6 歲，鄒守益 2 歲。

七月，黃弘綱生　黃弘綱，明代江右王門學者。字正之，號洛村。江西雩縣（今江西於都）人。

羅洪先《明故雲南清吏司主事致仕洛村黃公墓銘》（《念庵文集》卷一五）：「（弘治）辛酉五月二十八日端坐而逝，距其生弘治壬子七月十八日，壽止七十，……君名弘綱，字正之。」

八月初七，魏良弼生　魏良弼，明代江右王門學者。字師說，一作師悅，號水洲，江西新建（今屬江西南昌）人。

《魏水洲先生行略》（《太常少卿魏水洲先生文集》卷六）：「先生姓魏氏，諱良弼，字師說，別號水洲。……弘治壬子八月初七巳時，生先生。」

相關的記載有：

張惟驤《疑年錄彙編》卷七：「魏水洲八十四良弼，生弘治五年壬子，卒萬曆三年乙亥。」

《明儒學案》卷一九：「魏良弼字師說，號水洲，南昌新建人。……萬曆乙亥卒，年八十有四。」

八月十五，戚賢生　戚賢，南中王門學者。字秀夫，號南玄，安徽全椒（今安徽全椒縣）人。

王畿《刑科都給事中南玄戚君墓誌銘》（《龍溪王先生全集》卷二〇）：「君諱賢，字秀夫，別號南山，晚更號南玄。……弘治壬子八月十五日生也。」

是年

陽明二十一歲，格物失敗　是年，王守仁為驗證先儒朱熹所言「眾物必有表裏精粗，一草一木，皆涵至理」，遂在父親官署中格竹七天七夜，雖然疲憊不堪，但結果卻以失敗告歸。以格竹子去體驗朱子的格物之理，相當於用具體的身體力行去驗證朱熹廣義的理論，是幼稚和不當的。同時也是王守仁企圖把宋儒格物致知理論推到實踐極點的一次失敗的嘗試。這既表明他對宋儒理解的膚淺，也道出了宋儒外在求理的不足。但從這裡可以看出守仁求學的特點，即他企圖把內在的學術工夫（安身）和外在的實踐（立命）結合起來，以達成合理的統一，而不是僅停留在理論上。但是，由於程朱理學分心理為二的問題一直困惑著他，長期不得解決。守仁認為是自己的能力有限所致，由是遇疾並轉向了辭章之學。同時，守仁對格物致知的理解角度和模式也為其自己理論的最終突破提供了難得的契機。

王陽明《傳習錄》下（《王陽明全集》卷三）：「眾人只說格物要依晦翁，何曾把他的說去用？我著實曾用來。初年與錢友同論做聖賢，要格天下之物，如今安得這等大的力量？因指亭前竹子，令去格看。錢子早夜去窮格竹子的道理，竭其心思，至於三日，便致勞神成疾。當初說他這是精力不足，某因自去窮格。早夜不得其理，到七日，亦以勞思致疾。遂相與歎聖賢是做不得的，無他大力量去格物了。及在夷中三年，頗見得此意思，乃知天下之物本無可格者。其格物之功，只在身心上做，決然以聖人為人人可到，便自有擔當了。這裡意思，卻要說與諸公知道。」

錢著《年譜·年譜一》（《王陽明全集》卷三三）：「（弘治）五年壬子，先生二十一歲，在越。……是年為宋儒格物之學。先生始侍龍山公於京師，遍求考亭遺書讀之。一日思先儒謂『眾物必有表裏精粗，一草一木，皆涵至理』，官署中多竹，即取竹格之；沉思其理不得，遂遇疾。先生自委聖賢有分，乃隨世就辭章之學。」

案：陽明亭前格竹的時間，據陳來考證，當為己酉（1489）年陽明18歲之前（陳來《年譜箋證》），從陳來考證而言，亭前格竹確實不會為是年，至於可提前至那一年，此事待考。

孝宗弘治六年　癸丑（1493 年）

孝宗弘治七年　甲寅（1494 年）

王守仁 23 歲，湛若水 29 歲，王艮 12 歲，黃綰 18 歲，季本 10 歲，徐愛 8 歲，聶豹 8 歲，鄒守益 4 歲。

十月，陳九川生　陳九川，明代江右王門學者。字惟濬，號竹亭，後改號明水，江西臨川（今江西撫州）人。

徐泉海《陳明水先生年譜》：「明孝宗弘治七年甲寅，1494年，一歲。……是年十月十六日，母夢葉吞星生先生。」

孝宗弘治八年　乙卯（1495 年）

孝宗弘治九年　丙辰（1496 年）

王守仁 25 歲，湛若水 31 歲，王艮 14 歲，黃綰 20 歲，季本 12 歲，徐愛 10 歲，聶豹 10 歲，鄒守益 6 歲。

五月，歐陽德生　歐陽德，明代心學家，江右王門學者。字崇一，號南野，江西泰和（今江西泰和縣）人。

徐階《明故太子少保禮部尚書兼翰林院學士文莊歐陽公神道碑銘》（《國朝獻徵錄》卷三四）：「公諱德，字崇一，別號南野。……甲寅三月二十一日，得疾卒，距生弘治丙辰五月二日，享年五十九。」

相關的記載有：

張惟驤《疑年錄彙編》卷七：「歐陽南野五十九德，生弘治九年丙辰，卒嘉靖三十三年甲寅。」

《明儒學案》卷一七：「歐陽德字崇一，號南野，江南泰和人。……三十三年三月二十一日卒於官，年五十九，贈太子少保，諡文莊。」

十二月，錢德洪生　錢德洪，明代心學家，浙中王門學者。名寬，字德洪，後以字行，號緒山，浙江餘姚（今浙江餘姚）人。

王畿《刑部陝西司員外郎特詔進階朝列大夫致仕緒山錢君行狀》（《龍溪王先生全集》卷二〇）：「君諱德洪，字洪甫，初名寬，避先元諱，以字行。……君生

於弘治丙辰十二月二十二日，卒於萬曆甲戌十月二十七日，享年七十有九。」

相關的記載有：

張惟驤《疑年錄彙編》卷七：「錢緒山七十九德洪，生弘治九年丙辰，卒萬曆二年甲戌。」

《明儒學案》卷一一：「錢德洪字洪甫，號緒山，浙之餘姚人。……二年十月二十六日卒，年七十九。」

孝宗弘治十年　丁巳（1497 年）

王守仁 26 歲，湛若水 32 歲，王艮 15 歲，黃綰 21 歲，季本 13 歲，徐愛 11 歲，聶豹 11 歲，鄒守益 7 歲，歐陽德 2 歲，錢德洪 2 歲。

九月，程文德生　程文德，明代浙中王門學者。字舜敷，號松溪，浙江永康（今浙江永康市）人。是年生。

姜寶《松溪程先生年譜》：「孝宗皇帝弘治十年，歲丁巳九月初三日未時，先生生於獨松里舍。」

是年

王守仁始學兵法　由於明代自始至終基本沒有解決好邊患問題，故邊患是明朝時刻需要應付的重要問題。此時，問題更為嚴重，國家戰事連連，邊報不斷，邊疆吃緊，西北瓦剌、韃靼不斷侵擾，國家對將才需求甚急，加上守仁讀書又苦無所得，故此時的守仁對國家局勢格外關注，尤注重韜略統馭之才，並於是年開始學習兵法。

錢著《年譜·年譜一》（《王陽明全集》卷三三）：「（弘治）十年丁巳，先生二十六歲，寓京師。是年先生學兵法。當時邊報甚急，朝廷推舉將才，莫不遑遽。先生念武舉之設，僅得騎射搏擊之士，而不能收韜略統馭之才。於是留情武事，凡兵家秘書，莫不精究。每遇賓宴，嘗聚果核列陣勢為戲。」

孝宗弘治十一年　戊午（1498 年）

王守仁 27 歲，湛若水 33 歲，王艮 16 歲，黃綰 22 歲，季本 14 歲，徐愛 12 歲，聶豹 12 歲，鄒守益 8 歲，歐陽德 3 歲，錢德洪 3 歲。

五月，王畿生　王畿，明代心學家，浙中王門學者，王陽明的主要弟

子。字汝中，號龍溪，浙江山陰（今紹興）人。學者稱爲龍溪先生。

彭國翔《王龍溪先生年譜》：「弘治十一年戊午，1498年，一歲。是年五月六日，龍溪生。」

八月，萬表生　萬表，明代浙中王門學者。字民望，號鹿園，浙江鄞縣（一作定遠，今浙江寧波市鄞州區）人。

焦竑《榮祿大夫南京中軍都督府都督同知前提督漕運鎮守淮安總兵鹿園萬公墓誌銘》（《澹園集》卷二八）：「嘉靖丙辰正月二十六日，無疾端坐而逝，是夕大星隕於庭，光射數十丈云。距生弘治戊午八月二十二日，享年五十有九。」

十月，薛甲生　薛甲，明代南中王門學者。字應登，號畏齋，江蘇江陰（今江蘇江陰）人。

薛應旂《憲副畏齋薛公墓表》（《明文海》卷四四四）：「公諱甲，字應登，畏齋其別號也，常之江陰人。……公生於弘治戊午十月二十四日，卒於隆慶六年七月二十五日，享年七十五。」

十一月，林春生　林春，明代泰州學派學者。字子仁，號東城。江蘇泰州（今江蘇泰州市）人，是年生。

唐順之《吏部郎中林東城墓誌銘》（《明文海》卷四四二）：「嘉靖辛丑十一月二十日以吏部文選司郎中卒於京師，年四十有四。……君諱春，字子仁，始號方城。」

案：嘉靖辛丑爲1451年，其生年44，故是年生。

是年

王守仁轉學道養生　是年，守仁在認識到辭章不足以志道、求師友又不遇的情況下，偶讀朱熹文章，認識到以前格物的缺點是沒有循序致精，於是又循序漸進的思考，但收穫不大，依然沒能解決好心理爲二的問題。時間一長，舊病復發，更覺得聖賢有等，自己才力不足，這才轉談養生。守仁轉學道養生，是在他對程朱理學困惑時產生並發展的。在此後相當長的一段時間裏，守仁一直沉溺在道教的養生說裏。

錢著《年譜·年譜一》（《王陽明全集》卷三三）：「（弘治）十一年戊午，先生二十七歲，寓京師。是年先生談養生。先生自念辭章藝能不足以通至道，求師友於天下又不數遇，心持惶惑。一日讀晦翁《上宋光宗疏》，有曰：『居敬持

志，爲讀書之本，循序致精，爲讀書之法。』乃悔前日探討雖博，而未嘗循序以致精，宜無所得；又循其序，思得漸漬洽浹，然物理吾心終若判而爲二也。沉鬱既久，舊疾復作，益委聖賢有分。偶聞道士談養生，遂有遺世入山之意。」

劉邦采生 劉邦采，明代心學家，江右王門學者。字君亮，號師泉，吉安府安福（今江西省安福縣）人。

王時槐《師泉劉先生邦采傳》（《國朝獻徵錄》卷八五）：「師泉劉先生邦采，字君亮，兩峰先生從弟也。……年八十有六。」

案：據《兩峰劉先生誌銘》（《友慶堂合稿》卷三）：「歲壬午，先生（案：指劉文敏）歲二十有三，則與其族弟師泉共學，思所以自立於天地間者，或至夜分不能即枕。……則買舟趨越中，見王公，執守門牆，往復三年寒暑。」嘉靖壬午爲1522年，時劉文敏23歲，而劉邦采比劉文敏小，故其生年不會早於1498。由於文獻闕失，今姑且記爲1498年生，其生年86，卒年約爲1583年。

鄧豁渠生 鄧豁渠（1498～？），明代泰州學派學者。初名鶴，號太湖，四川內江（今四川內江市）人。棄科舉，師從趙大洲，多次問學於李元陽、鄒守益、王襞、耿定向等。其一生求良知之學，惜誤入佛道境界，企圖用佛道空無之學，悟儒家向上之機，終失儒家規則。著有《南詢錄》。

鄧豁渠《南詢錄·自敍》：「四十二歲，遇人指點，於事變中探討天機，爲無爲之學。久久知百姓日用，不知的是眞機。學者造到日用不知處，是眞學問，遂從事焉。」

耿定向《里中三異傳》：「鄧豁渠者，蜀之內江右族也，……慕余仲來余里，時年幾七十矣。」

鄧豁渠《南詢錄》：「渠自己亥年禮師，良知之學不解，入青城山參禪十年。……（嘉靖）甲子九月，終入黃安，流浪半載。」

《明儒學案》卷三二：「鄧豁渠初名鶴，號太湖，蜀之內江人。……渠自序爲學云：『己亥，禮師，聞良知之學，不解。入青城山參禪十年。……癸丑，抵天池，禮月泉，陳雞足所悟，泉曰：「第二機即第一機。」』渠遂認現前昭昭靈靈的，百姓日用而不知，渠知之也。甲寅，廬山禮性空，聞無師智聞說「沒有甚麼，甚麼便是」，始達良知之學，同是一機軸，均是認天機爲向上事，認神明爲本來人……渠學之誤，只主見性，不拘戒律，先天是先天，後天是後天，第一義是第一義，第二義是第二義，身之與性，截然分爲二事，言在世界外，行在

世界內，人但議其縱情，不知其所謂先天第一義者，亦只得完一個無字而已。嗟乎！是豈渠一人之誤哉？』」

案：鄧豁渠「四十二歲，遇人指點，於事變中探討天機」，當爲「渠自己亥年禮師，良知之學不解」，嘉靖己亥爲1539年，故其生年爲1498年。再根據耿定向的記載，其「慕余仲來余里，時年幾七十矣。」此年爲「甲子九月，終入黃安」，嘉靖甲子爲1564年，此年鄧豁渠年近七十，如果其生年爲1498，那麼，嘉靖甲子（1564）其67歲，與年近七十相當，故其生年當爲1498年。

孝宗弘治十二年　己未（1499 年）

王守仁 28 歲，湛若水 34 歲，王艮 17 歲，黃綰 23 歲，季本 15 歲，徐愛 13 歲，聶豹 13 歲，鄒守益 9 歲，歐陽德 4 歲，錢德洪 4 歲，王畿 2 歲。

王守仁舉進士　是歲，王守仁舉進士，並觀政工部，此爲守仁從政之始。

錢著《年譜·年譜一》（《王陽明全集》卷三三）：「（弘治）十有二年己未，先生二十八歲，在京師。舉進士出身。是年春會試。舉南宮第二人，賜二甲進士出身第七人，觀政工部。」

孝宗弘治十三年　庚申（1500 年）

王守仁 29 歲，湛若水 35 歲，王艮 18 歲，黃綰 24 歲，季本 16 歲，徐愛 14 歲，聶豹 14 歲，鄒守益 10 歲，歐陽德 5 歲，錢德洪 5 歲，王畿 3 歲。

薛應旂生　薛應旂，明代南中王門學者。字仲常，號方山，武進（今屬江蘇）人。

曾向虹《薛應旂年表要略》：「明弘治十三年庚申（西曆公元1500年），公生。」

孝宗弘治十四年　辛酉（1501 年）

王守仁 30 歲，湛若水 36 歲，王艮 19 歲，黃綰 25 歲，季本 17 歲，徐愛 15 歲，聶豹 15 歲，鄒守益 11 歲，歐陽德 6 歲，錢德洪 6 歲，王畿 4 歲。

王守仁遊九華山，並得異人問道　是歲，守仁奉命審錄江北，並遊九華山，遇蓬頭道者，並指以異人，守仁遂潛心問道，異人說：「周濂溪、程明

道是儒家兩個好秀才。」這表明異人對宋代儒學走向以性理爲主導的讚揚，宋儒的走向既推動並影響了後儒的發展方向，又使儒學與釋道的關係變得密切，但此時的守仁卻依然不能對儒釋道有所捨取。

　　錢著《年譜・年譜一》（《王陽明全集》卷三三）：「（弘治）十有四年辛酉，先生三十歲，在京師。奉命審錄江北。先生錄囚多所平反。事竣，遂遊九華，作《遊九華賦》，宿無相、化城諸寺。是時道者蔡蓬頭善談仙，待以客禮請問。蔡曰：『尚未。』有頃，屏左右，引至後亭，再拜請問。蔡曰：『尚未。』問至再三，蔡曰：『汝後堂後亭禮雖隆，終不忘官相。』一笑而別。聞地藏洞有異人，坐臥松毛，不火食，歷岩險訪之。正熟睡，先生坐傍撫其足。有頃醒，驚曰：『路險何得至此！』因論最上乘曰：『周濂溪、程明道是儒家兩個好秀才。』後再至，其人已他移，故後有會心人遠之歎。」

　　薛侃十六歲志聖賢之學　是年，薛侃十六歲，習《中庸》，有志於聖賢之學。

　　饒宗頤《薛中離年譜》：「（弘治）十四年辛酉（公元一五〇一），十六歲。年十六，聞講《中庸》，心遂志聖賢之學。」

孝宗弘治十五年　壬戌（1502 年）

　　王守仁 31 歲，湛若水 37 歲，王艮 20 歲，黃綰 26 歲，季本 18 歲，徐愛 16 歲，聶豹 16 歲，鄒守益 12 歲，歐陽德 7 歲，錢德洪 7 歲，王畿 5 歲。

　　王守仁漸悟佛道之非　是年，守仁在生命層次上與儒家思想找到切合點，並悟到佛道之非，原因是他認識到佛道是違背、遺棄人倫道德的行爲。此年八月，他在會稽陽明洞行導引術，據說已經達到先知，在最後決定學術、生活前進道路的關鍵時刻，依然不能通過最後一關，忽然想念起祖母岑氏和父親龍山公，終於省悟：「此念生於孩提。此念可去，是斷滅種性矣。」即佛道既是違背日常人倫的，也是違反儒家根本生活準則的。這樣，他又由出世轉向用世。不但如此，他還教導其它人脫離佛道，走入入世。

　　錢著《年譜・年譜一》（《王陽明全集》卷三三）：「（弘治）十有五年壬戌，先生三十一歲，在京師。八月，疏請告。是年先生漸悟仙、釋二氏之非。先是五月覆命，京中舊遊俱以才名相馳騁，學古詩文。先生歎曰：『吾焉能以有限精神爲無用之虛文也！』遂告病歸越，築室陽明洞中，行導引術。久之，遂先知。

一日坐洞中，友人王思輿等四人來訪，方出五雲門，先生即命僕迎之，且歷語其來跡。僕遇諸途，與語良合。眾驚異，以爲得道。久之悟曰：『此簸弄精神，非道也。』又屏去。已而靜久，思離世遠去，惟祖母岑與龍山公在念，因循未決。久之，又忽悟曰：『此念生於孩提。此念可去，是斷滅種性矣。』明年遂移疾錢塘西湖，復思用世。往來南屏、虎跑諸刹，有禪僧坐關三年，不語不視，先生喝之曰：『這和尚終日口巴巴說甚麼！終日眼睜睜看甚麼！』僧驚起，即開視對語。先生問其家。對曰：『有母在。』曰：『起念否？』對曰：『不能不起。』先生即指愛親本性諭之，僧涕泣謝。明日問之，僧已去矣。」

張元沖生　張元沖，浙中王門學者。字叔謙，號浮峰，浙江山陰（今浙江紹興）人。

劉宗周《大中丞浮峰先生暨配胡淑人合葬墓誌銘》：「先生張氏，諱元沖，……先生生於弘治壬戌，卒於嘉靖癸亥。」

孝宗弘治十六年　癸亥（1503 年）

王守仁 32 歲，湛若水 38 歲，王艮 21 歲，黃綰 27 歲，季本 19 歲，徐愛 17 歲，聶豹 17 歲，鄒守益 13 歲，歐陽德 8 歲，錢德洪 8 歲，王畿 6 歲。

正月，王棟生　王棟，明代泰州學派學者。字隆吉，號一庵，江蘇泰州（今江蘇泰州市）人。王艮的族弟。

《明儒王一庵先生遺集·年譜紀略》：「明孝宗弘治十六年癸亥正月乙丑，先生生。（是爲正月初一日亥時也。初，盤古以來，鎮民多業農賈，未開理頁，獨先生以理學顯，以歲薦，破天荒。始生辰逢癸亥、乙丑、癸亥、癸亥，人咸異其不偶云。）」

九月，徐階生　徐階，明代南中王門學者，政治家。字子升，號少湖，又號存齋，明松江華亭（今上海松江）人。

《許文貞公年譜》：「孝宗敬皇帝弘治十六年癸亥九月三十日子時，公生。」

是年

尤時熙生　尤時熙，明代北方王門學者。字季美，號西川，學者稱西川先生，河南洛陽（今河南洛陽市）人。

張元忭《尤西川墓銘》（《明文海》卷四四二）：「先生諱時熙，字季美……

先生卒以萬曆庚辰九月二十七日，享年七十有八。」

　　案：萬曆庚辰為1580年，其生年78，故是年生。

　　張後覺生　張後覺，明代北方王門學者。字志仁，號宏山，山東茌平（今山東聊城市茌平縣）人。學者稱為弘山先生。

　　張元忭《茌平弘山張先生墓表》（《明文海》卷四四二）：「先生名後覺字志仁，……萬曆戊寅七月二十日卒，享年七十有六。」

　　案：萬曆戊寅為1578，其生年76，故是年生。

孝宗弘治十七年　甲子（1504年）

　　王守仁33歲，湛若水39歲，王艮22歲，黃綰28歲，季本20歲，徐愛18歲，聶豹18歲，鄒守益14歲，歐陽德9歲，錢德洪9歲，王畿7歲。

　　九月，顏均生　顏均，明代心學家，泰州王門學者。字子和，號山農，後避萬曆諱，更名鈞，江西吉安（今江西吉安市）人。

　　黃宣民《顏均年譜》：「明孝宗弘治十七年甲子（公元1504年），一歲。九月二十三日（公元1504年10月30日）顏均生於永新三都中陂家中。」

　　十月，羅洪先生　羅洪先，明代心學家，江右王門學者。字達夫，號念庵，江西吉水（今江西省吉水縣）人。

　　錢穆《羅念庵年譜》：「孝宗宏治十七年甲子，一歲。十月十四日子時（行狀）生於京師。（亡妻曾氏墓誌銘）」

孝宗弘治十八年　乙丑（1505年）

　　王守仁34歲，湛若水40歲，王艮23歲，黃綰29歲，季本21歲，徐愛19歲，聶豹19歲，鄒守益15歲，歐陽德10歲，錢德洪10歲，王畿8歲，羅洪先2歲。

　　三月，萬虞愷生　萬虞愷，明代江右王門學者，字懋卿，別號楓潭，江西南昌（今江西南昌市）人，萬廷言之父。

　　鄧以讚《刑部侍郎楓潭萬公行狀》：「公諱某，字懋卿，別號楓潭，……公沒於戊子閏六月二十七日未時，距生乙丑三月十二日，享年八十有四。」

　　十二月，周怡生　周怡，明代南中王門學者。字順之，號都峰，改號訥

溪，安徽太平（今安徽太平縣）人。

姜寶《提督四夷館太常少卿前南京國子司業訥溪周公怡墓誌銘》（《國朝獻徵錄》卷七〇）：「公諱怡，字順之，號都峰，後改號訥溪。……公生弘治乙丑十二月，年六十有四。」

是年

是年王守仁始有門人入，並與湛若水定交　是年，王守仁在京開始講學。當時，學者溺於詞章記誦，不知有身心之學。守仁教其必先樹立爲聖人之志。此後，學者漸有爲學之方。此時，他與翰林院庶吉士湛若水一見定交，湛若水是明代早期心學代表陳獻章的門生，在與之交往中，守仁受到陳、湛的影響，堅定了走向心學的信念。

錢著《年譜‧年譜一》（《王陽明全集》卷三三）：「（弘治）十有八年乙丑，先生三十四歲，在京師。是年先生門人始進。學者溺於詞章記誦，不復知有身心之學。先生首倡言之，使人先立必爲聖人之志。聞者漸覺興起，有願執贄及門者。至是專志授徒講學。然師友之道久廢，咸目以爲立異好名，惟甘泉湛先生若水時爲翰林庶吉士，一見定交，共以倡明聖學爲事。」

案：關於王守仁與湛若水相交的時間，湛若水的記載與《年譜》不符，湛若水記爲正德丙寅（1506）年。湛若水《陽明先生墓誌銘》：「正德丙寅，（王守仁）始歸正於聖賢之學。會甘泉子於京師，語人曰：『守仁從宦三十年，未見此人。』甘泉子語人亦曰：『若水泛觀於四方，未見此人。』遂相與定交講學，一宗程氏『仁者渾然與天地萬物同體』之指。」《年譜》的記載是根據黃綰《陽明先生行狀》而寫的，黃綰、王守仁、湛若水均友善，故記載也應該可信，但肯定有一方記錯，由於王守仁文集中並沒有他們交友日期的準確記載，此事待考。

武宗正德元年　丙寅（1506 年）

王守仁 35 歲，湛若水 41 歲，王艮 24 歲，黃綰 30 歲，季本 22 歲，徐愛 20 歲，聶豹 20 歲，鄒守益 16 歲，歐陽德 11 歲，錢德洪 11 歲，王畿 9 歲，羅洪先 3 歲。

歸有光（1506～1571）生。

十一月，王守仁上封事，下詔獄，**謫龍場驛驛丞**　是時，宦官劉瑾亂政。爲誅劉瑾，南京戶科給事中戴銑、薄彥徽等上書，得罪了劉瑾，被繫

於獄。守仁毅然上疏救之，疏上，結果守仁被廷杖五十，死而復生，繫於詔獄。不久，謫貴州龍場驛驛丞。在獄中，王守仁真是在短暫的時間中經歷了人生的春夏秋冬，「天涯歲暮冰霜結，永巷人稀罔象遊（《獄中詩十四首・天涯》。」這是人生之冬的景象，政治環境如同「暮冰霜結」，人生遭遇有如永巷人稀之感；「願言無詭隨，努力從前哲《獄中詩十四首・別友獄中》！」這是對人生之春的期盼，是對未來人生的美好憧憬；「幽室不知年，夜長晝苦短。但見屋罅月，清光自虧滿《獄中詩十四首・屋罅月》。」這是人生之夏景，幽室的苦悶，月光的虧滿，都是積蓄力量的前兆；「俯仰天地間，觸目俱浩浩。簞瓢有餘樂，此意良匪矯。幽哉陽明麓，可以忘吾老《獄中詩十四首・讀易》。」這是人生之秋的灑脫，王守仁通過《易》的閱讀，盡覽先哲之至教，方流露出忘我逍遙之象。

　　錢著《年譜・年譜一》（《王陽明全集》卷三三）：「武宗正德元年丙寅，先生三十五歲，在京師。二月，上封事，下詔獄，謫龍場驛驛丞。是時武宗初政，奄瑾竊柄。南京科道戴銑、薄彥徽等以諫忤旨，逮繫詔獄。先生首抗疏救之，其言：『君仁臣直。銑等以言為責，其言如善，自宜嘉納；如其未善，亦宜包容，以開忠讜之路。乃今赫然下令，遠事拘囚，在陛下不過少示懲創，非有意怒絕之也。下民無知，妄生疑懼，臣切惜之！自是而後，雖有上關宗社危疑不制之事，陛下孰從而聞之？陛下聰明超絕，苟念及此，寧不寒心？伏願追收前旨，使銑等仍舊供職，擴大公無我之仁，明改過不吝之勇；聖德昭佈，遠邇人民胥悅，豈不休哉！』疏入，亦下詔獄。已而廷杖四十，既絕復蘇。尋謫貴州龍場驛驛丞。」

　　王守仁《獄中詩十四首・前言》（《王陽明全集》卷一九）：「正德丙寅年十二月，以上疏忤逆瑾，下錦衣獄作不寐。」

　　案：王守仁上疏的時間，《年譜》記為二月，而王守仁並未記上疏的時間，只記為十二月下獄。今據陳來考證，當為「十一月上疏，下詔獄，十二月謫龍場驛驛丞」，參陳來《年譜箋證》。

武宗正德二年　丁卯（1507 年）

　　王守仁 36 歲，湛若水 42 歲，王艮 25 歲，黃綰 31 歲，季本 23 歲，徐愛 21 歲，聶豹 21 歲，鄒守益 17 歲，歐陽德 12 歲，錢德洪 12 歲，王畿 10 歲，

羅洪先4歲。

閏正月，湛若水贈王守仁詩《九章》　是年，王守仁謫第貴州，湛若水送別，並贈詩九首。是時，王、湛已爲學道摯友，爲表示離別的難捨之情，湛若水以詩寄珍重之意。詩中既有對守仁才華的讚揚、也有對其謫居的同情，更有離別的苦楚。同時，守仁也回詩八首。

湛若水《九章贈別並序》（《湛甘泉先生文集》卷二六）：「《九章》贈陽明山人王伯安也。山人爲天德王道之學，不偶於時，以言見讁，故首之以窈窕。窈窕比也，然而讁矣，終不忘乎愛君，故次之以遲遲。讁而去也，其友惜之，故次之以黃鳥。惜之非但已也，爰有心期，故次之以北風。道路所經，不無弔古之懷，故次之以行行。行必有贈與處，故次之以我有。贈非空言也，必本乎道義，故次之以皇天。皇天明無爲也，無爲則虛明自生，無朋從之思而道義出矣，故次之以窮索。窮索非窮索也，無思而無不思也。無爲立矣，虛明生矣，道義出矣，然後能與天地爲一體，宇宙爲一家。感而通之，將無間乎離合，雖哀而不傷也，故次之以天地終焉。於虖！山人將索我於形骸之外者，言語焉乎哉？丁卯閏正月朔日。」

春，徐愛拜王守仁爲師　是年，守仁即將去龍場，徐愛此時隨守仁學習，隨後，蔡宗兗、朱節等也師事守仁。徐愛、蔡宗兗、朱節爲同鄉好友，並同舉鄉貢，守仁作《別三子序》以贈之。徐愛，王守仁的妹夫，自此跟守仁學習，終身不輟。

徐愛《同志考敘》（《徐愛錢德洪董沄集·橫山遺集》卷上）：「自尊師陽明先生聞道後幾年，某於丁卯春，始得以家君命執弟子禮焉。於是門下亦莫有予先者也。」

錢著《年譜·年譜一》（《王陽明全集》卷三三）：「（正德）二年丁卯，先生三十六歲，在越。……十二月返錢塘，赴龍場驛。是時先生與學者講授，雖隨地興起，未有出身承當，以聖學爲己任者。徐愛，先生妹婿也，因先生將赴龍場，遂納贄北面，奮然有志於學。愛與蔡宗兗、朱節同舉鄉貢，先生作《別三子序》以贈之。」

王守仁《別三子序·丁卯》：「自程、朱諸大儒沒而師友之道遂亡。《六經》分裂於訓詁，支離蕪蔓於辭章業舉之習，聖學幾於息矣。有志之士思起而興之，然卒徘徊咨嗟，逡巡而不振；因弛然自廢者，亦志之弗立，弗講於師友之道

也。……殆予之志有未立邪？蓋自近年而又得蔡希顏、朱守忠於山陰之白洋，得徐曰仁於餘姚之馬堰。曰仁，予妹婿也。希顏之深潛，守忠之明敏，曰仁之溫恭，皆予所不逮。」

案：徐愛師從守仁時間是是年春天，具體月份待定。

夏，王守仁赴謫龍場至錢塘，託言投江至閩 正德二年王守仁由京至黔，開始謫居生活。為殺人滅口，劉瑾派人跟蹤。至錢塘，守仁偽裝投江自殺，騙過追捕的人。後附商船到舟山，遇颶風而至閩北，入武夷山。晚上夜宿野廟，幸與虎無意，第二天，作詩釋懷，展現了守仁淡然而堅定、無滯而有方的生活趣向。

錢著《年譜‧年譜一》(《王陽明全集》卷三三)：「(正德)二年丁卯，先生三十六歲，在越。夏，赴謫至錢塘。先生至錢塘，瑾遣人隨偵。先生度不免，乃託言投江以脫之。因附商船遊舟山，偶遇颶風大作，一日夜至閩界。比登岸，奔山徑數十里，夜扣一寺求宿，僧故不納。趨野廟，倚香案臥，蓋虎穴也。夜半，虎繞廊大吼，不敢入。黎明，僧意必斃於虎，將收其囊；見先生方熟睡，呼始醒，驚曰：『公非常人也！不然，得無恙乎？』邀至寺。寺有異人，嘗識於鐵柱宮，約二十年相見海上；至是出詩，有『二十年前曾見君，今來消息我先聞』之句。與論出處，且將遠遁。其人曰：『汝有親在，萬一瑾怒逮爾父，誣以北走胡，南走粵，何以應之？』因為著，得《明夷》，遂決策返。先生題詩壁間曰：『險夷原不滯胸中，何異浮雲過太空？夜靜海濤三萬里，月明飛錫下天風。』因取間道，由武夷而歸。」

案：關於劉瑾是否真派人殺王守仁，此事有兩種不同的記載，黃綰《陽明先生行狀》(《王陽明全集》卷三十八)記為：「明年丙寅，……謫貴州龍場驛丞。瑾怒未釋。公行至錢塘，度或不免，乃詫為投江，潛入武夷山中，決意遠遁。夜至一山庵投宿，不納。行半里許，見一古廟，遂據香案臥。黎明，道士特往視之，方熟睡。乃推醒曰：『此虎狼穴也，何得無恙？』因詰公出處，公乃吐實。道士曰：『如公所志，將來必有赤族之禍。』公問：『何以至此？』道士曰：『公既有名朝野，若果由此匿跡，將來之徒假名以鼓舞人心，朝廷尋究汝家，豈不致赤族之禍？』公然其言。嘗有詩云：『海上曾為滄水使，山中又拜武夷君。』遂由武夷至廣信，溯彭蠡，歷沅、湘，至龍場。」然湛若水《陽明先生墓誌銘》(《王陽明全集》卷三十八)記為：「人或告曰：『陽明公至浙，沉於江矣，至福建始起矣。登鼓山之詩曰：海上曾為滄水使，山中又拜武夷君。有徵矣。』甘

泉子聞之笑曰：『此佯狂避世也。』故爲之作詩，有云：『佯狂欲浮海，說夢癡人前。』及後數年，會於滁，乃吐實。彼誇虛執有、以爲神奇者，烏足以知公者哉！」從兩種不同甚至完全相反的記載看，有劉瑾眞派人殺守仁（黃綰之記載）和劉瑾沒有派人殺守仁（湛若水之記載）兩種截然不同的結果，如此又有兩種可能，守仁跳水是爲了逃生（黃綰之記載）或佯狂避世（湛若水之記載）。《年譜》基本採用黃綰的記載，然《本傳》及《明史》均不載，此事待考。

秋，蔡宗兗、朱節等師事王守仁　在徐愛師事王守仁後，蔡宗兗、朱節等鄉人相繼師事守仁。守仁感三子之有志於學，其已即將赴龍場，遂作《別三子序》贈之，以示寄託。

徐愛《同志考敘》（《徐愛錢德洪董沄集・橫山遺集》卷上）：「自尊師陽明先生聞道後幾年，某於丁卯春，始得以家君命執弟子禮焉。於是門下亦莫有予先者也。繼而是秋，山陰蔡希顏、朱守中來學，鄉之興起者始多。」

錢著《年譜・年譜一》（《王陽明全集》卷三三）：「（正德）二年丁卯，先生三十六歲，在越。……十二月返錢塘，赴龍場驛。是時先生與學者講授，雖隨地興起，未有出身承當，以聖學爲己任者。徐愛，先生妹婿也，因先生將赴龍場，遂納贄北面，奮然有志於學。愛與蔡宗兗、朱節同舉鄉貢，先生作《別三子序》以贈之。」

王守仁《別三子序・丁卯》：「自程、朱諸大儒沒而師友之道遂亡。《六經》分裂於訓詁，支離蕪蔓於辭章業舉之習，聖學幾於息矣。有志之士思起而興之，然卒徘徊咨嗟，逡巡而不振；因弛然自廢者，亦志之弗立，弗講於師友之道也。……殆予之志有未立邪？蓋自近年而又得蔡希顏、朱守忠於山陰之白洋，得徐曰仁於餘姚之馬堰。曰仁，予妹壻也。希顏之深潛，守忠之明敏，曰仁之溫恭，皆予所不逮。」

十月，唐順之生　唐順之，明代南中王門學者。字應德，一字應修，江蘇武進（今江蘇常州）人。

唐鼎元《明唐荊川先生年譜》：「明武宗正德二年丁卯，公生。是歲，有懷公年二十五，生公於里第，爲十月初五日也。」

是年

王艮有任道之志　是年，王艮過山東，謁孔聖諸賢廟，深浸教化，有「夫

子亦人也，我亦人也」之歎，奮然有任道之志。歸則日誦《孝經》、《論語》、《大學》諸書，置其書袖中，逢人質義。

《王心齋全集・年譜》：「武宗二年丁卯，先生廿五歲。（客山東，過闕里謁孔聖及顏曾思孟諸廟，瞻拜感激，奮然有任道之志。歸則日誦《孝經》、《論語》、《大學》，置其書袖中，逢人質義。……）」

武宗正德三年　戊辰（1508 年）

王守仁 37 歲，湛若水 43 歲，王艮 26 歲，黃綰 32 歲，季本 24 歲，徐愛 22 歲，聶豹 22 歲，鄒守益 18 歲，歐陽德 13 歲，錢德洪 13 歲，王畿 11 歲，羅洪先 5 歲。

王恕卒　王恕（1416～1508），陝西三原（今陝西三原縣）人，明代著名學者，三原學派的代表性人物。

蔡清卒　蔡清（1453～1508），福建晉江（今晉江市）人，明代著名經學家。

七月，王守仁著《五經臆說》　是年，王守仁在貴州龍場著《五經臆說》。是書為王守仁最早的經學著述，凡四十六卷，除《禮》為六卷外，其餘《經》各十。後來王守仁因諸論過於繁瑣，於是付之一炬，現只剩下十三條。此十三條是錢德洪從王守仁的廢稿中檢得，但依然可以略窺其不合先賢、盡舒胸臆的情懷。

王守仁《五經臆說序・戊辰》（《王陽明全集》卷二二）：「龍場居南夷萬山中，書卷不可攜，日坐石穴，默記舊所讀書而錄之。意有所得，輒為之訓釋。期有七月而《五經》之旨略遍，名之曰《臆說》。蓋不必盡合於先賢，聊寫其胸臆之見，而因以娛情養性焉耳。……夫說凡四十六卷，《經》各十，而《禮》之說尚多缺，僅六卷云。」

是年

王守仁三十七歲，龍場悟道　在古代，驛站是供傳遞公文的差役和過往官吏換馬和住宿的處所。本來條件就十分艱苦，加上遠處貴州，其環境惡劣就可想而知。在這種情況下，守仁自然地提出了這樣的問題：「聖人處

此,更有何道?」即聖人面對外在的困境又能如何?於是,他日坐石墩之上,自誓曰:「吾惟俟命而已!」,更復何計?一天夜裏,他忽然盡悟格物之旨,彷彿睡夢中有人告訴他,不覺呼躍而起,若癡若狂,隨從皆被驚醒。原來,他體悟到「聖人之道,吾性自足,嚮之求理於事物者誤也」。即王守仁意識到「格物」之「物」是外在的「物」,更是內心之「物」,又以所記的《五經》之言加以印證,感到無不吻合,遂著《五經臆說》,這說明王守仁的「格物」已從外在的物理轉化爲內在的性理,即道德的最高載體不是外在之物而是自身主體,不再是認知世界而是端正念頭,這既找到了貫通外在之「理」和內在之「心」的途徑,又爲破除其「格物」困境找到了最好的理論突破點,也爲成聖的可能性找到了最好的理論依據。同時,這也是王學建立的關鍵一步。

王守仁《朱子晚年定論序·戊寅》(《王陽明全集》卷七):「其後謫官龍場,居夷處困,動心忍性之餘,恍若有悟。體驗探求,再更寒暑,證諸《六經》四子,沛然若決江河而放之海也。」

錢著《年譜·年譜一》(《王陽明全集》卷三三):「(正德)三年戊辰,先生三十七歲,在貴陽。春,至龍場。先生始悟格物致知。龍場在貴州西北萬山叢棘中,蛇虺魍魎,蠱毒瘴癘,與居夷人鴃舌難語,可通語者,皆中土亡命。舊無居,始教之範土架木以居。時瑾憾未已,自計得失榮辱皆能超脫,惟生死一念尚覺未化,乃爲石墩自誓曰:『吾惟俟命而已!』日夜端居澄默,以求靜一;久之,胸中灑灑。而從者皆病,自析薪取水作糜飼之;又恐其懷抑鬱,則與歌詩;又不悅,復調越曲,雜以詼笑,始能忘其爲疾病夷狄患難也。因念『聖人處此,更有何道?』忽中夜大悟格物致知之旨,寤寐中若有人語之者,不覺呼躍,從者皆驚。始知聖人之道,吾性自足,嚮之求理於事物者誤也。乃以默記《五經》之言證之,莫不吻合,因著《五經臆說》。」

《明史》卷一九五:「守仁天姿異敏,……謫龍場,窮荒無書,日繹舊聞,忽悟格物致知當自求諸心,不當求諸事物,喟然曰:『道在是矣。』遂篤信不疑。」

《明儒學案》卷一〇:「先生之學,始氾濫於詞章,繼而遍讀考亭之書,循序格物,顧物理吾心終判爲二,無所得。入於是出入於佛、老者久之。及至居夷處困,動心忍性,因念聖人處此更有何道?忽悟格物致知之旨,聖人之道,吾性自足,不假外求,其學凡三變而始得其門。」

案:從龍場悟道原因看,環境惡劣,給人以還原自然、不牽於物的情懷;無

書可讀，給人以深思熟慮的機會；寤寐若悟，多是某種神仙附會之說。以上三條均是王守仁龍場悟道的機緣，更為重要的是，王守仁經過亭前格物失敗、漸悟佛道之非等思想轉變，在讀書積累的基礎上的一個階段性突破。龍場悟道的核心是確立了「心即理」的理論，日後，雖然王守仁多次論證此觀點，並在此觀點的基礎上提出「良知」說、「致良知」說、「知行合一」說等，但此「心即理」說無疑是其理論最薄弱的環節，也是受羅欽順等攻擊最嚴重的地方。同時，王守仁和陸九淵的「心即理」理論建立途徑是完全不一樣的。陸九淵是從《孟子》入手，順途而行，王守仁是從《大學》入手，逆途而至。另外，在陸九淵那裡，在「心即理」外，還存在一個「天本體」，王守仁就刻意強調「心外無理」，從而杜絕了「心即理」說的不徹底性。

趙貞吉生 趙貞吉〔註 2〕，明代泰州學派學者，字孟靜，號大洲。四川內江（今四川內江市）人。

張惟驤《疑年錄彙編》卷七：「趙大洲六十九貞吉，生正德三年戊辰，卒萬曆四年丙子。」

胡直《少保趙文肅公傳》（《衡廬精舍藏稿‧續稿》卷一一）：「（萬曆）丙子正月，疾良愈。……至三月望，端坐薨，春秋六十有九。」

案：萬曆丙子為1576年，其生年69，故是年生。

劉陽生 劉陽（1508～？），明代江右王門學者。字一舒，號三五，江西安福縣（今江西安福縣）人。嘉靖四年（1525），舉鄉試，任碭山知縣，治盜多有良方，升福建道御史。後致仕。其學在理論上精研「致良知」之說，並以中、敬、誠、靜、寂、仁等與良知聯義作解，在為學工夫上主張調解王學與宋學之別。鄒守益之後，江右學者多以其為歸。著有《三五先生洞語》等。

錢著《年譜‧年譜三》（《王陽明全集》卷三五）：「（嘉靖）六年丁亥，先生五十六歲，在越。……諸生彭簪、王釗、劉陽、歐陽瑜等偕舊遊三百餘，迎入螺川驛中。」

〔註 2〕 關於趙貞吉，黃宗羲言其「先生之學，李贄謂其得之徐波石。」可見黃宗羲也無實證，據吳震考證，「『據胡直《少保趙文肅公傳》載，趙及第進士後，『與同志友尹公臺、徐公樾、敎公銑等切劘。』據此看來，徐樾與趙貞吉當是同志關係（吳震《泰州學案芻議》，《浙江社會科學》，2004 年第 2 期。）。」對此，陳世英在《趙貞吉的學術思想》（《內江師範學院學報》，2008 年第 3 期）中已有詳細論證，可見，趙貞吉之學並非傳之徐樾，已是定論。

《明儒言行錄》卷八：「劉陽，字一舒，江西安福人。……弱冠如虔，見陽明，稱弟子。」

《明儒學案》卷一九：「劉陽，字一舒，號三五，安福縣人。少受業於彭石屋、劉梅源，見陽明《語錄》而好之，遂如虔問學。……先生曰：『境寂我寂，已落一層。』兩峰曰：『此徹骨語也。』自東廓沒，江右學者，皆以先生爲歸。……先生於師門之旨，身體精研。曰：『中，知之不倚於見聞也；敬，知之無怠者也；誠，知之無妄者也；靜，知之無欲者也；寂，知之無思爲者也；仁，知之生生與物同體者也。各指所之，而皆指夫知之良也，致知焉盡矣。』由先生言之，則陽明之學，仍是不異於宋儒也。」

案：查錢著《年譜‧年譜》，劉陽第一次見王守仁當爲嘉靖六年（1527），應該是是年師從守仁，而《明儒言行錄》記爲弱冠，故其生年當爲1508年。由於文獻闕失，卒年不可知。

卷二：王陽明心學形成並漸成潮流期

　　王陽明心學形成並漸成潮流期蓋指王陽明貴州龍場悟道（1508）至王陽明逝世（1528），計二十一年。從學術上講，這一時期王陽明思想主要表現爲良知的提出和四句教的定型；從事功上講，這一時期王陽明的實踐主要表現爲武功的建立與政治的歷練；從爲人處事上講，這一時期王陽明的處事原則經歷了從早年的豪邁到中年之後的圓潤；從教學上講，這一時期王陽明的主要收穫是從學子的稀少到形成潮流之勢。可以說，離開龍場後，王守仁帶著良知說走向仕途，並在人生多個層面上取得了不菲的收穫，當然，論爭與爭議也沒有停止過。從王陽明自身的努力而言，他把心學的發展推動了一個至高點，同時也留下了分裂的種子；他把心學的發展帶到了一個自由的境界，同時卻沒有留下足夠的束縛機制。王陽明崇尚自由、自然、自覺，因而他極力吸收佛道的自由因子，然儒家之學終是此岸世界，不能擺脫現實的束縛。王陽明帶著明代崇尚自由、自然、自覺的學子在理論與實踐之中奔跑，那些跑的近的尚能爲社會所認可，跑的遠的卻逐漸失去了儒家規則。不管怎樣，王陽明都曾領導過這個時代潮流，並走在時代的最前沿，這已經足夠成爲一代聖人。

武宗正德四年　己巳（1509 年）

　　王守仁 38 歲，湛若水 44 歲，王艮 27 歲，黃綰 33 歲，季本 25 歲，徐愛 23 歲，聶豹 23 歲，鄒守益 19 歲，歐陽德 14 歲，錢德洪 14 歲，王畿 12 歲，羅洪先 6 歲。

十月，**韓貞生**　韓貞，明代泰州學派學者。字以貞，號樂吾，揚州興化（今江蘇興化市）人。

《理學韓樂吾先生行略》（《韓貞集》附錄二）：「先生生於明正德四年己巳十月廿四日卯時，係興化縣東鄉人氏，世業陶。」

是年

王守仁始論知行合一，提學副使席書聘其主持貴陽文明書院　提學副使席書曾問朱陸同異於守仁，守仁並沒有直接告訴他朱陸之別，而是反覆引悟，往復數四，席書豁然大悟。是年三月，並與毛科一起修葺府城文明書院，親率貴陽諸生，以師禮待守仁。在文明書院，守仁首次闡述他的知行合一說，並贏得了眾多學子。所謂知行合一，主要是良知的道德踐履，強調良知的理論與實踐的統一，知行合一既為良知找到了極好的落腳點，也拓展了良知的生存空間。這樣，王守仁把其良知說由理論走向實踐，也是為最終提出致良知學說邁出了重要的一步。

錢著《年譜‧年譜一》（《王陽明全集》卷三三）：「（正德）四年己巳，先生三十八歲，在貴陽。提學副使席書聘主貴陽書院。是年先生始論知行合一。始席元山書提督學政，問朱陸同異之辨。先生不語朱陸之學，而告之以其所悟。書懷疑而去。明日復來，舉知行本體證之《五經》諸子，漸有省。往復數四，豁然大悟，謂『聖人之學復睹於今日；朱陸異同，各有得失，無事辯詰，求之吾性本自明也。』遂與毛憲副修葺書院，身率貴陽諸生，以所事師禮事之。」

案：有明一代，貴陽只有文明、正學、陽明三書院，且正學、陽明書院為王陽明逝世後新建，故王陽明只能主講文明書院。《年譜》記載「提學副使席書聘主貴陽書院」恐為「主貴陽文明書院」之誤，相關論證可參考譚佛祐《王陽明「主貴陽書院」辯證》《貴州文史叢刊》1987年第1期）、王路平《王陽明「主貴陽書院」證誤》（《浙江學刊》1997年第6期）等。

王守仁告誡門人冀元亨、蔣信、劉觀時靜坐非悟學的唯一途徑　守仁教人靜坐，目的是補小學收放心一段功夫，這樣，學才有得力處，後來卻被人視為禪學。其實他只把靜坐作為入門的途徑，而受教弟子卻視之為為學之大方，故致使弊端橫出。守仁知道如果僅僅守靜，就有流入枯槁之弊，故專門提出「知行合一」之說以救時弊。同時，靜坐只是悟得「良知」本體的

一種方法，是一種收斂「良知」之工夫，但並非爲學的唯一途徑。

錢著《年譜・年譜一》(《王陽明全集》卷三三)：「(正德) 五年庚午，先生三十九歲，在吉。……語學者悟人之功。先是先生赴龍場時，隨地講授，及歸過常德、辰州，見門人冀元亨、蔣信、劉觀時輩俱能卓立，喜曰：『謫居兩年，無可與語者，歸途乃幸得諸友！悔昔在貴陽舉知行合一之教，紛紛異同，罔知所入。茲來乃與諸生靜坐僧寺，使自悟性體，顧恍恍若有可即者。』既又途中寄書曰：『前在寺中所云靜坐事，非欲坐禪入定也。蓋因吾輩平日爲事物紛拿，未知爲己，欲以此補小學收放心一段功夫耳。明道云：「才學便須知有用力處，既學便須知有得力處。」諸友宜於此處著力，方有進步，異時始有得力處也。』」

案：關於王守仁告誡門人冀元亨、蔣信、劉觀時靜坐非悟學的唯一途徑的時間，《年譜》記爲正德庚午年 (1510)，《年譜》是根據王守仁的《與辰中諸生・己巳》而來，而王守仁的《與辰中諸生・己巳》明明是正德己巳年 (1509)，故今還原至是年。今把《與辰中諸生・己巳》摘錄如下，以備參考。《與辰中諸生・己巳》：「謫居兩年，無可與語者。……前在寺中所云靜坐事，非欲坐禪入定。蓋因吾輩平日爲事物紛奴，未知爲己，欲以此補小學收放心一段工夫耳。明道云：『才學便須知有著力處，既學便須知有著力處。』諸友宜於此處著力，方有進步，異時始有得力處也。……只如前日所約，循循爲之，亦自兩無相礙。所謂知得灑掃應對，便是精義入神也。」另外，王守仁說，「謫居兩年，無可與語者」，從其入龍場到如今，正是兩年，故王守仁告誡門人冀元亨、蔣信、劉觀時靜坐非悟學的唯一途徑的時間放在是年，當爲準確。

武宗正德五年　庚午 (1510 年)

王守仁 39 歲，湛若水 45 歲，王艮 28 歲，黃綰 34 歲，季本 26 歲，徐愛 24 歲，聶豹 24 歲，鄒守益 20 歲，歐陽德 15 歲，錢德洪 15 歲，王畿 13 歲，羅洪先 7 歲。

三月，王守仁任廬陵縣知縣，立保甲法以安民　守仁離開龍場，於是年三月到江西廬陵任知縣。守仁在廬陵施政，是在其「心即理」、「知行合一」學說提出之後，也是其走出宋儒「格物」說之後的一次重要理論實踐，「爲政不事威刑，惟以開導人心爲本」便是重視「心」爲本的重要施政原則。同時，他注重調查鄉情，實事求是，教導開化，釐定舊制，逐漸把教育成果推向實

踐，由是「獄牒盈庭，不即斷射」（此為王陽明的政績，也是注重教育成果和行的統一）。在舊法的基礎上創立保甲法（保甲法即是教育和實踐統一的方法），使社會得以安定和諧。可以說，短短數月，守仁治理廬陵成效顯著。

錢著《年譜·年譜一》（《王陽明全集》卷三三）：「（正德）五年庚午，先生三十九歲，在吉。升廬陵縣知縣。先生三月至廬陵。為政不事威刑，惟以開導人心為本。蒞任初，首詢里役，察各鄉貧富奸良之實而低昂之。獄牒盈庭，不即斷射。稽國初舊制，慎選里正三老，坐申明亭，使之委曲勸諭。民膏悔勝氣囂訟，至有涕泣而歸者。由是囹圄日清。在縣七閱月，遺告示十有六，大抵諄諄慰父老，使教子弟，毋令蕩僻。城中失火，身禱返風，以血禳火，而火即滅。因使城中闢火巷，定水次兌運，絕鎮守橫征，杜神會之借辦，立保甲以弭盜，清驛遞以延賓旅。至今數十年猶踵行之。」

十一月，黃綰與王守仁、湛若水交遊 是年，八月，劉瑾下獄，後被處死，被其打擊的官員得以平反。九月，王守仁離開廬陵，十一月到京。時黃綰為後軍都督府都事，有志於聖學，惜不能執其所嚮，以友人介紹故，在北京與王守仁見面，談為學之道，兩人均有所得。從此，他和王守仁、湛若水成為摯友。這也是黃綰由程朱之學轉而信仰王學的開始。

錢著《年譜·年譜一》（《王陽明全集》卷三三）：「（正德）五年庚午，先生三十九歲，在吉。……先生入京，館於大興隆寺，時黃宗賢綰為後軍都督府都事，因儲柴墟㠝請見。先生與之語，喜曰：『此學久絕，子何所聞？』對曰：『雖粗有志，實未用功。』先生曰：『人惟患無志，不患無功。』明日引見甘泉，訂與終日共學。」 按宗賢至嘉靖壬午春復執贄稱門人。

黃綰《陽明先生行狀》（《王陽明全集》卷三八）：「（正德）庚午，升廬陵知縣。……是歲冬，以朝觀入京，調南京刑部主事，館於大興隆寺。予時為後軍都事，少嘗有志聖學，求之紫陽、濂、洛、象山之書，日事靜坐；雖與公有通家之舊，實未嘗深知其學。執友柴墟儲公㠝與予書曰：『近日士夫如王君伯安，趨向正，造詣深，不專文字之學，足下肯出與之遊，麗澤之益，未必不多。』予因而慕公，即夕趨見。……明日，公令人邀予至公館中，會湛公，共拜而盟。……予三人者自職事之外，稍暇，必會講；飲食起居，日必共之；各相砥礪。」

是年

陳九川師事饒瑄 是年，陳九川受業於饒瑄，前後共五年，並受益頗

多，陳九川說，「凡粗有所悟，實皆先生發之」。由於饒瑄師事守仁，故陳九川可謂守仁再傳弟子。

《陳明水先生年譜》：「正德五年庚午，1510年，十七歲。是年，先生始受業於饒行齋，前後凡五歲，未嘗去門。後先生嘗謂『凡粗有所悟，實皆先生（案，指行齋）發之。』」

案：饒行齋，諱瑄，字文璧，生卒年不詳，江西臨川人。正德九年（1514）從學於陽明，見錢著《年譜·正德九年條》。

鄒守益首見王守仁，一見期許 是年，王守仁任廬陵知縣縣令，鄒守益慕守仁之名而拜見之，一見期許。

郭燕華《東廓鄒先生年譜簡編》：「正德五年庚午，1510年，二十歲。是年，先生首會陽明於江西。」

耿定向《東廓鄒先生傳》（《耿天臺先生文集》卷一四）：「越辛未，先生年二十一，會試第一。先是，文成王公移令廬陵。先生慕而謁之，一見期許。」

武宗正德六年　辛未（1511 年）

王守仁 40 歲，湛若水 46 歲，王艮 29 歲，黃綰 35 歲，季本 27 歲，徐愛 25 歲，聶豹 25 歲，鄒守益 21 歲，歐陽德 16 歲，錢德洪 16 歲，王畿 14 歲，羅洪先 8 歲。

十月，王守仁送湛若水奉去安南，並勉勵共志聖學 是年，守仁升文選清吏司員外郎。時甘泉出使安南，將行，守仁懼聖學難明而易惑，人生別易而會難也。作文送別甘泉，強調己與甘泉有共期聖學之望、持共志聖學之旨，雖然道路曲折不平，但君子共懷任重而道遠之志，以此共勉。

錢著《年譜·年譜一》（《王陽明全集》卷三三）：「（正德）六年辛未，先生四十歲，在京師。……十月，升文選清吏司員外郎。送甘泉奉使安南。……至是甘泉出使安南封國，將行，先生懼聖學難明而易惑，人生別易而會難也，乃為文以贈。略曰：『顏子沒而聖人之學亡，曾子唯一貫之旨傳之孟軻。……吾與甘泉，有意之所在，不言而會，論之所及，不約而同，期於斯道，斃而後已者，今日之別，吾容無言？夫惟聖人之學，難明而易惑，習俗之降愈下而抑不可回，任重道遠，雖已無俟於言，顧復於吾心，若有不容己也，則甘泉亦豈以予言為綴乎？』」

十一月，王襞生　王襞，明代泰州學派學者。字宗順，號東崖，人稱東崖先生，自號天南逸叟。泰州安豐場（今江蘇東臺）人。王艮次子。

《明儒王東崖先生遺集·年譜紀略》：「明武宗正德六年辛未十一月壬申先生生。（是爲十一月二十六日辰時也。）」

《王心齋全集·年譜》：「六年辛未，先生廿九歲歲。（……冬十一月，子襞生。）」

是年

王守仁論晦庵、象山之學　朱陸同異在「鵝湖之會」上已有明確的答案。此時守仁在象山之學的基礎上倡導新說，因此自然涉及朱陸異同問題。在龍場時，席書已向守仁問及此問題，守仁未爲明答。此時王輿寇與徐成之爲這一問題辯論不決，守仁做了明確而平實的分析。他認爲，朱陸在本質上是相同的，即均以三綱五常、仁義道德爲旨歸。同時，陸象山不專提尊德性，而朱子亦不專提道問學。因爲陸子未嘗不教其徒讀書、而朱子亦說「敬窮理」。故朱陸雖其所以爲學途徑不同，而要皆歸一、不失爲聖人之徒。只是朱子之學，流傳日廣，天下人童皆習之，深入入心；而陸子之學，如美玉藏於深山，久不得見，可謂是太不公平。「故僕嘗欲冒天下之譏，以爲象山一暴其說，雖以此得罪無恨。晦庵之學既已章明於天下，而象山猶蒙無實之誣，於今且四百年，莫有爲之一洗者。使晦庵有知，將亦不能一日安享於廟廡之間矣。」守仁此時雖然沒有明確地是陸非朱，但他毫不掩飾的展示了其欲光大陸學、創立新說的的思想傾向。

錢著《年譜·年譜一》（《王陽明全集》卷三三）：「（正德）六年辛未，先生四十歲，在京師。……論晦庵、象山之學。王輿庵讀象山書有契，徐成之與辯不決。先生曰：『是朱非陸，天下論定久矣，久則難變也。雖微成之之爭，輿庵亦豈能遽行其說乎？』成之謂先生漫爲含糊兩解，若有以陰助輿庵而爲之地者。先生以書解之曰：『輿庵是象山，而謂其專以尊德性爲主。今觀《象山文集》所載，未嘗不教其徒讀書。而自謂理會文字頗與人異者，則其意實欲體之於身。其亟所稱述以誨人者曰：「居處恭，執事敬，與人忠。」曰：「克己復禮。」曰：「萬物皆備於我，反身而誠，樂莫大焉。」曰：「學問之道無他，求其放心而已。」曰：「先立乎其大者，而小者不能奪。」是數言者，孔子、孟軻之言也，烏在其爲空虛乎？獨其易簡覺悟之說，頗爲當時所疑。然易簡之說出於《繫辭》；覺悟

之說，雖有同於釋氏，然釋氏之說亦自有同於吾儒，而不害其爲異者，惟在於
幾微毫忽之間而已。亦何必諱於其同而遂不敢以言，狃於其異而遂不以察之乎？
是輿庵之是象山，固猶未盡其所以是也。吾兄是晦庵，而謂其專以道問學爲事。
然晦庵之言，曰：「居敬窮理。」曰：「非存心無以致知。」曰：「君子之心常存
敬畏，雖不見聞，亦不敢忽，所以存天理之本然，而不使離於須臾之頃也。」
是其爲言雖未盡瑩，亦何嘗不以尊德性爲事，而又烏在其爲支離乎？獨其平日
汲汲於訓解，雖韓文、《楚辭》、《陰符》、《參同》之屬，亦必與之注釋考辨，而
論者遂疑玩物。又其心慮恐學者之躐等，而或失之於妄作，必先之以格致而無
不明，然後有以實之於誠正而無所謬。世之學者掛一漏萬，求之愈煩，而失之
愈遠，至有弊力終身，苦其難而卒無所入，而遂議其支離。不知此乃後世學者
之弊，而當時晦庵之自爲，則亦豈至是乎？是吾兄之是晦庵，固猶未盡其所以
是也。夫二兄之所信而是者，既未盡其所以是，則其所疑而非者，亦豈盡其所
以非乎？僕嘗以爲晦庵之與象山，雖其所以爲學者若有不同，而要皆不失爲聖
人之徒。今晦庵之學，天下之人，童而習之，既已入人之深，有不容於論辯者。
而獨惟象山之學，則以其嘗與晦庵之有言，而遂藩籬之；使若由、賜之殊科焉
則可矣，而遂擯放廢斥，若碔砆之與美玉，則豈不過甚矣乎？故僕嘗欲冒天下
之譏，以爲象山一暴其說，雖以此得罪無恨。晦庵之學既已章明於天下，而象
山猶蒙無實之誣，於今且四百年，莫有爲之一洗者。使晦庵有知，將亦不能一
日安享於廟廡之間矣。此僕之至情，終亦必爲兄一吐露者，亦何肯慢爲兩解之
說以陰助於輿庵已乎？』」

僚友方獻夫受學王守仁 此時，方獻夫亦來受學。獻夫時爲吏部郎
中，位在守仁之上，及聞守仁論學，深自感悔，就執贄事以師禮。

錢著《年譜·年譜一》（《王陽明全集》卷三三）：「（正德）六年辛未，先生
四十歲，在京師。……是年僚友方獻夫受學，獻夫時爲吏部郎中，位在先生上，
比聞論學，深自感悔，遂執贄事以師禮。」

王艮自謂：「正德六年間，居仁三月半」，此爲其悟道之始 是年，
可謂王艮悟道之始，經過數年夜以繼日的靜思，王艮終於有所自得。此處所
謂的「萬物一體，宇宙在我」便是「仁」之內容和範疇，所謂題壁「正德六
年間，居仁三月半」，即爲其求聖的堅定不移決心。同時，從夢的內容而言，
「萬人奔號求救」，王艮「獨奮臂托天而起」，這也反映了儒者擔當社會責任

的情懷;「日月列宿失次」、「手自整布如故」,可以理解爲對社會某些方面的不滿與期望變革的力量;夢醒後的「萬物一體」,正是擔當社會責任所應該具有的素養與胸襟。

《王心齋全集·年譜》:「(武宗)六年辛未,先生廿九歲。(先生一夕夢天墜壓身,萬人奔號求救,先生獨奮臂托天而起,見日月列宿失次,又手自整布如故,萬人歡舞拜謝。醒則汗溢如雨,頓覺心體洞徹,萬物一體,宇宙在我之念益眞切不容己。自此行往語默,皆在覺中。題記壁間,先生夢後書曰『正德六年間,居仁三月半』於座右,時三月望夕,即先生悟入之始。……)」

王守仁素知鄒守益名 是年,王守仁由吏部主事同考會試,時主考得鄒守益卷,甚喜,守仁以己對其的瞭解,斷定必爲鄒氏卷,果如此。

宋儀望《翰林院侍讀學士追贈禮部侍郎諡文莊東廓先生行狀》(《明文海》卷四四四):「世有大儒曰東廓先生,姓鄒氏,諱守益,字謙之,吉之安福人。……辛未,王公由吏部主事同考會試,時主考得先生卷,甚喜,謂王公曰:『子素善知文,此爲誰者?』曰:『此必安福鄒某。』先生遂冠南宮,廷試及第第三人。尋授翰林院編修。」

王守仁與湛若水第一次三教之辨 從時間而言,「辛壬之春」,蓋指辛未、壬申之春,即 1511、1512 年間,姑記於是年。時王守仁爲吏部驗封主事,湛若水任翰林院編修。期間他們既有對體認天理的討論,也有對佛道佛之辨。在體認天理上,守仁並無異議(只是此時,以後守仁對此亦有批評),在儒道佛問題上,他們看法相左。王守仁認爲,佛道爲吾儒的「枝葉」,即吾儒爲樹根或樹幹,儒道佛同屬一個體系,只是位置不同。湛若水認爲,如果把儒道佛以同枝作喻,則其必然屬於統一體系,其言伊尹、夷、惠則可。吾儒與佛道「根株咸二」,即不屬於統一體系。

湛若水《奠王陽明先生文》:「聚首長安,辛壬之春,兄復吏曹,於吾卜鄰。自公退食,坐膳相以,存養心神,剖析疑義。我云聖學,體認天理。天理問何?曰廓然爾。兄時心領,不曰非是。言聖枝葉,老聃釋氏。予曰同枝,必一根柢,同根得枝,伊尹、夷、惠。佛於我孔,根株咸二。」

武宗正德七年　壬申 (1512 年)

王守仁 41 歲,湛若水 47 歲,王艮 30 歲,黃綰 36 歲,季本 28 歲,徐愛

26 歲，聶豹 26 歲，鄒守益 22 歲，歐陽德 17 歲，錢德洪 17 歲，王畿 15 歲，羅洪先 9 歲。

王守仁在京師，得弟子多人　守仁學問趨成，名聲日隆，受學者漸眾，這一時期，來就學的有穆孔暉、顧應祥、鄭道（一初）等 20 餘人。

錢著《年譜·年譜一》（《王陽明全集》卷三三）：「（正德）七年壬申，先生四十一歲，在京師。……按《同志考》，是年穆孔暉、顧應祥、鄭一初、方獻科、王道、梁谷、萬潮、陳鼎、唐鵬、路迎、孫瑚、魏廷霖、蕭鳴鳳、林達、陳洸及黃綰、應良、朱節、蔡宗兗、徐愛同受業。」

王守仁與徐愛論學　守仁升南京太僕寺少卿，此時，守仁已多年未回老家。是年，弟子徐愛升南京工部員外郎，與守仁同舟歸越。在與徐愛同舟歸越的途中，徐愛問《大學》宗旨，守仁之論大有別於程朱之說，對「格物致知」等重要概念的進行了重新闡釋，如「格物是誠意功夫，明善是誠身功夫，窮理是盡性功夫，道問學是尊德性功夫，博文是約禮功夫，惟精是惟一功夫」，這些均或多或少有別於成說，且宗旨如一、自成一家。所以才使徐愛「聞之踴躍痛快，如狂如醒者數日」，「不覺手舞足蹈」。這說明守仁的新說已初具體系，且具有深入人心的強大吸引人。

錢著《年譜·年譜一》（《王陽明全集》卷三三）：「（正德）七年壬申，先生四十一歲，在京師。……與徐愛論學。愛是年以祁州知州考滿進京，升南京工部員外郎。與先生同舟歸越，論《大學》宗旨。聞之踴躍痛快，如狂如醒者數日，胸中混沌復開。仰思堯、舜、三王、孔、孟千聖立言，人各不同，其旨則一。今之《傳習錄》所載首卷是也。其自敘云：『愛因舊說汨沒，始聞先生之教，實駭愕不定，無人頭處。其後聞之既久，漸知反身實踐，然後始信先生之學為孔門嫡傳，捨是皆傍蹊小徑，斷港絕河矣。如說格物是誠意功夫，明善是誠身功夫，窮理是盡性功夫，道問學是尊德性功夫，博文是約禮功夫，惟精是惟一功夫，諸如此類，皆落落難合。其後思之既久，不覺手舞足蹈。』」

程文德從李滄學　是年，程文德受業於李滄，學習經書義理之旨。

姜寶《松溪程先生年譜》：「（正德）七年壬申，先生十六歲。受業於石泉李公滄。」

案：李滄，字一清，為章懋先生門人。

武宗正德八年　癸酉（1513 年）

　　王守仁 42 歲，湛若水 48 歲，王艮 31 歲，黃綰 37 歲，季本 29 歲，徐愛 27 歲，聶豹 27 歲，鄒守益 23 歲，歐陽德 18 歲，錢德洪 18 歲，王畿 16 歲，羅洪先 10 歲。

　　十月，王守仁在滁州，教人靜坐入道之法　是年，王守仁至滁州，孟源以靜坐中思慮紛雜，不能強禁絕發問，王守仁回答道，對思慮紛雜，強禁絕只會適得其反，只有在思慮萌動處省察克治，到天理精明後，自會有個物各付物之狀，即為精專無紛雜之念。如此便是《大學》所謂「知止而後有定」之道。

　　錢著《年譜・年譜一》（《王陽明全集》卷三三）：「（正德）八年癸酉，先生四十二歲，在越。……冬十月，至滁州。……孟源問：『靜坐中思慮紛雜，不能強禁絕。』先生曰：『紛雜思慮，亦強禁絕不得；只就思慮萌動處省察克治，到天理精明後，有個物各付物的意思，自然精專無紛雜之念；《大學》所謂「知止而後有定」也。』」

　　十二月，李渭生　李渭，明代著名學者。字湜之，號同野，貴州思南府水德司（今貴州思南縣）人。

　　焦竑《參知李公渭傳》（《國朝獻徵錄》卷一〇二）：「公諱渭，字湜之，學者稱同野先生，上世自吉水遷思南。……生正德癸酉十二月，卒萬曆戊子四月享年七十有六。」

　　案：李渭為明代王學門人，由於家住貴州，《明儒學案》材料收集不全，無專門《黔門學案》，故李渭亦不入。

是年

　　鄒守益於學困惑不解　是年，鄒守益辭去翰林院編修之職，稱病歸家，四方學者來歸，在讀《大學》、《中庸》時，鄒守益困惑於格致、慎獨不能相通。

　　郭燕華《東廓鄒先生年譜簡編》：「正德八年癸酉，1513年，二十三歲。是年，先生既歸，四方人士來受學。一日，讀《大學》《中庸》，訝曰：『子思受學曾子者，《大學》先格致，《中庸》首揭慎獨，何也？』積疑不釋。」

武宗正德九年　甲戌（1514 年）

王守仁 43 歲，湛若水 49 歲，王艮 32 歲，黃綰 38 歲，季本 30 歲，徐愛 28 歲，聶豹 28 歲，鄒守益 24 歲，歐陽德 19 歲，錢德洪 19 歲，王畿 17 歲，羅洪先 11 歲。

正月，顏鯨生　顏鯨，明代學者。字應雷，浙江慈谿人。

郭正域《顏先生鯨傳》（《國朝獻徵錄》卷八八）：「公諱鯨，字應雷，……先生生於正德九年正月己亥，卒於萬曆辛卯二月丙申，得年七十有五。」

案：顏鯨列在《明儒學案・附案》中。

五月，薛侃師事王守仁　是年四月，王守仁升南京鴻臚寺卿，五月，薛侃受業於守仁。

饒宗頤《薛中離年譜》：「（正德）九年甲戌（公元一五一四），二十九歲。五月，王陽明在南京，先生往師之。」

五月，王守仁至南京，同志日親，教人存天理、滅人欲之功　是年，守仁弟子日眾、同志日親，很多弟子辯論砥礪或崇尚高論、或流入空虛，甚至是好談仙佛，守仁深為不安，為篤實學風，只教學者存天理、去人欲，以此為省察克治實功。並以己切身經歷警告他們為聖路艱及為學工夫的重要，規範他們篤志嚮學、走入正途，以糾正世風。

錢著《年譜・年譜一》（《王陽明全集》卷三三）：「（正德）九年甲戌，先生四十三歲，在滁。……五月，至南京。自徐愛來南都，同志日親，黃宗明、薛侃、馬明衡、陸澄、季本、許相卿、王激、諸偁、林達、張寰、唐俞賢、饒文璧、劉觀時、鄭騮、周積、郭慶、欒惠、劉曉、何鰲、陳傑、楊杓、白說、彭一之、朱簋輩，同聚師門，日夕漬礪不懈。客有道自滁游學之士多放言高論，亦有漸背師教者。先生曰：『吾年來欲懲末俗之卑污，引接學者多就高明一路，以救時弊。今見學者漸有流入空虛，為脫落新奇之論，吾已悔之矣。故南畿論學，只教學者存天理，去人欲，為省察克治實功。』王嘉秀、蕭惠好談仙佛，先生嘗警之曰：『吾幼時求聖學不得，亦嘗篤志二氏。其後居夷三載，始見聖人端緒，悔錯用功二十年。二氏之學，其妙與聖人只有毫釐之間，故不易辨，惟篤志聖學者始能究析其隱微，非測憶所及也。』」

夏，程文德從章懋學　章懋為明代著名的理學名臣，其學問純正，被

稱爲一代醇儒。是年，程文德向其問學。

姜寶《松溪程先生年譜》：「（正德）九年甲戌，先生十八歲。……是年夏，如蘭溪及楓山先生門受學焉。」

是年

宋儀望生　宋儀望，明代江右王門學者。字望之，江西吉安永豐縣（今江西吉安永豐縣）人。

胡直《大理卿宋華陽先生行狀》（《衡廬精舍藏稿·續稿》卷六）：「按公諱儀望，字望之，初號陽山，更號華陽山人。……生正德甲戌年月日，終萬曆戊寅十月朔日，得年才六十有五。」

鄭一初卒　鄭一初（？～1514），明代粵閩王門學者。字朝朔，廣東揭陽（今廣東揭陽）人。弘治十八年（1505）進士，爲御史。鄭一初是薛侃之友，爲守仁早期弟子，爲學克念收斂，好學深思，可惜早逝。

饒宗頤《薛中離年譜》：「（正德）九年甲戌（公元一五一四），二十九歲。……七月壬戌朔，鄭一初道卒於杭，陽明爲文哭之。」

王守仁《祭鄭朝朔文·甲戌》：「維正德九年，歲次甲戌，七月壬戌朔越十有六日丁丑，南京鴻臚寺卿王守仁馳奠於監察御史亡友鄭朝朔之墓。……君嘗問予：『聖學可至？』余曰：『然哉！克念則是。』隱辭奧義，相與剖析；探本窮原，夜以繼日。」

王守仁與湛若水講會於滁州，有第二次三教之辨　正德八年十月至九年四月，陽明至滁州督馬政，甘泉出使北還，與陽明相會與滁州，夜論儒、釋之道。王守仁堅持第一次辯論時的意見，認爲佛道道德高博，與儒學無異。湛若水認爲儒學範圍廣大，佛道沒有的吾儒亦有。並從大小、公私、倫常、夏夷等角度辨別儒道佛之別。第二天一早，王守仁對湛若水說，「夜談子是」，但湛若水依然懷疑。

湛若水《陽明先生墓誌銘》（《王陽明全集》卷三八）：「甘泉子挈家閉關於西樵煙霞之洞，故友新建伯陽明王先生之子正億以其岳舅禮部尙書久庵黃公之狀及書來請墓銘。……明年（壬申），甘泉子使安南。後二年，陽明公遷貳南太僕，聚徒講學，有聲。甘泉子還，期會於滁陽之間。夜論儒、釋之道。又明年（乙亥），甘泉子丁憂，扶母柩南歸。」

湛若水《奠王陽明先生文》（《王陽明全集》卷四○）：「奉使安南，我行兄止，兄遷大僕，我南於北，一晤滁陽，斯理究極。兄言迦聃，道德高博，焉與聖異？子言莫錯？我謂高廣，在聖範圍，佛無我有，中庸精微，同體去根，大小公私，斁敘彝倫，一夏一夷。夜分就寢，晨興兄嘻，夜談子是，吾亦一疑。」

武宗正德十年　乙亥（1515 年）

王守仁 44 歲，湛若水 50 歲，王艮 33 歲，黃綰 39 歲，季本 31 歲，徐愛 29 歲，聶豹 29 歲，鄒守益 25 歲，歐陽德 20 歲，錢德洪 20 歲，王畿 18 歲，羅洪先 12 歲。

五月，羅汝芳生　羅汝芳，明代心學家，泰州王門學者。字惟德，號近溪，學業者稱爲近溪先生，江西南城（今江西南城縣）人。

李贄《羅近溪先生告文》（《焚書》卷三）：「（萬曆）戊子冬月二十四日，南城羅先生之訃至矣，而先生之沒，實九月二日也。……嗟乎！先生之壽七十而又四矣，其視仲尼有加矣，夫人生七十，古來所希。」

鄒元標《明大中大夫雲南參政近溪羅先生墓碑》（《願學集》卷六）：「先生姓羅，名汝芳，字惟德，學者稱爲明德先生。……先生生正德乙亥五月，沒萬曆戊子九月。」

是年

周坦　生卒不詳，明代粵閩王門學者。號謙齋，浙江羅浮（今浙江溫州）人。仕爲縣令。學承良知，師事薛侃，自幼有聖賢之學之志。爲學尚踐履，反對靜坐。著有《易圖說》。

《明儒學案》卷三○：「周坦號謙齋，羅浮人也。……其論學語云：『日之明也，必照於物，有不照者，陰霾之蔽也。心之知也，必格乎物，有不格者，物欲之蔽也。』……又云：『不可於無喜怒哀樂覓無聲無臭，只喜怒哀樂中節處，便是無聲無臭所在。』又云：『瞑目靜坐，此可暫爲之。心體原是活潑流行，若長習瞑坐，局守空寂，則心體日就枯槁，非聖人之心學也。』」

陳九川初謁王守仁　是年，陳九川初謁守仁於南京龍江，當時守仁正與甘泉論「格物」之學，陳九川持朱熹「格物」說，守仁與陳九川論《盡心》一章，試圖點化之，陳九川很快解悟。歸家後，又反覆質疑，最終明白「格

物」之說，但「物」之所指依然不明。

《陳明水先生年譜》：「正德十年乙亥，1515年，二十二歲。先生初謁陽明於龍江，時陽明與甘泉論格物之說，先生甚喜舊說，陽明與之論《盡心》一章，先生一聞，卻遂無疑。後家居，先生復以格物遺質陽明，陽明答曰：『但能實地用功，久當自釋。』乃錄《大學》舊本讀之，覺朱子格物之說非是，然亦疑陽明以意之所在爲物，物字未明。」

王守仁與湛若水第一次格物之辨 是年，王守仁時任南京鴻臚寺卿，湛若水因母喪扶柩南歸，兩人相聚於南京龍江。有第一次「格物」之辨，甘泉認爲，格物之物應是以萬物爲準，此萬物既有外物，也有吾心。守仁「以物爲心意之所著」，以爲甘泉「是求之於外」，即格物之範疇以萬物爲準，不能盡除朱學影響。而甘泉認爲守仁格物之範疇僅限於吾心，難免有「自小其心」之嫌。

王守仁《傳習錄下》（《王陽明全集》卷三）：「正德乙亥，九川初見先生於龍江，先生與甘泉先生論格物之說，甘泉持舊說。先生曰：『是求之於外了。』甘泉曰：『若以格物理爲外，是自小其心也。』」

案：關於此次格物之辨，湛若水在隨後對陽明的書信中有所交待。據湛若水《與陽明鴻臚》（《甘泉文集》卷七）：「昨承面諭《大學》格物之義，以物爲心意之所著，荷教多矣。但不肖平日所以受益於兄者，尚多不在此也。兄意只恐人捨心求之於外，故有是說。不肖則以爲人心與天地萬物同體，心體物而不遺，認得心體廣大，則物不能外矣。故格物非在外也，格之致之之心又非在外也，於物若以爲心意之著，見恐不免有外物之病，幸更思之。」湛若水認爲，陽明「以物爲心意之所著」，只是「恐人捨心求之於外，故有是說。」人心與天地萬物同體，故萬物是心體廣大之必然，格物之物亦爲心體所罩，如果僅「以物爲心意之所著」，不免萬物變爲心體之外物，體用便不能一致。

王守仁與羅欽順相識 是年，王守仁與羅欽順相識於南京。時王守仁任南京鴻臚寺卿，羅欽順爲南京吏部右侍郎。此時，王、羅都有很高的聲望，相互傾慕，多詩文來往，但並未深交。

羅欽順《整庵履歷記》（《困知記・附錄》）：「（正德）十年乙亥。夏五月，升南京吏部右侍郎，六月履任。……秋九月，兼攝南京工部事。……十一年丙子。春三月，解南京工部事。」

羅欽順《與王陽明書》（《困知記・附錄》）：「往在南都，嘗蒙誨益，第苦多病，怯於話言，未克傾吐所懷，以求歸於一是，恒用爲歉。」

案：此時王守仁也在南京，明年（1516）十月，王守仁離開南京，而羅欽順是明年三月後離開南京，故他們相識應該在是年或明年，限於文獻，今姑記爲是年。羅欽順此時寫給王守仁的詩爲《送大宗伯王公入朝》、《送王伯安入朝》、《九日陪吳白樓陳葦川王陽明汪雙溪登蔣山得依字》等，從詩文的內容看，應該是賀王守仁入朝，王守仁去年（1514）在滁州督馬政，是年（1515）任南京鴻臚寺卿，故他們相識應爲是年。

周瑩師事王守仁 周瑩，生卒不詳，明代王學學者。字德純，號寶峰，浙江永康（今浙江永康市）人。周瑩不遠千里從永康到南京問學王守仁，守仁深爲其志所感，不但收爲學生，而且寄予厚望。周瑩學承良知，講學於五峰，著有《郡齋稿》。

《明儒學案・附案》：「周瑩字德純，號寶峰，永康人。……瑩學於姚江，既有所得，乃講其學於五峰。」

王守仁《贈周瑩歸省序・乙亥》（《王陽明全集》卷七）：「永康周瑩德純嘗學於應子元忠，既乃復見陽明子而請益。……曰：『斯吾之所謂子之既得其方也。子之志，欲至於吾門也，則遂至於吾門，無假於人。子而志於聖賢之學，有不至於聖賢者乎？而假於人乎？子之捨舟從陸，捐僕貸糧，冒毒暑而來也，則又安所從受之方也？』生躍然起拜曰：『茲乃命之方也已！抑瑩由於其方而迷於其說，必俟夫子之言而後躍如也，則何居？』陽明子曰：『子未睹乎熱石以求灰者乎？火力具足矣，乃得水而遂化。子歸，就應子而足其火力焉，吾將儲擔石之水以俟子之再見。』」

案：王守仁去年（1514）來南京，可見周瑩是在去年或今年師事守仁的，但周瑩離開守仁是在是年，具體時間待定。

武宗正德十一年　丙子（1516 年）

王守仁 45 歲，湛若水 51 歲，王艮 34 歲，黃綰 40 歲，季本 32 歲，徐愛 30 歲，聶豹 30 歲，鄒守益 26 歲，歐陽德 21 歲，錢德洪 21 歲，王畿 19 歲，羅洪先 13 歲，羅汝芳 2 歲。

正月，查鐸生 查鐸，南中王門學者。字子警，號毅齋，安徽涇縣（今

安徽涇縣）人。

焦竑《憲副毅齋查先生墓誌銘》（《國朝獻徵錄》卷一〇一）：「先生諱鐸，字子警，別號毅齋。……端坐逾時，遂瞑。……時萬曆己丑十月三十日，距所生正德丙子正月十七日，享年七十有四。」

十月，王守仁巡撫南贛，以鎮壓農民起義　正德十一年，以兵部尚書王瓊的特舉，升守仁為都察院左僉都御史，撫鎮南贛、汀漳等處。既入仕途，身不由己。此年十月，他歸越探親，次年正月，他就赴江西上任了。

錢著《年譜·年譜一》（《王陽明全集》卷三三）：「（正德）十有一年丙子，先生四十五歲，在南京。九月，升都察院左僉都御史，巡撫南、贛、汀、漳等處。是時汀、漳各郡皆有巨寇，尚書王瓊特舉先生。十月，歸省至越。」

是年

魏良弼、魏良政、魏良器兄弟受業於守仁之門　是年，魏良弼以詩受到鄉里的認可，自認為學不止於應世文字，故攜二弟政、器受學於陽明公之門。

《魏水洲先生行略》（《太常少卿魏水洲先生文集》卷六）：「先生姓魏氏，諱良弼，字師說，別號水洲。……正德丙子，先生與從叔榜、從兄此齋並以詩領鄉薦。自以為學不止於應世文字，乃攜二弟政、器，偕歐陽文莊公德，太參瑤湖王公臣受學於陽明公之門，海內稱為魏氏兄弟。」

王守仁、湛若水第三次三教之辨　是年，湛若水丁憂，王守仁看望湛若水，對於儒佛道之學，王守仁拋出「學竟是空」之論，並和湛若水求同講異，湛若水自然不能接受，並以「天理流行」為題闡釋「學竟是空」是極為錯誤的，王守仁依然堅持己見，進一步指出「校勘仙佛，天理二字，豈由此出？」即對湛若水等先儒所言「天理」的出處表達了不同意見。至此，王、湛三教之辨已沒有迴旋餘地。

湛若水《奠王陽明先生文》（《王陽明全集》卷四〇）：「分手南北，我還京坼，遭母大故，扶柩南歸。迓弔金陵，我戚兄悲。及踰嶺南，兄撫贛師。我病墓廬，方子來同，謂兄有言，學竟是空，求同講異，責在今公。予曰豈敢，不盡愚衷。莫空匪實，天理流行。兄不謂然，校勘仙佛，天理二字，豈由此出？予謂學者，莫先擇術，孰生孰殺，須辯食物。」

案：湛若水「遭母大故，扶柩南歸」爲正德十年，「兄撫贛師」爲正德十一年，由於丁憂時間爲三年，故王、湛第三次三教之辨發生應在正德十年至十二年之間，今姑作正德十一年。

武宗正德十二年　丁丑（1517 年）

王守仁 46 歲，湛若水 52 歲，王艮 35 歲，黃綰 41 歲，季本 33 歲，徐愛 31 歲，聶豹 31 歲，鄒守益 27 歲，歐陽德 22 歲，錢德洪 22 歲，王畿 20 歲，羅洪先 14 歲，羅汝芳 3 歲。

正月，王守仁抵贛州（今江西贛州），行十家牌法　是年，王守仁在贛州推行十家牌法。其法仿保甲法，試圖以儒家的綱常倫理教育並約束廣大民眾，使其恭謹爲善、敦厚知禮。當時的直接目的是鎮壓大帽山起義軍，以後成了長期管制人民的法則。

錢著《年譜・年譜一》（《王陽明全集》卷三三）：「（正德）十有二年丁丑，先生四十六歲。正月，至贛。……行十家牌法。先是贛民爲洞賊耳目，官府舉動未形，而賊已先聞。軍門一老隸奸尤甚。先生偵知之，呼入臥室，使之自擇生死。隸乃輸情吐實。先生許其不死。試所言悉驗。乃於城中立十家牌法。其法編十家爲一牌，開列各戶籍貫、姓名、年貌、行業，日輪一家，沿門按牌審察，遇面生可疑人，即行報官究理。或有隱匿，十家連坐。仍告諭父老子弟：『務要父慈子孝，兄愛弟敬，夫和婦隨，長惠幼順；小心以奉官法，勤謹以辦國課，恭儉以守家業，廉和以處鄉里；心要平恕，毋得輕易忿爭；事要含忍，毋得輒興詞訟；見善互相勸勉，有惡互相懲戒；務興禮讓之風，以成敦厚之俗。』」

五月，徐愛卒　徐愛（1487～1517），明代心學家，浙中王門學者。正德三年（1508）年進士，出知祁州，升南京兵部員外郎，轉南京工部郎中。徐愛是王陽明妹夫、及門大弟子，也是守仁的高足，深諳王學之旨，且反身實踐。因此，守仁比之爲顏淵。是年卒，年 31 歲。著有《徐橫山文集》。

張惟驤《疑年錄彙編》卷七：「徐橫山三十一愛，生成化二十三年丁未，卒正德十二年丁丑。」

蕭鳴鳳《明故奉議大夫南京工部都水清吏司郎中徐君墓誌銘》（《徐愛錢德洪董沄集・橫山遺集・附錄》）：「君諱愛，字曰仁，姓徐氏。……丙子秋，考績，便道歸省。明年五月十七日，以疾卒於山陰寓館，距生成化丁未春□三十有一。」

錢著《年譜·年譜一》（《王陽明全集》卷三三）：「（正德）十有三年戊寅，先生四十七歲，在贛。……是年愛卒，先生哭之慟，愛及門獨先，聞道亦早。嘗遊南嶽，夢一瞿曇撫其背曰：『爾與顏子同德，亦與顏子同壽。』自南京兵部郎中告病歸，與陸澄謀耕雪上之田以俟師。年才三十一。先生每語輒傷之。」

《明儒學案》卷一一：「徐愛字曰仁，號橫山，餘姚之馬堰人。正德三年進士。出知祁州，升南京兵部員外郎，轉南京工部郎中。十一年歸而省親，明年五月十七日卒，年三十一。……先生始聞陽明之教，與先儒相出入，駭愕不定，無入頭處。聞之既熟，反身實踐，始信為孔門嫡傳，捨是皆旁蹊小徑，斷港絕河矣。……是故陽明之學，先生為得其真。」

案：關於徐愛的卒年，《王陽明全集·年譜一》記為正德十三年，而《明儒學案》記為正德十二年。湛若水《祭徐郎中曰仁文》云：「維正德十二年歲在丁丑十一月，友人翰林院編修養病增城湛若水敬寓香中致祭。」可見，正德十二年為是。又據蕭鳴鳳《明故奉議大夫南京工部都水清吏司郎中徐君墓誌銘》，徐愛卒於是年五月。

八月，胡直生 胡直，明代江右王門學者。字正甫，號盧山，吉安泰和（今江西省泰和縣）人。

耿定向《明福建提刑按察司按察使胡公墓誌銘》（《耿天臺先生文集》卷一二）：「公諱直，……以正德丁丑八月十六日生公。」

十月，在王守仁等官軍的鎮壓下，橫水三寨起義失敗 謝志山、藍天鳳據江西橫水、左溪、桶岡三寨已十餘年。藍天鳳在威脅利誘下準備投降。今被王守仁乘機擊破。乃設崇義縣於橫水，隸南安府。

《王陽明全集·年譜一》卷三十三：「（正德）十有二年丁丑，先生四十六歲。正月，至贛。……十月，平橫水、桶岡諸寇。南、贛西接湖廣桂陽，有桶岡、橫水諸賊巢；南接廣東樂昌，東接廣東龍川，有浰頭諸賊巢。大賊首謝志珊，號征南王，糾率大賊鍾明貴、蕭規模、陳曰能等，約樂昌高快馬等大修戰具，並造呂公車。……至十一月己巳，凡破賊巢五十餘，擒斬大賊首謝志珊等五十六，從賊首級二千一百六十八，俘獲賊屬二千三百二十四。……破巢三十餘，擒斬大賊首藍天鳳等三十四，從賊首級一千一百四，俘獲賊屬二千三百，捷聞，賜敕獎諭。」

十一月，湛若水祭徐愛，有《祭徐郎中曰仁文》 是年，徐愛卒。

十一月，湛若水得知並祭祀故友徐愛於靈前，有《祭徐郎中曰仁文》，在祭文中，湛若水對徐愛的才華表達了極為推崇之情，並對其早逝表示由衷的哀歎。

　　湛若水《祭徐郎中曰仁文》（《湛甘泉先生文集》卷三〇）：「維正德十二年，歲在丁丑十一月日，友人翰林院編脩養病增城湛若水敬寓香幣，致祭於故友南京兵部郎中徐君曰仁之靈。其辭曰：於乎！曰仁，秉質清淑，得氣之元，宜壽而促。……君知性命，其嗟何耶！死而不亡，其有知耶！尚饗！」

是年

何心隱生　何心隱，明代心學家，泰州學派學者。原名梁汝元，字柱幹，號夫山。江西吉安永豐（今江西吉安永豐縣）人。

　　侯外廬等《何心隱年表》：「正德十二年，一歲。」

王艮訣佛歸儒，作《孝悌箴》　是年，王艮撤家中神佛像，祀祖先，並作《孝悌箴》。這從行動上表明王艮與佛道的徹底決裂，一切依儒家規則行世。其作《孝悌箴》也是對孝道的支持和讚揚。

　　《王心齋全集·年譜》：「（正德）十二年丁丑，先生三十五歲。（撤神佛像，祀祖先。里俗家廟多祀神佛像。先生告於守庵公曰：庶人宜奉祖先。守庵公感悟，遂祭告而焚之。因按文公家禮，置四代神主祀焉。……遂作《孝悌箴》。……）」

王文轅　生卒不詳。王文轅，明代浙中王門學者。字司輿，號黃轝子，浙江山陰（今紹興）人。季本的老師，少有志，七歲時，拾金，做等失主認領。讀書不循章句，多自得，與守仁友善。和守仁在一起「私議朱子」，並「獨破舊說」，可謂守仁早期的志道之友。

　　《明儒學案》卷十：「王文轅字司輿，號黃轝子，越之山陰人。……讀書多自得，不牽章句。嘗曰：『朱子注說多不得經意。』聞者怪之。惟陽明與之友，莫逆也。陽明將之南、贛，先生語其門人曰：『陽明此行，必立事功。』問其故：曰『吾觸之不動矣。』其後先生歿，陽明方講良知之學，時多訕之者，歎曰：『安得起王司輿於九原乎？』」

　　季本《王司輿傳》（《季彭山先生文集》卷二）：「余少師黃轝子，黃轝子姓王氏，名文轅，字司輿，山陰人。……嘗曰：朱子注說，多不得經意。成化、弘治間，學者守成說，不敢有私議朱子者，故不見信於時，惟陽明先師與之為友，獨破舊說，蓋有所本云。」

　　案：是年，守仁至贛，與王文轅有廣泛的交流，王文轅就此對門人季本說：「陽明此行，必立事功。」此時王文轅尚在。由於文獻闕失，王文轅生卒不可知，姑記於是年之下。

武宗正德十三年　戊寅（1518 年）

　　王守仁 47 歲，湛若水 53 歲，王艮 36 歲，黃綰 42 歲，季本 34 歲，聶豹 32 歲，鄒守益 28 歲，歐陽德 23 歲，錢德洪 23 歲，王畿 21 歲，羅洪先 15 歲，羅汝芳 4 歲，何心隱 2 歲。

　　正月，王守仁提出「破山中賊易，破心中賊難」　守仁在南贛，於緊張的軍事行動中，依然沒有停止講學活動。在征橫水、三浰時，他在與門生的信中說：「破山中賊易，破心中賊難。」這句話表明，守仁極為重視「心」的作用，且具有長遠的戰略眼光，他把解決不利於封建統治的思想問題看作比解決軍事問題更為重要〔註1〕。故他在戎馬倥傯中，依然設賬講學。

　　錢著《年譜‧年譜一》（《王陽明全集》卷三三）：「（正德）十有三年戊寅，先生四十七歲，在贛。正月，征三浰。與薛侃書曰：『即日已抵龍南，明日入巢，四路皆如期並進，賊有必破之勢矣。向在橫水，嘗寄書仕德云：「破山中賊易，破心中賊難。」區區剪除鼠竊，何足為異？若諸賢掃蕩心腹之寇，以收廓清平定之功，此誠大丈夫不世之偉績。數日來，諒已得必勝之策，奏捷有期矣，何喜如之！梁日孚、楊仕德誠可與共學。廨中事累尚謙。小兒正憲，猶望時賜督責。』時延尚謙為正憲師，兼倚以衙中政事，故云。」

　　七月，刻古本《大學》，刻《朱子晚年定論》　王守仁對《大學》一書很重視，其以鄭玄所傳古本《大學》為依據，撰有《大學問》。通過《大學》來闡發其心學思想的核心「致良知」說。王陽明認為朱熹改本並非聖門本旨，而主張恢復《大學》古本，去掉朱熹增補的文字，不再分章，以復《大學》

〔註1〕　關於王守仁提出的「破山中賊易，破心中賊難。」一般認為指廣大下層人民的反抗意識和行為，周術槐認為，「王氏『破心中賊』觀念的提出，固然包含有下層民眾反叛朝廷、大逆不道的思想，但它更主要的是針對明代封建統治者勾心鬥角、徇私敗公、爭權奪利、道德淪喪的現象而提出來的。『破心中賊』即是要求明代統治者振奮精神、破除心中一切私欲，做到清正廉潔、忠於國事。」（周術槐：《淺析王陽明「破心中賊」的主旨》，《貴州文史叢刊》，1999年第 4 期。）

之舊。在此基礎上，王陽明闡發其「致良知」說並最終完成其哲學邏輯的構建。王陽明批評並改造朱熹經學，對「致知」的關鍵詮釋使其圓滿完成本體、認識、修身為一體三維概念──「致良知」，以更具主體思維能動和先天預設性的「良知」範疇和「致良知」說揚棄並發展了傳統的程朱道統論，使「良知」說成為左右當時思想界逾百年的學術思潮，並對後世產生了重大影響。王守仁曾懷疑朱熹所注《大學》章句並非聖賢本意，並親自抄錄古本，並為之序。在南京，守仁已經完成編定《朱子晚年定論》的學術工作。守仁創立新說，倡為心學，就不得不與朱子之學劃清界限。同時，為了以子之矛功子之盾，以更大範圍爭取同志，守仁提出了一個朱子晚年定論說。他採集朱子強調涵養的若干書信，經過潤色和修改，編為一冊，名為《朱子晚年定論》，以示諸友。守仁認為朱熹的《論語集注》、《孟子集注》及《或問》諸書，乃朱熹中年未定之說，而晚年已大悟舊說之非，改正卻未及。守仁的《朱於晚年定論》遭到眾多學者的非議。如羅欽順、陳建等的質疑，但守仁仍堅定不移。他把在南京編輯的古本《大學》及《朱於晚年定論》在贛州加以付印。

　　錢著《年譜·年譜一》（《王陽明全集》卷三三）：「（正德）十有三年戊寅，先生四十七歲，在贛。……七月，刻古本《大學》。先生出入賊壘，未暇寧居，門人薛侃、歐陽德、梁焯、何廷仁、黃弘綱、薛俊、楊驥、郭治、周仲、周沖、周魁〔二〕、郭持平、劉道、袁夢麟、王舜鵬、王學益、余光、黃槐密、黃鑾、吳倫、陳稷劉、魯扶敝、吳鶴、薛僑、薛宗銓、歐陽昱，皆講聚不散。至是回軍休士，始得專意於朋友，日與發明《大學》本旨，指示入道之方。先生在龍場時，疑朱子《大學章句》非聖門本旨，手錄古本，伏讀精思，始信聖人之學本簡易明白。其書止為一篇，原無經傳之分。格致本於誠意，原無缺傳可補。以誠意為主，而為致知格物之功，故不必增一敬字。以良知指示至善之本體，故不必假於見聞。至是錄刻成書，傍為之釋，而引以敘。刻《朱子晚年定論》。先生序略曰：『昔謫官龍場，居夷處困，動心忍性之餘，恍若有悟。證諸《六經》、《四子》，洞然無復可疑。獨於朱子之說，有相牴牾，恒疚於心。切疑朱子之賢，而豈於此尚有未察？及官留都，復取朱子之書而檢求之。然後知其晚歲固已大悟舊說之非，痛悔極艾，至以為自誑誑人之罪，不可勝贖。世之所傳《集注》、《或問》之類，乃其中年未定之說，自咎以為舊本之誤，思改正而未及。而其諸《語類》之屬，又其門人挾勝心以附己見，固於朱子〔三〕平日之說猶有大相繆戾者。而世之學者，

局於見聞，不過持循講習於此，其於悟後之論，概乎其未有聞。則亦何怪乎予言之不信，而朱子之心無以自暴於後世也乎？予既自幸說之不繆於朱子，又喜朱子之先得我心之同然，且慨夫世之學者，徒守朱子中年未定之說，而不復知求其晚歲既悟之論，競相呶呶，以亂正學，不自知其已入於異端，輒採錄而裒集之，私以示夫同志。庶幾無疑於吾說，而聖學之明可冀矣。』」

八月，門人薛侃刻《傳習錄》　爲使更多同志學習《傳習錄》，薛侃合併將徐愛所遺《傳習錄》和陸澄所錄的一卷，予以付印，此即爲現存《傳習錄》之上卷。《傳習錄》係王守仁的主要哲學著作，分上（上卷是年刊刻）、中（中卷多人合力加工完成）、下（下卷由錢德洪嘉靖二十五年〔1546〕刊刻〔註2〕）三卷，由徐愛、錢德洪等根據平時記錄師說而輯成。上卷爲王守仁弟子徐愛、陸澄、薛侃等人與其師論學問答之語；中卷爲王守仁論學書信七篇；下卷爲弟子陳九川、黃以方、黃省曾、錢德洪等所記師說語錄及《朱子晚年定論》等。是書囊括了王守仁心學的主要觀點，是研究其思想的重要資料。

「良知」範疇出於孟子，是指「不慮而知」、「不學而能」的先驗道德意識。從王陽明始，則把「良知」的先天預設性加以約定，內涵加以擴充，並賦予宇宙本體的地位。王陽明繼承了陸九淵的「心即理」觀點，把「良知」與「心」看作是同一意義的範疇，所謂「良知者，心之本體」，並進而發揮「心即理」的觀點，把「良知」、「心」、「性」、「理」（天理）都看作一事。不可否定，王守仁對「格物致知」的重新闡釋擺脫了朱熹理氣二元、心性各分的道德嚴肅性，走向心即理的路徑，並突出了「致良知」的作用，同時，「致良知」作爲一個本體、認識、修身爲一體的三維概念不可避免隱藏著認欲爲理的可能性，這也爲王學的分裂埋下了伏筆。在人性上，認爲人人都具有良知，良知能分辨善惡，使人致善而去惡。同時，良知也是判斷是否善惡的標準。由此得出良知是認識的對象和源泉，爲學便是體認良知。致良知的致就是克除私欲、到達良知並擴充良知的過程。關於知行合一也是良知的道德踐履過程，故其反對知行分開。王守仁的思想在中國古代思想史和哲學史上都具有重要的地位，其對主體價值的肯定和權威的懷疑，對後人也有很大的影響，特別是對康有爲、梁啓超、熊十力等影響極大，對日本的明治維新也有一定的影響。《傳習錄》版本較多，主要有清代《學海類編》本、《國粹叢書》本、上海商務印書館影印《王文成公全書》四部叢刊本和1927年葉紹鈞校

〔註2〕　錢明：《陽明全書成書經過考》，吳光等編校《王陽明全集》，附錄，1632～1648頁。

注本等。另外有日本正德二年（1712）岡田群玉堂刻本，偽康德三年（1936）安東宏道書局排印本等。

錢著《年譜・年譜一》（《王陽明全集》卷三三）：「（正德）十有三年戊寅，先生四十七歲，在贛。……八月，門人薛侃刻《傳習錄》。侃得徐愛所遺《傳習錄》一卷，序二篇，與陸澄各錄一卷，刻於虔。」

饒宗頤《薛中離年譜》：「（正德）十三年戊寅（公元一五一八），三十三歲。……八月先生刻《傳習錄》。」

徐愛《傳習錄序》（《徐愛錢德洪董沄集・橫山遺集・補遺》）：「今備錄先生之語，固非先生之所欲，使吾儕常在先生之門，亦何事於此，惟或有時而去側，同門之友又皆離群索居。當是之時，儀刑既遠而規切無聞，如愛之駑劣，非得先生之言時時對越警發之，其不摧墮廢者幾希矣。吾儕於先生之言，苟徒入耳出口，不體諸身，則愛之錄此，實先生之罪人矣；使能得之言意之表，而誠諸踐履之實，則斯錄也，固先生終日言之之心也，可少乎哉？錄成，因復識此於首篇以告同志。門人徐愛序。」

九月，修濂溪書院 九月，因四方來贛從學者日眾，守仁等修濂溪書院以居學者。

錢著《年譜・年譜一》（《王陽明全集》卷三三）：「（正德）十有三年戊寅，先生四十七歲，在贛。……九月，修濂溪書院。四方學者輻輳，始寓射圃，至不能容，乃修濂溪書院居之。」

是年

羅洪先有聖賢之志 是年，羅洪先年十五歲，便對守仁講學之地虔臺心有嚮往，對《傳習錄》更是愛不釋手。其在《別周龍岡》中坦言，此時「慨然有志聖賢之業」。

錢穆《羅念庵年譜》：「武宗正德十三年戊寅，十五歲。聞陽明講學虔臺，心即嚮往。比《傳習錄》出，奔假手鈔。玩讀忘倦。（行狀）別周龍岡：予年十四，慨然有志聖賢之業，父母愛憐，不令出。」

武宗正德十四年　己卯（1519 年）

王守仁 48 歲，湛若水 54 歲，王艮 37 歲，黃綰 43 歲，季本 35 歲，聶豹 33 歲，鄒守益 29 歲，歐陽德 24 歲，錢德洪 24 歲，王畿 22 歲，羅洪先 16 歲，

羅汝芳 5 歲，何心隱 3 歲。

六月，王守仁四十八歲在江西擒濠　宸濠是明太祖第十七子朱權的五世孫，明武宗之叔。明孝宗弘治丙辰，宸濠襲封王位。宸濠從小就有野心，加上術士李自然、李日芳的蠱惑，使他日益驕奢。正德初，劉瑾擅權，宸濠又賄賂劉瑾，恢復了寧府被奪的護衛。正德五年，劉瑾被誅，寧府護衛又被革去。及其黨陸完爲兵部尙書，宸濠不僅恢復寧府護衛，又打擊異黨。及王瓊爲兵部尙書，預料宸濠必反，乃申明軍律，以防不測。由於偶然的原因，宸濠提前起事。守仁在豐城聞報，即返舟而回，一路上躲過了宸濠的追捕，經四晝夜而至吉安。他一而上疏告變，一面設計擒賊。經過數番較量，在守仁卓越軍事才能和官兵英勇戰鬥的努力下，不過一個多月的時間裏，宸濠即被生擒。

錢著《年譜‧年譜二》（《王陽明全集》卷三四）：「（正德）十有四年己卯，先生四十八歲，在江西。……六月二十二日，……先生聞濠兵既出，乃促列郡兵克期會於樟樹，自督知府伍文定等及通判談儲、推官王暐，以十三日甲辰發吉安。……己酉，誓師於樟樹，次豐城。諜知賊設伏於新舊廠，以爲省城之應，乃遣奉新知縣劉守緒領兵從間道夜襲破之。……濠爲知縣王冕所執，與其世子眷屬，及僞黨士實、……白昂等，擒斬三千，落水二萬餘，衣甲器械財物與浮屍橫十餘里。餘賊數百艘逃潰，乃分兵追剿。戊午，及於昌邑，大破之。至吳城，復斬擒千餘，死水中殆盡。己未，得槐等報，各擒斬復千餘。蓋自起兵至破賊，曾不旬日，紀功凡一萬一千有奇。初先生屢疏力疾赴閩，值寧藩變，臣子義不容捨。又閩省方面並無一人，事勢幾會，間不容髮，故復圖爲牽制攻守，以俟命師之至。疏入未報，即以捷聞。」

案：平宸濠之亂對王守仁而言，有極爲重要的影響和意義，政治上的軍功自不待言，從學術而言，其爲王學的發展和傳播掃平了現實的障礙，人們對王學的疑慮也就大大打了折扣（此指時人指守仁之學雜於禪，「人皆譁之爲禪。後擢僉副都御史至封拜，亦日與門人學子論學不輟。而山賊逆藩之變，一鼓殲之。於是人始服先生之才之美矣。」胡松《刻陽明先生年譜序》）。從是年起，守仁傳學進入一個比較順利的時期，弟子來學的數量也達到了高峰。

八月，武宗親征宸濠南下，至涿州而王守仁捷奏至，且諫親征。群臣亦諫，不從　六月，當宸濠謀反的消息報至朝廷時，兵部本擬命將討賊。

武宗貪玩，早想巡遊江南，數次被大臣諫止。這次正好是一個機會，遂自稱威武大將軍鎮國公，率官軍一萬餘人，前往江西征討，雖說已得守仁平濠的捷音，但不予公佈和理會，說：「元惡雖擒，逆黨未盡，不捕必遺後患。」守仁具疏諫止，武宗不聽。群臣亦諫，亦不聽，並於八月親征南下。

錢著《年譜‧年譜二》（《王陽明全集》卷三四）：「（正德）十有四年己卯，先生四十八歲，在江西。……八月，疏諫親征。是時兵部會議命將討賊。武宗詔曰：『不必命將，朕當親率六師，奉天征討。』於是假威武大將軍鎮國公行事，命太監張永、張忠、安邊伯許泰、都督劉暉，率京邊官軍萬餘，給事祝續、御史張綸，隨軍紀功。雖捷音久上，不發，皆云：『元惡雖擒，逆黨未盡，不捕必遺後患。』先生具疏諫止，略曰：『臣於告變之後，選將集兵，振威揚武，先攻省城，虛其巢穴，繼戰鄱湖，擊其惰歸。今宸濠已擒，謀黨已獲，從賊已掃，閩、廣赴調軍士已散，地方驚擾之民已帖。竊惟宸濠擅作闖威，睥睨神器，陰謀久蓄；招納叛亡，釁轂之動靜，探無遺跡；廣置奸細，臣下之奏白，百不一通。發謀之始，逆料大駕必將親征，先於沿途伏有奸黨，期為博浪、荊軻之謀。今逆不旋踵，遂已成擒。法宜解赴闕門，式昭天討。然欲付之部下各官，誠恐潛布之徒乘隙竊發；或虞意外，臣死有餘憾矣。』蓋時事方艱，賊雖擒，亂未已也。」

九月，守仁獻俘宸濠於錢塘，以病寄居西湖淨慈寺　九月十一日，守仁獻俘出南昌，內官張忠、許泰等人以武宗嬉戲計，欲把宸濠縱於潘陽湖，讓武宗再親與接戰，而後重論戰功。守仁拒絕這種荒唐的行為，乘夜過玉山、草萍驛，到杭州，把宸濠交給當時較為正義的張永，自己則稱病住在西湖淨慈寺。

錢著《年譜‧年譜二》（《王陽明全集》卷三四）：「（正德）十有四年己卯，先生四十八歲，在江西。……九月十一日，先生獻俘發南昌。忠、泰等欲追還之，議將縱之鄱湖，俟武宗親與遇戰，而後奏凱論功。連遣人追至廣信。先生不聽，乘夜過玉山、草萍驛。張永候於杭，先生見永謂曰：『江西之民，久遭濠毒，今經大亂，繼以旱災，又供京邊軍餉，困苦既極，必逃聚山谷為亂。昔助濠尚為脅從，今為窮迫所激，奸黨群起，天下遂成土崩之勢。至是興兵定亂，不亦難乎？』永深然之，乃徐曰：『吾之此出，為群小在君側，欲調護左右，以默輔聖躬，非為掩功來也。但皇上順其意而行，猶可挽回，萬一若逆其意，徒

激群小之怒，無救於天下大計矣。』於是先生信其無他，以濠付之，稱病西湖淨慈寺。」

是年

陸澄　生卒不詳，明代浙中王門學者。陸澄字原靜，又字清伯，浙江歸安（今屬湖州）人。正德十二年（1517）進士，授刑部主事，因議大禮不合上意，罷歸。後悔前議之非，詔復原官。《明倫大典》成，上見先生前疏，惡其反覆無常，遂斥不用。《傳習錄》諸多爲其所記，學宗良知，好事仙釋，師事守仁。

《明儒學案》卷一四：「陸澄字原靜，又字清伯，湖之歸安人。……先生以多病，從事於養生，文成語之以養德。養身只是一事，果能戒愼恐懼，則神住、氣住、精住，而長生久視之說，亦在其中矣。……先生初錮於世論，已而理明障落，其視前議猶糞土也。」

案：關於陸澄的生卒年，限於文獻，目前還不能確定，其爲正德十二年（1517）進士，故是年肯定在世，姑記在是年之下。

鄒守益師事王守仁，並攜手對付宸濠　是年，鄒守益正式師事守仁。鄒守益拜見守仁於虔臺，以以前學習中的疑問（格物、愼獨不能歸一）請示守仁，並談論格物之學，守仁說，致知是致吾之良知，格物是在倫物的基礎上感應致知，其與愼獨皆爲統一。鄒守益幡然醒悟，遂執弟子禮。此前，在其 20 歲時參加會試，當時王守仁爲同考官，十分賞識其文才，遂拔第一，故有師生之名。同時，宸濠反，師生同仇敵愾，共擒叛王。

宋儀望《翰林院侍讀學士追贈禮部侍郎諡文莊東廓先生行狀》（《明文海》卷四四四）：「世有大儒曰東廓先生，姓鄒氏，諱守益，字謙之，吉之安福人。……己卯，謁陽明王公於虔臺，因論及格致之學，王公乃盡語以致良知之說，反覆辯論，先生翻然悟曰：『道在是矣！』遂執子弟禮。未幾，宸濠反，江西王公起兵吉安，先生聞變，星馳軍門。王公喜曰：『君臣師生之誼，在此一舉。』」

相關記載有：

鄒德涵《文莊府君傳》：「（正德）己卯，謁陽明王先生於虔，以其疑質之。王公告知曰：『致知者，致吾之良知也。格物者，不離倫物，感應以致其知也，與愼獨一也。』府君翻然悟曰：『道在是矣！』遂執弟子禮。」

錢著《年譜・年譜二》（《王陽明全集》卷三四）：「（正德）十有四年己卯，先生四十八歲，在江西。……先生在吉安，守益趨見曰：『聞濠誘葉芳兵夾攻吉安。』先生曰：『芳必不叛。諸賊舊以茅為屋，叛則焚之。我過其巢，許其伐巨木創屋萬餘。今其黨各千餘，不肯焚矣。』益曰：『彼從濠，望封拜，可以尋常計乎？』先生默然良久曰：『天下盡反，我輩固當如此做。』益惕然，一時胸中利害如洗。次早復見曰：『昨夜思之，濠若遣逮老父奈何？已遣報之，急避他所。』」

王艮按《禮經》製衣冠，服之　王艮，幼時家貧，後經商奔波各處，萌發為聖賢之學的決心。經過一番悟道，王艮自認為已經體仁。同時，王艮又是一個格調較高之人，為表明徹底為道之決心，是年，按《禮經》制衣冠並服之，進行傳道實踐。

《王心齋全集・年譜》：「（武宗）十四年己卯，先生三十七歲……一日喟然而歎曰：『孟軻有言：言堯之言，行堯之行，而不服堯之服，可乎？』於是按《禮經》製五常冠、深衣、條経、笏板，行則規圓矩方，坐則焚香默識，書其門曰：此道貫伏羲、神農、黃帝、堯、舜、禹、湯、文、武、周公、孔子，不以老幼、貴賤、賢愚，有志願學者，傳之。」

陳九川再見王守仁，並得以「正念」之教　是年，陳九川雖已習致良知之教，但在為學工夫上每從念慮起滅處著手，故有息念之說。守仁告誡其說，念乃生機活潑之體，不能用息來作工夫，可用戒懼之功，目的是正念，而非息念。

《陳明水先生年譜》：「正德十四年己卯，1519年，二十六歲。……是年，先生歸京師，再見陽明於洪都。……時先生雖習致良知教，然為學工夫每從念慮起滅處著手，故有息念之說，陽明告先生曰『正』」

王守仁《傳習錄下》：「九川問：『近年因厭汎濫之學，每要靜坐，求屏息念慮。非惟不能，愈覺擾擾，如何？』先生曰：『念如何可息？只是要正。』曰：『當自有無念時否？』先生曰：『實無無念時。』曰：『如此卻如何言靜？』曰：『靜未嘗不動，動未嘗不靜。戒謹恐懼即是念，何分動靜？』曰：『周子何以言定之以中正仁義而主靜？』曰：『無欲故靜，是「靜亦定，動亦定」的「定」字，主其本體也。戒懼之念是活潑潑地。此是天機不息處，所謂「維天之命，於穆不已」，一息便是死。非本體之念，即是私念。』」

錢德洪讀《傳習錄》，疑之　是年，錢德洪補邑癢弟子，並博綜朱子之

學，讀《傳習錄》，與朱子之學不合，故疑之。

王畿《刑部陝西司員外郎特詔進階朝列大夫致仕緒山錢君行狀》（《龍溪王先生全集》卷二〇）：「君諱德洪，字洪甫，……正德己卯，補邑癢弟子。……專心以學問爲事，讀《傳習錄》，與所學未契，疑之。」

王襞從父游學江浙，並師事王畿、錢德洪 　是年，王襞九歲，隨父游學江浙守仁公講學之所，時同志講學數千人，王畿以童子歌驚動諸同志，守仁亦奇之，並命其師事王畿、錢德洪等。

《明儒王東崖先生遺集・年譜紀略》：「（正德）十四年己卯，先生九歲從先公游學江浙。」

焦竑《王東崖先生墓誌銘》（《澹園集》卷三一）：「先生諱襞，……生九齡，隨父至陽明公所，士大夫會者千人，公命童子歌，多囁嚅不能應，先生意氣恬如，歌聲若金石。公召視之，知爲心齋子，詫曰：『吾固知越中無此兒也。』輒奇而授之學。是時龍溪、緒山、玉芝皆在左右，先生以公命悉師事之。」

武宗正德十五年　庚辰（1520 年）

王守仁 49 歲，湛若水 55 歲，王艮 38 歲，黃綰 44 歲，季本 36 歲，聶豹 34 歲，鄒守益 30 歲，歐陽德 25 歲，錢德洪 25 歲，王畿 23 歲，羅洪先 17 歲，羅汝芳 6 歲，何心隱 4 歲。

六月，羅欽順以書問學王守仁 　因王守仁主張回覆《大學》古本及所編《朱子晚年定論》，羅欽順致書守仁，從而引發這次辯難。《大學》本爲《禮記》之一篇，是倡導格物致知、誠意、正心、修身、齊家、治國、平天下、以修身爲本的先秦儒家典籍。朱子將其移出，兼附己意，補其闕略，與《中庸》、《論語》、《孟子》並稱「四書」，遂成爲儒家經典，自從朱熹《大學》改本的出現和定型，此後數百年間，人們閱讀《大學》時，一直受其影響。而守仁不以爲可，仍堅持舊本教人。羅欽順據《大學》首章「欲誠其意者，先致其知，致知在格物」句展開，以期證明朱子所補傳之五章「釋格物致知之義」不可謂沒有道理。然而王陽明堅持舊本不可改，並從文字訓詁、句意貫通、爲文主旨等諸方面作了以心學理論爲基礎的闡釋。從文獻而言，他們的分歧主要有：第一，羅欽順認爲，格物之物應是內外兼顧，不能只求之以內。王守仁反駁曰，學問沒有內外之分，性亦無內外，內省問道並非排除外向求

理。第二，羅欽順認爲，格物正念頭之工夫與正心誠意是重複的，那麼，《大學》的條目是否是多餘？王守仁回答道，格物、致知、正心、誠意，均有所指，是爲學工夫逐步愼密的過程。同時，學問無內外之分，所有工夫的歸旨爲止於至善。止於至善的工夫就是致良知的過程。總體而言，王、羅關於《大學》格物、致知順序問題可以概括爲致良知於事事物物與事事物物上的格物窮理之別。

　　錢著《年譜・年譜二》（《王陽明全集》卷三四）：「（正德）十有五年庚辰，先生四十九歲，在江西。……六月，如贛。……十八日，至吉安，遊青原山，和黃山谷詩，遂書碑。行至泰和，少宰羅欽順以書問學。先生答曰：『來教訓某《大學》古本之復，以人之學，但當求之於內，而程、朱格物之說，不免求之於外，遂去朱子之分章，而削其所補之傳。非敢然也。學豈有內外乎？《大學》古本乃孔門相傳舊本耳。朱子疑其有脫誤，而改正補緝之；在某則謂其本無脫誤，悉從其舊而已矣。失在過信孔子則有之，非故去朱子之分章而削其傳也。夫學貴得之心。求之於心而非也，雖其言之出於孔子，不敢以爲是也，而況其未及孔子者乎？求之於心而是也，雖其言之出於庸常，不敢以爲非也，而況其出於孔子者乎？且舊本之傳數千載矣，今讀其文辭，既明白而可通，論其功夫，又易簡而可入，亦何所按據而斷其此段之必在於彼，彼段之必在於此？與此之如何而缺，彼之如何而誤？而遂正補緝之，無乃重於背朱而輕於叛孔已乎？來教謂：『如必以學不資於外求，但當反觀內省以爲務，則「正心誠意」四字，亦何不盡之有？何必入門之際，使困以格物一段工夫也？』誠然誠然。若語其要，則『修身』二字亦足矣，何必又言『正心』？『正心』二字亦足矣，何必又言『誠意』？『誠意』二字亦足矣，何必又言『致知』，又言『格物』？惟其工夫之詳密，而要之只是一事，所以爲精一之學，此正不可不思者也。夫理無內外，性無內外，故學無內外。講習討論，未嘗非內也；反觀內省，未嘗遺外也。夫謂學必資於外求，是以己性爲有外也，是義外也，用智者也；謂反觀內省爲求之於內，是以己性爲有內也，是有我也，自私者也：是皆不知性之無內外也。故曰：『精義入神，以致用也；利用安身，以崇德也。』性之德也，合內外之道也。此可以知格物之學矣。格物者，《大學》之實下手處，徹首徹尾，自始學至聖人，只此工夫而已。非但入門之際，有此一段也。夫正心、誠意、致知、格物，皆所以修身而格物者，其所以用力日可見之地。故格物者，格其心之物也，格其意之物也，格其知之物也；正心者，正其物之心也；誠意者，誠其物之意

也；致知者，致其物之知也：此豈有內外彼此之分哉？理一而已。以其理之凝聚而言，則謂之性；以其主宰而言，則謂之心；以其主宰之發動而言，則謂之意；以其發動之明覺而言，則謂之知；以其明覺之感應而言，則謂之物。故就物而言，謂之格；就知而言，謂之致，就意而言，謂之誠；就心而言，謂之正。正者，正此也；誠者，誠此也；致者，致此也；格者，格此也。皆所謂窮理以盡也。天下無性外之理，無性外之物。學之不明，皆由世之儒者認理為外，認物為外，而不知義外之說，孟子蓋嘗辟之，乃至襲陷其內而不覺，豈非亦有似是而難明者歟？不可以不察也。凡執事所以致疑於格物之說者，必謂其是內而非外也；必謂其專事於反觀內省之為，而遺棄其講習討論之功也；必謂其一意於綱領本原之約，而脫略於支條節目之詳也；必謂其沉溺於枯槁虛寂之偏，而不盡於物理人事之變也。審如是，豈但獲罪於聖門，獲罪於朱子？是邪說誣民，叛道亂正，人得而誅之也，而況於執事之正直哉？審如是，世之稍明訓詁，聞先哲之緒編者，皆知其非也，而況執事之高明乎哉？凡某之所謂格物，其於朱子九條之說，皆包羅統括於其中；但為之有要，作用不同：正所謂毫釐之差耳。然毫釐之差，而千里之謬實起於此，不可不辨。』」

案：從羅欽順的《與王陽明書‧庚辰夏》看，王、羅之分的焦點在形式上是「格物」之辨，實質上是可以反映程朱、陸王兩種不同的學問路徑，即是內與外、心與性，又是尊德性與道問學的不同。王、羅之分一直持續到王守仁去世，在王守仁去世之年，即嘉靖戊子（1528）年，羅欽順還有《與王陽明書‧又‧戊子冬》，惜王守仁去世，此書沒有寄出，羅欽順在後就中說：「初作此書，將以復陽明往年講學之約，書未及寄，而陽明下世矣，惜哉！」此書是關於格物、誠意、良知之討論，說明兩者始終不能合。

九月，王艮三十八歲，從學於守仁　在這一時期中，守仁雖然軍務政事繁雜，但其思想更為成熟和穩健，「良知」的領悟和運用日趨圓潤，軍務之餘，依然指導學生，解疑答難、誨人不倦。是年，守仁在豫章釋「良知」之學，學者雲集、教風習習。泰州王銀，服古冠古服，執木簡，以二詩為禮見守仁。守仁異其風貌氣度，與之論學。王銀兩次歎服，遂執弟子禮。守仁易其名為「艮」，字以「汝中」。從此，王艮服膺王公、易商從道、刻苦為學，並成為泰州學派的創始人，大力發展了守仁「良知」發散的一面，使守仁思想更具平民化，並在下層社會中風靡一時。

　　錢著《年譜・年譜二》（《王陽明全集》卷三四）：「（正德）十有五年庚辰，先生四十九歲，在江西。……九月，還南昌。……泰州王銀服古冠服，執木簡，以二詩為贄，請見。先生異其人，降階迎之。……遂反服執弟子禮。先生易其名為『艮』，字以『汝止。』」

　　《王心齋全集・年譜》「（正德）十有五年庚辰，先生三十八歲。（時陽明王公講『良知』之學於豫章，四方學者雲集。先是，塾師黃文剛，吉安人也，聽先生說《論語》首章曰：『我節鎮陽明公所論類若是。』先生訝曰：『有是哉？方今大夫士汩沒於舉業，沉酣於聲利，皆然也。信有斯人論學如我乎？不可不往見之，吾俯就其可否，而無以學術誤天下。』即買舟以俟，……因賦詩為請。……先生曰：『昨來時夢拜先生於此亭。』公曰：『真人無夢。』先生曰：『孔子何由夢見周公？』公曰：『此是他真處。』……縱言及天下事。公曰：『君子思不出其位。』先生曰：『某草莽匹夫，而堯舜君民之心，未嘗一日忘。』公曰：『舜居深山，與鹿豕木石遊居，終身忻然，樂而忘天下。』先生曰：『當時有堯在上。』……講及良知，先生歎曰：『簡易直截，予所不及！』乃下拜而師事之。……明日復入見公，亦曰：『某昨輕易拜矣，請與再論。』先生復上坐，公喜曰：『善有疑便疑，可信便信，不為苟從，予所甚樂也。』乃又反覆論難，曲盡端委。先生心大服，竟下拜執弟子禮。公謂門人曰：『吾擒宸濠，一無所動，今卻為斯人動。』……先生初名銀，公乃易之名艮，字汝止。……）」

　　案：據《明儒學案》卷十記載，守仁「居越以後，所操益熟，所得益化，時時知是知非，時時無是無非，開口即得本心，更無假借湊泊，如赤日當空而萬象畢照。」此是守仁學成之後的第三個階段，王艮此時師事守仁，基本是處於第二個階段之末，而守仁的第三個階段王艮又在其身邊，故受影響非常之大，王艮學術以「良知」發散為主，於此關係尤切。

是年

舒芬從學於守仁　江西進賢人舒芬，曾於正德十二（1517）年以狀元及第，以翰林謫官，自恃博學，見守仁問元聲。守仁予以心學的解釋，舒芬大服，躍然稱弟子。

　　錢著《年譜・年譜二》（《王陽明全集》卷三四）：「（正德）十有五年庚辰，先生四十九歲，在江西。……進賢舒芬以翰林謫官市舶，自恃博學，見先生問律呂。先生不答，且問元聲。對曰：『元聲制度頗詳，特未置密室經試耳。』先

生曰：『元聲豈得之管灰黍石間哉？心得養則氣自和，元氣所由出也。《書》云「詩言志」，志即是樂之本；「歌永言」，歌即是制律之本。永言和聲，俱本於歌。歌本於心，故心也者，中和之極也。』芬遂躍然拜弟子。」

案：關於舒芬是否師從王守仁，黃宗羲在《明儒學案》中存疑，並有一些具體分析，對於此，詳見舒芬卒條。

徐階師從聶豹　是年，聶豹出任華亭知縣，以《易》為基礎講學，徐階受業其門，得問良知之學。

吳震《聶豹略年譜》：「正德十五年庚辰（1520），三十四歲。是年，出任華亭知縣。日以講學，以《易》為本，時徐階在列。」

王守仁指示陳九川、鄒守益、於中「人胸中各有個聖人」之說　是年，王守仁對良知的把握進一步深化，不但良知人人具足，且引出「人胸中各有個聖人」之說，此說是對良知主體自信的必然，對中國思想史影響極大。泰州學派很多人具有聖人情節，從理論而言應源於此。

《陳明水先生年譜》：「正德十五年庚辰，1520年，二十七歲。……先生與於中、鄒東廓同侍陽明，陽明告彼等以『人胸中各有個聖人。』」

陳明水《壽大司成東廓鄒公七十序》：「正德庚辰，余與東廓鄒子再見陽明先生於虔，進授良知之訓。逐居通天岩中，久之咸若有得。」

王守仁《傳習錄下》：「在虔，（陳九川）與於中、謙之同侍。先生曰：『人胸中各有個聖人，只自信不及，都自埋倒了。』因顧於中曰：『爾胸中原是聖人。』於中起不敢當。先生曰：『此是爾自家有的，如何要推？』於中又曰：『不敢。』先生曰：『眾人皆有之，況在於中，卻何故謙起來？謙亦不得。』於中乃笑受。又論：『良知在人，隨你如何不能泯滅，雖盜賊亦自知不當為盜，喚他做賊，他還忸怩。』於中曰：『只是物欲遮蔽，良心在內，自不會失；如雲自蔽日，日何嘗失了！』先生曰：『於中如此聰明，他人見不及此。』」

武宗正德十六年　辛巳（1521 年）

王守仁 50 歲，湛若水 56 歲，王艮 39 歲，黃綰 45 歲，季本 37 歲，聶豹 35 歲，鄒守益 31 歲，歐陽德 26 歲，錢德洪 26 歲，王畿 24 歲，羅洪先 18 歲，羅汝芳 7 歲，何心隱 5 歲。

九月，錢德洪率二姪大經、應揚及鄭寅、俞大本等歸贄守仁　是年

九月，守仁歸餘姚省祖塋。並在當地講學，此時，守仁對良知的領悟經過擒宸濠和忠、泰之變的洗禮，已得到極大的昇華，無滯而有方、灑脫而自然，深為學子所信服。錢德洪聞先生講學，力排眾議，率眾及門受業於守仁。

錢著《年譜‧年譜二》（《王陽明全集》卷三四）：「（正德）十有六年辛巳，先生五十歲，在江西。……九月，歸餘姚省祖塋。先生歸省祖塋，訪瑞雲樓，指藏胎衣地，收淚久之，蓋痛母生不及養，祖母死不及殮也。日與宗族親友宴遊，隨地指示良知。德洪昔聞先生講學江右，久思及門，鄉中故老猶執先生往跡為疑，洪獨潛伺動支，深信之，乃排眾議，請親命，率二侄大經、應揚及鄭寅、俞大本，因王正心通贄請見。明日，夏淳、范引年、吳仁、柴鳳、孫應奎、諸陽、徐珊、管州、谷鍾秀、黃文渙、周於德、楊珂等凡七十四人。」

王畿《刑部陝西司員外郎特詔進階朝列大夫致仕緒山錢君行狀》（《龍溪王先生全集》卷二〇）：「君諱德洪，字洪甫，初名寬，避先元諱，以字行。……正德己卯，補邑癢弟子。……及陽明夫子平宸濠歸越，始決意師事焉。夫子還姚，君相率諸友范引年、管州、鄭寅、徐珊、吳仁、柴鳳等數十人，闢龍泉中天閣，請夫子升座開講，君首以所學請正。」

十月，王守仁封新建伯　由於守仁平寧藩之叛，大有功於社稷，封新建伯，特進光祿大夫、柱國、兼兵部尚書。

錢著《年譜‧年譜二》（《王陽明全集》卷三四）：「（正德）十有六年辛巳，先生五十歲，在江西。……十月二日，封新建伯。制曰：『江西反賊剿平，地方安定，各該官員，功績顯著。你部裏既會官集議，分別等第明白。王守仁封新建伯，奉天翊衛推誠宣力守正文臣，特進光祿大夫柱國，還兼兩京兵部尚書，照舊參贊機務，歲支祿米壹千石，三代並妻一體追封，給與誥卷，子孫世世承襲。正德十六年十二月十九日，準兵部吏部題。』差行人齎白金文綺慰勞。」

是年

王守仁始揭「致良知」之教　經過擒獲宸濠和忠、泰之變以後，時事的磨練、心理的煎熬讓守仁多了些聊酒自慰、放馬南山的情懷，少了些躊躇滿志、憂國憂民的激情。守仁對人世已有新的認識和沉澱，對心學的領悟又達到一個新的高度，其哲學思想也躍進到了一個新階段，提出了著名的「致良知」學說。「致良知」是兼本體與工夫為一體的成熟理論形態，既有孟子的

「良知」（「本體」），也有朱子的「工夫」（「致」，此處含有《大學》「格物致知」之「工夫」）。可以說，「致良知」為《大學》與《孟子》的一個巧妙結合。守仁自此直至逝世，專以「致良知」為教，他認為無論是龍場的知行合一，滁陽的靜坐，或南都的省察克治、存理去欲，都有弊病，唯有「致良知」最為圓融和自然。「致良知」的提出，標誌著守仁心學體系的完善和成熟。

　　錢著《年譜·年譜二》（《王陽明全集》卷三四）：「（正德）十有六年辛巳，先生五十歲，在江西。……是年先生始揭致良知之教。先生聞前月十日武宗駕入宮，始舒憂念。自經宸濠、忠、泰之變，益信良知真足以忘患難，出生死，所謂考三王，建天地，質鬼神，俟後聖，無弗同者。乃遺書守益曰：『近來信得致信得致良知三字，真聖門正法眼藏。往年尚疑未盡，今自多事以來，只此良知無不具足。譬之操舟得舵，平瀾淺瀨，無不如意，雖遇顛風逆浪，舵柄在手，可免沒溺之患矣。』一日，先生喟然發歎。九川問曰：『先生何歎也？』曰：『此理簡易明白若此，乃一經沉埋數百年。』九川曰：『亦為宋儒從知解上入，認識神為性體，故聞見日益，障道日深耳。今先生拈出良知二字，此古今人人真面目，更復奚疑？』先生曰：『然譬之人有冒別姓墳墓為祖墓者，何以為辨？只得開壙將子孫滴血，真偽無可逃矣。我此良知二字，實千古聖聖相傳一點滴骨血也。』又曰：『某於此良知之說，從百死千難中得來，不得已與人一口說盡。只恐學者得之容易，把作一種光景玩弄，不實落用功，負此知耳。』先生自南都以來，凡示學者，皆令存天理去人欲以為本。有問所謂，則令自求之，未嘗指天理為何如也。間語友人曰：『近欲發揮此，只覺有一言發不出，津津然如含諸口，莫能相度。』久乃曰：『近覺得此學更無有他，只是這些子，了此更無餘矣。』旁有健羨不已者，則又曰：『連這些子亦元放處。』今經變後，始有良知之說。」

　　案：「致良知」是王守仁學說的大成與歸旨，關於此說的提出年份《年譜》認為是「（正德）十有六年辛巳」，即1521年。而陳來認為提出應為正德庚辰，即1520年，（參陳來《有無之境——王陽明哲學的精神》，人民出版社，1991年版，第160～165頁）。在正德庚辰，即1520年，王守仁的確有關於「致良知」的說法，如《傳習錄·下》：「（正德）庚辰往虔州，再見先生，問：『近來功夫雖若稍知頭腦，然難尋個穩當快樂處。』先生曰：『爾卻去心上尋個天理，此正所謂理障。此間有個訣竅。』曰：『請問如何？』曰：『只是致知。』曰：『如何致？』曰：『爾那一點良知，是爾自家的準則。爾意念著處，他是便知是，非便知非，更瞞他一些不得。爾只不要欺他，實實落落依著他做去，善便存，惡便去。他

這裡何等穩當快樂。此便是格物的眞訣，致知的實功。若不靠著這些眞機，如何去格物？我亦近年體貼出來如此分明，初猶疑只依他恐有不足，精細看無些小欠闕。』另外，還有一些相似的說法，可以肯定的說，王守仁在正德庚辰（1520）已經有個完善而成熟的「致良知」思想體系，只是沒有直接用「致良知」三字。本人認爲，「致良知」的提出放在正德辛巳（1521）還是恰當的，思想的形成和文字的合理表達有時並非是一致的，眞正用合適的文字表達出合理的思想應該是一種現實而直接的思想形成。

錄陸象山子孫，刻《象山文集》　是時，爲表彰聖學、浸潤教化。守仁以象山之學久抑不彰，牌行撫州府金溪縣官吏，仿各處聖賢子孫事例，免陸氏嫡派子孫差役，送其俊秀子弟入學。並刻《象山文集》，爲其作序以寄表彰之意。

錢著《年譜・年譜二》（《王陽明全集》卷三四）：「（正德）十有六年辛巳，先生五十歲，在江西。……先生以象山得孔、孟正傳，其學術久抑而未彰，文廟尚缺配享之典，子孫未沾褒崇之澤，牌行撫州府金溪縣官吏，將陸氏嫡派子孫，仿各處聖賢子孫事例，免其差役；有俊秀子弟，具名提學道送學肄業。按象山與晦翁同時講學，自天下崇朱說，而陸學遂泯。先生刻《象山文集》，爲序以表彰之。席元山嘗聞先生論學於龍場，深病陸學丕顯，作《鳴冤錄》以寄先生。稱其身任斯道，庶幾天下非之而不顧。」

陳嘉謨生　陳嘉謨，明代江右王門學者。字世顯，號蒙山，江西廬陵人。

張惟驤《疑年錄彙編》卷七：「陳蒙山八十三嘉謨，生正德十六年辛巳，卒萬曆三十一年癸卯。」

《明儒學案》卷二一：「陳嘉謨字世顯，號蒙山，廬陵人。……癸卯年八十三卒。」

楊豫孫生　楊豫孫（1521～？），明代南中王門學者。字幼殷，上海華亭（今松江）人。嘉靖二十六年（1547）進士，授南考功主事，官至湖廣右僉都御史。因和徐階相知，故被重用。其學以知識爲性，並認爲性有善惡之分。著有《名臣琬炎錄》等。

胡廣《僉都御史楊公豫孫傳》（《國朝獻徵錄》卷六三）：「楊豫孫字幼殷，華

亭人。……年十七舉應天丁酉鄉試。」

《明儒學案》卷二七:「楊豫孫字幼殷,華亭人。……先生以『知識即性,習爲善者固此知識,習爲不善者亦此知識。』」

案:卒年未定。楊豫孫「年十七舉應天丁酉鄉試」,嘉靖丁酉爲嘉靖十六年,即1537年,可見,其生在1521年。

湛若水有《答陽明王都憲論格物書》,此爲第二次王、湛格物之辨

是年,湛若水有《答陽明王都憲論格物書》。在是書中,湛若水全面檢討了王守仁的格物說,並提出四點質疑。一是正念頭與正心的重複。王守仁訓格爲正,訓物爲念頭之發,這樣,格物便成立正念頭。而誠意之意,亦是念頭之發,正心亦是正念頭,於是,格物與正心便成一事。二是對王守仁回歸古本《大學》的不滿,「知止而後有定,定而後能靜,靜而後能安,安而後能慮,慮而後能得。」對於此句王守仁認爲「其說何也?」(參王守仁《大學問》)即不可解,並認爲古本《大學》無此句。湛若水由此推出,如果無此句,那麼王守仁《大學問》中以修身說格致處便不可解(即《大學問》中「何謂修身?……必在於致知焉。」)。三是正念頭無法區別儒釋。湛若水認爲正念頭有如釋老之虛無,因爲念頭之正否難以檢測、難以判斷、難以把握,如此一來,就會造成念頭有無正否不可知、不自知,其結果就是正與邪難分、智與愚失察、聖人與禽獸不明。四是與學問目的相悖。湛若水認爲,古代所有學問可歸於知行並進,如果訓格物爲正念頭,那麼,所有學問便只存在於「知」的層面,「行」的層面便被有效隔離,這於知行並進之道有悖。通過以上四條辯難,湛若水結論爲,王守仁的格物說是極爲不當的。

湛若水《答陽明王都憲論格物書》:「兩承手教格物之論,足仞至愛。然僕終有疑者,……蓋兄之格物之說,有不敢信者四:自古聖賢之學,皆以天理爲頭腦,以知行爲工夫,兄之訓格爲正,訓物爲念頭之發,則下文誠意之意,即念頭之發也,正心之正即格也,於文義不亦重複矣乎?其不可一也。又於上文知止能得爲無承於古本,下節以修身說格致爲無取,其不可二也。兄之格物訓之正念頭也,則念頭之正否亦未可據。如釋、老之虛無,則曰應無所住而生其心,無諸相無根塵,亦自以爲正矣。楊墨之時皆以爲聖矣,豈自以爲不正而安之!以其無學問之功,而不知其所謂正者乃邪而不自知也。其所自謂聖,乃流於禽獸也。夷、惠、伊尹,孟子亦以爲聖矣,而流於隘與不恭,而異於孔子者,

以其無講學之功，無始終條理之實，無智巧之妙也。則吾兄之訓徒正念頭，其不可三也。論學之最始者，則《說命》曰：『學於古訓，乃有獲』，《周書》則曰：『學古入官』，舜命禹則曰：『惟精惟一』，顏子述孔子之教則曰：『博文約禮』，孔子告哀公則曰：『學、問、思、辨、篤行』，其歸於知行並進，同條共貫者也。若如兄之說，徒正念頭，則孔子止曰『德之不修』可矣，而又曰『學之不講』何耶？止曰『默而識之』可矣，而又曰『學而不厭』何耶？又曰『信而好古敏求者』何耶？子思止曰『尊德性』可矣，而又曰『道問學』者何耶？所講、所學、所好、所求者何耶？其不可者四也。……且僕獲交於兄十有七年矣，受愛於兄亦可謂深矣。」

　　案：王守仁和湛若水訂交於1505年，「且僕獲交於兄十有七年矣」，故是書的寫作時間應為是年。自從正德十年（1515）王、湛第一次格物之辨後，王、湛之間交流不斷，期間，他們之間關於格物的闡釋一度非常接近，但由於二人的主體思想逐步確立，對格物的闡釋也變得沒有迴旋餘地。加上方獻夫、王宜學等人的鼓動，使湛若水最終有《答陽明王都憲論格物書》的出現。

世宗嘉靖元年　壬午（1522 年）

　　王守仁 51 歲，湛若水 57 歲，王艮 40 歲，黃綰 46 歲，季本 38 歲，晶豹 36 歲，鄒守益 32 歲，歐陽德 27 歲，錢德洪 27 歲，王畿 25 歲，羅洪先 19 歲，羅汝芳 8 歲，何心隱 6 歲。

　　七月，王時槐生　王時槐，明代江右王門學者。字子直（一作子植），號塘南。安福（今屬江西安福縣）人。

　　王時槐《塘南居士自撰墓誌銘》：「予姓王氏，名時槐，字子植，……生嘉靖壬午七月二日。」

　　相關的記載有：

　　張惟驤《疑年錄彙編》卷七：「王塘南八十四時槐，生嘉靖元年壬午，卒萬曆三十三年乙巳。」

　　《明儒學案》卷二〇：「王時槐字子植，號塘南，吉之安福人。……乙巳十月八日卒，年八十四。」

　　十月，禮科給事中章僑上書劾論王守仁之學　是年十月，禮科給事中章僑上書劾論王守仁之學背離程朱正統，嘉靖帝以為是，並下詔禮部國子監

及各提學官，申明務必以程朱之學爲準，禁止任何背叛正統的異端之學傳播。

《明世宗實錄》卷一九：「嘉靖元年十月，……禮科給事中章僑言：『三代以下論正學莫如朱熹，近有聰明才智足以號召天下者，倡異學之說，而士之好高務名者，靡然宗之。大率取陸九淵之簡便，憚朱熹爲支離。』……上曰：『然。祖宗表章六經，頒降敕諭，正欲崇正學、迪正道、端士習、育眞才，以成正大光明之業，百餘年間人材渾厚，文體純雅近，年士習多詭異，文辭務艱險，所傷治化不淺，自今教人取士一依程朱之言，不許妄爲叛道不經之書私自傳刻，以誤正學。』」

是年

黃綰稱守仁門人　是年，黃綰在餘姚會見王守仁，並聽他講授「致良知」說。聽後，黃綰很受感動，曾這樣推崇王學：「簡易直截，聖學無疑，先生（王守仁）眞吾師也。尚可自處於友乎？」乃稱門弟子。

錢著《年譜・年譜一》（《王陽明全集》卷三三）：「（正德）五年庚午，先生三十九歲，在吉。……先生入京：館於大興隆寺，時黃宗賢綰爲後軍都督府都事，因儲柴墟㠥請見。先生與之語，喜曰：『此學久絕，子何所聞？』對曰：『雖粗有志，實未用功。』先生曰：『人惟患無志，不患無功。』明日引見甘泉，訂與終日共學。宗賢至嘉靖壬午春復執贄稱門人。」

案：關於黃綰是否是年師從守仁。《王陽明全集・年譜一》認爲是年「（黃綰）宗賢至嘉靖壬午春復執贄稱門人。」即第二次師從守仁。而《明儒學案》卷一三記載爲：「先生初師謝文肅，及官都事，聞陽明講學，請見。陽明曰：『作何工夫？』對曰：『初有志，功夫全未。』陽明曰：『人患無志，不患無工夫可用。』復見甘泉，相與矢志於學。陽明歸越，先生過之，聞致良知之教，曰：『簡易直截，聖學無疑，先生眞吾師也。尚可自處於友乎？』乃稱門弟子。」從《年譜》看，正德五年，黃綰並未師從守仁，而只是稱爲摯友。從《明儒學案》看，黃綰認爲「先生眞吾師也。尚可自處於友乎？」可以斷定，是年，黃綰師從守仁。

劉文敏、劉邦采師從守仁　是年，劉文敏、劉邦采讀王守仁《傳習錄》，至守仁對「格物致知」重新闡釋處，若有所悟，但依然不能圓通，歎曰：非親師問教不可。遂師從王守仁。

《兩峰劉先生誌銘》（《友慶堂合稿》卷三）：「歲壬午，先生（按：指劉文

敏）歲二十有三，則與其族弟師泉共學，思所以自立於天地間者，或至夜分不能即枕。一夕，語師泉先生曰：『學苟小成，猶不學也。』蓋亟省之，已而讀陽明王公《傳習錄》，所論格物致知之言，與宋儒異，展轉研思，恍若有悟，遂決信不疑，躬踐默證。久之，惟覺動靜未能融通，乃歎曰：『非親承師授不可。』則買舟趨越中，見王公，執守門牆，往復三年寒暑。」

王艮四十歲，身穿異服，四處傳學 是年，守仁遭父喪，家居。王艮在其默許下，北上入京，借守仁之名沿途講學，受到各方重視而轟動一時。是時，守仁正論其學與朱子異同，頗受朱子後學牴牾。王守仁正為此事渡安，聞訊王艮人情異事，大為震怒，欲設法召他回來痛加制裁，但已鞭長莫及，其學術思想已流傳四方。

《王心齋全集·年譜》：「世宗嘉靖元年壬午，先生四十歲。（時陽明公以外艱家居，四方學者日聚其門，道院僧房至不能容。……一日，入告陽明公曰：『千載絕學，天啟吾師，倡之，可使天下有不及聞此學者乎？』因問孔子當時周流天下車制何如，陽明公笑而不答。既辭歸，製一蒲輪，標其上曰：天下一個，萬物一體，入山林求會隱逸，過市井啟發愚蒙。……沿途聚講，直抵京師。……時陽明公論學與朱文公異，誦習文公者頗牴牾之。……先生還會稽，見陽明公，公以先生意氣太高，行事太奇，欲稍抑之。……）」

案：關於王守仁震怒的原因，應該不是此次講學使王艮思想流傳四方，而是對講學模式的不認可。自王學誕生，傳播一直不甚順利，甚至受到朝廷的限制，講學模式一直是王學內部探討的話題。大概有書院講學、聚會講學、地域講學（惜陰會）等，本次王艮遊動講學，雖然引起很大轟動，但也招致一片騷然，其結果證明是不適宜的，故王守仁反對王艮的應是對其講學模式的不贊同。

冀元亨卒 冀元亨（？～1522），明代楚中王門學者。字惟乾，湖南武陵（今湖南武陵縣）人。正德十一年（1516）中舉。時宸濠有不軌之心，貽書王守仁問學，王守仁使元亨往。一日講《西銘》，冀元亨反覆申君臣之義。宸濠也很歎服，並贈厚幣。後繫獄，獄中論學不絕。其篤信守仁學，反對靜坐體認，主學以致用。

《明史》卷一九五：「冀元亨，字惟乾，武陵人。……世宗嗣位，言者交白其冤，出獄五日卒。」

《明儒學案》卷二八：「冀元亨字惟乾，號闇齋，楚之武陵人。……先生嘗

謂道林曰:『贛中諸子,頗能靜坐,苟無見於仁體,槁坐何益?』觀其不挫志於艱危,信所言之非虛也。」

尤時熙以聖學爲己任　是年,王守仁《傳習錄》始出,士大夫以舊學而排斥之,尤時熙大契之,晝夜讀書不休,並自認道在其中,依然以聖學爲己任。

張元忭《尤西川墓銘》(《明文海》卷四四二):「先生諱時熙,字季美……弱冠舉於鄉,是爲嘉靖壬午。時王文成公《傳習錄》始出,士大夫泥於舊聞,競駭而排之,先生計偕入京師,一見輒有省,晝夜讀之不休,則歎曰:『道不在是耶!向吾役志於詞章,抑末矣!』已而以疾,稍從事養生家,則又歎曰:『文成公致良知之旨,所謂養生主者非歟?何以他爲自是深信而潛體之。』毅然以聖學爲已。」

南譙書院成立　南譙書院爲戚賢在安徽全椒縣建立,後爲王守仁弟子的講學的重要書院。

羅洪先《南譙書院記》(《念庵羅先生文錄》卷七):「書院舊爲尼庵。嘉靖壬午,有司逐其侶,而屬之學,後署爲書院。前廡後寢。」

《江南通志》卷九○:《學校志・書院・滁州》:「南譙書院在全椒縣東南二里,明嘉靖中給事戚賢建,聚徒講學,今圮。」

世宗嘉靖二年　癸未(1523 年)

王守仁 52 歲,湛若水 58 歲,王艮 41 歲,黃綰 47 歲,季本 39 歲,聶豹 37 歲,鄒守益 33 歲,歐陽德 28 歲,錢德洪 28 歲,王畿 26 歲,羅洪先 20 歲,羅汝芳 9 歲,何心隱 7 歲。

二月,是年的會試以王守仁的心學爲題　是年二月,會試以守仁的心學爲問,重提朱陸之別,意在排斥、擠壓心學學者。門人徐珊、歐陽德等因此落地,門人均因此痛恨時政,守仁卻大喜,認爲其學以後必大行於道。

錢著《年譜・年譜三》(《王陽明全集》卷三五):「(嘉靖)二年癸未,先生五十二歲,在越。二月。南宮策士以心學爲問,陰以闢先生。門人徐珊讀《策問》,歎曰:『吾惡能昧吾知以幸時好耶!』不答而出。聞者難之。曰:『尹彥明後一人也。』同門歐陽德、王臣、魏良弼等直接發師旨不諱,亦在取列,識者

以爲進退有命。德洪下第歸，深恨時事之乖。見先生，先生喜而相接曰：『聖學
從茲大明矣。』德洪曰：『時事如此，何見大明？』先生曰：『吾學惡得遍語天
下士？今會試錄，雖窮鄉深谷無不到矣。吾學既非，天下必有起而求眞是者。』」

　　案：此次守仁弟子多被下第，多是因爲政治原因，此次會試的主考爲大學
士蔣冕、石□（賓音）主考，由蔣冕出題，蔣冕爲丘濬的學生，是典型的程朱
學者，故其出題用意也是強調朱子之學爲正統，陸子之學爲支離，並影射當時
良知之學。守仁弟子多不爲富貴折腰，故多下第，時人呂柟的回憶頗具代表性。
呂柟言：「時予校文癸未會試，嘗見歐陽子試卷，歎其弘博醇實，當冠易房也。
然歐陽子學於陽明王子，其爲文策多本師說。當是時，主考者方病其師說也。
予謂其本房曰：『是豈可以此而後斯人哉？』其本房執諍，終不獲前列。一時遇
悅其卷者皆惜之（呂柟《送南野歐陽子考績序》，《涇野先生文集》卷十）。」可
見，陰辟王學不僅在口頭上，而且具體到學子考試上。

四月，王艮以淮揚大饑，貸粟賑災　是年，淮揚大饑，王艮從舊友王
商人處貸米二千石，賑濟災民。

　　《王心齋全集・年譜》：「（嘉靖）二年，癸未，先生四十一歲。（……夏四月，
貸粟賑濟。淮揚大饑，先生故所游眞州王商人，居積富雅，敬重先生，於是先生
從眞州貸其米二千石歸，請官家出丁冊給賑，時有饑甚不能移者，則作粥糜食
之。……）」

春，鄒東廓問學於守仁　是年春，鄒守益問學王守仁，住月餘，守仁
深然之。臨別，守仁依然悵望不已，鄒守益走後，守仁依然對其讚譽有加。

　　宋儀望：《翰林院侍讀學士追贈禮部侍郎諡文莊東廓先生行狀》（《明文海》
卷四四四）：「世有大儒曰東廓先生，姓鄒氏，諱守益，字謙之，吉之安福人。
……明年癸未，復謁王公於越中，參訂月餘。既別，王公悵望不已。門人問曰：
『夫子何念謙之之深也？』公曰：『曾子所謂「以能問於不能」云云，若謙之，
可謂近之矣。』」

　　王守仁《傳習錄》卷下：「癸未春，鄒謙之來越問學，居數日，先生送別於
浮峰。是夕，與希淵諸友移舟宿延壽寺，秉燭夜坐。先生慨悵不已，曰：『江濤煙
柳，故人倐在百里外矣！』一友問曰：『先生何念謙之之深也？』先生曰：『曾子
所謂「以能問於不能，以多問於寡，有若無，實若虛，犯而不較」，若謙之者，良
盡之矣！』」

十一月，王守仁有三教之論　　三教融合在明代已是不爭的事實，守仁
的弟子王畿、王道、穆孔輝等都有不同的佛道傾向，守仁文集中很少討論到
對三教的看法。是年，陽明至蕭山，張元冲在舟中問守仁吾儒是否應該兼取
二氏之合理之處。王守仁認為，以兼取論，是不對的。二氏之學，盡可為吾
儒所容納，二氏之學，亦可在吾儒中找到皈依。由於後儒局限於世故，故與
二氏有溝壑之別。並舉廳堂之例，說明佛道思想本為吾儒所有，後儒不識景
物，遂成失誤。時儒應以大道為歸，吸納佛、道、老、莊，盡為吾用。

錢著《年譜・年譜三》（《王陽明全集》卷三五）：「（嘉靖）二年癸未，先生
五十二歲，在越。……十有一月，至蕭山。……張元冲在舟中問：『二氏與聖人之
學所差毫釐，謂其皆有得於性命也。但二氏於性命中著些私利，便謬千里矣。今
觀二氏作用，亦有功於吾身者，不知亦須兼取否？』先生曰：『說兼取，便不是。
聖人盡性至命，何物不具？何待兼取？二氏之用，皆我之用。即吾盡性至命中完
養此身謂之仙；即吾盡性至命中不染世累謂之佛。但後世儒者不見聖學之全，故
與二氏成二見耳。譬之廳堂三間共為一廳，儒者不知皆吾所用，見佛氏，則割左
邊一間與之；見老氏，則割右邊一間與之；而己則自處中間，皆舉一而廢百也。
聖人與天地民物同體，儒、佛、老、莊皆吾之用，是之謂大道。二氏自私其身，
是之謂小道。」

是年

王畿受業於王守仁　　是年，王畿請終身受業於守仁。此前，王畿曾從守
仁學，但無正式受業。

彭國翔《王龍溪先生年譜》：「嘉靖二年癸未，1523年，二十六歲。是年，龍
溪赴京師試禮部不第，歸請終身受業於陽明。」

案：關於王畿受業守仁，頗具傳奇色彩。大致為王畿年少才高，守仁暗識
之，派魏良器誘之。詳見袁宗道《白蘇齋類集》卷二十二及《明儒學案》卷十
九等。

王宗沐生　　王宗沐（1523～1591），明代浙中王門學者。字新甫，號敬
所，浙江臨海（今浙江臨海市）人。

張惟驤《疑年錄彙編》卷七：「王新甫六十九宗沐，生嘉靖二年癸未，卒萬
曆十九年辛卯。」

鄧以讚《刑部左侍郎致仕敬所王先生行狀》：「先生諱宗沐，字新甫，別號敬所，晚更號櫻寧。……先生生嘉靖癸未某月日，歿萬曆辛卯十二月日，享年六十有九。」

方獻夫因大禮議而得寵　是年，方獻夫升吏部考功司員外郎，調文選司。時大禮議起，方獻夫與張孚敬、桂萼、霍韜力排眾議，全力支持嘉靖帝，並最終贏得大禮議的勝利，由是得寵。

呂本《光祿大夫柱國少保兼太子太保吏部尚書武英殿大學士贈太保諡文襄方公獻夫神道碑銘》（《國朝獻徵錄》卷一六）：「公諱獻夫，字叔賢，別號西樵。……嘉靖癸未春，復除吏部考功司員外郎，調文選司。時大禮議興，公與張文忠公孚敬、桂文襄公萼、席文襄公書、霍文敏公韜議同協力贊決，竟輔成聖孝，其論列之詳語在《明倫大典》中，聖心嘉悅，用是寵，眷日隆。」

世宗嘉靖三年　甲申（1524 年）

王守仁 53 歲，湛若水 59 歲，王艮 42 歲，黃綰 48 歲，季本 40 歲，聶豹 38 歲，鄒守益 34 歲，歐陽德 29 歲，錢德洪 29 歲，王畿 27 歲，羅洪先 21 歲，羅汝芳 10 歲，何心隱 8 歲。

正月，董沄稱守仁弟子　是時，守仁居越講學，其影響日益巨大，海寧有一老者號蘿石，以能詩聞於江湖，年六十八遊會稽，聞守仁講學，用拐杖肩其瓢笠詩卷，入門長揖上坐、傲氣十足。守仁禮敬之，與之論學，並談至深夜，蘿石深有領悟，即稱弟子（從此，董沄完成了其「從詩而儒，從友而師」[姚士粦語，見《合刻從吾道人集跋》。]的轉變。）。守仁以其老而不納，老者強拜，守仁勉強從之。鄉人以其老，勸其不必自討苦吃，蘿石不從，說自己從守仁學，即是有幸逃離苦海，遂自號從吾道人。

錢著《年譜·年譜三》（《王陽明全集》卷三五）：「（嘉靖）三年甲申，先生五十三歲，在越。……海寧董沄號蘿石，以能詩聞於江湖，年六十八，來遊會稽，聞先生講學，以杖肩其瓢笠詩卷來訪。入門，長揖上坐。先生異其氣貌，禮敬之，與之語連日夜。沄有悟，因何秦強納拜。先生與之徜徉山水間。沄口有聞，忻然樂而忘歸也。其鄉子弟社友皆招之反，且曰：『翁老矣，何乃自苦若是？』沄曰：『吾方幸逃於苦海，憫若之自苦也，顧以吾為苦耶！吾方揚鬐於渤澥，而振羽於雲霄之上，安能復投網罟而入樊籠乎？去矣，吾將從吾之所好。』

遂自號曰從吾道人，先生爲之記。」

四月，霍兀崖、席元山、黃宗賢、黃宗明先後皆以大禮問，守仁皆不答　王守仁可謂是一禮學專家，但出於理智和超脫，他對興獻王是否該尊爲皇考一事不置一詞。與守仁過從甚密的霍兀崖、席元山、黃宗賢、黃宗明等人先後皆以大禮見問，守仁皆不答。

錢著《年譜・年譜三》（《王陽明全集》卷三五）：「（嘉靖）三年甲申，先生五十三歲，在越。……四月，服闋，朝中屢疏引薦。霍兀崖、席元山、黃宗賢、黃宗明先後皆以大禮問，竟不答。」

案：關於王守仁對大禮議的態度，文獻記載守仁雖沒有直言，但並非無文獻可查。《明世宗實錄》卷八十九記載，「嘉靖七年六月，……乙卯，起復南京刑部山西司署員外郎陸澄上疏自悔其議禮之非：初爲人所詿誤，後以質其師王守仁。言：『父子天倫不可奪，今上孝情不可遏，禮官之言未必是，張、桂諸賢未必非。』然後大恨其初議之不經，而悔無及也。」可以看到，王守仁是明確支持世宗的，這也和王守仁的良知之學相吻合。

四月，鄒守益因大禮議而入獄，尋謫廣德，建復初書院　四月，鄒守益以上疏議「大禮議」而下獄，不久，謫廣德判官，廢淫祠，建復初書院，倡導良知、教化大行。

郭燕華《東廓鄒先生年譜簡編》：「嘉靖三年甲申，1524年，三十四歲。是年4月，先生因上疏議『大禮』事而下獄，尋謫廣德州判官，廢淫祠，建復初書院，與學者講授其間。」

鄒守益《跋夏東洲南歸錄》：「嘉靖甲申夏，予與涇野呂仲木以議禮下獄，獄中有所倡和。」

七月，因大禮議起「百官跪哭左順門事」　是月，世宗正式下詔去「本生」稱興獻帝爲「恭穆皇帝」，朝臣抗爭不從。朝臣二百餘人在左順門齊聲哭號，世宗震怒，杖死六十餘人，戍邊數人，削籍數人，是爲「百官跪哭左順門事」，此爲明代朝臣最大的一次請願事件。

張憲文《張璁年譜》：「嘉靖三年甲申（1524），五十歲。……七月十二日，世宗從公議，在左順門召見群臣，宣詔生母章聖皇太后之尊號去『本生』二字。諸臣上言力爭『本生』二字不可削。章上不報。於是有百官跪哭左順門事。」

九月，大禮議始定　以「百官跪哭左順門事」為「大禮儀之爭」之高潮，百官得以懲治，世宗得以如願，大禮議始定。

張憲文《張璁年譜》：「嘉靖三年甲申（1524），五十歲。⋯⋯九月四日（乙丑），公與禮部尚書席書及桂萼、方獻夫奉詔集群臣於闕右門議所下留中之大禮疏，議畢，遂上疏定名號。至是，大禮之議遂定。」

十月，門人南大吉續刻《傳習錄》　為傳守仁之學，門人南大吉刻王守仁之《傳習錄》，風示遠近。南大吉刻本現以難窺全貌，應該對現存《傳習錄》中卷的形成有借鑒作用。

錢著《年譜·年譜三》（《王陽明全集》卷三五）：「（嘉靖）三年甲申，先生五十三歲，在越。⋯⋯《傳習錄》薛侃首刻於虔，凡三卷。至是年，大吉取先生論學書，復增五卷，續刻於越。」

是年

王艮以百姓日用以發明良知之學　對《大學》核心概念的重新闡釋是王守仁「致良知」說提出的基礎。到其弟子王艮，則通過對《大學》「格物致知」、「在止於至善」的重新詮釋，基本脫離王守仁「致良知」之艱難路徑，以「安身」為基，走向「良知致」之路，其「百姓日用之為道」的提出及泰州後學基本沿著「吾身」為本突出「自我」的道路前進都是王艮對《大學》重新闡釋的必然結果。是年，王艮講「百姓日用之為道」。可以說，「百姓日用之為道」的提出對王守仁的「致良知」說有兩個層面的突破。第一：從學理上言，王艮通過對《大學》的核心概念重新闡釋，首先，王艮承認其師王守仁「明明德」為「良知」之「體」（承認「良知」的合理性）；其次，正式確立了「至善」為「安身」之體（確立「安身」的合理性）；最後，王艮又通過「安身者，『立天下之大本也』」突出了「安身」高於「良知」的地位，同時，王艮又接著強調「本治而末治，正己而物正也。『大人之學』也。」「大人之學」即《大學》，即明確提出「安身」為《大學》之本。這樣，「良知」已不再是最重要的，已經成了「安身」之途徑或功用了（「安身」高於「良知」）。這樣，既然「安身」為本，那自然要「尊身」、「保身」，自然個體的一切得到尊重和張揚，這是其「百姓日用之為道」提出的理論基礎。第二：從實際效果而言，「日用」的本意，原是指實在事物，王艮認為，「日用」就「良知」

發散的「本體」。他所說的「百姓」，既涵蓋受壓迫的下層群眾，還包括廣大士、農、工、商階層等全體民眾；「道」，亦非傳統儒家所提倡的「君子之道」，而是指廣大民眾的的吃飯、穿衣等日常物質生活需要、自然本能和生命價值等，即「道」的範疇從「君子之道」擴大到「民眾之道」。這樣，王艮從守仁「良知」重收斂轉化為重發散之路。從以上兩個方面著手，王艮基本扭轉了守仁「良知」的基礎和方向，為泰州後學的發展奠定了基礎。

《王心齋全集‧年譜》：「（嘉靖）三年甲申，先生四十二歲。（在會稽。是年春，四方學者聚會稽日眾，請陽明公築書院城中以居同志，多指百姓日用以發明良知之學，大意謂百姓日用條理處，即是聖人條理處，聖人知便不失，百姓不知便會知，同志惕然有省。……）」

大禮議起，王守仁因感時而作詩 守仁以兩首感時詩明志，所謂大禮之義，即世宗以藩王入繼大統，在即位禮儀上及議定世宗生父興獻王主祀稱號的問題上與內廷和內閣發生的爭執。從王守仁的「良知」學而言，守仁應該是支持世宗的。但由於守仁經歷宸濠和忠、泰之變，對一切事實的態度變得更為冷靜與無謂，對此事尤為不足以問答。只有明道和講學才是安身之本，立命之基。

錢著《年譜‧年譜三》（《王陽明全集》卷三五）：「（嘉靖）三年甲申，先生五十三歲，在越。……是時大禮議起，先生夜坐碧霞池，有詩曰：『一雨秋涼入夜新，池邊孤月倍精神。潛魚水底傳心訣，棲鳥枝頭說道真。莫謂天機非嗜欲，須知萬物是吾身。無端禮樂紛紛議，誰與青天掃舊塵？』又曰：『獨坐秋庭月色新，乾坤何處更閒人？高歌度與清風去，幽意自隨流水春。千聖本無心外訣，《六經》須拂鏡中塵。卻憐擾擾周公夢，未及惺惺陋巷貧。』蓋有感時事，二詩已示其微矣。」

南大吉師從王守仁 時王守仁講學紹興城中，大吉初猶未信，久之乃深悟，郡守南大吉以座主稱門生。守仁以良知點化之。

錢著《年譜‧年譜三》（《王陽明全集》卷三五）：「（嘉靖）三年甲申，先生五十三歲，在越。……郡守南大吉以座主稱門生，然性豪曠不拘小節，先生與論學有悟，乃告先生曰：『大吉臨政多過，先生何無一言？』先生曰：『何過？』大吉歷數其事。先生曰：『吾言之矣。』大吉曰：『何？』曰：『吾不言，何以知之？』曰：『良知。』先生曰：『良知非我常言而何？』大吉笑謝而去。居數日，復自數

過加密，且曰：『與其過後悔改，曷若預言不犯爲佳也。』先生曰：『人言不如自悔之眞。』大吉笑謝而去。」

王守仁門人立稽山書院，衆門人來歸 爲浸潤教化，弘揚師說，南大吉建稽山書院，令八邑才俊講讀其中。稽山書院位於紹興府城之西，原爲宋時所建的朱熹祠，後爲守仁弟子南大吉等人改建，遂變成專門講學的書院。稽山書是王守仁第一個專門的講學場所，是以傳統書院模式講學的典範。

錢著《年譜‧年譜三》（《王陽明全集》卷三五）：「（嘉靖）三年甲申，先生五十三歲，在越。……於是闢稽山書院，聚八邑彥士，身率講習以督之。於是蕭璆、楊汝榮、楊紹芳等來自湖廣，楊仕鳴、薛宗鎧、黃夢星等來自廣東，王艮、孟源、周沖等來自直隸，何秦、黃弘綱等來自南贛，劉邦采、劉文敏等來自安福，魏良政、魏良器等來自新建，曾忭來自泰和。宮刹卑隘，至不能容。蓋環坐而聽者三百餘人。先生臨之，只發《大學》萬物同體之旨，使人各求本性，致極良知以至於至善，功夫有得，則因方設教。故人人悅其易從。」

《大學問》問世 《大學》一書在王守仁乃至整個明代都具有極爲特殊的地位。王守仁的全部學問可以理解爲對《大學》（「良知」的提出是以《大學》和《孟子》的結合爲基礎，但偏重於《大學》的詮釋。）「格物致知」的重新闡釋。而《大學問》是王守仁在稽山書院講授《大學》時的記錄，由其門人錢德洪輯錄。該書以「心學」理論貫穿《大學》的「明明德」、「親民」、「止於至善」以及「格物」、「致知」、「誠意」、「正心」等核心概念。王陽明對《大學》的詮釋最重要的是關於「格物致知」的重新闡釋，由朱熹訓「格」爲「至」、訓「物」爲「理」，改爲陽明訓「格」爲「正」、訓「物」爲「意之所在」；由朱熹訓「知」爲「聞見之知」改爲陽明訓「知」爲「良知」；由朱熹的「窮理」之「格物」改爲「正心」之格物；由朱熹「致知」之「知識」之知改爲「良知」之知。以「良知」爲「明德」之本體，「致良知」即「明明德」；在「正物」過程中達到「正心」的目的，也即是「致良知」的過程。這樣，「致良知」便有所著落。在政治倫理在，主張通過「去私欲」而達到「以天地萬物爲一體」的境界，實現「天下一家，中國一人」的政治理念。王守仁這種重視道德內省的路線，不管在學術上還是政治上對中國歷史的發展都要重要影響。

錢著《年譜‧年譜三》(《王陽明全集》卷三五):「(嘉靖)三年甲申,先生五十三歲,在越。正月。門人日進。……蓋環坐而聽者三百餘人。先生臨之,只發《大學》萬物同體之旨,使人各求本性,致極良知以至於至善,功夫有得,則因方設教。故人人悅其易從。《王陽明全集》卷二六續編一:吾師接初見之士,必借《學》、《庸》首章以指示聖學之全功,使知從入之路。師征思、田將發,先授《大學問》,德洪受而錄之。」

十月,耿定向生 耿定向,明代泰州學派學者。字在倫,號楚侗、天臺,黃安(今湖北紅安)人。

耿定向《觀生記》:「嘉靖三年甲申十月初十日辛丑,我生於嚴沖祖宅。」

程文德師從王守仁 程文德早年授業於胡璉、李滄、朱方及章懋,是年聞守仁為聖賢之學,遂師從王守仁,專事良知之說。

姜寶《松溪程先生年譜》:「(嘉靖)三年甲申,先生二十八歲。造陽明先生之門受學焉。先生聞陽明先生教人以學為聖賢,於是往受業,以所聞於胡公璉、李公滄、朱公方、及所受於楓山先生者互相印證。陽明大悅之,相與講明致良知之學。」

戚賢師事王守仁 戚賢先前不信守仁良知之學,是年,讀守仁書,感到有契於心,遂師事守仁。

王畿《刑科都給事中南玄戚君墓誌銘》(《龍溪王先生全集》卷二〇):「君諱賢,字秀夫,別號南山,晚更號南玄。……先是,陽明先生師為滁州太僕少卿,君嘗於諸生中旅見,未信其學。甲申歲,有傳先生論學諸書,讀之有契於心。及授歸安,致狀棄學。」

朱節卒 朱節(?～1524?),浙中王門學者。字守忠,號白浦,山西山陰縣白洋(今山西山陰縣)人。官御史,在山東驅賊而亡。學承良知,師事王守仁;為官正直,敢於任事;為學主親仁,尚愛眾;對良知己有所體悟,但不能超然於事功之心,於良知、事功尚不能統一。

王守仁《祭朱守忠文‧甲申》(《王陽明全集》卷二五):「守忠之於斯道,既已識其大者,又能樂善不倦,旁招博采,引接同志而趨之同歸於善,若饑渴之於飲食,視天下之務不啻其家事,每欲以身殉之。今茲之沒也,實以驅賊山東,晝夜勞瘁,至殞其身而不顧。嗚呼痛哉!」

《明儒學案》卷一一：「朱節字守中，號白浦，亦白洋人。舉進士，官御史，以天下爲己任。文成謂之曰：『德業外無事功，不由天德而求騁事功，則希高務外，非業也。』巡按山東，流賊之亂，勤事而卒，贈光祿少卿。先生嘗言：『平生於「愛眾、親仁」二語得力，然親仁必從愛眾得來。』」

案：是年有王守仁爲其學的祭文，故其卒年最遲不過是年，由於文獻不足，故今記爲是年。

世宗嘉靖四年　乙酉（1525 年）

王守仁 54 歲，湛若水 60 歲，王艮 43 歲，黃綰 49 歲，季本 41 歲，晶豹 39 歲，鄒守益 35 歲，歐陽德 30 歲，錢德洪 30 歲，王畿 28 歲，羅洪先 22 歲，羅汝芳 11 歲，何心隱 9 歲，耿定向 2 歲。

張居正（1525～1582）生。

正月，王艮會講於復初書院，作《復初說》　是年，王艮奉父命去會稽，過廣德，此時鄒東廓守益以內翰謫判廣德，建復初書院，大會同志，鄒守益聘王艮與講席。王艮作《復初說》。

《王心齋全集‧年譜》：「（嘉靖）四年乙酉，先生四十三歲。（春正月，往會稽，先生奉守庵公如會稽，並諸子姪以從。會廣德，時鄒東廓守益以內翰謫判廣德，建復初書院，大會同志，聘先生與講席。作《復初說》，……）」

四月，王守仁作稽山書院《尊經閣記》，闡述「經學即心學」的思想　是年，王守仁作稽山書院《尊經閣記》。在是文中，王守仁闡釋了「經學即心學」的思想。王守仁認爲，《六經》之籍是吾心之記籍，治經的目的也不過是發明吾心之良知。學者研讀《六經》之籍，不求之吾心，而考索其影響，眞是失本趨末、輕重顛倒。通過此論，王守仁確立了經典爲良知服務，良知爲經典靈魂的理念。這種理念，使王學從訓詁支離的辭章之學中解脫出來，樹立起高揚個性、追求新異的學風，但同時卻造成了王學後學好高騖遠、學術空疏之病。

錢著《年譜‧年譜三》（《王陽明全集》卷三五）：「（嘉靖）四年乙酉，先生五十四歲，在越。……四月，……是月，作稽山書院《尊經閣記》。略曰：「聖人之扶人極憂後世而述《六經》也，猶之富家者之父祖，慮其產業庫藏之積，其子孫者或至於遺亡失散，卒困窮而無以自全也，而記籍其家之所有以貽之，使之世

守其產業庫藏之積而享用焉，以免於困窮之患。故《六經》者，吾心之記籍也，而《六經》之實則具於吾心；猶之產業庫藏之實，種種色色，具存於其家，其記籍者，特名狀數目而已。而世之學者不知求《六經》之實於吾心，而徒考索於影響之間，牽制於文義之末，硜硜然以為是《六經》矣。是猶富家之子孫，不務守成規享用其產業庫藏之實積，日遺忘散失，至於竆人丐夫，而猶囂囂然指其記籍曰：『斯吾產業庫藏之積也。』何以異於是？」

十月，立陽明書院於越城　是年，門人立陽明書院於越城，陽明去世後，此書院改為陽明祠。

錢著《年譜‧年譜三》（《王陽明全集》卷三五）：「（嘉靖）四年乙酉，先生五十四歲，在越。……十月，立陽明書院於越城。門人為之也。書院在越城西郭門內光相橋之東。後十二年丁酉，巡按御史門大周汝員建祠於樓前，匾曰：『陽明先生祠』」。

是年

孟秋生　孟秋，明代北方王門學者。字子成，號我疆。山東茌平（今山東茌平縣）人。

姚思仁《尚寶司丞孟秋墓碑》（《山東通志》卷三五之二〇）：「蓋謂我疆先生云，先生諱秋，字子成，號我疆，世為山東茌平人。……己丑升本司少卿，浹旬而卒。……享年六十五。」

案：己丑為1589年，其生年55，故是年生。

王釗　生卒不詳，明代江右王門學者。字子懋，號柳川，安徽安成（今安徽淮南市）人。嘗為諸生，不以為榮，棄之。學宗良知，師事守仁等，一心只求性命之學，三十年恒心不移，言語耿直，善於講學。

《明儒學案》卷一九：「王釗字子懋，號柳川，安成人。始受學梅源、東廓，既學於文成。嘗為諸生，棄之。棲棲於山顛水涯寂莫之鄉，以求所謂身心性命。蓋三十年未嘗不一日勤懇於心，善不善之在友朋無異於己，逆耳之言，時施於廣座。人但見其惻怛，不以為怨，皆曰：『今之講學不空談者，柳川也。』」

羅洪先師事李谷平　是年，羅洪先師事李中。李中，字子庸，人稱谷平先生。李谷平受學於楊玉齋（珠），其學自傳注於濂洛，以經學著稱。所以，羅洪先之學最初來源於宋儒，主張道德實踐。

錢穆《羅念庵年譜》：「世宗嘉靖四年乙酉，二十二歲。初就洪都鄉試，得舉，輙會試歸，侍父疾。……師事同邑李谷平。」

許璋 生卒不詳。許璋，明代浙中王門學者。字半圭，浙江上虞（今浙江上虞市）人。許璋淳厚苦行，潛心性命之學。曾訪學陳獻章，因不契而回。於天文、地理、壬遁、孫吳之術，靡不究心王。守仁撫江西，回家時常來上虞探望許璋，茶羹麥飯，晤談終日，兩宿不厭。可以說，許璋是守仁早期道友，對守仁學術的形成有一定作用。璋歿，守仁題其墓曰：「處士許璋之墓」。

《明儒學案》卷十：「許璋字半圭，越之上虞人。淳質苦行，潛心性命之學。……陽明養病洞中，惟先生與司輿數人，相對危坐，忘言冥契。陽明自江右歸越，每訪先生，茶羹麥飯，信宿不厭。先生歿，陽明題其墓曰：處士許璋之墓。先生於天文、地理、壬遁、孫吳之術，靡不究心。」

光緒《上虞縣志》卷八《人物》：「許璋，字半圭，……年七十餘歲卒，文成以文哭之，題其墓曰：『處士許璋之墓』，邑令楊紹芳爲立石，時嘉靖四年。」

案：由於文獻故，許璋生卒不可知，但最遲在嘉靖四年逝世，姑繫是年之下。

世宗嘉靖五年　丙戌（1526 年）

王守仁 55 歲，湛若水 61 歲，王艮 44 歲，黃綰 50 歲，季本 42 歲，聶豹 40 歲，鄒守益 36 歲，歐陽德 31 歲，錢德洪 31 歲，王畿 29 歲，羅洪先 23 歲，羅汝芳 12 歲，何心隱 10 歲，耿定向 3 歲。

王世貞（1526～1590）生。

八月，王瑤湖建安定書院於泰州，聘王艮主其教事　是年，州守王瑤湖在泰州建立安定書院，聘請王艮爲主教。

《王心齋全集・年譜》：「（嘉靖）五年丙戌，先生四十四歲。（秋八月，會講安定書院。時王瑤湖臣守泰州，會諸生安定書院，禮先生主教事。作《安定集講說》，文列後卷。……）」

十月，王艮作《明哲保身論》、《樂學歌》　王艮對「格物」之解釋於朱熹、王守仁大不一樣，不再僅僅是一種具體的工夫（朱熹是明確的工夫說），也不是一種抽象的「正念頭」（王守仁訓格物爲「正念頭」，）。具體爲：「物」

之範圍爲「吾身對上下、前後、左右」，「格」爲「絜矩」，「方正則成格」，「吾身是個『矩』」，即「格」爲使矩歸正、使吾身歸正，而「格物」爲使吾身及其事物歸正，既是一種工夫的目標、又是過程、也是一種實踐的結果（此實踐結果又含有把抽象的「念頭」歸「正」之意）。同時，王艮「格物」說非常強調「吾身」爲本，這說明其「格物」之「物」更傾向於「吾身」，在此基礎上，王艮進一步提出明哲保身論（明哲保身出自《詩・大雅・烝民》，「既明且哲，以保其身。」此前並無特殊含義，至王艮詮釋以後，賦予了哲學的內涵。王艮由良知良能推出保身，由保身－愛身－愛人－互愛－保身的往返論證，把身、家、國、天下一體的明哲保身論放於於仁、萬物一體等儒家核心概念同一地位。），這也爲其個體實踐論（突出個體身的重要性）奠定了基礎。可以說，王艮之「格物」說之動態系統，已從其師王守仁之「致知」涵蓋「格物」轉化爲「格物」高於「致知」，這也是其泰州獨爲一派的根本依據。同時，這樣的闡釋也大大降低了「良知」動態和活潑的功用，使其變爲從屬地位。

此外，王艮的《樂學歌》強調人心本體爲樂，樂是一種自然狀態。現實生活中，人心被私欲束縛，故不能自樂，但私欲一旦開化，便呈現出樂之狀態，而這種樂的狀態即是良知的自覺。不盡學習是樂的，生活也是樂的。王艮將學習與樂聯繫起來，的確是其一個創造。

《王心齋全集・年譜》：「（嘉靖）五年丙戌，先生四十四歲。（秋八月，會講安定書院。時王瑤湖臣守泰州，會諸生安定書院，禮先生主教事。作《安定集講說》，文列後卷。冬十月，作《明哲保身論》，文列後卷。……是年，泰州林春、王棟、張淳、李珠、陳芑數十人來學，……作《樂學歌》，文列後卷。）」

王艮《王心齋全集・詩文雜著・樂學歌》：「人心本自樂，自將私欲縛。私欲一萌時，良知還自覺。一覺便消除，人心依舊樂。樂是樂此學，學是學此樂，不樂不是學，不學不是樂。樂便然後學，學便然後樂。樂是學，學是樂。於乎，天下之樂何如此學，天下之學何如此樂！」

十二月，劉邦采合安福同志爲會，名曰「惜陰」，守仁作《惜陰說》

是年，劉邦采在安福創「惜陰會」，守仁爲此專門作《惜陰說》，「惜陰會」在以後的講學中影響甚大。

錢著《年譜・年譜三》（《王陽明全集》卷三五）：「（嘉靖）五年丙戌，先生五十五歲，在越。……十二月，作《惜陰說》。劉邦采合安福同志爲會，名曰『惜

陰』，請先生書會籍。先生為之說曰：『同志之在安成者，間月為會五日，謂之
「惜陰」，其志篤矣。然五日之外，孰非惜陰時乎？離群而索居，志不能無少懈，
故五日之會，所以相稽切焉耳。嗚乎！天道之運，無一息之或停，吾心良知之
運，亦無一息之或停。良知即天道，謂之「亦」，則猶二之矣。知良知之運無一
息之或停者，則知惜陰矣。知惜陰者，則知致其良知矣。子在川上曰：「逝者如
斯夫！不捨晝夜。」此其所以學如不及，至於發憤忘食也。堯、舜兢兢業業，
成湯日新又新，文王純亦不已，周公坐以待旦：惜陰之功，寧獨大禹為然？子
思曰：「戒慎乎其所不睹，恐懼乎其所不聞，知微之顯，可以入德矣。」或曰：
雞鳴而起，孳孳為利，凶人為不善，亦惟日不足，然則小人亦可謂之惜陰乎？』」

　　案：關於惜陰會為誰先創建，近來也有新論。《年譜》認為為劉邦采創建，
陳時龍認為當為劉曉（參陳時龍《明代中晚期講學運動（1522～1626）》，復旦
大學出版社，2007年版，第53～58年）。今查《明儒學案》卷十九：「劉曉字伯
光，號梅源，安福人。鄉舉為新寧令。見陽明於南京，遂棄受焉。陽明贈詩『謾
道《六經》皆注腳，還誰一語悟真機。』歸集同志為惜陰會。吉安之多學者，
先生為之五丁也。」可見，黃宗羲也認為劉曉首創惜陰會，同時，劉曉為劉邦
采、劉文敏之叔輩，且從守仁問學比劉邦采、劉文敏都早，加上劉氏族譜也有
類似記載（參《三舍劉氏七續族譜》），故認為惜陰會為劉曉首創應該是正確的。

是年

聶豹首次見王守仁，後通書問學　是年，聶豹御史按閩，過杭州，欲
渡江見守仁，時人阻止之，並認為不妥，聶豹不聽，銳意見守仁。相談甚歡，
以後通書問學。

　　吳震《聶豹略年譜》：「嘉靖五年乙酉（1526），四十歲。巡按應天府，督馬
政。見王陽明於越，後與陽明通書問學。」

　　錢著《年譜·年譜三》（《王陽明全集》卷三五）：「（嘉靖）五年丙戌，先生
五十五歲，在越。……八月，答聶豹書。是年夏，豹以御史巡按福建，渡錢塘來
見先生。別後致書，……按，豹初見稱晚生，後六年出守蘇州，先生已違世四年
矣。見德洪、王畿曰：『吾學誠得諸先生，尚冀再見稱贄，今不及矣。茲以二君為
證，具香案拜先生。』遂稱門人。」

　　案：這也是聶豹唯一一次見王守仁，惜沒有當面拜師。不久，守仁逝世，聶
豹在守仁弟子錢德洪、王畿為證人下，拜師守仁。

王畿、錢德洪以教授師指導王門諸弟子 是時，錢德洪與王畿同受業於王守仁，均爲守仁得意弟子之一，頗得良知真諦。德洪與王畿會試皆中舉，未及廷試而歸，從此，德洪與王畿居守書院，向四方來學者講授良知大旨，回答提問，被稱爲「教授師」。

王畿《刑部陝西司員外郎特詔進階朝列大夫致仕緒山錢君行狀》（《龍溪王先生全集》卷二○）：「君諱德洪，字洪甫，初名寬，避先元諱，以字行。……丙戌，予與君同舉南宮，不就廷試而歸，夫子迎會，笑曰：『吾設教，以待四方英賢，譬之店主開行，以集四方之貨。奇貨既歸，百貨日積，主人可無乏行之歡矣。』自是，四方來學者益眾。或默究，或行歌，或群居誦讀，或列坐講解。予二人往來參究，提醒師門宗旨，歸之自得，翕然有風動之機。」

彭國翔《王龍溪先生年譜》：「嘉靖五年丙戌，1526年，二十九歲。是年，龍溪奉陽明之命偕錢德洪復試禮部，二人同舉南宮，因閣臣不喜陽明之學，二人不就廷試而歸。同榜者有戚賢。」

方與時生 方與時，明代泰州學派學者。字湛一，湖北黃陂（今湖北武漢）人。

耿定向《里中三異人傳‧方山人傳》（《耿天臺先生文集》卷一六）：「方山人，黃陂人也，名一麟，後更與時，自號湛一，……今上改元，新鄭罷相，邵義亦誅，山人踉蹌走匿太和山，循君山中居，無何病瘵，歸歸而死，年甫四紀。」

案：據耿定向《里中三異人傳‧方山人傳》，方與時卒年的描述爲「今上改元，新鄭罷相，邵義亦誅，山人踉蹌走匿太和山，循君山中居，無何病瘵，歸歸而死，」「上改元，新鄭罷相」當爲萬曆元年，即1573年。其生年爲「年甫四紀」，即48歲，故出生年應爲1526年。

王棟師事州守瑤湖王先生 是年，王棟補泰州學官庠生，並師事州守王瑤湖先生（王瑤湖，生卒不詳。名臣，字公弼，號瑤湖，江西南昌人。守仁門人。）

《明儒王一庵先生遺集‧年譜紀略》：「世宗嘉靖五年丙戌，先生二十四歲。（習《易經》補郡庠生。次年食廩餼。自謂舉業雖出身階梯，心學實孔曾正脈。是年師事州守瑤湖王先生，學古之道。守陽明高第弟也。）」

世宗嘉靖六年　丁亥（1527 年）

王守仁 56 歲，湛若水 62 歲，王艮 45 歲，黃綰 51 歲，季本 43 歲，晶豹 41 歲，鄒守益 37 歲，歐陽德 32 歲，錢德洪 32 歲，王畿 30 歲，羅洪先 24 歲，羅汝芳 13 歲，何心隱 11 歲，耿定向 4 歲。

三月，舒芬卒　舒芬（1484～1527），明代學者。正德十二年（1517）狀元。出任翰林院修撰。舒芬爲宦清正，敢言直諫，因諫阻武宗常以打獵巡遊，荒廢朝政，被貶謫爲福建市舶副提舉。嘉靖間，又因哭諫世宗而入獄，並奪俸三個月。不久，舒芬母親病故，扶柩南歸，世人稱之爲「忠孝狀元」。他因慮國憂民，積鬱成疾，是年卒，年 44 歲。其學貫串諸經，兼通天文律曆，而尤精於《周禮》。後人輯有《舒文節公全集》、《成仁遺稿》。

陳沂《翰林院修撰舒先生墓誌銘》（《明文海》卷四三五）：「先生諱芬，字國棠，舒姓，……丁亥春三月十有四日，先生以疾卒。……先生生於成化甲辰三月十有二日，享年四十有四。」

《明儒學案》卷五三：「舒芬字國裳，號梓溪，江西進賢人。……先生以溪得斯道之正脈，故於《太極圖說》爲之繹義。然視太極若爲一物，岐陰陽而二之，所以有天之太極，人之太極，物之太極，蓋不勝其支離矣。於是將夫子之所謂習相遠者，俱誤認作性，以爲韓子三品之論，言性庶爲近之，是未窺濂溪之室者也。」

案：關於舒芬是否爲守仁弟子，《年譜》與《明儒學案》意見相左。據《王陽明全集・年譜二》卷三十四：「（正德）十有五年庚辰，先生四十九歲，在江西。……進賢舒芬以翰林謫官市舶，自恃博學，見先生問律呂。先生不答，且問元聲。對曰：『元聲制度頗詳，特未置密室經試耳。』先生曰：『元聲豈得之管灰黍石間哉？心得養則氣自和，元氣所由出也。《書》云「詩言志」，志即是樂之本；「歌永言」，歌即是制律之本。永言和聲，俱本於歌。歌本於心，故心也者，中和之極也。』芬遂躍然拜弟子。」據此，舒芬曾師從陽明，但卻被列入《諸儒學案》。根據黃宗羲的解釋，舒芬並未見過陽明。黃宗羲說：「周海門遂言，庚辰先生見文成於南昌，與論樂之元聲，躍然起拜，稱弟子。按先生答周汝和書云：『陽明盛心，欲稍進生高明之域，固所卒願，第今爲罪斥人，而千里往返無忌，似忘悔懼，在生雖滿朝聞之願，而或累於陽明，則不能不慮及也。』此是先生官市舶閩中書也。先生以己卯入閩，至次年九月以父憂始歸，計庚辰

卒，歲在哀毀之中，無見文成之理。若九月以前，則先生之書可據。庚辰之見，真為烏有。逮至辛巳秋，文成居越，隨即居憂。丁亥九月，文成出山，而先生已於三月不祿矣。其非弟子可知。」對於此事，黃宗羲以為周汝登的話不可信，且考證王、舒兩者在庚辰沒有時間為依據，斷言舒芬不可能師從王守仁。除了周汝登的言論外，羅洪先對此也有說明。羅洪先在《與錢緒山論年譜》中說：「雙江公在閩聞訃，為位哭稱門生，皆親與區區言。……國裳（舒芬）非不知其曾稱門生與谷平（李中）師同，是時先生為提督，二公皆屬下，屬下稱門生固宜。其後國裳不稱門生，自其後來實情，與谷平師同。……彼不欲師而吾強之師，何也？善山友人有曰：『以先生之學，何患無門生，何必國裳？』其見稍大，請思之，先生未嘗一日離門生，故前後書『門人集』一句可省。」從羅洪先的記述看，舒芬確實與王守仁有師生之宜，不過，此種師承很可能是一種簡單的問學，而非思想繼承。從舒芬的思想看，其對良知之學興趣並不大，故談不上思想繼承。

四月，鄒守益刻王守仁《文錄》於廣德州　王守仁居越講學六年（1522～1527），廣授門徒，創立學派，其心學著作《傳習錄》由原 3 卷增至 5 卷（嘉靖三年十月由門人南大吉續刻於越），《文錄》4 冊亦刊行傳世，其理論著作亦廣播於學界。

錢著《年譜‧年譜三》（《王陽明全集》卷三五）：「六年丁亥，先生五十六歲，在越。……守益錄先生文字請刻。先生自標年月，命德洪類次，且遺書曰：『所錄以年月為次，不復分別體類，蓋專以講學明道為事，不在文辭體制間也。』明日，德洪掇拾所遺請刻，先生曰：『此便非孔子刪述《六經》手段。三代之教不明，蓋因後世學者繁文盛而實意衰，故所學忘其本耳。比如孔子刪《詩》，若以其辭，豈止三百篇；惟其一以明道為志，故所取止。此例《六經》皆然。若以愛惜文辭，便非孔子垂範後世之心矣。』德洪曰：『先生文字，雖一時應酬不同，亦莫不本於性情；況學者傳誦日久，恐後為好事者攙拾，反失今日裁定之意矣。』先生許刻附錄一卷，以遺守益，凡四冊。」

五月，起前南京兵部尚書王守仁兼左都御史，總制兩廣、江西、湖廣軍務，攻田州　是月，起用守仁總督兩廣及江西、湖廣軍務，入廣征討。

錢著《年譜‧年譜三》（《王陽明全集》卷三五）：「（嘉靖）六年丁亥，先生五十六歲，在越。……五月，命兼都察院左都御史，征思、田。」

　　八月，孫應鰲生　　孫應鰲，明代王學學者。字山甫，號淮海，別號道吾，貴州清平（今貴州凱里市）人。

　　陳尚象《南京工部尚書孫應鰲墓誌銘》：「公字山甫，號淮海，別號道吾。……萬曆甲申七月二十五日薨於家，距其生嘉靖丁亥八月十四日，壽五十有八。」（轉引劉漢忠《孫應鰲生平、著述的再考察》，《貴州文史叢刊》1994年第5期。）

　　案：由於《明儒學案》沒有專列《黔門學案》，故多位守仁貴州弟子多不爲人所知，孫應鰲便是其中佼佼者。今列出，以備更爲完整瞭解王學發展與演變。

　　九月，發越中，天泉證道　　「四句教」在王學的發展史上有巨大的影響，並由此產生「四有說」和「四無說」。「四有說」是在心體至善前提下演繹良知無執之運用，「四無說」是在道德境界下演繹良知無執之運用。「四有說」雖然不盡合王守仁原意（不能化至善之有爲境界之無），但卻能保持王學發展的健康和方向，「四無說」更合乎王守仁的原旨（存在之有與境界之無和諧統一），但卻易走向空疏和玄虛。王守業一直試圖合二者之長，避彼此之短，惜不能成，以後王學的分化基本由此而始。是年九月七日，王畿、錢德洪訪張元沖，在舟中論爲學宗旨，錢德洪以守仁「四句教」爲定本，王畿不以爲然，認爲「四句教」爲權法，並提出著名的「四無說」，二人爭執不下，當晚至守仁處就正。此時，王守仁正前往廣西前夕，王畿錢德洪二弟子侍坐天泉橋畔，就自己所理解的「四句教」向老師請教，並談論了自己的看法，此事稱爲「天泉證道」。守仁晚年提出了四句教：「無善無噁心之體，有善有惡意之動，知善知惡是良知，爲善去惡是格物。」守仁自己對四句教極爲重視，說自己年來立教，數經變更，今始立此四句爲教。他的著名弟子王畿和錢德洪爲這「四句教」的解釋發生了爭論，王守仁給了他們一個看似矛盾而內在統一的答案。王守仁一方面肯定兩人的理解都是正確的，可以相資爲用；另一方面，王守仁又說王畿之說適應於「明瑩無滯」的「利根之人」，錢德洪之說適應於「有習心在」的「其次之人」。又諄諄告誡高足弟子錢德洪與王畿，今後立教，千萬不要違了此四句。可以說，這表明王守仁承認「四句教」爲其全部學問的總綱和概要，並要求學生整體而全面的理解「四句教」的本質和宗旨，但王守仁卻並沒有解決好這兩人的爭端，這也說明「四句教」在理論上張力不足和內在緊張，爲王學的分化埋下種子。

　　錢著《年譜·年譜三》(《王陽明全集》卷三五):「(嘉靖)六年丁亥,先生五十六歲,在越。……九月壬午,發越中。是月初八日,德洪與畿訪張元沖舟中,因論爲學宗旨。畿曰:『先生說知善知惡是良知,爲善去惡是格物,此恐未是究竟話頭。』德洪曰:『何如?』畿曰:『心體既是無善無惡,意亦是無善無惡,知亦是無善無惡,物亦是無善無惡。若說意有善有惡,畢竟心亦未是無善無惡。』德洪曰:『心體原來無善無惡,今習染既久,覺心體上見有善惡在,爲善去惡,正是復那本體功夫。若見得本體如此,只說無功夫可用,恐只是見耳。』畿曰:『明日先生啓行,晚可同進請問。』是日夜分,客始散,先生將入內,聞洪與畿候立庭下,先生復出,使移席天泉橋上。德洪舉與畿論辯請問。先生喜曰:『正要二君有此一問!我今將行,朋友中更無有論證及此者,二君之見正好相取,不可相病。汝中須用德洪功夫,德洪須透汝中本體。二君相取爲益,吾學更無遺念矣。』德洪請問。先生曰:『有只是你自有,良知本體原來無有,本體只是太虛。太虛之中,日月星辰,風雨露雷,陰霾饐氣,何物不有?而又何一物得爲太虛之障?人心本體亦復如是。太虛無形,一過而化,亦何費纖毫氣力?德洪功夫須要如此,便是合得本體功夫。』畿請問。先生曰:『汝中見得此意,只好默默自修,不可執以接人。上根之人,世亦難遇。一悟本體,即見功夫,物我內外,一齊盡透,此顏子、明道不敢承當,豈可輕易望人?二君已後與學者言,務要依我四句宗旨:無善無惡是心之體,有善有惡是意之動,知善知惡是良知,爲善去惡是格物。以此自修,直躋聖位;以此接人,更無差失。』。畿曰:『本體透後,於此四句宗旨何如?』先生曰:『此是徹上徹下語,自初學以至聖人,只此功夫。初學用此,循循有入,雖至聖人,窮究無盡。堯、舜精一功夫,亦只如此。』先生又重囑付曰:『二君以後再不可更此四句宗旨。此四句中人上下無不接著。我年來立教,亦更幾番,今始立此四句。人心自有知識以來,已爲習俗所染,今不教他在良知上實用爲善去惡功夫,只去懸空想個本體,一切事爲,俱不著實。此病痛不是小小,不可不早說破。』是日洪、畿俱有省。」

　　《王龍溪先生年譜》:「嘉靖六年丁亥,1527年,三十歲。……是年九月七日,天泉證道。龍溪發『四無』奧義。」

　　案:關於天泉證道的具體時間,《王陽明全集·年譜三》記爲「是月初八日」,而據陽明是年十二月所作《赴任謝恩遂陳膚見疏》,「已於九月初八日扶病起程,沿途就醫,服藥調理,晝夜前進。」故天泉證道當爲七日,今從《王龍溪先生

年譜》。同時，天泉證道基本確立了王畿在王門中的地位，是年，王畿才三十歲。
從1523年王畿正式師事王守仁到是年（1527），王畿入王門不到五年，第二年
（1528），便有「江有何、黃，浙有錢、王」之說。另外，是年雖然有關於以「四
句教」為不同理解的天泉證道，但「四句教」的提出卻不在是年。據陽明弟子
朱得之《稽山承語》（收錄陽明語錄45條，其中第25條云）：「楊文澄問：意有善
惡，誠之將何稽？師（陽明）曰：無善無惡者心也，有善有惡者意也，知善知
惡者良知也，為善去惡者格物也。曰：意固有善惡乎？曰：意者心之發，本自
有善而無惡，惟動於私欲而後惡也。惟良知自知之，故學問之要曰致良知。」
從朱得之記錄看，「四句教」應是陽明常提之思想，至於具體提出時間不詳。

十月初，嚴灘問答　是年，王守仁受命赴兩廣前一天晚上，在會稽天泉
橋向他的兩位大弟子錢德洪、王畿解釋他可以一以貫之講學宗旨及教法，史
稱天泉證道。但雙方包括守仁自己都沒有找到一個圓潤而歸的詮釋途徑，至
十月初，守仁出發前，這兩位弟子送他至嚴灘，針對「四句教」繼續發問，
陽明「復申前說」，並有嚴灘問答，並進一步提出了「究極之說」。可以說，
嚴灘問答是天泉證道的繼續與補充。

彭國翔《王龍溪先生年譜》：「嘉靖六年丁亥，1527年，三十歲。……十月初，
嚴灘問答，龍溪再發有無合一之論。」

王守仁《傳習錄下》：「先生起行征思、田，德洪與汝中追送嚴灘。汝中舉
佛家實相幻想之說。先生曰：『有心俱是實，無心俱是幻；無心俱是實，有心俱
是幻。』汝中曰：『有心俱是實，無心俱是幻，是本體上說工夫。無心俱是實，
有心俱是幻，是工夫上說本體。』先生然其言。洪於是時尚未了達，數年用功，
始信本體工夫合一。但先生是時因問偶談，若吾儒指點人處，不必藉此立言耳！」

王畿《刑部陝西司員外郎特詔進階朝列大夫致仕緒山錢君行狀》（《龍溪王
先生全集》卷二〇）：「夫子赴兩廣，予與君（錢德洪）送至嚴灘，夫子復申前說，
兩人正好互相為用，弗失吾宗。因舉『有心是實相，無心是幻相；有心是幻相，
無心是實相』為問。君擬議未及答，予曰：『前所舉是即本體證工夫，後所舉是
用工夫合本體，有無之間不可致詰。』夫子莞爾笑曰：『可哉！此是究極之說，
汝輩既已見得，正好更相切劘，默默保任，弗輕漏泄也。』二人唯唯而別。」

錢德洪《訃告同門》（《徐愛錢德洪董沄集‧錢德洪語錄詩文輯佚‧文錄》）：
「前年秋，夫子將有廣行，寬、畿各以所見未一，懼遠離之無正也，因夜侍天泉

橋而請質焉。夫子兩是之，且進之以相益之義。冬初，追送於嚴灘請益，夫子又為究極之說。由是退與四方同志更相切磨，一年之別，頗得所省，冀是見復得遂請益也，何遽有是邪！嗚呼！別次嚴灘，逾年而聞訃復於是焉，云何一日判手，遂為終身永訣已乎！」

案：嚴灘問答由於涉及誰先援佛人儒等問題，故被學者重視。據《傳習錄》（錢德洪撰），是王畿提出的，然後才有陽明之答。因此，舉這一「佛家實相幻相之說」而援佛人儒的責任在王畿，陽明不過因問而答而已。而按《錢君行狀》（王畿撰），是陽明先舉。錢德洪認為：「但先生是時因問偶談，若吾儒指點人處，不必藉此立言耳！」此話可延伸為即使是陽明先舉，也不過是「指點人處」，從而否定了王畿「藉此立言」的基礎。同時，不管是陽明和王畿誰先舉「佛家實相幻相之說」，「有心俱是實，無心俱是幻；無心俱是實，有心俱是幻。」這句話是深得陽明和王畿認可的。從王畿對此解釋所言，「有心俱是實，無心俱是幻，是本體上說工夫。」即良知至善本體的存在方式是真實的，但表現形式是以道德無形流露方式存在，故又是至虛的。「無心俱是實，有心俱是幻，是工夫上說本體。」即良知的應用是以自然無執的至虛方式存在，但表現形式是以真實無偽的道德發散方式存在，故又是至實的。這足以說明陽明和王畿都是以「四無說」為旨歸。不過，從以後的發展來看，嚴灘問答的確可謂王畿學術自成一脈的根基。

十月，南浦請益 王守仁至南浦，江右學者爭相請益，王守仁以天泉證道相告，是謂南浦請益。南浦請益發生在嚴灘問答後，是王守仁對天泉證道和嚴灘答問的總結，表明王守仁對王畿悟道的肯定和支持。

錢著《年譜‧年譜三》（《王陽明全集》卷三五）：「（嘉靖）六年丁亥，先生五十六歲，在越。……十月，至南昌。……明日至南浦，父老軍民俱頂香林立，填途塞巷，至不能行。」

王畿《刑部陝西司員外郎特詔進階朝列大夫致仕緒山錢君行狀》（《龍溪王先生全集》卷二○）：「（陽明）過江右，東廓、南野、獅泉、洛村、善山、藥湖諸同志二三百人，候於南浦請益。夫子云：『軍旅匆匆，從何處說起，我此意畜之已久，不欲輕言，以待諸君自悟。今被汝中拈出，亦是天機該發洩時。吾雖出山，德洪汝中與四方同志相守洞中，究竟此件事，諸君只裹糧往浙，相與聚處，當自有得，待予歸未晚也。」

案： 南浦請益不見於《陽明年譜》，只見於王畿《刑部陝西司員外郎特詔進階朝列大夫致仕緒山錢君行狀》、徐階《龍溪王先生傳》、趙錦《龍溪王先生墓誌

銘》等，此事與天泉證道、嚴灘答問宗旨一致，應當可信。

十月，**李贄生** 李贄，明代著名思想家，評論家。號卓吾，又號宏甫，別號溫陵居士、百泉居士等。泉州晉江（今屬福建）人。原姓林，名載贄，嘉靖三十一（1552）年中舉後，改姓李，嘉靖三十五（1556）年爲避穆宗載垕（同「厚」）諱，取名贄。

《明李卓吾先生贄年譜》：「他生在嘉靖六年十月，生而母太宜人徐氏沒。」

秋，萬虞愷師事王守仁 是年，王守仁在南昌督戰，萬虞愷師事王守仁，聞良知之學。

萬虞愷《楓潭集鈔》附錄《右司寇楓潭萬先生傳》：「（嘉靖）丙戌，學於陽明之門人吳子金氏，爲縣癢生。丁亥，受業於陽明先生，聞良知之學。」

萬虞愷《行年狀略》：「（嘉靖）丙戌，從陽明先生門人吳石岡先生子金於遊湖寺。是多，補邑癢弟子。丁亥秋，陽明先生征岑賊，寓省城月餘，與諸同志拜見先生，聞良知之教。」

是年

章潢生 章潢，明代江右王門學者、經學家。字本清，江西南昌（今江西南昌市）人。

張惟驤《疑年錄彙編》卷七：「章本清八十二潢，生嘉靖六年丁亥，卒萬曆三十六年戊申。」

《明史》卷二八三：「章潢，字本清，南昌人。……卒於萬曆三十六年，年八十二。」

王守仁門人在江西舉行惜陰會 是年，王守仁諸門人在安福舉行惜陰會，此會在王門後學特別是江右王門弟子中得到了很大的發展。守仁也寄來書信，勉勵同志克難志堅，共趨聖學。

王守仁《寄安福諸同志·丁亥》（《王陽明全集》卷六）：諸友始爲惜陰之會，當時惟恐只成虛語。邇來乃聞遠近豪傑聞風而至者以百數，此可以見良知之同然，而斯道大明之幾，於此亦可以卜之矣。喜慰可勝言耶！

得虞卿及諸同志寄來書，所見比舊又加親切，足驗工夫之進，可喜可喜！只如此用功去，當不能有他歧之惑矣。明道有云：「寧學聖人而不至，不以一善而成名。」此爲有志聖人而未能真得聖人之學者，則可如此說。若今日所講良

知之說，乃眞是聖學之的傳，但從此學聖人，卻無有不至者。惟恐吾儕尚有一善成名之意，未肯專心致志於此耳。在會諸同志，雖未及一一面見，固已神交於千里之外。相見時幸出此共勉之。

鄒守益《書書屋斂義卷》（《東廓鄒先生文集》卷八）：「往歲丙戌、丁亥，同志舉惜陰之會。先師陽明公寔有訓言，所以揭聖學、昭天德，使人人遷善改過，同歸皇極之化，甚盛舉也。」

王艮、湛若水、呂柟、鄒守益、歐陽德等在南京論學　是年，王艮、湛若水、呂柟、鄒守益、歐陽德在南京講學，湛若水首先揭「隨處體認天理」之說，此說與守仁「良知」說稍異，王艮接著論講，並作《天理良知說》，以揭示「天理」與「良知」同異。

《王心齋全集・年譜》：「（嘉靖）六年丁亥，先生四十五歲。（至金陵。會湛甘泉若水、呂涇野柟、鄒東廓、歐南野聚講新泉書院，作《天理良知說》。時甘泉湛公有揭『隨處體認天理』六字以教學者，意與陽明稍異，先生乃作是說。……）」

鄒守益升南京主客郎中，此後三年，與呂柟論學多不合　是年，鄒守益升南京主客郎中，時呂柟亦在南京，鄒守益與呂柟多次論學，其主題多爲「知行合一」之旨，但多不合。鄒守益認爲「行」即是「知」，「知」在「行」中，呂柟不以爲然，呂柟認爲，「知」先「行」後，「知」可以引導「行」。

耿定向《東廓鄒先生傳》（《耿天臺先生文集》卷一四）：「（嘉靖）丁亥，先生年三十七，升南京主客郎中。」

呂柟《別東廓子鄒氏序》（《呂涇野先生文集》卷一六）：「予與東廓鄒氏之在南都也三年矣。每以居室之遠，會不能數，然會必講學，講必各執己見，十二三不合焉。初會於予第，東廓曰：『行即是知，譬如登樓不至其上，則不見樓上所有之物。』予應之曰：『苟目不能見樓梯，將何所以加足，以至其上哉？』東廓亦不以爲然。……蓋自是所講數類此。」

世宗嘉靖七年　戊子（1528 年）

王守仁 57 歲，湛若水 63 歲，王艮 46 歲，黃綰 52 歲，季本 44 歲，聶豹 42 歲，鄒守益 38 歲，歐陽德 33 歲，錢德洪 33 歲，王畿 31 歲，羅洪先 25 歲，羅汝芳 14 歲，何心隱 12 歲，耿定向 5 歲。

十一月，王守仁卒　王守仁（1472～1528），明代王學的創始人和集大成者。弘治十二年，舉進士，第二年，授刑部雲南清吏司主事，後改兵部主事。因平定江西農民起義，平定宸濠反叛，因功特進光祿大夫、柱國、新建伯，卒諡文成。守仁為人既有狂者胸次，又有儒者情懷。最初因得罪宦官劉瑾，貶貴州龍場驛丞，經過艱辛的履歷和思想之沉澱，逐漸走出了程朱理學「天理」論的影響，從而被其「良知」（《大學》與《孟子》的結合）學說所代替。「心即理」是其學說的起點和基礎，王守仁通過邏輯和倫理的推論，從而得出「心外無理」的結論。此說重點是將「天理」和「人心」有機的結合了起來，是以「人心」的主體性通過「致良知」和「知行合一」等功夫來踐履「天理」的歷程。這樣，求理只能求心，人心本來又是「良」（先天預設）。「良知」是每個人固有的，只是有的人被塵垢所蔽，要從事上鍛鍊。又提出「知行合一」之說，這就是說，「良知」（含知識）離不開實踐。把「良知」踐履了實踐，即達到了知行合一，就是致了良知。可以說，「致良知」是以內在的道德踐履方式完成了「存天理，滅人欲」的外在實踐內容。同時，私情雜念如影隨形，做到並非易事。所以他在鎮壓了涮頭八寨之後，曾和弟子們說：「平山中賊易，破心中賊難。」「破心中賊」也是「致良知」的最後歸宿，這說明王守仁的學說最終完成了從學術性到社會性轉化的過程。王守仁的思想在當時有很大的影響，且學生眾多，不僅如此，王學對近代影響也很大，至今仍是社會研究的一個熱點。在過去很長時間內，學術界對王學多採用否認態度，20世紀80年代後，學術界以實事求是的科學態度評價王學，取得了可喜的成果。

王守仁的主要著作有《大學問》等，門人編有《傳習錄》等，後人輯有《王文成公全書》38卷（亦稱《陽明全書》），今人有吳光等整理的《王陽明全集》。

錢著《年譜‧年譜三》（《王陽明全集》卷三五）：「（嘉靖）七年戊子，先生五十七歲，在梧。……十一月乙卯，先生卒於南安。是月廿五日，逾梅嶺至南安。登舟時，南安推官門人周積來見。先生起坐，咳喘不已。徐言曰：『近來進學如何？』積以政對。遂問道體無恙。先生曰：『病勢危亟，所未死者，元氣耳。』積退而迎醫診藥。廿八日晚泊，問：『何地？』侍者曰：『青龍鋪。』明日，先生召積人。久之，開目視曰：『吾去矣！』積泣下，問『何遺言？』先生微哂曰：『此心光明，亦復何言？』頃之，瞑目而逝，二十九日辰時也。贛州

兵備門人張思聰追至南安，迎入南野驛，就中堂沐浴僉斂如禮。先是先生出廣，布政使門人王大用備美材隨舟。思聰親敦匠事，鋪捆設褥，表裏褟襲。門人劉邦采來奔喪事。十二月三日，思聰與官屬師生設祭入棺。明日，輿櫬登舟。士民遠近遮道，哭聲振地，如喪考妣。至贛，提督都御史汪鋐迎祭於道，士民沿途擁哭如南安。至南昌，巡按御史儲良材、提學副使門人趙淵等請改歲行，士民昕夕哭奠。」

《明儒學案》卷一○：「王守仁字伯安，學者稱為陽明先生，餘姚人也。……至南安，門人周積侍疾，問遺言，先生曰：『此心光明，亦復何言？』頃之而逝，七年戊子十一月二十九日也，年五十七。先生之學，始氾濫於詞章，繼而徧讀考亭之書，循序格物，顧物理吾心終判為二，無所得入。於是出入於佛、老者久之。及至居夷處困，動心忍性，因念聖人處此更有何道？忽悟格物致知之旨，聖人之道，吾性自足，不假外求。其學凡三變而始得其門。自此之後，盡去枝葉，一意本原，以默坐澄心為學的。有未發之中，始能有發而中節之和，視聽言動，大率以收斂為主，發散是不得已。江右以後，專提『致良知』三字，默不假坐，心不待澄，不習不慮，出之自有天則。蓋良知即是未發之中，此知之前更無未發；良知即是中節之和，此知之後更無已發。此知自能收斂，不須更主於收斂；此知自能發散，不須更期於發散。收斂者，感之體，靜而動也；發散者，寂之用，動而靜也。知之真切篤實處即是行，行之明覺精察處即是知，無有二也。居越以後，所操益熟，所得益化，時時知是知非，時時無是無非，開口即得本心，更無假借湊泊，如赤日當空而萬象畢照，是學成之後又有此三變也。」

王畿《刻陽明先生年譜序》（《王陽明全集》卷三七）：「我陽明先師崛起絕學之後，生而穎異神靈，自幼即有志於聖人之學。蓋嘗氾濫於辭章，馳騁於才能，漸漬於老釋，已乃折衷於群儒之言，參互演繹，求之有年，而未得其要。及居夷三載，動忍增益，始超然有悟於『良知』之旨：無內外，無精粗，一體渾然，是即所謂「未發之中」也。其說雖出於孟某氏，而端緒實原於孔子。」

十一月，王艮會同門於會稽書院，講百姓日用之為道。俞文德受學，江西貴溪徐樾、張士賢來學，陽明訃聞，先生迎喪桐廬 王艮應泰州知府王瑤湖之聘，主講於安定書院，宣傳「百姓日用即道」的觀點，求學者紛至沓來，這為泰州學派的最終形成奠定了基礎。是論來源於現成良知說（對《大學》的重新闡釋），王艮認為它（「道」）不再是一種抽象的存在，而是一

種勞動人民生產活動中的日用。良知本體的天理和表現形式的自然在「百姓日用之爲道」上得到了統一。同時，「百姓日用即道」又是建立在「即事是學，即事是道」（《王心齋全集》卷一《語錄》）的基礎上，王艮以具有活潑性、包容性、開放性的「事」作爲「道」之本體，實爲王艮的一大創舉，以後羅汝芳的「此捧茶童子，都是道也」、李贄的「穿衣吃飯，即是人倫物理，除卻穿衣吃飯，無倫物矣」等，都是繼承和延續了王艮的思想。可以說，「百姓日用即道」的提出，把判斷良知的標準還原給勞動大眾，其理論價值和現實意義均非同一般，對陽明後學的發展起了巨大的推動作用。

　　《王心齋全集‧年譜》：「（嘉靖）七年戊子，先生四十六歲。（在會稽。集同門講於書院，先生言百姓日用是道。初聞多不信，先生指童僕之往來，視聽持行，泛應動作處，不假安排，俱是順帝之則，至無而有，至近而神。惟其不悟，所以愈求愈遠，愈作愈難。謂之有志於學則可，謂之聞道則未也。……時廣信永豐入山習靜，作書招之，俞得書即出山受學。冬，十一月，文成公訃聞，先生迎喪桐廬，協同志經理其家。十一月，江西貴溪徐樾、張士賢來學。）」

　　案：關於王艮的良知現成說來源於《大學》，目前的闡釋並不多，主要可以從王艮對《大學》的理解說起，爲了理清王艮良知現成說（「良知致」）的來源，我們不得不全文引用其一段關鍵闡釋。王艮說：

　　　　子謂諸生曰：「《大學》謂『齊家在修其身，修身在正其心』，何不言『正心在誠其意』？惟曰所謂『誠其意』者？不曰『誠意在致其知』，而曰『致知在格物，物格而後知至，知至而後意誠，意誠而後心正』？此等處，諸賢曾一理會否也？」對曰：「不知也，請問焉？」先生曰：「此亦是吃緊去處，先儒皆不曾細看。夫所謂平天下在治其國者，言國治了，而天下之儀形在是矣。所謂治國在齊其家者，家齊了而國之儀形在是矣。所謂齊家在修其身，修身在正其心者，皆然也。至於正心卻不在誠意，誠意不在致知，誠意而後可以正心，知至而後可以誠意。夫『戒慎恐懼』，誠意也。然心之本體，原著不得纖毫意思的，才著意思便有所『恐懼』，便是『助長』，如何謂之『正心』？是誠意功夫猶未妥貼，必須『掃蕩清寧』，『無意、無必』，『不忘、不助』，是他『眞體存』，『存』才是正心。然則『正心』固不在『誠意』內，亦不在『誠意』外，若要『誠意』，卻先須知得個『本在吾身』，然後不做差了，又不是『致知』了，便是『誠意』。

須『物格知至』，而後好去『誠意』，則誠意固不在『致知』内，亦不在『致知』外。故不曰所謂『誠意在致其知』者，所謂『正心在誠其意』者，是『誠意毋自欺』之説，只是實實落落在我身上做功夫。不可便謂『毋自欺』爲致知，與聖經背。不先『誠意』就去『正心』，則『正心』又著空了；不先『致知』就去『誠意』，則『誠意』又做差了。既能『誠意』，不去『正心』，則『誠意』又卻『助』了。卻不可以『誠意』爲『正心』，以『致知』爲『誠意』。故須『格物』而後『知至』，『知至』而後『有誠意功夫』，『意誠』而後『有正心功夫』。所謂『正心不在誠意，誠意不在致知者』，如此也。」悟此《大學》微旨，諸生謝曰：「此千載未明之學，幸蒙指示，今日知所以爲學矣。」（p35～36）（王艮，王心齋全集〔M〕，南京：江蘇教育出版社，2001）

此段討論的核心是圍繞《大學》「齊家在修其身，修身在正其心」而展開的，但王艮卻給學生出了一個問題，爲何不言「正心在誠其意」？而只是說『誠其意』者？爲何不曰「誠意在致其知」，而曰「致知在格物，物格而後知至，知至而後意誠，意誠而後心正」？當然，這是對《大學》核心概念的順序設疑，也是一種重新闡釋。王艮的回答很具有邏輯性，首先，王艮陳述了修身、治國、平天下的基本關係，當然大家也是認可的。其次，王艮重點分析「齊家在修其身，修身在正其心」，並針對問題作答。即針對「正心卻不在誠意，誠意不在致知」作答，這個作答具有關鍵性，因爲從此可以看出「致知」的地位，通俗而言，是「良知」需不需要「致」，這也是王艮「良知致」和陽明「致良知」區別的理論依據。王艮先界定誠意爲「戒慎恐懼」，即「夫『戒慎恐懼』，誠意也」，並設定「心之本體，原著不得纖毫意思的，才著意思便有所『恐懼』，便是『助長』」。即「心之本體」上不能「正心」，即「戒慎恐懼」不能用在「心之本體「上，也就是「誠意」非「正心」得工夫。所以，王艮說：「是誠意功夫猶未妥貼」，那又如何「正心」呢？王艮接著說：「必須『掃蕩清寧』，『無意、無必』，『不忘、不助』，是他『眞體存』，『存』才是正心。」即「存心」才是「正心」。既然「誠意」非「正心」工夫，那麼「誠意」是誰的功夫，王艮認爲是「修身」的工夫，「若要『誠意』，卻先須知得個『本在吾身』」。同時，王艮有進一步推導出「致知」非「誠意」工夫，「則誠意固不在『致知』内，亦不在『致知』外。」那麼，「誠意」和「致知」有什麼關係呢？王艮說，「所謂『正心在誠其意』者，是『誠

意毋自欺』之說，只是實實落落在我身上做功夫。不可便謂『毋自欺』爲致知，與聖經背」。王艮的意思是：「誠意」爲「正心」的工夫，而「誠意毋自欺」正是「正心在誠其意」的工夫，其落腳點在「我身上做功夫」，所以「不可便謂『毋自欺』爲致知」，即「致知」非「誠意」的工夫，這樣就切斷了「致知」和「誠意」的途徑。根據王艮對「誠意」的界定，誠意爲「戒愼恐懼」，據前文分析，王艮的「致知」之「知」和陽明「致知」之「知」有很大相同性，「格物」之後便可「致知」，但「致知」與「誠意」沒有必然性，「誠意」與「正心」沒有必然性。總體而言，王艮認爲：「正心」爲「存心」，誠意爲「戒愼恐懼」，「格物」爲使吾身及其事物歸正，「格物」而後「致知」，「格物」而後「知」自然「致」，「致知」即「良知」的呈現。所以王艮說：「故須『格物』而後『知至』，『知至』而後『有誠意功夫』，『意誠』而後『有正心功夫』。所謂『正心不在誠意，誠意不在致知者』，如此也。」可以說，王艮通過對《大學》核心概念格物、致知、誠意、正心、修身、齊家、治國、平天下等闡釋，確立了「格物」而後「致知」、「致知」非「誠意」工夫、「誠意」非「正心」工夫的總原則。這樣，王艮所達到的目的爲：第一，「格物」高於「致知」，「格物」而後「致知」，「致知」爲「格物」的結果，這是和陽明「致知」說不同之開始。第二，「致知」非「誠意」的工夫，「致知」不能到達「誠意」，這是對陽明「良知」理論的最大修正。第三，「良知」不需要「致」，應該有「致良知」改爲「良知致」。第四，陽明「致良知」之艱難不復存在，爲走向「格物」之後「良知」自然「致」奠定了理論依據。

是年

徐用檢生　　徐用檢，明代浙中王門學者。字克賢，號魯源，浙江蘭溪（今浙江蘭溪市）人。

張惟驤《疑年錄彙編》卷七：「徐魯源八十四用檢，生嘉靖七年戊子，卒萬曆三十九年辛亥。」

《明儒學案》卷一四：「徐用檢字克賢，號魯源，金華蘭溪人。……萬曆辛亥十一月卒，年八十四。」

《大禮全書》（《明倫大典》）成　　是書由方獻夫負責，彙集了漢哀帝和宋英宗時關於禮儀的爭論。

張憲文《張璁年譜》：「嘉靖七年戊子（1528），五十四歲。……六月，《大禮

全書》修成，加少傅兼太了太傅，升吏部尚書兼謹身殿大學土，蔭子遜志爲中書舍人。」

守仁違世，王畿、錢德洪守喪三年　是年，守仁卒，守仁子正憶年幼，爲保持守仁家安人健，以更爲寄託哀思、追弔恩師、以終心喪。王畿、錢德洪推遲入廷時間，在守仁家築室守孝三年。至嘉靖壬辰（1532）年方離去。

王畿《刑部陝西司員外郎特詔進階朝列大夫致仕緒山錢君行狀》（《龍溪王先生全集》卷二〇）：「君諱德洪，字洪甫，初名寬，避先元諱，以字行。……夫子既平思、田，移鎮南安待命，時戊子多。予與君方治裝北行，途聞青龍之變，往迎喪，至廣信。……君與予意在保孤寧家爲急，遂不忍離，相與築室於場，妥綏靈爽，約同志數人輪守夫子廬室，以備不虞。……壬辰，始與君北行，終試事，觀政吏曹。

黃弘綱經營守仁家務　王守仁逝世後，守仁子正憶年少，家庭紛爭不斷，加上朝廷對守仁之學不時有雜音出現，故急需一人經營守仁家務。黃弘綱爲守仁高弟，特別在守仁晚期，一直不離左右，對守仁家務甚熟，所以，從是年起，兩年內黃弘綱一直以禮情並重、恩威並施的原則經營守仁之家，且收效甚佳。

羅洪先《明故雲南清吏司主事致仕洛村黃公墓銘》（《念庵文集》卷一五）：「（嘉靖）戊子，冬，先生道卒，門人仿築場義，歲擇一人紀其家，君居守二年，身處以禮，而用情於人，內外大小咸信服，莫可指誹。……君名弘綱，字正之。」

聶豹建養正書院，並刻《傳習錄》、《大學古本》等書　是年，聶豹巡撫福建，建養正書院，並刻《傳習錄》、《二業合一論》、《大學古本》、《道一編》，以正學風。其中，《二業合一論》爲湛若水所著。

吳震《聶豹略年譜》：「嘉靖七年戊子（1528），四十二歲。巡撫福建，是年春如閩，有書寄陽明問學。建養正書院，並刻《傳習錄》、《二業合一論》、《大學古本》、《道一編》。」

鄒守益大相發明良知之學　是年，九華書院成，鄒守益作《九華山陽明書院記》，於良知之學，大相發明。鄒守益認爲王守仁的學問以希聖爲志，希聖的途徑和目的可以歸結爲致良知，同時，良知人人具足，不必外求。而戒愼恐懼是保持良知精明的極好途徑，也是致良知的途徑。堅持戒愼恐懼，

對「親愛賤惡無所辟」，就體現了鄒守益戒慎恐懼積極致良知的一面，不斷擴充良知的精明，便能達到最終的中和（至善）之境。

郭燕華《東廓鄒先生年譜簡編》：「嘉靖七年戊子，1528年，三十八歲。……九華書院成，先生作《九華山陽明書院記》，於良知之學，大相發明。」

鄒守益《九華山陽明書院記》（《鄒守益集》卷六）：「嘉靖戊子，金臺祝君增令茲邑，諏俗稽典，始克成其志。……先生之教，以希聖爲志，而希聖之功，以致良知爲則。良知也者，非自外至也。天命之性，靈昭不昧。自塗之人至於聖人同也，特在不爲塵所縈而已矣。……故戒慎恐懼之功，如臨深淵，如履薄冰，所以保其精明，不使纖塵之或縈之也。纖塵不縈，則無所好樂忿懥，而精明之凝，定廓然大公矣。親愛賤惡無所辟，而精明之運用，物來順應矣。大公之謂中，順應之謂和。中以立天下之大本，而天德純矣；和以行天下之達道，而王道備矣。」

羅洪先北上會試，聞「江有何、黃，浙有錢、王」之說　是年，羅洪先北上會試，並求友四方，聽到有「江有何、黃，浙有錢、王」之說。此四人蓋指雩都何廷仁、黃弘綱，與紹興錢德洪、王畿。

羅洪先《南京工部屯田清吏司主事善山何公墓誌銘》（《念菴文集》卷一五）：「嘉靖戊子，予計偕北上，求友於四方。咸曰：『君不聞陽明之門所評乎？「江有何、黃，浙有錢、王。」』蓋指雩都何善山、秦黃洛村弘綱，與紹興錢緒山德洪、王龍溪畿也。」

顏均始讀王守仁《傳習錄》，並大受啓發　是年，顏均二十五歲。其兄顏鑰入白鹿洞讀書，聽守仁致良知之學，手抄《傳習錄》，歸而與顏均，顏均讀至「精神心思，凝聚融結，如貓捕鼠，如雞覆卵」，已經心自醉、神自啓。入室閉關七日夜，遂於學豁然開朗，後居山中潛習九月，歸來後，開始具體實踐良知之教，聚眾講學、教人孝悌、辦萃和會等。

黃宣民《顏均年譜》：「（嘉靖）七年戊子（公元1528年），二十五歲。始讀王守仁《傳習錄》，思想大變。《明羑八卦引》：『年既廿五，仲兄鑰以德著廩庠，舉入白鹿洞，聽傳陽明致良知之學。手抄《傳習錄》，歸示男子。男子誦味至「精神心思，凝聚融結，如貓捕鼠，如雞覆卵」四語，遂自醉心啓。……靜坐七日夜，凝翕隱功，專致竭思，一旦豁然，心性仁智吉皎如也。』閉關七日後，復潛居山谷九月，歸見母兄，聚眾講耕讀孝悌，立三都萃和會。」

卷三：王學後學成長並論爭期

王學後學成長並論爭期蓋指王陽明逝世（1528）到明代明亡（1644），計117年。王陽明去世後，王學後學得到了眞正的成長，同時分歧也逐漸明確。王陽明去世後的百餘年中，王學後學的論爭一直不斷，其促進了王學的發展，也帶著王學走向式微。在王陽明去世後，無論是在良知的本體，還是致良知的工夫上，王學後學都有不同的理解。從客觀而言，王陽明去世後，本體派和工夫派對王學的發展都有不同程度的推進，然本體派流弊過重，工夫派創新不足，茫茫近百年，王學後學都在論爭之中前進，直到劉宗周的出現，才開始有綜合補闕之勢。然此時的明代已經眞正走到明末，各種社會弊病如影隨形，包括劉宗周自己對政治都失去了信心，對王學，劉宗周一直極力在整合之中前進，劉宗周如批判明代政治一樣大刀闊斧的整合王學，然過渡的整合又會讓王學本身的自由因子得不到釋放，王學只能在沉穩的規則之中走向不歸路。

世宗嘉靖八年　己丑（1529）

湛若水64歲，王艮47歲，黃綰53歲，季本45歲，聶豹43歲，鄒守益39歲，歐陽德34歲，錢德洪34歲，王畿32歲，羅洪先26歲，羅汝芳15歲，何心隱13歲，耿定向6歲。

正月，王道卒　王道（1476～1529），明代學者，甘泉學派學者。正德六年（1511）進士，選庶吉士。官至禮部右侍郎。其學介於甘泉、陽明之間，理氣心性皆從成說，但認爲良知爲情之動，有認情爲性之說，於良知領悟不

深，對性情之說把握欠佳。著有《文錄》等。

韓邦奇《河南府通判王公墓誌銘》（《苑洛集》卷四）：「公諱道，字純甫，……成化丙申十二月二十六日，公生。嘉靖己丑正月初七日，公卒。享年五十有四。」

《明儒學案》卷四二：「王道字純甫，號順渠，山東之武城人。……先生所論理氣心性，無不諦當。又論人物之別，皆不錮於先儒之成說，其識見之高明可知，但以孟子執情為性，不足以服諸子。……先生言情之善，原從性之善而來，但情之善可遷，而性之善不可遷。……先生初學於陽明，陽明以心學語之，故先生從事心體，遠有端緒。其後因眾說之淆亂，遂疑而不信。所疑者大端有二：謂致知之說，局於方寸；學問思辨之功，一切棄卻。……先生又從學甘泉，其學亦非師門之旨，今姑附於甘泉之下。」

案：王道列於甘泉門下，不是以地域劃分，也不是以思想判斷，其與甘泉、陽明均有師承關係。據黃宗羲所言：「先生又從學甘泉，其學亦非師門之旨，今姑附於甘泉之下。」

二月，鄧元錫生　鄧元錫，明代江右王門學者。字汝極，號潛谷，學者稱潛谷先生，江西南城（今江西南城縣）人。

許孚遠《翰林院待詔鄧汝極先生墓誌銘》（《明文海》卷四四五）：「君諱元錫，字汝極，別號潛谷，……汝極生嘉靖己丑二月二十八日，卒萬曆癸巳七月十有四日，享年六十有五。」

二月，吏部開會，論王守仁之功過　在吏部尚書桂萼的主持下，吏部召開會議，討論王守仁的功罪問題。鑒於世宗對王守仁的成見和朝臣的保守與固執，會議結果並不利於王學後學的發展，其結果為判定守仁學術不足取，宜加嚴禁，守仁的世爵恤典等亦被免奪。

《明世宗實錄》卷九八「嘉靖八年二月」：「吏部會，廷臣議故新建伯王守仁功罪。言守仁事不師古，言不稱師。欲立異以為名，則非朱熹格物致知之論，知眾論之不與，則著《朱熹晚年定論》之書，號召門徒，互相唱和。才美者樂其任意，流於清談；庸鄙者借其虛聲，遂敢於放肆。傳習轉訛，悖謬日甚。其門人為之辯謗，至謂：『杖之不死，投之江不死。』以上瀆天德，幾於無忌憚矣。若夫剿嶄賊，擒除逆濠，據事論功，誠有可錄。是以當陛下御極之初，即拜伯爵，雖出於楊廷和預為己地之私，亦緣有黃榜封侯拜伯之令。夫功過不相掩，今宜免奪封爵，以彰國家之大信；申禁邪說，以正天下之人心。上曰：卿等議是。守仁放言

自肆，抵毀先儒，號召門徒，聲附虛和，用詐任情，壞人心術，近年士子傳習邪說，皆其倡導。……榜諭天下，敢有踵襲邪說，果於非聖者，重治不饒。」

二月，黃綰上疏，為守仁申辯　王守仁卒後，在吏部尚書桂萼的主持下，吏部召開會議，討論守仁功過，結果王學被禁，守仁的世爵恤典等亦被免奪。黃綰從其師守仁的為人、學問、與桂萼等的關係談起，認為應當開學禁、恢復守仁的世爵恤典，但最終未被批准。

錢著《年譜·年譜三》（《王陽明全集》卷三五）：「（嘉靖）八年己丑正月，喪發南昌。……二月庚午，喪至越。……是時朝中有異議，爵蔭贈諡諸典不行，且下詔禁偽學。詹事黃綰上疏曰：『忠臣事君，義不苟同；君子立身，道無阿比。臣昔為都事，今少保桂萼時為舉人，取其大節，與之交友。及臣為南京都察院經歷，見大禮不明，相與論列。相知二十餘年，始終無間。昨臣薦新建伯王守仁堪以柄用，萼與守仁舊不相合，因不謂然，小人乘間構隙。然臣終不以此廢萼平生也。但臣於事君之義，立身之道，則有不得不明者。臣所以深知守仁者，蓋以其功與學耳。然功高而見忌，學古而人不識，此守仁之所以不容於世也。……伏願擴一視之仁，特敕所司，優以恤典贈諡，仍與世襲，並開學禁，以昭聖政。若此事不明，則萼之與臣，終不能以自忘。故臣敢言及於此，所以蓋事陛下之忠，且以補萼之過，亦以盡臣之義也。』疏入，不報。」

三月，湛若水有《奠王陽明先生文》　是年，湛若水有《奠王陽明先生文》，在祭文中，湛若水首先回憶了他們相識、相交、相契、相許的過程，並對王守仁的為人、學問、武功表達了極度的欽佩，同時，也為其早逝表示歎惜。

湛若水《奠王陽明先生文》（《湛甘泉先生文集》卷三〇）：「維嘉靖八年，歲在己丑，三月□朔，……友人南京吏部右侍郎湛若水謹以潔體束帛之奠，寓告於故新建伯兵部尚書左都御史陽明王先生之靈。……遙聞風旨，開講穗石，但致良知，可造聖域。體認天理，乃謂義襲，勿忘勿助，言非學的。離合異同，撫懷今昔，切嗟長已，幽明永隔。於乎！淩高屬空之勇，疆立力勝之雄，武定文戢之才，與大化者同寂矣。」

十一月，葬王守仁先生於洪溪，諸弟子會葬守仁公　是年十一月，門人會葬者千餘人，麻衣衰屨，扶柩而哭。葬守仁於越城城外 30 里的洪溪。

錢著《年譜・年譜三》（《王陽明全集》卷三五）：「（嘉靖）八年己丑正月，喪發南昌。……十一月，葬先生於洪溪。是月十一日發引，門人會葬者千餘人，麻衣衰屨，扶柩而哭。四方來觀者莫不交涕。洪溪去越城三十里，入蘭亭五里，先生所親擇也。先是，前溪入懷與左溪會，沖齧右麓，術者心嫌，欲棄之。有山翁夢神人緋袍玉帶立於溪上，曰：『吾欲還溪故道。』明日雷雨大作，溪泛，忽從南岸，明堂周闊數百尺，遂定穴。門人李琪等築治，更番，晝夜不息者月餘，而墓成。」

《王心齋全集・年譜》：「（嘉靖）八年己丑，先生四十七歲。（冬十一月，往會稽。會葬陽明王公。大會同志，聚講於書院，訂盟以歸。……）」

劉秉監卒 劉秉監（？～1529？），明代江右王門學者。字遵教，號印山，江西安福縣人。正德戊辰（1508）進士，歷刑部主事，署員外郎。出為河南僉事，在河南期間，守正不移，毀境內淫祠數千。遷大名兵備副使。因忤巨奄，逮繫詔獄。僥倖得不死，謫判韶州，量移貳潮州，知臨安府，未至而卒。師事湛若水、王守仁，躬行儉約，一心志學。

《明世宗實錄》卷九七：「嘉靖八年正月戊戌朔，……萼等又奏，先年建言緣事得罪諸臣，……因事降調。如黃國用、羅玉、劉秉監……等八員，皆才識可用，懲創已深，宜及時收錄，以稱明旨。……上然之。命於在外員缺酌量推用。」

《明儒學案》卷一九：「劉秉監字遵教，號印山，三五同邑人也。……先生初學於甘泉，而尤篤志於陽明，講學之會，匹馬奚童，往來山谷之間，儉約如寒士。母夫人勞之曰：『兒孝且弟，何必講學。』先生對曰：『人見其外，未見其內，將求吾真，不敢不學。』歿時年未五十。劉三五評之曰：『先輩有言，名節一變而至道，印山早勵名節，烈烈不挫，至臨死生靡惑，宜其變而至道無難也。』」

案：據《明儒學案》，劉秉監「以忤巨奄，逮繫詔獄，得不死。謫判韶州，量移貳潮州，知臨安府，未至而卒。」而《明世宗實錄》記為嘉靖八年（1529），因桂萼上疏，世宗批准，劉秉監等可以外用，故其卒當在是年之後不久，因文獻不足徵，暫記為是年。

李材生 李材，明代心學家，止修學派學者。字孟誠，號見羅，江西豐城（今江西豐城市）人。

《明神宗實錄》卷二〇一：「萬曆十六年七月壬子朔孟秋，……刑部尙書李世達等、都察院左都御史吳時來、大理寺左少卿李棟會審犯官李材等緬捷一事。」

許孚遠《壽李孟誠年丈七袠序》（《明文海》卷三二〇）：「孟誠當六十時，以滇南軍功遭讒毀，被逮下獄者五年，中外搢紳及滇人、粵人鳴寃之。疏凡數十上，會同榜王元馭少師方晉首揆密爲營救，幸聖明一旦悟而釋之。」

麥仲貴《明清儒學家著述生卒年表》：「（正德）十四年己卯（一五一九），……李材孟誠生。」

案：關於李材的生卒年，文獻均不載，李材被逮入獄爲萬曆十六年（1588），是年，其60歲，故其生年爲1529年，而麥仲貴根據民國十一年刊本《李見羅先生行略》對此也有所考證（其考證見麥仲貴《明清儒學家著述生卒年表》，臺北：學生書局，1977年版，第920～921。），麥仲貴認爲李材生於1519，由於《李見羅先生行略》不可見，據《明神宗實錄》、《壽李孟誠年丈七袠序》，麥仲貴的考證應該是不準確的。

羅洪先舉進士第一，並拜見魏校 是年，羅洪先在北京參加禮部主持的會試和嘉靖親自主持的廷試，並賜進士第一。是年念庵二十六歲，眞是早年有得志，文章伯仲千人雄。同時，羅洪先謁見大儒魏校，魏校勉勵其以學問爲志。

錢穆《羅念庵年譜》：「世宗嘉靖八年己丑，二十六歲。舉進士第一，授修撰。謁見魏莊渠。莊渠曰：達夫有志，必不以一第爲榮。」

世宗嘉靖九年　庚寅（1530 年）

湛若水 65 歲，王艮 48 歲，黃綰 54 歲，季本 46 歲，聶豹 44 歲，鄒守益 40 歲，歐陽德 35 歲，錢德洪 35 歲，王畿 33 歲，羅洪先 27 歲，羅汝芳 16 歲，何心隱 14 歲，耿定向 7 歲。

李夢陽（1473～1530）卒

五月，門人薛侃建精舍於天眞山，祀守仁 王守仁逝世後，門人薛侃、董沄、鄒守益等恐同門聚散無期，薛侃等建精舍於杭州天眞山，後改名天眞書院。天眞山是守仁生前來過的地方，石秀山嚴、巍巍有形，守仁自己也非常會意此處，並作詩爲記。「天眞會」作爲每年的例會，一直持續到萬曆初，可謂陽明後學講學的一個重要基地。

饒宗頤《薛中離年譜》：「（嘉靖）九年庚寅（公元一五三○），四十五歲。……五月建精舍於天眞山，祀陽明先生。」

錢著《年譜‧年譜附錄一》（《王陽明全集》卷三六）：「嘉靖九年庚寅五月，門人薛侃建精舍於天眞山，祀先生。天眞距杭州城南十里，山多奇巖古洞，下瞰八卦田，左抱西湖，前臨胥海，師昔在越講學時，嘗欲擇地當湖海之交，目前常見浩蕩，圖卜築以居，將終老焉。起征思、田，洪、畿隨師渡江，偶登茲山，若有會意者。臨發以告，師喜曰：『吾二十年前遊此，久念不及，悔未一登而去。』至西安，遺以二詩，有『天眞泉石秀，新有鹿門期』及『文明原有象，卜築豈無緣』之句。侃奔師喪，既終葬，患同門聚散無期，憶師遺志，遂築祠於山麓。同門董沄、劉侯、孫應奎、程尚寧、范引年、柴鳳等董其事，鄒守益、方獻夫、歐陽德等前後相役；齋廡庖湢具備，可居諸生百餘人。每年祭期，以春秋二仲月仲丁日，四方同志如期陳禮儀，懸鍾磬，歌詩，侑食。祭畢，講會終月。」

十一月，更孔廟祀典 孔廟祀典作爲學術與道統的雙重載體與象徵，它既反映了國家意識、道德風向與個人信仰，又是對社會價值觀的構建與強化。同時，孔廟祀典不再僅僅是個人與家族的意識與行爲，而是逐步成爲了潤飾政治和教化臣民的精神工具。明代孔廟祀典承繼了歷史的傳統與積澱，洪武以後孔廟祀典規格不斷上升，目的是借孔子之道屬行「教化」、統治臣民。世宗對孔子祀典的降殺是以孔子是周臣、不當僭稱王號爲理由，其改革爲大禮議之餘續，目的是打壓士子之氣，以君統壓制道統，並宣示人民君統才是道統所在，君可以兼師，而師不可僭君。可以說，孔廟祀典的更改是統治者價值觀的指向標，更是統治者需要重構價值的必然。

《明史》卷一七：「（嘉靖九年）冬十一月辛丑，更正孔廟祀典，定孔子諡號曰至聖先師孔子。」

《明史》卷五○：「嘉靖九年，大學士張璁言：『先師祀典，有當更正者。……』帝以爲然。……於是禮部會諸臣議：『……其塑像，即令屛撤。春秋祭祀，遵國初舊制，十籩十豆。天下各學，八籩八豆。樂舞止六佾。……』命悉如議行。」

《明史記事本末》卷五一《更定祀典》：「世宗嘉靖九年……冬十月，正孔子祀典，易木主及釐正從祀諸賢。……帝乃自著《正孔子祀典說》，頒賜羣臣。璁復爲《孔子祀典或問》上之，上嘉焉，眾議乃定。於是改大成至聖文宣王爲至聖先

師孔子。其配享四子，仍稱復聖、宗聖、述聖、亞聖。從祀弟子稱先賢，左丘明以下稱先儒，俱罷公、侯、伯、爵，撤像題主祀之。申棖、申黨二人，存棖去黨。罷公伯僚……荀況……十三人。林放……祀於其鄉。進后蒼、王通、胡瑗、歐陽修。又以行人薛侃議，並進陸九淵從祀，而別祀啓聖公叔梁紇，以顏無繇、曾點、孔鯉、孟孫氏、程珦、朱松、蔡元定從祀焉。改稱大成殿爲先師廟。」

張憲文《張璁年譜》：「嘉靖九年庚寅（1530），五十六歲。……十一月，奏上所著《孔於祀典或問》，請更定祀孔典禮，經下禮部集議施行，著爲定制。」

是年

聶豹稱王守仁弟子，並結識羅洪先 是年，王守仁已違世四年，聶豹感其學誠得守仁之教，故以錢德洪、王畿爲證，設香案拜師守仁，稱門人。在蘇州，聶豹和羅洪先相識。

吳震《聶豹略年譜》：「嘉靖九年庚寅（公元1530年），四十四歲。往守蘇州。是年，以錢緒山、王龍溪爲證人，拜陽明爲師。與羅念庵相識於蘇州。」

錢穆《羅念庵年譜》：「世宗嘉靖九年庚寅，二十七歲。正月，請告南歸。至儀眞，病幾殆。館於同年項甌東家。留數月愈。見聶雙江於蘇州。」

宋儀望《雙江聶公行狀》（《明文海》卷四四四）：「先生諱豹，字文蔚，……明年庚寅，先生往守蘇州，……辛卯十月治裝入觀，會考君訃至，次日即就道。」

聶豹《敕封孺人進宜人宋氏墓誌銘》：「（嘉靖）辛卯十月，予不幸聞先大夫訃，挈妻東歸。」

錢著《年譜・年譜三》（《王陽明全集》卷三五）：「（嘉靖）五年丙戌，先生五十五歲，在越。……按，豹初見稱晚生，後六年出守蘇州，先生已違世四年矣。見德洪、王畿曰：『吾學誠得諸先生，尚冀再見稱贊，今不及矣。茲以二君爲證，具香案拜先生。』遂稱門人。」

案：據錢著《年譜・年譜三》（《王陽明全集》卷三五）記載，「（聶豹）後六年出守蘇州，先生已違世四年矣。」應爲嘉靖十一年，然《雙江聶公行狀》記載，聶豹嘉靖九年往守蘇州，嘉靖十年奔父喪，嘉靖十一年肯定不在蘇州。另外，聶豹本人在《敕封孺人進宜人宋氏墓誌銘》中記載亦是如此，故聶豹稱守仁弟子當爲嘉靖九年，而《王陽明全集・年譜三》所記有誤。

萬廷言生 萬廷言（1530～？），明代江右王門學者。字以忠、曰忠，號思默。江西南昌（今江西南昌市）人。受業於王守仁，又師事羅洪先。曾預

南昌正學書院講會。嘉靖四十年（1561）進士。歷禮部郎官、湖廣僉事、四川參議、提學副使，後辭官歸，隱居三十餘年，精研學問。膺服心學，尤精於《易》。其學以收放心爲主。強調靜攝、歸正念、默識自心。嘗以「清冷」二字喻道，而以行若無事行道。著有《易學》、《易說》、《經世要略》、《學易齋集》等。

　　許孚遠《壽李孟誠年丈七袠序》（《明文海》卷三二○）：「劍江李孟誠、洪都萬日忠與余不肖蓋三人爲，孟誠高明以斯道，……孟誠齒差長，日忠少孟誠一歲，余少日忠五歲，今俱老矣。」

　　《明儒學案》卷二一：「萬廷言字以忠，號思默，南昌之東溪人。……先生深於《易》，三百八十四爻，無非心體之流行，不著爻象，而又不離爻象。自來說《易》者，程《傳》而外，未之或先也。蓋深見乾元至善之體，融結爲孩提之愛敬，若先生始可謂之知性矣。」

　　案：孟誠爲李材，日忠爲萬廷言，李材1529年生，見「李材生」的考證，因萬廷言長李材一歲，故是年生。

世宗嘉靖十年　辛卯（1531 年）

　　湛若水 66 歲，王艮 49 歲，黃綰 55 歲，季本 47 歲，聶豹 45 歲，鄒守益 41 歲，歐陽德 36 歲，錢德洪 36 歲，王畿 34 歲，羅洪先 28 歲，羅汝芳 17 歲，何心隱 15 歲，耿定向 8 歲。

　　十一月，徐樾復來從王艮學　徐樾第一次問學王艮是嘉靖七年，是年，繼續從學於王艮。

　　《王心齋全集・年譜》：「（嘉靖）十年辛卯，先生四十九歲。（……冬十一月，徐樾復來學。……）」

　　是年

　　鄒守益論知行合一之旨　是年，鄒守益經蘇州，會魏校等諸賢，論知行合一之旨。

　　郭燕華《東廓鄒先生年譜簡編》：「嘉靖十年辛卯，1531年，四十一歲。是年，先生痔作，請告歸，經蘇州，會魏莊渠諸賢，力論知行敬義合一之旨。」

　　萬虞愷拜見歐陽德，並學有所得　是年，萬虞愷拜見歐陽德，並有「自

得」問答，學有所得，從此一意收斂，常求所謂自者。

鄧以讚《刑部侍郎楓潭萬公行狀》：「公諱某，字懋卿，別號楓潭，……辛卯，舉鄉試，謁歐文莊公。文莊問：『君子無入不自得，所得何事？』公應聲曰：『自得又何得也。』文莊大奇之。自是一意收斂，常求所謂自者。」

世宗嘉靖十一年　壬辰（1532 年）

湛若水 67 歲，王艮 50 歲，黃綰 56 歲，季本 48 歲，聶豹 46 歲，鄒守益 42 歲，歐陽德 37 歲，錢德洪 37 歲，王畿 35 歲，羅洪先 29 歲，羅汝芳 18 歲，何心隱 16 歲，耿定向 9 歲。

正月，學禁方嚴，方獻夫合同志會於京師　嘉靖十年，極力反對守仁的權臣桂萼因病歸里。是時，學禁方嚴，但朝廷局勢已有所鬆動，王守仁眾門人為懷念斯人、弘揚師說，在京師聚會講學，方獻夫、黃綰等主持講會（方獻夫時任吏部尚書）。同時，王畿、錢德洪為守仁守孝三年期滿，來京廷試，並和會於京師。

錢著《年譜·年譜附錄一》（《王陽明全集》卷三六）：「（嘉靖）十一年壬辰正月，門人方獻夫合同志會於京師。自師沒，桂萼在朝，學禁方嚴。薛侃等既遭罪譴，京師諱言學。至是年，編修歐陽德、程文德、楊名在翰林，侍郎黃宗明在兵部，戚賢、魏良弼，沈謐等在科，與大學士方獻夫俱主會。於時黃綰以進表入，洪、畿以趨廷對入，與林春、林大欽、徐樾，朱衡、王惟賢、傅頤等四十餘人始定日會之期，聚於慶壽山房。」

彭國翔《王龍溪先生年譜》：「嘉靖十一年壬辰，1532年，三十五歲。正月，龍溪偕德洪赴廷試，授南職方主事。期間，結識羅念庵，並與戚賢、王璣等同僚同志定月會於京師，聚會講學不已。」

正月，權臣張璁拉攏王畿，王畿不應　是年，權臣張璁再度入閣，並試圖拉攏王畿，多方周試，王畿終不應，故被安排到有名無實的南都任職方主事。

彭國翔《王龍溪先生年譜》：「嘉靖十一年壬辰，1532年，三十五歲。正月，龍溪偕德洪赴廷試，授南職方主事。」

徐階《龍溪王先生傳》：「初，公赴廷對，故相永嘉公欲引置一甲，公不應；開吉士選，又欲引之，又不應；又開科道選，必欲引之，終不應。久乃授南職方

主事，尋以病乞歸。」

八月，周沖卒 周沖（1486～1532），明代南中王門學者。正德五年（1510）舉人。授萬安訓導，知應城縣，以耳疾改邵武教授，升唐府紀善，進長史。卒年 47 歲。其學從王守仁、湛若水兩家，且疏通兩家其旨，謂體認天理即良知。其與蔣信爲王學中折中王、湛的代表人物。著有《周靜庵論學語》等。

湛若水《唐王府紀善周公沖墓碑銘》（《國朝獻徵錄》卷一〇五）：「君諱沖字道通，姓周氏，號靜庵，常州宜興人。……壬辰，王疏薦曰：『周沖心志通明，操持端謹，』詔加五品俸級儲長史缺。八月得疾，將瘳，聞母訃號慟，轉亟卒，實二十二日也，享年四十有七。……先生之體認天理即王先生之致良知也。」

《明儒學案》卷二五：「周沖字道通，號靜庵，常之宜興人。……陽明講道於虔，先生往受業。繼又從於甘泉，謂『湛師之體認天理，即王師之致良知也。』……當時王、湛二家門人弟子，未免互相短長，先生獨疏通其旨。故先生死而甘泉歎曰：『道通真心聽受，以求實益，其異於死守門戶以相訾而不悟者遠矣？』」

是年

薛應旂師從歐陽德 是年，薛應旂師從歐陽德，並學習良知之學，這是其學第一次轉變。薛應旂學主實，晚年後逐步傾向程朱理學。

曾向虹《薛應旂年表要略》：「（嘉靖）十一年壬辰（西曆公元1532年），公三十二歲。公師歐陽德，接受良知學。生子近魯。」

薛應旂《書考亭淵源目錄後》：「旂雖寡陋，自童子時即有志於學。三十年前，從事舉業，出入訓詁，章分句析，漫無歸著。一旦聞陽明王公之論，盡取象山之書讀之，直闖本原，而功夫簡易，正如解纏縛而舒手足，披雲霧而睹青天，喜悅不勝，時發狂叫，遂以爲道在是矣。」

案：薛應旂《書考亭淵源目錄後》作於1569年，據曾向虹《薛應旂年表要略》：「隆慶三年己巳（西曆公元1569年），公六十九歲。春正月既望公作《書考亭淵源目錄後》。公之門人向程爲公之《薛子庸語》作序。」故是年薛應旂聞守仁之學，隨感「直闖本原，而功夫簡易」，「以爲道在是矣」。

羅汝芳讀《傳習錄》而病癒 是年，羅汝芳閉關苦思，遂成重病。其

父授以《傳習錄》，並指示致良知之旨，羅汝芳得之大喜，不久，病幾愈。羅汝芳由讀《傳習錄》而病幾愈，也間接表明其治學門徑由內斂式自省到發散式問學的轉變。

蔡世昌《羅近溪先生年譜稿》：「嘉靖十一年壬辰1532年，18歲。閉關臨田寺，獨居密室，置水、鏡几上，對坐澄心，久成重病，父憂之，授以《傳習錄》，先生讀而病瘥。」

曹胤儒編《盱壇直詮》：「（嘉靖）壬辰，乃閉戶臨田寺中，……遂成重病。……前鋒公遂授以陽明王先生《傳習錄》，指以致良知之旨，師閱之大喜，日玩索之，病瘥。」

羅洪先結識王畿　是年，王畿在為守仁守喪三年回到北京，並在京師講學。羅洪先也回京補原職，並經常參加講會，得睹王畿講學風采，深為折服。王畿辯才無礙、點滴成悟，其講學風格和學術宗旨影響了很多後學者，時人均認為得守仁真諦，羅洪先也不例外，從是年後，基本終羅洪先一生，一直與王畿的現成良知說糾纏。從迷戀到疑惑到辯難到反對到自己學說的最終確立。

錢穆《羅念庵年譜》：「世宗嘉靖十一年壬辰，二十九歲。……是年，始識王龍溪。」

羅洪先《書王龍溪卷》（《念庵文集》卷八）：「憶壬辰歲與君處，是時孳孳然神不外馳，惟道是求，泛觀海內，未見與君並者。遂託以身，不之疑。」

世宗嘉靖十二年　癸巳（1533 年）

湛若水 68 歲，王艮 51 歲，黃綰 57 歲，季本 49 歲，聶豹 47 歲，鄒守益 43 歲，歐陽德 38 歲，錢德洪 38 歲，王畿 36 歲，羅洪先 30 歲，羅汝芳 19 歲，何心隱 17 歲，耿定向 10 歲。

七月，青原大會始創　青原大會為王學門人的一個重要聚會之處，與會人很多，也是鄒守益推行良知實踐和道德教化的重要場所。該會是鄒守益在惜陰會基礎上創建的，以後逐漸擴大規模，是王學的重要講學、切磋、討論之平臺。

鄒守益《青原嘉會語》（《鄒守益集》卷三）：「嘉靖癸巳七月既望，同志咸集於青原，以從事於君子之學。東廓子守益喟然歎曰：『茲會也，先師嘗命之矣，乃

今十有四年始克成之。』」

郭燕華《東廓鄒先生年譜簡編》:「嘉靖十二年癸巳,1533年,四十三歲。是年七月,先生等在江西舉『青原大會』。」

是年

歐陽德合同志會於南畿 是時,守仁違世已三年,古人禮制守喪三年已至,門人紛紛分散四方,立教弘道。歐陽德爲南京國子監司業,主持守仁門人季本、許相卿、何廷仁、劉陽、黃弘綱等南京大會的講學,緬懷先師,復興師道。

錢著《年譜·年譜附錄一》(《王陽明全集》卷三六):「(嘉靖)十二年癸巳,門人歐陽德合同志會於南畿。自師沒,同門既襄事於越。三年之後歸散四方,各以所入立教,合併無時。是年,歐陽德、季本、許相卿、何廷仁、劉陽、黃弘綱嗣講東南,洪亦假事入金陵。遠方志士四集,類萃群趨,或講於城南諸刹,或講於國子雞鳴。倡和相稽,疑辯相繹,師學復有繼興之機矣。」

在金陵,王艮與歐陽德、黃弘綱等相見,指點良知,發良知致之道 是年,歐陽德合同志會於金陵,王艮和歐陽德論學,並提出「良知致」之論,歐陽德始甚疑,終相契。「良知致」是以王艮爲主的泰州學派的一個顯著特點,講究「良知」之發散和應用。王艮在和黃弘綱論學之中,充分展示了王艮指點良知的特點,立足生活、意氣甚高、邊啓邊發、點悟結合。

《王心齋全集·年譜》:「(嘉靖)十二年癸巳,先生五十一歲。(在金陵。南野公嘗講致良知,先生戲之曰:『某近講良知致。』南野延先生連榻數宵,以日用見在指點良知,自是甚相契。黃洛村弘綱常講不欺,先生曰:『兄欺多矣。』洛村愕然請示,先生曰:『方對食時,客及門,辭不在,非欺乎?』洛村謝過,先生笑曰:『兄又欺矣。』洛村未達。曰:『通變而宜,豈爲欺乎?』在座皆有省。……)」

應典卒 應典(?~1533),字天彝,號石門,浙江永康芝英人。明正德九年(1514)進士。歷任兵部職方司主、事車駕司主事,承德郎,尙寶同丞等職。其學承良知,受學於王守仁,學主反求諸己,不欺於心。刻苦好學,有負道之志。

《明儒學案·附案》卷六三:「應典字天彝,號石門,永康人。正德甲戌進

士。……典之論學曰：『聖賢之學，在反求諸己，而無自欺。……充其不欺之心，至於纖悉隱微，無所不盡，事之鉅細大小，俱以一心處之，而本然之體，原是不動。此聖賢學問，緊關切要處。學者知此，工夫方有著落。若徒務外，近名竊取，口耳聞見之似，以誇於人，又或知有身心之學，模擬想像，不實踐下手，自欺之罪，終恐不免。』此其論學之大概也。典為人誠愨和粹，孝友兼篤，謹言慎行，廉隅修遊。」

　　案：應典為正德甲戌（1514）進士，據《明史》（卷二八三）記載，「應典，字天彝。進士。官兵部主事。居家養母，不希榮利。通籍三十年，在官止一考。」「通籍」即做官，古代一般進士及第即做官，而應典「官止一考」，應該是1533年的考覈去官或者去世，因文獻原因，暫記為是年。

世宗嘉靖十三年　甲午（1534 年）

　　湛若水 69 歲，王艮 52 歲，黃綰 58 歲，季本 50 歲，聶豹 48 歲，鄒守益 44 歲，歐陽德 39 歲，錢德洪 39 歲，王畿 37 歲，羅洪先 31 歲，羅汝芳 20 歲，何心隱 18 歲，耿定向 11 歲。

　　正月，鄒守益建復古書院於安福，祀王守仁　王守仁的門生鄒守益與程文德共建復古書院於江西安福，為講會式書院。此前，劉邦采曾建「惜陰會」於安福，此為江西書院（以弘揚王學為主）創建之始，守仁弟子又建復古、連山、復真諸書院。

　　錢著《年譜·年譜附錄一》（《王陽明全集》卷三六）：「（嘉靖）十三年甲午正月，門人鄒守益建復古書院於安福，祀先生。師在越時，劉邦采首創惜陰會於安福間月為會五日。先生為作《惜陰說》。既後，守益以祭酒致政歸，與邦采、劉文敏、劉子和、劉陽、歐陽瑜、劉肇袞、尹一仁等建復古、連山、復真諸書院，為四鄉會。春秋二季，合五郡，出青原山，為大會。凡鄉大夫在郡邑者，皆與會焉。於是四方同志之會，相繼而起，惜陰為之倡也。」

　　春，青原大會召開，規模達二百餘人　是年，鄒守益和同志會講於江西青原山，規模達二百餘人。聶豹、羅洪先等諸人參加，討論學問，啓迪教化。

　　鄒守益《錄青原再會語》（《鄒守益集》卷三）：「嘉靖甲午閏月己卯，同志再會於青原，二百餘人。」

吳震《聶豹略年譜》:「嘉靖十三年甲午（公元1534年），四十八歲。母喪。在鄉授徒講學。仲春，與鄒東廓等集九邑諸友會講於青原山。」

錢穆《羅念庵年譜》:「世宗嘉靖十三年甲午，三十一歲。鄒東廓大會士友於青原，念菴亦預焉。」

五月，徐愛《徐橫山集》刊刻　是年五月，《徐橫山集》（即《橫山遺集》）刊刻，是書二卷，徐愛著，蔡宗兗編輯。是書是在徐愛的父親古眞翁的請求下，蔡宗兗編輯而成。經過蔡宗兗編輯，《橫山遺集》已剩原書的十之七八。《橫山遺集》最後由路迎捐俸梓之，路氏刻本現存臺北中央圖書館珍藏，並爲海內孤本，藏書印有「嘉靖十三年汶上路氏浙江刊本」。

蔡宗兗《刻徐橫山集引》（《徐愛錢德洪董澐集·橫山遺集》卷首）:「曰仁歿於正德丁丑，年方三十有一，距今嘉靖甲午，去世十八年矣。……予聞古眞之言，惻然父子眞情，自不覺泫然而感動也。乃正其訛，補其缺，刪其可刪，什存七八。……錄成，適汶上路公廉憲浙省，恤同志之早世，體古眞之鍾情，遂捐俸梓之，以成其志。……嘉靖甲午五月望日，白鹿山人浙蔡宗兗書。」

是年

耿定理生　耿定理，明代泰州學派學者。字子庸，號楚倥，湖北黃安（今湖北紅安市）人。人稱八先生，耿定向的仲弟。

耿定向《觀生記》:「（嘉靖）十三年甲午，我生十一歲，仲弟定理生。」

董澐卒　董澐（1458～1534），明代浙中王門學者。董澐以詩聞於世，嘉靖三年（1524），他以68歲高齡拜52歲王守仁爲師，當時傳爲美談。其學早期致力於詩（有灑脫的道家氣象）；後期入王學，肯定良知的作用，於物於性不能盡解，對良知理解欠深（入世之儒者之風）；晚期歸於佛，有歸空之境（樂善無求）。著有《求心錄》、《日省錄》等，今人編有《徐愛錢德洪董澐集》。

許相卿《董先生墓誌銘》（《雲村集》卷一三）:「先生諱澐，字復宗，別號蘿石，……嘉靖甲午某月日卒……吾見先生始專於詩，遺其家，甚難之；晚志於道，遺其詩，甚愧之；終入於佛，嗒然自遺也，予愈益怪之，莫能窺已。……蓋先生學三變，歸於空，而自所謂吾者，且見爲妄矣。」

《明儒學案》卷一四:「董澐字復宗，號蘿石，晚號從吾道人，海鹽人。……至七十七而卒。先生晚而始學，卒能聞道。其悟道器無兩，費隱一致，從佛氏

空有而入，然佛氏終沉於空，此毫釐之異，未知先生辨之否耶？」

案：《董先生墓誌銘》未列生年。嘉靖甲午爲1534，據《明儒學案》，其生年77，故1458年生。

羅僑不滿羅洪先居喪講學 是年，青原山大會召開，羅洪先與焉，時羅洪先爲居喪之期，羅僑（號東川）致書責備羅洪先，認爲其居喪講學於古禮不妥，於人心不宜。

羅洪先《東川先生行狀》（《念庵文集》卷一三）：「（嘉靖）壬午（案，當爲甲午之誤）東廓鄒子講學青原山，中，時與往來議論，而洪先居喪，不棄業，先生以爲不應古禮，責以書曰：『講學之功，尊德性之資，未爲無補也。何獨嫌於喪次乎？愚以爲，取益於友，不若取益於心；取益於天子，何不自信而過遜哉！恐索子者，當於牝牡驪黃外矣！』是時先生方病，痰書皆口授，而據禮嚴振無少讓。」

案，壬午當爲甲午，據《羅念庵年譜》：「世宗嘉靖十二年癸巳，三十歲。……四月，父遵善公卒。五月，得訃奔歸。」

黃綰已對王畿表示不滿 是年，王畿將離開京師，正式赴南都就職。黃綰受北都同志之請，作《贈王汝中序》以送之。在此文中，黃綰已經開始對龍溪的思想表示異議。黃綰認爲，宋儒假禪入門，是援佛之空，入儒之有，是一種極大的錯誤，因此此兩種學術有本質不同。不但如此，黃綰還從批判楊簡的「不起意」入手，對「完善無噁心之體」提出了間接的批判。同時，黃綰又寄希望於王畿，希望其以光吾儒大道、續道學之統爲計，拋棄佛道，共濟聖學。

彭國翔《王龍溪先生年譜》：「嘉靖十三年甲午，1534年，三十七歲。是年，龍溪離開京師，正式赴南都就職。臨行時黃綰有《贈王汝中序》，已經開始對龍溪的思想表示異議。」

黃綰《贈王汝中序》（《明文海》卷二七九）：「王汝中選南京職方主事，將行，同志之士請予贈言。……儒學之始皆假禪爲入門，高者由其上乘，下者由其下乘，夫禪乃出世寂滅之事，視吾聖人經世之道，不啻天淵之懸絕。……此學問之所由繆也。……汝中苟於此不爽，則吾人之學眞足以傳天下，百世以俟聖人而不惑，其於先王之道，豈不有光哉！予於是以贈之。」

案：黃綰對王畿之學的不滿發端於此，終黃綰一生，一直以批判王學雜禪、

空疏爲任。王畿在南都就職後，黃綰亦有書信（參黃綰《復王汝中書》），依然對王畿指責不已。後王畿落職，於嘉靖二十一年（1542）拜訪黃綰，雙方分歧依然不能合（參黃綰《遊雁山記》）。後黃綰寫《明道編》，蓋對此種不滿精神的總結。

何祥 生卒不詳，明代泰州學派學者。何祥號克齋，四川內江人。嘉靖十三年（1534）舉人，官至正郎。其學承良知，師事趙貞吉、歐陽德，以發明心學爲主。著有《識仁定性解注》。

《明儒學案》卷三五：「何祥號克齋，四川內江人。……先生之學，雖出於大洲，而不失儒者矩矱。耿定力曰：『大洲法語危言，砭人沉痼；先生溫辭粹論，輔人參苓，其使人反求而自得本心，一也。』」

案：由於文獻不足，何祥的生卒不可考，因其爲嘉靖十三年舉人，姑記於是年之下。

世宗嘉靖十四年　乙未（1535 年）

湛若水 70 歲，王艮 53 歲，黃綰 59 歲，季本 51 歲，聶豹 49 歲，鄒守益 45 歲，歐陽德 40 歲，錢德洪 40 歲，王畿 38 歲，羅洪先 32 歲，羅汝芳 21 歲，何心隱 19 歲，耿定向 12 歲。

申行時（1535～1614）生。

冬，薛侃《研幾錄》刊行 薛侃著，鄭三極輯，劉魁刻。是書乃薛侃嘉靖十年（1531）被貶官後，在潮州宗山書院講學的語錄，是薛侃對良知、本體功夫、知行合一等觀點的理解和領悟。是書初刻於是年；萬曆四十五年（1617）由薛侃曾孫薛茂杞等重刊，《四庫全書存目叢書》據此本影印；《研幾錄》又有《薛中離先生全書》本，分三卷。

饒宗頤《薛中離年譜》：「（嘉靖）十四年乙未（公元一五三五），五十歲。……冬，潮州府同知劉魁爲刻《研幾錄》。」

《四庫全書總目提要》卷九六：「《研幾錄》無卷數（河南巡撫採進本），明薛侃撰。……是書乃侃門人鄭三極所編。侃承姚江餘緒，故屢稱引良知之說。其《儒釋辨》，謂世之疑先生之學類禪者三：曰廢書、曰背考停、曰虛。侃一一辨之。黃宗羲《明儒學案》，謂此淺於疑陽明者。皆不足辨也。況言元寂，言虛無，愈辨愈支，並王氏本旨亦爲侃所累矣。」

是年

錢德洪刻《陽明文錄》於姑蘇　是年，錢德洪在蘇州準備刊刻《陽明文錄》，曾作《購遺文疏》，並派遣弟子王安成到多處搜索逸稿，分別到和守仁有關係密切的江、浙、閩、廣、直隸等處，但由於時間緊迫、路途遙遠等其它原因，唯獨沒有去王守仁學術誕生的源頭貴州，這也是黃宗羲《明儒學案》不收黔門學案的原因之一。

錢著《年譜‧年譜附錄一》（《王陽明全集》卷三六）：「（嘉靖）十四年乙未，刻先生《文錄》於姑蘇。先是洪、畿奔師喪，過玉山，檢收遺書。越六年，洪教授姑蘇，過金陵，與黃綰、聞人詮等議刻《文錄》。洪作《購遺文疏》，遣諸生走江、浙、閩、廣、直隸搜獵逸稿。至是年二月，鳩工成刻。」

案：關於黃宗羲《明儒學案》不收黔門學案的原因，可參考錢明《王陽明散逸詩文續補考——兼論黔版〈陽明文錄續編〉的史料價》。（http://www.acc.gzu.edu.cn/uploadfile/20090923004）

戚補之、貢玄略、周順之、沉思畏、梅純甫等人受業於龍溪門下

是年，龍溪已到南京任職，戚補之、貢玄略、周順之、沉思畏、梅純甫等人受業於龍溪門下

彭國翔《王龍溪先生年譜》：嘉靖十四年乙未，1534（是書校對失誤，應爲1535）年，三十八歲。是年，戚補之、貢玄略、周順之、沉思畏、梅純甫等人受業於龍溪門下。

王畿《文林郎項城縣知縣補之戚君墓誌銘》（《王畿集》卷二〇）：「嘉靖乙未，予爲南職方，因偕玄略、周順之、沉思畏、梅純甫輩，受業於予。」

世宗嘉靖十五年　丙申（1536 年）

湛若水 71 歲，王艮 54 歲，黃綰 60 歲，季本 52 歲，聶豹 50 歲，鄒守益 46 歲，歐陽德 41 歲，錢德洪 41 歲，王畿 39 歲，羅洪先 33 歲，羅汝芳 22 歲，何心隱 20 歲，耿定向 13 歲。

呂坤（1536～1618）生。

正月，董燧、聶靜稱王艮弟子　是年，董燧再次應試落第後，謁王艮於淮南，執贄請業，共居二年，心齋訓之不遺餘力。聶靜亦來學。

《王心齋全集‧年譜》：「（嘉靖）十五年丙申，先生五十四歲。（春正月，

撫州樂安董燧自金臺來學，留三月。一日，燧瞑目趺坐，先生臨其旁不覺，先生撫其背曰：『青天白日，何自作鬼魅？』燧醒起豁然。吉永豐聶靜亦自金臺來學。……）」

十一月，黃宗明卒　黃宗明（？～1536），浙中王門學者。字誠甫，號致齋，浙江寧波鄞縣人。正德甲戌（1514）進士。歷官南京兵部主事、福建鹽運使、光祿寺卿、兵部右侍郎、福建參政、禮部侍郎。其學宗守仁，持論頗平。著有《論學書》。

霍韜《贈都察院右都御史禮部左侍郎致齋黃公宗明神道碑》（《國朝獻徵錄》卷三五）：「黃致齋諱宗明，字誠甫，……丙申冬十一月卒於位。」

《明儒學案》卷一四：「黃宗明字誠甫，號致齋，寧波鄞縣人。……丙申十一月卒官。先生受學於陽明，陽明謂『誠甫自當一日千里，任重道遠，吾非誠甫誰望耶！』則其屬意亦至矣。」

是年

季本作《龍惕書》　季本作《龍惕書》的誘因是同門月山問學，根本原因是是時同門多以自然為宗，季本憂之，以作此書。當時，同門惟聶豹信之。是書代表了當時王門工夫派的主旨思想，以龍變化而不拘執，警惕而不放蕩之精神來警示學者，持貴主宰而任自然之說，強調良知以收斂為主，發散是不得已。反對王畿一切任自然之說。

吳震《聶豹略年譜》：「嘉靖十五年丙申（公元1536年），五十歲。陽明弟子季彭山出守吉安，念同門諸友多有崇尚自然而忽略警惕之弊，於是作《龍惕書》，同門友多『未以為然』，惟聶雙江深信之。」

季本《季彭山先生集》卷一：「（嘉靖）甲午秋，余自南禮曹謫判辰州。月山以余為同門，不恥下問。而余學問未精，靡有麗澤之益。然是時方行慈湖楊氏之書，同門諸友多以自然為宗，至有以生言性，流於欲而不知者矣。余竊病之。越三年轉二吉安，乃為《龍惕書》，以貽月山，亦未以為然也。雙江聶子獨深信之，則為《心龍》之說，以發其義。」

案：季本「龍惕」說提出之後，學者批判者居多，惟聶豹深信之，參見《明儒學案》卷十三。

管志道生　管志道，明代泰州學派學者。字登之，號東溟，江蘇太倉人。

錢謙益《湖廣提刑按察司僉事晉階朝列大夫管公行狀》（《牧齋初學集》卷四九）：「公諱志道，字登之，……公卒於萬曆戊申七月十六日，享年七十有三。」

案：管志道卒於萬曆戊申，即1608年，其生年73，故是年生。

顏均師事徐樾　顏均對良知之學有所感悟後，歲游學四方，尋找王門弟子，以證所悟。是年，師從王守仁再傳弟子徐樾，學良知之學。

黃宣民《顏均年譜》：「（嘉靖）十五年丙申（公元1536年），三十三歲。遊訪四方，師從徐樾於北京。」

世宗嘉靖十六年　丁酉（1537年）

湛若水72歲，王艮55歲，黃綰61歲，季本53歲，聶豹51歲，鄒守益47歲，歐陽德42歲，錢德洪42歲，王畿40歲，羅洪先34歲，羅汝芳23歲，何心隱21歲，耿定向14歲。

四月，御史游居敬上疏，要求罷各處私創書院　御史游居敬疏斥南京吏部尚書湛若水等「倡其邪學，廣收無賴，私創書院」，請求皇帝「戒諭以正人心」。嘉靖一方面慰留湛若水，一方面則令所司毀其書院。於是年四月下令罷各處私創書院。這次禁燬的矛頭是湛若水創辦的書院，但對其它各地書院影響很大。

《明會要》卷二六：「（嘉靖）十六年四月壬申，罷各處私創書院。以御史游居敬論劾王守仁、湛若水僞學，乞毀其書院。從之。」

《明世宗實錄》卷一九九：「御史游居敬論劾南京吏部尚書湛若水學術偏詖，志行邪僞，乞賜罷黜。仍禁約故兵部尚書王守仁及若水所著書，並毀門人所創書院。戒在學生徒毋遠出從遊，致妨本業，疏下吏部覆言：若水嘗潛心經學，希跡古人，其學未可盡非。諸所論著，容有意見不同，然於經傳多所發明。但從遊者日眾，間有不類，因而爲奸，故居敬以爲言。惟書院名額似乖典制，相應毀改。上曰：若水已有旨諭，留書院不奉明旨，私自創建，令有司改毀。自今再有創建者，巡按御史參奏。」

夏，聶豹精研《大學》，已有歸寂之趨　是年，聶豹因病移居翠微山中，研讀《大學》古本，得出不睹不聞爲爲學之則，戒懼爲爲學之功的啓示，這種點悟爲其以後以靜入寂的歸寂說奠定了基礎。

吳震《聶豹略年譜》：「嘉靖十六年丁酉（公元1537年），五十一歲。夏，聶

雙江病居翠微山中，研讀《大學》古本，於學有悟。」

聶豹《括言》（《雙江集》卷一三）：「嘉靖丁酉夏，予以病，移居翠微山者數月。一日坐老友劉中山床，中山子撫予背而問之曰：『近日之學何如？』予曰：『不睹不聞者其則也，戒懼者其功也。不關道理，不屬意念。無而神，有而化，其殆天地之心，位育由之，以命焉者也。』」

八月，潘士藻生　潘士藻，明代泰州學派學者。字去華，號雪松，江西婺源人。

焦竑《奉直大夫協正庶尹尚寶司少卿雪松潘君墓誌銘》（《澹園集》卷三〇）：「去華諱士藻，……不意其遂不起也。至十月二十有九日，竟以疾逝。……生嘉靖丁酉八月廿五日，距其卒得年六十有四。」

是年

王艮悟格物之旨　「格物」即「淮南格物」。王艮的「格物」論，在他師守仁之前已有所得，所謂「王公論良知，某談格物」。泰州學派的「格物」和守仁之「格物」首先有繼承的一面，即將「格物」僅限於主體的一面，此為王守仁早期「格物」主張，後期已有很大修正，但王艮卻把此種主體性的一面發揮到了極致。其次，王艮「格物」也有與王守仁不同的一面。不再僅僅是一種工夫（王守仁訓格物為「正念頭」，早期傾向於一種主體意識的把握，後期也有工夫的成份，但終以前者為主。），既是一種工夫的目標、又是過程、也是一種實踐的結果（王艮的格物說把主體性意識和工夫有機結合起來，並在主體處得以昇華。）。王艮訓「格」為「格式」之格，而其「物」則指「身與天下國家」。他說：「身與天下國家，一物也」，「格物，知本也」。「修身，立本也。立本，安身也」。「安身以安家而家齊，安身以安國而國治，安身以安天下而天下平也。故曰修己以安人，修己以安百姓，修其身而天下平。不知安身便去幹天下國家事，是之謂失本也。……不知身不能保，又何以保天下國家哉！」很清楚，只有「安身立本」，而後才能齊家治國平天下。

《王心齋全集·年譜》：「（嘉靖）十六年丁酉，先生五十五歲。（是歲，先生玩《大學》，因悟格物之旨曰：『其本亂而末治者否矣』，……是至尊者身也。……）」

王艮《王心齋全集·答問補遺》：「『明明德』以立體，『親民』以達用，體用一致，陽明先師辨之悉矣。此堯舜之道也，更有甚不明？但謂『至善』為心

之本體，卻與『明德』無別，恐非本旨。『明德』即言心之本體矣，三揭『在』字，自喚省得分明。孔子精蘊立極，獨發『安身』之義，正在此。堯舜『執中』之傳，以至孔子，無非『明明德』、『親民』之學，獨未知『安身』一義，乃未有能『止至善』者。故孔子悟透此道理，卻於『明明德』、『親民』中立起一個極來，故又說個『在止於至善』。『止至善』者，安身也，安身者，『立天下之大本』也。本治而末治，正己而物正也。『大人之學』也。」

世宗嘉靖十七年　戊戌（1538 年）

湛若水 73 歲，王艮 56 歲，黃綰 62 歲，季本 54 歲，聶豹 52 歲，鄒守益 48 歲，歐陽德 43 歲，錢德洪 43 歲，王畿 41 歲，羅洪先 35 歲，羅汝芳 24 歲，何心隱 22 歲，耿定向 15 歲。

四月，趙貞吉請求徵眞儒　因嘉靖帝迷惑方術，趙貞吉上疏請求徵聘眞儒，並舉英宗朝舉江西儒士吳與弼、憲宗朝徵廣東貢士陳獻章爲例。

《國榷》卷五六：「戊戌，嘉靖十七年。……四月，……翰林修撰趙貞吉請求眞儒云。徵聘之典，祖宗舊章。英宗朝嘗舉江西儒士吳與弼，憲宗朝嘗徵廣東貢士陳獻章。世豈無斯人哉。」

五月二日，鄒德涵生　鄒德涵，江右王門學者。鄒守益之孫，字汝海，號聚所，江西安福（今江西安福縣）人。

焦竑《奉議大夫河南按察司僉事鄒君汝海墓表》（《澹園集》卷二七）：「德涵君諱，字汝海，……君生嘉靖戊戌五月二日，卒萬曆辛巳九月二十九日，年四十有四。」

五月，吏部尚書許讚上疏，禁私創書院　是年，吏部尚書許讚上疏，禁私自擅改衙門，另起書院，刊刻書籍，如需創建書院，必須請旨，且教官生員不許刊刻書籍。嘉靖得疏，令有司嚴禁釐正。

《明世宗實錄》卷二一二：「嘉靖十七年五月，癸酉朔，吏部尚書許讚條陳，……七禁興造。如擅改衙門，另起書院，刊刻書籍，甚爲民害，今後額設衙門，不許擅自吏改書院官房，應創建者，必須請旨，教官生員悉令於本處肄業，不許刊刻書籍，刷印送人，糜費民財。……疏入，上嘉其悉心民隱，令所司嚴禁釐正，果有積弊難除，格於沮撓者，各撫按官具以實聞。」

是年

唐鶴徵生　唐鶴徵，明代南中王門學者。字符卿，號凝庵。明武進（今屬江蘇武進）人。是年生。

張惟驤《疑年錄彙編》卷七：「唐凝庵八十二鶴徵，生嘉靖十七年戊戌，卒萬曆四十七年己未。」

《明儒學案》卷二六：「唐鶴徵字符卿，號凝庵，荊川之子也。……萬曆己未，年八十二卒。」

張元忭生　張元忭，明代浙中王門學者。字子藎，號陽和，又號不二齋，山陰（今浙江紹興市）人，其先蜀（今四川）人。是年生。

羅萬化《張陽和先生墓表》（《明文海》卷四四五）：「（張元忭）辛未登第官翰林修撰……詎今萬曆戊子而子藎逝矣，……按子藎，姓張氏，名元忭，別號陽和。」

《明儒學案》卷一五：「張元忭字子藎，必然、別號陽和，越之山陰人。……丁亥升右春坊，左諭德，兼翰林侍讀。明年三月卒官，年五十一。」

案：未列生年。萬曆戊子爲1588年，據《明儒學案》，其生年51，故是年生。

李贄做《老農老圃論》，已洞察人情世故　在少年時李贄便與那些熱衷於功名富貴的同伴不同。12 歲時他以「老農老圃論」爲題作文，便獨有超越其年齡所有的見識。

《明李卓吾先生贄年譜》：「嘉靖十七年，他十二歲，試作《老農老圃論》。他後來自己寫道『吾時已知樊遲之問，在荷蕢丈人間。然而上大人丘乙巳不忍也，故曰「小人哉，樊須也。」則可知矣。』論成，遂爲同學所稱。衆謂『白齋公有子矣』。他又說道：『吾時雖幼，早已知如此臆說未足爲吾大人有子賀，且彼賀意亦太鄙淺，不合於理。此謂吾利口能言，至長大或能作文詞，博奪人間富與貴，以救賤貧耳，不知吾大人不爲也。吾大人何如人哉？身長七尺，目不苟視，雖至貧，輒時時脫吾董母太宜人簪珥以急朋友之婚，吾董母不禁也。此豈可以世俗胸腹窺測而預賀之哉！』」

聶豹有悟本體虛寂之旨　是年，是聶豹思想走向「歸寂」說的重要一年。其悟出本體虛寂之旨，認爲人生本靜，性，本寂然不動，良知的運用是感寂而動的自然流露。而把不睹不聞、戒謹恐懼歸爲致知宗旨；把世之聞見，視爲意念之妙用。

吳震《聶豹略年譜》：「嘉靖十七年戊戌（公元1538年），五十二歲。……是年，雙江有悟本體虛寂之旨。『以戒謹恐懼』爲『致知宗旨』。」

宋儀望《雙江聶公行狀》（《明文海》卷四四四）：「先生諱豹，字文蔚，……戊戌以後，先生有悟於本體虛寂之旨。」

案：聶豹之所以最終提出「歸寂」說，除了反對學者對良知不假工夫、承接太易外，還應該含有聶豹對良知的重新定義。「今之講良知之學者，其說有二：一曰良知者知覺而已，除卻知覺別無良知。學者因其知之所及而致之，則知致矣。是謂無寂感、無內外、無先後而渾然一體者也。一曰良知者，虛靈之寂體，感於物而後有知，知其發也。致知者，惟歸寂以通感，執體以應用，是謂知遠之近、知風之自、知微之顯而知無不良也。」（《贈王學正之宿遷序》，《雙江聶先生文集》卷四）。據此，聶豹所言良知的定義有二，後一種是自己無疑。而前一種「良知者知覺而已」，除了是對王畿、王艮等概述外，也是對陽明良知說的不滿。一般而言，良知之本含有「知」、「情」兩個層次，據聶豹之說申論之，王畿、王艮，甚至陽明都是「情」之層面展開者，「情」又含有「知覺」、「知愛知敬」等，這些都可以歸爲已發層面，而聶豹自己卻是在「知」的未發層面展開者，即「虛靈之寂體」。同時，從陽明一生思想變遷而言，既有已發，又有未發。據黃宗羲言，陽明以未發爲主，已發是不得已。但陽明居越後，偏於良知之應用，故又偏於已發。而聶豹和陽明的接觸又是在其晚年，即陽明偏重於已發時，故對陽明整體思想把握還不甚恰當，但聶豹的「歸寂」說無疑對糾正時偏有很大的作用。

世宗嘉靖十八年　己亥（1539 年）

湛若水 74 歲，王艮 57 歲，黃綰 63 歲，季本 55 歲，聶豹 53 歲，鄒守益 49 歲，歐陽德 44 歲，錢德洪 44 歲，王畿 42 歲，羅洪先 36 歲，羅汝芳 25 歲，何心隱 23 歲，耿定向 16 歲。

二月，王畿被薦爲太子師，但不齒求之而棄　是年二月，嘉靖冊封皇太子爲恭王。夏言當政，擬選才人輔太子。吳春爲夏言婿，也是王畿學生，他首先推薦老師王畿，夏言以王畿親至相求爲條件，王畿不齒求之，遂無緣太子師。

彭國翔《王龍溪先生年譜》：「嘉靖十八年己亥，1539年，四十二歲。是年，

龍溪病癒改任南武選郎中。」

徐階《龍溪王先生傳》：「初，公赴廷對，……久乃授南職方主事，尋以病乞歸。病癒待補，故相貴溪公議選官僚，其婿吳儀制春，公門生也，首以公薦。貴溪曰：『吾以聞之，但恐爲文選所阻，一往投刺乃可。』公謝儀制曰：『補官僚而求之，非所願也。』」

八月，穆孔暉卒　穆孔暉（1479～1539），明代北方王門學者。弘治十八年（1505）考中進士，歷任翰林院檢討、南京禮部主事、翰林院侍講學士、南京太常寺卿等官。穆孔暉是王守仁的學生。王守仁在任山東鄉試主考官時，對穆孔暉的才學很欣賞，錄取他爲舉人。其學承良知，把心學與佛學中的「頓悟說」結合起來，被認爲是「學陽明而流於禪」。他反對程朱理學所宣揚的「天理至上」等觀點，認爲程朱理學多流於空談，並不能反映儒學的眞諦。他認爲，心學的精華應是「空」和「寂」，如果掌握了心學，則能「隨應隨寂，如鳥過空，空體弗礙」，外物就不能給人以干擾，也就能達到至高的精神境界。著有《讀易錄》、《尙書困學》、《大學千慮》、《玄庵晚稿》、《前漢通紀》、《讀史通編》等。

王道《簡穆公墓誌銘》（《明文海》卷四三八）：「嘉靖己亥八月南京太常寺卿玄庵穆公以疾終於家。……公諱孔暉，字伯潛，……一嘗論心學之要曰：『鑒照妍，而妍不著於鑒心；應事物，而事物不著於心。自來自去，隨應隨寂，如鳥過空，空體弗礙，觀此則公所得信乎玄矣！』故其見之行也，無事矯飾，而中正純懿。……生成化己亥正月十六日，享年六十有一。」

《明儒學案》卷二九：「穆孔暉字伯潛，號玄庵，山東堂邑人。……蓋先生學陽明而流於禪，未嘗經師門之煆煉，故《陽明集》中未有問答。」

十一月，羅洪先訪王艮，王艮作《大成歌》贈之　是年，羅洪先拜訪王艮，時王艮已病不能行，羅洪先就近來悔恨及不解處（主要是對王畿主悟的不滿）請教，王艮答之正己物正之學，並作《大成歌》贈之。

《王心齋全集·年譜》：「（嘉靖）十八年己亥，先生五十七歲。（時先生多病，四方就學日益眾。……冬十一月，吉水羅念庵洪先造先生處。……念庵就榻傍，述近時悔恨處，且求教益，先生不答。……明日復見，因論正己物正，……是夕，欲別去，先生留之，……遂作《大成歌》以贈念庵。……）」

是年

祝世祿生　祝世祿，明代泰州學派學者。字延之，號無功。江西鄱陽
（今江西鄱陽縣）人。

案：姜亮夫《歷代人物年里碑傳綜表》記載，祝世祿生於嘉靖己亥（1539），
卒萬曆庚戌（1610）。

杜惟熙　生卒不詳，明代學者。字子光，號見山，浙江東陽（今浙江東
陽市）人。曾與徐用檢主教崇正書院。其學貫通程朱、陸王，爲學以復性爲
宗，克欲爲實際。著有《悔言集》。

《明儒學案・附案》卷六三：「杜惟熙字子光，號見山，東陽人。……惟熙
之學，以復性爲宗，克欲爲實際。審察克治，無間晝夜；持己接物，眞率簡易，
不修邊幅。其教人迎機，片語即可證悟。自奉粗糲淡泊，脫粟杯羹，與來學者共
之。」

王艮欲傳徐樾「大成之學」　是年，王艮有書信於徐樾，要傳「大成
之學」，此被認爲徐樾爲王艮正傳的標誌。但由於文獻闕失，對於「大成之學」
的具體內含尚不清晰。

《王心齋全集・年譜》：「（嘉靖）十八年己亥，先生五十七歲。（時先生多
病，四方就學日益眾。先生據榻講論，不少厭倦。徐子直書至問疾，先生作書
答之，書列前卷。……）」

王艮《再與徐子直・又》（《王心齋全集》卷二）：「屢年得書，必欲吾慈憫
教誨，於此可見子直不自滿足，非特謙辭已也。殊不知我心久欲授吾子直大成
之學，更切切也。但此學將絕二千年，不得吾子直面會口傳心授，未可以筆舌
諄諄也。」

顏均師從王艮　顏均師從徐樾三年後，於學已經大有所進，但對良知活
潑之體與道德規則之道依然不能貫通，遂問學於王艮之門。

黃宣民《顏均年譜》：「（嘉靖）十八年己亥（公元1539年），三十六歲。赴泰
州，從學於王艮門下。」

江西提學副使徐階建仰止祠於洪都，祀守仁　是年，徐階督學江西，
以正文體、端士習爲先，創王守仁祠，以風化後學。同門鄒東廓、劉邦采等
俱來合會。

錢著《年譜·年譜附錄一》（《王陽明全集》卷三六）：「（嘉靖）十八年己亥，江西提學副使徐階建仰止祠於洪都，祀先生。自階典江西學政，大發師門宗旨，以倡率諸生。於是同門吉安鄒守益、劉邦采、羅洪先，南昌李遂、魏良弼、良貴、王臣、裘衍、撫州陳九川、傅默、吳悌、陳介等，與各郡邑選士俱來合會焉。魏良弼立石紀事。」

羅洪先撰《冬遊記》　是年，羅洪先在和王畿、王艮論學的基礎上，寫成《冬遊記》。從時間跨度而言，是書主要記載從是年七月至十二月的南京游學經歷。王畿講學以悟為主，工夫為次。羅洪先不以為然，強調主靜無欲；羅洪先又質疑於王艮，王艮告以正己物正之學，並作《大成歌》贈之。

《羅洪先略年譜》：「嘉靖十八年己亥（公元1539年），三十六歲。是年，起夏。與王龍溪等論學於南京，並走訪王心齋，後撰《冬遊記》。」

《四庫全書總目提要》卷一二四：「《冬遊記》一卷（浙江范懋柱家天一閣藏本），明羅洪先撰。……洪先宗姚江良知之說。是書乃其赴召時取道金陵，與王守仁弟子王畿、王艮輩講學語。所言性命學問，浸淫佛氏，淪於虛寂，並守仁本旨而失之。李贄諸人，沿流不返，遂至累及守仁，為儒者詬厲，其所從來者漸矣。」

世宗嘉靖十九年　庚子（1540 年）

湛若水 75 歲，王艮 58 歲，黃綰 64 歲，季本 56 歲，聶豹 54 歲，鄒守益 50 歲，歐陽德 45 歲，錢德洪 45 歲，王畿 43 歲，羅洪先 37 歲，羅汝芳 26 歲，何心隱 24 歲，耿定向 17 歲。

五月，湛若水致仕，南歸，並與王畿等講學，作《息存箴》　是年，湛若水致仕，隨著湛若水名聲日增，官至南京兵部尚書，湛若水從七十歲提出辭呈，至是年七十五歲始獲准。隨後，湛若水在王畿等陪同下，離開南京，回廣東老家，在路上，湛若水不斷講學，並接待迎候的學生、朋友、同僚等。舟至南昌，湛若水作《息存箴》以示同志。在是文中，湛若水論述了神和形的關係，認為人心之神，應如天一樣莊重肅穆，然而，由於客觀外景的累贅，加上個人主觀的疏忽，人們常常不能守其神。為了順乎天地，合乎自然，人們應該守神，如何守？方法就是息，即是呼吸之息，息的目的是保持個人之

氣與天地同，與萬物通。氣同念則同，即人們與天地萬物氣同，則與天地萬物的感應、道理也是相同的，是爲念同。氣同念同即是息存，這也是湛若水「隨處體認天理」之法，保持此氣同念同之功，便是「隨處體認天理」之功，也是《息存箴》的主要目的。

湛若水《歸去紀行略》（《湛甘泉先生文集》卷二八）：「嘉靖十九年五月二十八日，致仕命下。越六月十有三日，得邸報。……七月初二日，出石城門，登舟。……（八月）十四日，舟抵南昌，……門人王少參在叔、僉憲趙師德、偕王公弼、王汝中，餞送二十里之外。……作《息存箴》以示洗、方、王（王畿）諸同志，云：『人心之神，儼乎天，君胡不守爾宅，而逐逐奔奔，形與神離他鄉，莫知出入無時，伊誰之爲，匪出匪入，匪忘則執。窒爾天竅，而不順天之，則匪鼻端之白，匪周天之息。息與天通，與天無極，而存之乎。呼吸一息之呼，吾氣通天，與天同舒，草木蕃敷。一息之吸，天氣通吾，與吾同翕，龍蛇藏蟄，麋吾麋天，通爲一體，形分氣牿，皮膚汝爾。一息一念，一念一天，是謂息存，與天渾然，是謂息至。自息至刻，至時至日，日至月至，三月不違，過此非我，天行無違。』」

秋，羅汝芳師從顏均　是時，顏均講學於江西南昌同仁祠，並作《急救心火榜文》，羅汝芳第一次參加鄉試考試，結果落第，路過此處，以爲是醫家，入內求治，與之接談，顏均釋以「制欲非體仁」之理，羅汝芳聞言有悟，遂拜顏均門下。如果說羅汝芳讀《傳習錄》是病幾愈，那麼，羅汝芳師事顏均可以說是找到了病源，顏均「制欲非體仁」之說，徹底祛除了羅汝芳內在的火氣，並理清了其心氣。

《羅近溪先生譜稿》：「嘉靖十九年庚子1540年，二十六歲。秋，顏均自泰州歸江西，作《急救心火榜文》，會講豫章同仁祠，先生以爲醫家，入內求治，與之接談，悟『體仁』之旨，師事之。」

顏均《著回何敢死事》（《顏均集》卷五）：「汝芳之爲人也，自少淳龐，性篤孝友，從父業舉，蚤秀邑癢。年廿六，適赴庚子秋試，未遇。遇耕樵（按，指顏均）衍講同仁急救心火，芳聽受二十日夜，言下悟領旨味，鼓躍精神，歸學三月，果獲豁然醒，如幾不可過者。」

十二月，王艮卒，同志治喪　王艮（1483～1540），明代心學家，泰州學派創始者。出身鹽戶，少時爲鹽丁，中年才讀《大學》、《論語》等書。王

艮在山東拜謁孔廟時，得到很大啓發，認爲「聖人者可學而至也」。於是發奮爲學，日誦《孝經》、《論語》、《大學》，置書於袖中，逢人質義。在十多年的自學中，一方面不恥下問，一方面「不泥傳注」，強調個人心得。後拜王守仁爲師，時時不滿師說，往往凌駕師說之上。以講學終身，門徒中有樵夫、陶匠、農民等。其精研《大學》，對「格物致知」、「在止於至善」、「齊家在修其身，修身在正其心」等核心概念都有自己獨到的見解，提出對後來影響極大地「淮南格物」和「現成良知」說，扭轉了「致良知」的艱辛途徑、揭開了「良知」的神秘面紗。在此基礎上提出「百姓日用即道」，否認了道的神聖性和排他性，試圖塡平聖與凡、官和民之間的鴻溝，開創泰州學派，對封建社會的官方思想體系產生了一定的衝擊。主張從日常生活中尋求眞理，以「安身立本」爲道德出發點，強調身爲家國天下的根本，確立了個人的作用和意義。這種學說蘊含著爭取人的權利和維護人的尊嚴的思想，是推動人自身解放的啓蒙思潮。泰州學派是中國封建制社會後期的第一個啓蒙學派。從學術價值上言，其注重學術的可行性和實用性，推動了王學的發展和普及，給王學帶來更大的生活空間，他的吶喊，大力推動了王學的下層發展，遂使王學「風行天下」。同時，也讓王學走向不歸路，學術上昇空間日趨狹窄，直至最終無路可走；從社會意義上講，它所倡導的「人皆可以爲堯舜」、「人皆可以爲聖人」，把「百姓」和「聖人」放在等同的地位，重視和維護大眾利益；重視人的價值、維護人的尊嚴，人人平等等思想，在鴉片戰爭以後的洋務運動、維新運動、改良運動，無不受到「泰州學派」思想的激勵和影響。其著作經其子孫、門人編輯爲《心齋王先生全集》。

《王心齋全集・年譜》：「（嘉靖）十九年庚子，先生五十八歲。（冬十二月八日子時卒。先生臥室內夜有光燭地，信宿始散，眾以爲祥。先生曰：『吾將逝乎？』先生病將革，猶集門人就榻前，力疾傾論，門人出，諸子泣請後事，先生顧仲子襞曰：『汝知學，吾復何憂？』諸子復大泣，先生顧諸季曰：『汝有兄知此學，吾何慮汝曹？惟爾曹善事之，人生苦患離索，雖時序友朋於精舍，相與切磋，自有長益。』無一語及他事，神氣凝定，遂瞑。及殮，容色猶瑩然不改，爲是月八日丑時。……逾月，葬先生於場之東，附守庵公墓，從遺命也。……）」

《明儒學案》卷三二：「王艮字汝止，號心齋，泰州之安豐場人。……嘉靖十九年十二月八日卒，年五十八。先生以……此所謂淮南格物也。子劉子曰：

『後儒格物之說，當以淮南為正。』第少一注腳，格知誠意之為本，而正修治平之為末，則備矣。然所謂安身者，亦是安其心耳，非區區保此形骸之為安也。彼居危邦，入亂邦，見幾不作者，身不安而心固不安也，不得已而殺身以成仁。文王之羑里，夷、齊之餓，心安則身亦未嘗不安也。乃先生又曰：『安其身而安其心者上也，不安其身而安其心者次之，不安其身又不安其心，斯為下矣。而以繾綣為安身之法，無乃開一臨難苟免之隙乎？』先生以九二見龍為正位，孔子修身講學以見於世，未嘗一日隱也。故有以伊、傅稱先生者，先生曰：『伊、傅之事我不能，伊、傅之學我不由，伊、傅得君，可謂奇遇，如其不遇，終身獨善而已。孔子則不然也。』此終蒲輪轍環意見，陽明之所欲裁抑者，熟處難忘也。於遯世不見知而不悔之學，終隔一塵。先生曰：『聖人以道濟天下，是至尊者道也；人能弘道，是至重者身也。道尊則身尊，身尊則道尊，故學也者，所以學為師也，學為長也，學為君也，以天地萬物依於身，不以身依於天地萬物。捨此皆妾婦之道。』聖人復起不易斯言。」

趙貞吉《泰州王心齋先生墓誌銘》：「蓋先生之學，以悟性為宗，以格物為要，以孝悌為實，以太虛為宅，以古今為旦暮，以明啟後學為重任，以九二見龍為正位，以孔氏為家法。可謂契聖歸真，生知之亞者也。」

案：王艮創立的泰州學派使王學更為普及和發展，也有間接文獻可證。王學建立以來，就有學者認為王學只適合於中人之上，不適合下層傳播，如呂柟便說：「故陽明之學，中人以上雖或可及，中人以下皆芒無所歸，……雖然，自夫俗儒而言，忘其良知而又不知以行為急也，其弊至於戕民而病國，則陽明之學又豈可少乎哉？」（鄧球《皇明泳化類編列傳》卷四十四，明代傳記叢刊本。）

是年

王棟合越中體仁與淮南百姓日用之旨 越中體仁是指王畿，淮南百姓日用是指王艮。是年，王棟合二之長，以格物為途徑，體仁為目的，綜合補闕、化為己有、合統為一。

《明儒王一庵先生遺集・年譜紀略》：「（嘉靖）十九年庚子，先生三十八歲。（越中提出良知要旨，教人體仁；淮南指出格物把柄，教人下手；先生合而一之。……）」

方學漸生 方學漸，明代泰州學派學者。字達卿，號本庵。安徽桐城（今安徽桐城市）人。

方學漸《小引》（《東遊記》卷首）：「（萬曆）辛亥……喟然歎曰：『余年七十有二，馬齒頹矣，斗極尤未之見。不以此時出遊語吾所神交者，而印正之縮縮然槁於桐川，窺觀自醜，人生幾何，安能更俟。』河清乃放舟而東下，安述之、汪崇正、吳畏之從行。以八月上旬發，廿有六日抵東林。」

案：姜亮夫《歷代人物年里碑傳綜表》記載，方學漸生於嘉靖庚子（1540），卒於萬曆乙卯（1615）。

案：萬曆辛亥1611年，方學漸72歲，故是年生。

魏良政、魏良器相繼卒　是年，魏氏兄弟父母相繼而逝，魏良政、魏良器不甚哀痛，相繼而亡，其子尚在襁褓，皆有其兄良弼照顧成人。

《魏水洲先生行略》（《太常少卿魏水洲先生文集》卷六）：「先生姓魏氏，諱良弼，字師說，別號水洲。……時牧菴翁暨太孺人俱在堂，……己亥庚子連遭大艱，卜葬西山明覺院。時皆極寒，先生從跣走水雪中，附身附棺者，絲（？此字不清晰）悉具備，盡禮盡制。士大夫自以為不及，惟是二弟相繼淪亡，諸孤皆在襁褓，先生鞠育教誨等於己子。」

魏良政卒　魏良政（？～1540？），明代江右王門學者。字師伊。江西新建人。嘉靖四年（1525）解元。王守仁巡撫江西時，與兄良弼，弟良器、良貴往學，深受守仁贊許。潛心於良知之學，主修持。為人孝友敦樸，勤奮好學。律己方嚴，居家研習學問而無惰容。認為「學問頭腦既明，惟專一得之。氣專則精，精專則明，神專則靈」。著有《時齋集》。

《明儒學案》卷一九：「良政字師伊，燕居無墮容。嘗曰：『學問頭腦既明，惟專一得之。氣專則精，精專則明，神專則靈。』又曰：『不尤人，何人不可處？不累事，何事不可為。』舉鄉試第一，尋卒。水洲言：『吾夢中見師伊輒流汗浹背。』其方嚴如此。」

魏良器卒　魏良器（？～1540？），明代江右王門學者。字師顏，號藥湖。江西新建人。師王守仁，後隨守仁至浙江。引王畿師王守仁，並與畿成莫逆之交。後歸江西。嘉靖間一度主講白鹿洞書院，傳授王學，生徒數百人。其學敬畏良知之精蘊，灑脫良知之日用。為學深入淺出，認為「理無定在，心之所安，即是理。孝無定法，親之所安，即是孝」。著有《樂堂詩集》、《藥湖集》等。

《明儒學案》卷一九：「良器字師顏，號藥湖。……先生云：『理無定在，心之所安，即是理。孝無定法，親之所安，即是孝』。龍溪與先生最稱莫逆，然龍溪之玄遠不如先生之淺近也。」

案：關於魏良政、魏良器的生卒，文獻皆不載，今從《魏水洲先生行略》大約得之是年卒。

世宗嘉靖二十年　辛丑（1541 年）

湛若水 76 歲，黃綰 65 歲，季本 57 歲，聶豹 55 歲，鄒守益 51 歲，歐陽德 46 歲，錢德洪 46 歲，王畿 44 歲，羅洪先 38 歲，羅汝芳 27 歲，何心隱 25 歲，耿定向 18 歲。

三月，顏均為王艮廬墓三年　顏均在江西得知王艮逝世後，匆忙到泰州，祭拜王艮祠墓，並廬墓三年，以示尊師之道。期間，顏均聚友千餘，晰辨《大學》、《中庸》之學。

黃宣民《顏均年譜》：「（嘉靖）二十年辛丑（公元1541年），三十八歲。三月，在江西聞王艮訃音，後從長江歷金陵、赴泰州，祭拜王艮祠墓。廬墓三年，並聚友千餘，晰辨大學中庸之學。」

四月，王畿被嘉靖斥為「偽學小人」　是年，成廟、仁廟等二宗廟發生火災，並引起太廟等多個宗廟起火，且一時俱燼，嘉靖哀痛不已，詔諸大臣自陳。戚賢等因此應詔上疏，極言人才不肖故，並大力推薦海內才望之人，王畿等正是其極力推薦之人，上疏後，嘉靖大怒，認為宗廟失火，群臣正當休念，同加脩省，以此換迴天意。戚賢等人是藉此行私，肆意妄言，變亂邪正。不僅如此，嘉靖還怒斥王畿為偽學小人。據此，其對講學態度可見一斑。

《明世宗實錄》卷二四八：「嘉靖二十年四月，……乙亥，……刑科等科都給事中戚賢等，……因薦南京吏部尚書聞淵、兵部尚書熊浹、戶部尚書劉天和，皆憂國忠君，可寄股肱；南京兵部郎中王畿、主事程文德、福建參議徐樾皆清修積學，可備館院。……疏入，上曰：『宗廟災變，朕方朝夕祇懼，不敢康寧，在廷群臣，正宜休念，同加脩省，以迴天意。戚賢等乃敢因而行私，肆意妄言，變亂邪正。……王畿偽學小人，專擅薦引，顯是懷奸植黨，欺君誤國。令從實陳狀。』於是，賢等上章引罪。……賢降一級，調外任。」

十一月，林春卒　林春（1498～1541），明代泰州學派學者。幼家貧，曾為王氏僮子，刻苦自勵，嘉靖壬辰（1532）進士，歷戶部主事、員外郎、郎中。是年卒於官，年四十四。其師從王艮，聞致良知之學，便躬身實踐不絕，一生講學，直至卒年。其學雖師從王艮，卻未入室，也沒有泰州之流弊。著有《東城集》。

唐順之《吏部郎中林東城墓誌銘》（《明文海》卷四四二）：「嘉靖辛丑十一月二十日以吏部文選司郎中卒於京師，年四十有四。……君諱春，字子仁，始號方城。」

《明儒學案》卷三二：「林春字子仁，號東城，揚之泰州人。……辛丑卒官，年四十四。先生師心齋，而友龍溪，始聞致良知之說，遂欲以躬踐之。日以朱墨筆點記其意向臧否醇雜，以自考鏡。久之，乃悟曰：『此治病於標者也，盍反其本乎？』自束髮至蓋棺，未嘗一日不講學。……荊川曰：『君問學幾二十年，其膠解凍釋，未知其何如也。然自同志中語，質行者必歸之。』由此言之，先生未必為泰州之入室，蓋亦無泰州之流弊矣。」

是年

薛應旂有《送王汝中序》，已對王畿講學表示不滿　是年，為嘉靖辛丑大計，按例考察兩京官員。王畿到北京述職前，薛應旂有《送王汝中序》相贈。文中首先讚揚王畿為王守仁高弟子，接著闡釋了孔子以無言而成聖人之大道。相反，莊周、列禦寇、荀卿、李斯等輩，雖然「附會仲尼」，大力發揚道說，結果是「道術日益紛裂，卒至釀成坑焚之慘。」通過對比，薛應旂清晰的詮釋了多言招禍、躬行為大的理論。最後，薛應旂不忘點出主題，即王畿亦是「不安淺近」的「懇懇論學」之輩，故其「將何如以究竟乎？」薛應旂的用意已經不言而喻，但還諄諄忠告說：「道子之所從事而世道之尤繫者，因贈其行而請所以處我。」其對王畿講學的不滿及其後果已經表露無遺。

雷禮《河南參政王遵巖墓表》（《明文海》卷四三七）：「遵巖王先生既卒，……嘉靖丙戌第進士，……會辛丑大計，……豈無感慨耶？」

薛應旗《送王汝中序》：「王子汝中將奏績京師，問贈言於薛子，薛子曰：『汝中陽明高足弟子也。……然仲尼方且似不能言語，其門人則曰：「予欲無言。」蓋默而成之，不言而信，所以聖人之道卒大。……於是，莊周、列禦寇、荀卿、

李斯之徒，往往附會仲尼，以恣其無忌憚之說，而道術日益紛裂，卒至釀成坑焚之慘。……汝中懇懇論學，不安淺近，其所以成己成物者，將何如以究竟乎？……道子之所從事而世道之尤繫者，因贈其行而請所以處我。」

案：引用雷禮《河南參政王遵岩墓表》是爲了說明是年爲辛丑大計，其他內容與本文無關。

王時槐師事劉文敏　是年，王時槐師事王守仁再傳弟子劉文敏。劉文敏爲其同邑，思想與聶豹接近，學以虛爲宗。

王時槐《塘南居士自撰墓誌銘》：「予姓王氏，名時槐，字子植，……自弱冠師事兩峰劉先生，請事聖學。」

《明儒學案》卷二〇：「王時槐字子植，號塘南，吉之安福人。……先生弱冠，師同邑劉兩峰，刻意爲學。」

案：王時槐生於嘉靖元年，即1522年。其「弱冠師事兩峰劉先生」，古人20歲行冠禮，故「弱冠」爲20歲。王時槐師事劉文敏當爲是年。

焦竑生　焦竑，明代泰州學派學者。字弱侯，號漪園、澹園，江寧（今南京）人。卒後諡文端，是年生。

《焦竑年譜》：「明世宗嘉靖十九年庚子（西曆一五四〇），焦竑生。」

南大吉卒　南大吉（1485～1541），明代北方王門學者。正德六年（1511）進士，歷官戶部主事員外郎郎中、紹興府知府，政尚嚴猛，任事有執，善於任事。其時王守仁講學於城中，大吉初猶未信，久之乃深悟，贄請益。乃建稽山書院，創尊經閣，令八邑才俊講讀其中，並刻王守仁之《傳習錄》，風示遠近，紹興科舉由此更盛。後以罷官而歸。還編撰了渭南歷史上第一部縣志－《渭南志》（爲明代關中八大明志之一，手抄本現存上海圖書館，刻本存臺北博物院）。其學早尊程朱，後轉向良知之學。「以致良知爲宗旨，以愼獨改過爲致知工夫」。主率性與修道統一，爲王學在關中傳播的第一人。性豪宕，雄於文。是年卒，年55歲。著有《紹興志》、《少陵純音》、《瑞泉集》等。

馮從吾《瑞泉南先生》（《關學編》卷四）：「先生名大吉，字元善，號瑞泉，渭南人。……嘉靖辛丑卒，年五十有五。……蓋先生之學以致良知爲宗旨，以愼獨改過爲致知工夫，飭躬勵行，惇倫敘理，非世儒矜解悟而略檢押者可比。故至今稱王公高第弟子，必稱渭南元善云。」

《明儒學案》卷二九:「南大吉字元善,號瑞泉,陝之渭南人。⋯⋯家居構湭西書院,以教四方來學之士。其示門人詩云:『昔我在英齡,駕車詞賦場。朝夕工步驟,追蹤班與揚。中歲遇達人,授我大道方。歸來三秦地,墜緒何茫茫。前訪周公跡,後竊橫渠芳。願言偕數子,教學此相將。』」

尤時熙師事劉魁　是年,尤時熙年四十歲。尤時熙以學不能無師承,又沒有機會師事守仁,為體驗守仁心學之境,遂師事守仁弟子劉魁。後劉魁因事入獄,尤時熙則以書致所疑,不少輟。

張元忭《尤西川墓銘》(《明文海》卷四四二):「先生諱時熙,字季美⋯⋯辛丑,年四十,因念古人道明德立語,忽淚下居,常以不及師事文成為恨。且曰:『學無師,終不能有成。』於是,以弟子禮見文成之門人晴川劉先生,師事之甚謹。劉先生以言事下詔獄,則書所疑契,時時從犴狴中質辨,不少輟。」

劉魁、楊爵、周怡入獄,在獄中講學不輟　是年,劉魁因上封事下詔獄,在獄中與楊爵、周怡講學不輟。

羅洪先《劉晴川公六十序》(《念庵文集》卷一一):「嘉靖二十年,工部虞衡員外晴川劉君煥吾(劉魁)上封事,下詔獄。是時上親覽章奏,明察幽隱,謂君之言和而有體,又不越他人職事,故不深罪,第欲稍留之,以觀其誠。遂與富平楊伯修(楊爵)、姑孰周順之(周怡)留獄中者六年。」

《明儒學案》卷一九:「劉魁字煥吾,號晴川,泰和人。⋯⋯與楊斛山、周訥溪講學不輟,自壬寅至乙巳,凡四年。」

董穀　生卒不詳　董沄之子。明代浙中王門學者。字石甫,浙江海鹽(今浙江海鹽縣)人。嘉靖二十年(1541)進士,歷知安義、漢陽二縣,與長官不合而棄官。從守仁問學,然多失守仁之意,言性無善無惡,並有禪學傾向。著有《碧里疑存》。

《明儒學案》卷一四:「董穀字石甫,嘉靖辛丑進士,歷知安義、漢陽二縣,與大吏不合而歸。少遊陽明之門。陽明謂之曰:『汝習於舊說,故於吾言不無牴牾,不妨多問,為汝解惑。』先生因筆其所聞者,為《碧里疑存》,然而多失陽明之意。」

案:限於文獻,董穀生卒不可知,因是年為其中進士之年,姑暫記於是年之下。

鄒守益因宗廟火災自陳，因解官歸　是年，因宗廟火災之事，鄒守益上疏自陳，疏中多勸諫意，故因是辭官。

耿定向《東廓鄒先生傳》（《耿天臺先生文集》卷一四）：「居無何，九廟災，大臣該自陳。先生疏中寓交儆意，讒者因中傷之，竟解官歸。是歲嘉靖辛丑，先生年五十有一也。」

世宗嘉靖二十一年　壬寅（1542 年）

湛若水 77 歲，黃綰 66 歲，季本 58 歲，聶豹 56 歲，鄒守益 52 歲，歐陽德 47 歲，錢德洪 47 歲，王畿 45 歲，羅洪先 39 歲，羅汝芳 28 歲，何心隱 26 歲，耿定向 19 歲，焦竑 2 歲。

八月，陳儒的《芹山集》刊刻，其文集中的《求正錄》對王守仁的《傳習錄》批判頗多　陳儒（1488～1561），字懋學，號芹山，《芹山集》是其重要著作。陳儒為朱學學者，曾和王守仁弟子薛侃、錢德洪、戚賢、歐陽德等有交往，在良知問題上，不能合。後讀《傳習錄》，對王守仁六經注我的良知說甚為不滿。陳儒認為，王守仁良知說來自孟子，且為其立言宗旨。在《傳習錄》中，有些引用孟子的章節是有一定見解的，如《盡心》、《夜氣》等；有些卻是矛盾重重；更有甚者，如《照心》、《妄心》諸說，是《孟子》經傳所沒有的。總體而言，《傳習錄》記述混亂，恐非王守仁所考定，故其可信度大打折扣。

袁□《芹山先生集敘》：「吾師芹山先生陳公，……諸詩及文者，……壬寅秋八月，公以梓，……嘉靖二十一年，歲在壬寅，秋八月之吉。」（《芹山集》，北京圖書館古籍珍本叢刊第106冊。）

陳儒《求正錄序》（《芹山集》卷八）：「敘曰：『《傳習錄》之行天下也，久矣。……邇來，棲謫山中，萬感俱寂，乃取《傳習錄》而盡讀之，口誦心惟，侵乎半歲，其未達者，視疇昔滋甚，乃掩卷歎曰：嗟乎！豈陽明陳跡六經，謂我注腳，欲自立門戶於千載之下乎？抑澄心玄覽，偶有意見，而神其良知之說，以訓天下乎？……陽明良知一言，乃獨撮諸孟子，豈亦象山有取於先立乎其大者之宗旨乎？抑嘗反覆錄中所載，如盡心、夜氣諸篇，率多有見。其他緒論，或亦矛盾。而照心、妄心諸說，尤為經傳之所不載。蓋紀述糾紛，恐未必皆陽明先生之考定者，則亦何以信今而傳後哉！」（《芹山集》，北京圖書館古籍珍本

叢刊第106冊。第105頁。）

冬，聶豹「歸寂」之旨始定　是年，聶豹「歸寂」說基本定型。聶豹認爲良知爲虛靈之寂體，感於物而後有知，有知即其發也。致知即致良知，途徑惟有歸寂以通感，執體以應用。這樣，良知便能知遠之近、知風之自、知微之顯。並且，知沒有不是良的。並著《大學古本臆說》、《白沙緒言》，一以涵養本體虛寂爲歸。

吳震《聶豹略年譜》：「嘉靖二十一年壬寅（公元1542年），五十六歲。是年冬，著《大學古本臆說》、《白沙緒言》。自平陽歸，一以涵養本體虛寂爲歸。與歐陽南野、鄒東廓、羅念庵等舉九邑大會。」

宋儀望《雙江聶公行狀》（《明文海》卷四四四）：「先生諱豹，字文蔚，……企守平陽，作《大學臆說》。其釋致知格物云：『宰物爲知，感物爲意，處物爲格，心猶鏡，知猶鏡之明，致知猶磨鏡，格猶鏡之照，妍媸在彼隨物應之故曰格，如云格於文祖，格於上下。』又曰：『致知即致中也，寂然不動先天而天，弗違格物者，致知之功用，感而遂通。後天而奉天時。』又曰：『有未發之中，即有發而中節之和，聖人於咸卦，言虛言寂，是究言感應之理，以破萬有之障。』先生自平陽歸，與同志論學一以涵養本體虛寂爲歸。是時適與念庵羅公論，相契合。其後再居京師，凡四五年，其與學者語益發明所得，以爲必如此而後謂之聖學。因刻《白沙緒言》以見意，而諸君子則反覆辯論，恐其分知與物爲二，不免墮於禪定云。」

案：聶豹自發明「歸寂」宗旨以來，引發了王門的一場大辯論，王門弟子群起發難，環而攻之，如鄒守益、歐陽德、王畿、錢德洪、陳九川、黃宏綱等等，辯駁不遺餘力，只有羅洪先深信不疑（所謂羅洪先深信不疑，並非一開始就是如此。據記載，羅洪先聽說此「歸寂」說是在1543年，始疑之，往返論辯，至四年後，即1547年，始深信不疑，見《聶豹略年譜》1547年記載。）。

是年

鄧以讚生　鄧以讚，明代江右王門學者。字定宇（一作字汝德），江西南昌新建人。

鄒元標《明嘉議大夫吏部右侍郎兼翰林院侍讀學士贈禮部尚書諡文潔定宇鄧公墓誌銘》（《願學集》卷六）：「公名以讚，字汝德，學者尊爲定宇先生。……公生嘉靖年月日，沒萬曆年月享年十闕。」

麥仲貴《明清儒學家著述生卒年表》（上冊）：「（嘉靖）二十一年壬寅（一五四二）。……鄧以讚汝德生。」

胡直師從歐陽德　是年，歐陽德講學，胡直來聽，歐陽德非常高興，說：「子來何晚！」，時歐陽德與同志講《論語》，胡直聽而有感，師事之。

耿定向《明福建提刑按察司按察使胡公墓誌銘》（《耿天臺先生文集》卷一二）：「（嘉靖）壬寅，始因友人固，要往謁文莊。一見喜曰：『子來何晚！』維時，文莊與同志講《論語》，……公素性嫉惡，嚴聆之，惕然有省，始執弟子禮。」

世宗嘉靖二十二年　癸卯（1543 年）

湛若水 78 歲，黃綰 67 歲，季本 59 歲，聶豹 57 歲，鄒守益 53 歲，歐陽德 48 歲，錢德洪 48 歲，王畿 46 歲，羅洪先 40 歲，羅汝芳 29 歲，何心隱 27 歲，耿定向 20 歲，焦竑 3 歲。

三月，吳廷翰完成《吉齋漫錄》，並對王守仁的心性論提出了批評
是年，吳廷翰有《吉齋漫錄》。在是書中，吳廷翰對王守仁的心性論提出了批評。吳廷翰認為，王守仁指心為性，是根本錯誤，是佛說之論。在吳廷翰的理論中，心為性之所生，性是氣決定的，心為氣的靈覺，從氣又從性。

吳廷翰《吉齋漫錄》卷上：「漫錄者，漫然而錄之，……嘉靖癸卯三月十一日乙卯。……《傳習錄》曰：『性一而已，自其形體謂之天，主宰謂之帝，流行謂之命，賦於人謂之性，主於身謂之心。心之發也，遇父便謂之孝，遇君便謂之忠，自此以往名至於無窮，只一性而已。』是以心即性也。以心為性，乃此老根本之誤。……嗚呼！此佛說也。」

是年

羅洪先聞聶豹「歸寂「之說，始疑之　是年，羅洪先始聞聶豹「歸寂」之說，心亦疑之。

吳震《聶豹略年譜》：嘉靖二十二年癸卯（公元1543年），五十七歲。……是年，羅念庵聞『歸寂』說，疑之。」

羅洪先《困辨錄序》（《念菴集》卷一一）：「往歲癸卯，洪先與洛村黃君聞先生言必主於寂，心亦疑之。」

楊慎有《答重慶太守劉嵩陽書》，稱王守仁心學為「霸儒」　是年，

楊慎返蜀，有《答重慶太守劉嵩陽書》。在是《書》中，楊慎稱王守仁為「霸儒」，並對其進行了尖銳的批判。楊慎指責王守仁等擅自篡改經史，雜於禪道，背叛了儒學教義。而一些王學後學得以其簡捷易入，便拋開經史，追逐名利。

楊慎《答重慶太守劉嵩陽書》(《升菴集》卷六)：「(嘉靖) 癸卯之秋，愈光北上，走則暫歸，約同謁執事於渝，此彥會也。張以病不果行，走以獻歲甲之氞，路貫貴治，竟逢其違。……邇者霸儒創為新學，削經剗史，驅儒歸禪，緣其作俑，急於鳴儔，俾其易入，而一時奔名走譽者，自叩胸臆，匝以驚人，彪彩罔克自售，靡然從之。」

案：楊慎為明代著名學者，其《升菴集》涵蓋了楊慎大部分著述，是研究楊慎思想的重要著作。《升菴集》共81卷，包括賦及雜文11卷，詩29卷，雜著41卷。此集萬曆間四川巡撫張士佩所編訂，取楊慎《丹鉛錄》、《譚苑》、《醒醐》等書整理而後形成。是書包含的主要學術思想是：批判程朱陸王的學術空疏、學而無實、學而無用的學風；在經學上力排宋學，倡導漢學；在人性上，不贊成理學家「性即理」、「存理滅欲」的觀點，提出了「合性情論」，認為性和情相輔相成，缺一不可，即性情統一，不能存天理，滅人欲。其中，在對王守仁的批判上，楊慎也是毫不吝嗇。例如，楊慎之友蔣芝善曾嘲笑王學是因為「新人耳目」所以受歡迎，「余友蔣北潭芝善戲語而有妙理，嘗論近日講學之異曰：『宋儒格物致知之說久厭聽聞，良知及知行合一之說一出，新人耳目。如時魚鮮筍，肥美爽口，盤肴陳前，味如嚼冰，若久而厭飫，依舊是鵝鴨菜蔬上也 (楊慎《升菴集》卷七十五《蔣北潭戲語》)。」楊慎的態度是「戲語而有妙理」。對於心學的弊病，楊慎也有批判，可參見楊慎《道學》和《雲南鄉試錄序》等。

世宗嘉靖二十三年　甲辰 (1544 年)

湛若水 79 歲，黃綰 68 歲，季本 60 歲，聶豹 58 歲，鄒守益 54 歲，歐陽德 49 歲，錢德洪 49 歲，王畿 47 歲，羅洪先 41 歲，羅汝芳 30 歲，何心隱 28 歲，耿定向 21 歲，焦竑 4 歲。

王廷相 (1474～1544) 卒。

三月，**劉元卿生**　劉元卿，明代江右王門學者。字調甫，號旋宇，一號瀘瀟，江西萍鄉 (今江西萍鄉市) 人。

鄒元標《明詔徵承德郎禮部主客司主事瀘瀟劉公墓誌銘》(《願學集》卷六)：「公諱元卿，字調甫，初號旋宇，既號瀘瀟。……生嘉靖甲辰三月，終萬曆己酉七月，享年六十六。」

八月，湛若水與薛侃論《古太極圖》　是年，湛若水遊南嶽，並拜訪薛侃，與之論《古太極圖》。湛若水認爲，朱陸之論「太極」、「無極」皆不諦當。「太極」爲至理渾然未分之時的初象，原無可形容、不可言說，濂溪恐學人不解，故作《古太極圖》，即其爲「畫之一圈」，但已不合適。至理渾然未分之時的初象本是無可名狀，而濂溪以「強加之以黑白」之圖，已經破壞「太極未形，一理渾然」之體，故此黑白分明之圖，可謂《二儀圖》，之所以稱爲《大極圖》，乃後儒好事者爲之，即後人之僞作。

湛若水《嶽遊記行略》：「嘉靖二十三年八月初九日辰時，在西樵發舟，作《發南嶽初程》。……十五日，卯時，發舟，是日與薛中離論《古太極圖》。……蓋太極者，乃至極之理。此理初何形象？濂溪不得已，而畫之一圈，亦已多矣。《圖說》曰：『無極而太極。』太極者至理也，無極者，以言其無窮盡也。道體本無窮盡也。故曰：『太極本無極也。』何等易見！而朱子以爲太極之上不可無無極，陸子則以爲不宜於太極之上加無極，皆未之察耳。……太極者，至理渾然未分之時也。今所傳《古太極圖》，則於未分之時，而強加之以黑白，惑矣。夫太極未形，一理渾然，黑白何分？陰陽何判？此圖有分有判者，此乃《二儀圖》也。非《大極圖》也。蓋後儒好事者爲之，僞稱《古圖》也。」

秋，顏均會講京師，並講於心齋祠　是年，顏均會講京師，並和羅汝芳等會講於心齋祠，闡發王艮《大學》《中庸》未盡之旨。同時，顏均講學又有一些神秘的宗教式特色。

顏均《自傳》(《顏均集》卷三)：「時在甲辰秋，聚同年若干，京仕若干，倡會九月，招來信從者若譚綸、陳大賓、王之誥、鄒應龍等四十七人。秋盡放棹，攜近溪同止安豐場心事祠。先聚祠，會半月，洞發心師傳教自得《大學》《中庸》之止至，上格冥蒼，垂懸大中之象，在北辰圓圈內，甚顯明，甚奇異。」

是年

方獻夫卒　方獻夫（1586～1544），明代粵閩王學學者。弘治十八年（1505）進士，累官吏部尚書。在大禮議中，上疏極力維護嘉靖帝，由是得

貴。雖爲新貴，但方獻夫爲人尙寬平，遇事有執持，不盡與人附會。師事王守仁，對王學講學發展有一定貢獻。著有《西樵稿》、《周易約說》等。

呂本《光祿大夫柱國少保兼太子太保吏部尙書武英殿大學士贈太保謚文襄方公獻夫神道碑銘》（《國朝獻徵錄》卷一六）：「今上御極之十三年，有輔臣方公者以得謝歸，十年而卒，……公諱獻夫，字叔賢，別號西樵。」

《明儒學案》卷三〇：「西樵名獻夫，字叔賢。……陽明起自謫所，爲主事，官階亞於西樵。一日與語，西樵有當於心，即進拜稱弟子。」

王時愧、陳嘉謨師事劉文敏，王時愧學無所得　是年，劉文敏講學於西塔寺，陳嘉謨師事之，王時槐因慕陳嘉謨學聖賢之學，遂師事劉文敏，劉文敏教其程朱居敬之功，王時愧年方二十，心無定力，遂無所得。

王時愧《王塘南先生自考錄》嘉靖二十三年甲辰條：「是年，兩峰先生設館於郡西之西塔寺。陳蒙山丈嘉謨一見，先生以示聖學。蒙山悅而師之，不以教人。……某乃見先生，遂執弟子之禮。先生示以程朱教人居敬窮理之功，某乃檢尋程朱論學語及羅整庵先生《困知記》，依其說體諸心而行之。久之，竟窒礙無所得。」

世宗嘉靖二十四年　乙巳（1545 年）

湛若水 80 歲，黃綰 69 歲，季本 61 歲，聶豹 59 歲，鄒守益 55 歲，歐陽德 50 歲，錢德洪 50 歲，王畿 48 歲，羅洪先 42 歲，羅汝芳 31 歲，何心隱 29 歲，耿定向 22 歲，焦竑 5 歲。

正月，孟化鯉生　孟化鯉，明代北方王門學者。字叔龍，號雲浦，河南新安（今河南新安縣）人。

鄒元標《奉政大夫吏部文選郎中雲浦孟公墓碑》（《願學集》卷五下）：「先生諱化鯉，字淑龍，……以嘉靖乙巳閏正月廿四日生先生，……先生沒萬曆廿五年正月，享年五十三。」

四月，王畿被黜罷官，從此專事講學　是年南京考察五品以下人員，薛應旂爲考官，置王畿爲察典，王畿因此罷官，從此專事講學。守仁違世後，王畿在各地的會講和講學活動中處於及其重要的地位，與錢德洪的水西會、鄒守益的青原會等都有直接間接的聯繫。

　　《王龍溪先生年譜》：「嘉靖二十四年乙巳，1545年，四十八歲。是年四月，薛應旂以南京考功郎中考察南京，龍溪被黜罷官。」

　　《薛應旂年表要略》：「（嘉靖）二十四年乙巳（西曆公元1545年），公四十五歲。奉例考察南京五品以下官員，尚寶司司丞諸傑受嚴嵩指使，令公罷黜南京吏科給事中王燁，但公未從，得罪嚴嵩。御史桂榮彈勃公考察不公，五月謫爲江西建昌通判。在本次考察中置王畿爲察典，得罪王門弟子。」

　　案：王畿被罷官，和薛應旂有一定的關係，但更爲重要的是夏言的影響，嘉靖十八年（1539），王畿被吳春薦爲太子師，但不齒求夏言而棄之，夏言遂恨之，當時並未發作。是年考察，夏言便通過薛應旂表達了此種不滿，薛應旂雖對王畿思想不滿，但不至於同門相煎，迫於夏言壓力，加上同門（唐順之）相激，只能罷黜王畿。（徐階《龍溪王先生傳》：「逾年，當考察，貴溪使謂南京薛考功，曰：『王某僞學，有明旨，即黜一人，當首及之。』考功雖受囑，猶畏公議，未敢絕。而時知公者，交以書責考功。唐太史荊川書至，以爲不復知人間廉恥事。考功怒，遂力去公以快意。」）

　　十二月，薛侃卒　薛侃（1486～1545），明代心學家，粵閩王門學者。明正德十二年（1517）進士，授官行人，贈御史。後在皇位的繼承問題，不盡合嘉靖意，遂下獄，後削職爲民，隱居講學於中離山，從學者甚眾。是年卒，年60歲。隆慶元年（1567）追贈承仕郎、河南道監察御史。在江西贛州親炙守仁之教，深契良知學旨。學宗良知，爲學重「主一」，強調「一」、「天理」、「良知」、「誠」爲一體，注重維護守仁學說，對守仁涉禪說大加辯難，其學爲嶺表大宗。薛侃不僅在其論著中闡述良知奧蘊，於師門宗旨多有所發揚，而且還提出了具有其自身特色的心學思想。著有《薛中離先生全書》、《研幾錄》、《研幾圖》、《陽明則言》、《雲門錄》、《圖書質疑》、《經傳論議》、《魯論眞傳》、《訓俗垂規》、《薛御史中離集》、《鄉約》等，又輯錄《傳習錄》一卷。

　　《薛中離年譜》：「（嘉靖）二十四年乙巳（公元一五四無），六十歲。……十二月二十四日酉時，先生卒。」

　　黃佐《中離山記》：「中離學有淵源，師靖軒，宗陽明，以忠信不欺爲主本，以良知良能爲實學，其有得於孔孟正傳之深者乎！蓋其學本至誠，未有誠而不動者。當時名宦季彭山、劉晴川諸君，日詣離山，互相講論；……中離子孫，亦皆

心學相傳，科第流芳，方興而未艾也。」

《明儒學案》卷三〇：「薛侃字尙謙，號中離，廣東揭陽人。……世疑陽明先生之學類禪者三，曰廢書，曰背考亭，曰涉虛。先生一一辨之。」

羅汝芳建從姑山房，以講學爲事　是年，羅汝芳建從姑山房，迎接來學之士，矢心天日，探研明道、象山、陽明、心齋之學旨，足不入城市。

蔡世昌《羅近溪先生年譜稿》：「嘉靖二十四年乙巳（1545年），31歲。建從姑山房，日與諸友論駁明道、象山、陽明、心齋義旨，接引來學，足不入城市。」

世宗嘉靖二十五年　丙午（1546 年）

湛若水 81 歲，黃綰 70 歲，季本 62 歲，聶豹 60 歲，鄒守益 56 歲，歐陽德 51 歲，錢德洪 51 歲，王畿 49 歲，羅洪先 43 歲，羅汝芳 32 歲，何心隱 30 歲，耿定向 23 歲，焦竑 6 歲。

錢一本生　錢一本，明代東林學派學者。字國端，號啓新，武進（今江蘇常州）人，明朝學者。

張鼎《錢一本傳》（《東林列傳》卷二一）：「錢一本字國瑞，武進人。……先生年七十二卒，天啓初，贈太僕少卿。」

《明儒學案》卷五九：「錢一本字國端，別號啓新，常州武進人。……如期而逝，蓋丁巳九月，月建爲庚戌也。天啓二年壬戌，贈太僕寺少卿。」

案：錢一本丁巳卒，即1617年，其生年72，故1546年生。關於錢一本的字，《明史》、《東林列傳》等記爲「國瑞」，據李雄飛考證，應爲「國端」。李雄飛在《東林黨人錢一本表字辯證》一文中從字意、諸書記載及書首印章等方面對錢一本字國端而非國瑞作出了證明。（《北京大學學報》1996年第6期），同時，鄒元標《南皋集》、孫愼行《元晏齊集》、吳亮《止園集》、黃宗羲《明儒學案》等並作國端，與一本之名文義符合，且國瑞係明太祖表字，不管從避諱還是其他角度而言，臣子均不宜同之，今改。

黃省曾卒　黃省曾（1490-1546），明代南中王門學者。嘉靖辛卯（1531）舉人，累舉不第，交遊極廣。王陽明講學越東，往見執子弟禮，又請益於湛若水，學詩於李夢陽。於書無所不覽，詳聞奧學，好談經濟。其學承良知，但不能盡悟，以情識爲良知，往往失陽明之旨。著有《西洋朝貢典錄》、《擬詩外傳》、《騷苑》、《五嶽山人集》。

案：關於黃省曾的生卒，文獻沒有具體記載，本人參考王成娟的《黃省曾研究》。其原文（卒年）考證如下：

據皇甫汸在《黃先生墓誌銘》中記載，黃魯曾歿於嘉靖辛酉（1561）六月晦，享年七

十有五。而乾隆《長洲縣志》卷二十四《人物》中記載，魯曾「年七十五沒，至是去省曾沒十有五年矣」，由此可以推斷，省曾當歿於嘉靖二十五年（1546）。（《黃省曾研究》，浙江大學2007級碩士研究生王成娟畢業論文。）

《明儒學案》卷二五：「黃省曾字勉之，號五嶽，蘇州人也。……《傳習後錄》有先生所記數十條，當是採之《問道錄》中，往往失陽明之意。……夫良知爲未發之中，本體澄然，而無人僞之雜，其妙用亦是感應之自然，皆天機也。儀、秦打入情識窠臼，一往不返，純以人僞爲事，無論用之於不善，即用之於善，亦是襲取於外，生機槁滅，非良知也。安得謂其末異而本同哉？以情識爲良知，其失陽明之旨甚矣。」

楊起元生 楊起元，明代泰州學派學者。字貞復，號復所。廣東歸善縣（今廣東惠州市惠陽區）人。

焦竑《羅楊二先生祠堂記》（《澹園集》卷二〇）：「歲（萬曆）戊子，羅先生沒於盱江。丙申，貞復先生爲少宗伯，來金陵，始爲祠以祀之。又二載，貞復應少宰之召，徘徊於家，亡何，亦以疾沒。」

《明儒學案》卷三四：「楊起元字貞復，號復所，廣東歸善人。……最後召爲吏部侍郎兼侍讀學士，未上而卒，年五十三。」

案：萬曆丙申爲1596年，「又二載」先生卒，應爲1598年。其生年53，故應爲1546年生。

孫應鰲中鄉試第一，並師事徐樾 是年，孫應鰲以十九歲中鄉試《禮記》第一。督學徐樾見孫應鰲而奇之，贊其必爲第一。孫應鰲從此師事徐樾，學良知之學。

陳尚象《南京工部尚書孫應鰲墓誌銘》：「公字山甫，號淮海，別號道吾。……嘉靖丙午舉於鄉，中《禮記》第一人。」

郭子章《尚書文恭孫公應鰲傳》（《貴州通志》卷三八）：「孫應鰲字山甫，清平衛人。……年十九以儒士應試，督學徐公樾一見大奇之，許必魁多士，發榜，果中第一人。」

世宗嘉靖二十六年　丁未（1547 年）

　　湛若水 82 歲，黃綰 71 歲，季本 63 歲，聶豹 61 歲，鄒守益 57 歲，歐陽德 52 歲，錢德洪 52 歲，王畿 50 歲，羅洪先 44 歲，羅汝芳 33 歲，何心隱 31 歲，耿定向 24 歲，焦竑 7 歲。

　　正月，聶豹六十大壽，鄒守益等聚會青原，並對其歸寂之學有所評價　是年，聶豹六十大壽，鄒守益等同志聚會於青原，為聶豹祝壽，鄒守益作《雙江聶子壽言》，對聶豹的歸寂說作了評價，鄒守益認為，寂感不足以言良知，寂感均是言有所指的，而良知又是不能有所指的。心體流行不息，動靜不止，未發為靜，已發為動。如果從未發用功，則偏重於靜（歸寂），「倚於寂，則不能以有為為應跡」。如果從已發用功，則偏重於動（感），「倚於感，則不能以明覺為自然」。而聶豹屬於前者。同時，寂感只能言心體，不能言心之主宰，而良知為一多維概念，即是心之本體，又是心之主宰，以寂感言之恐為不當。

　　鄒守益《雙江聶子壽言》：「歲在丁未月正十有三日，躋初度之慶，郡之同志約於青原，聯舟於文江，謀祝壽筵觴。……有談寂感之幾者，曰：『雙江子之志卓矣，而才不足以充之。驅馳四方，捨矢如破。』『（聶豹曰）及聞陽明先師之學，精思力踐，若虞機張而省括度也，晚而自得，恍然有悟於未發之中，而深懼以義襲為格物，其有意於寂以妙感已乎？』益（鄒守益）曰：『學無寂感，寂感以言乎所指也。譬之日焉，光其體也，照其用也。而以先天後天分，是以體用為先後也。夫倚於毀，則絕物；倚於譽，則合污；倚於出，則溺而不止；倚於處，則往而不反；倚於寂，則不能以有為為應跡；倚於感，則不能以明覺為自然。故曰「德輶如毛」，言未化也；「無聲無臭」，則至誠而化，焉有所倚？是之謂肫肫維仁。仁而肫肫，則淵淵浩浩，與天同運，與江河同流，與日月同明。是之謂仁者無疆維壽。』」

　　六月，蔡宗兗卒　蔡宗兗（1474～1547），明代浙中王門學者。正德十二年（1517）進士，任學宮教授以奉養老母，生性孤介，不為當道所喜，常思棄職離去。因王守仁勸阻，遂留任。後入為國子監《大學》助教，歷南京吏部考功郎中，後為四川督學僉事，與按使不合，輒自免。學承良知，從王守仁學，為王守仁早期弟子，對守仁之學深信不疑，並能有自得之見。其經學思想對季本影響極大，為學有深潛，惜不能學力與事功結合。著有《大學

私抄》、《主洞教授蔡宗兗洞規說》、《白鹿洞論士友》、《蔡氏律同》等。

季本《奉議大夫四川按察司提學僉事蔡公墓誌銘》（《季彭山先生文集》卷三）：「公諱宗兗，字希淵，……越丁未六月八日以疾卒於正寢，距生成化甲午八月一日，享年七十有四。……方執晦翁舊見未能信也，而公（宗兗）於時已能不逆於心。及余（季本）困心窮究，乃知覺悟信從，而公反有疑於師說。故其為書，多持衡調護，自成一家。……蓋公本以萬物皆備於我為主，故自號我齋。凡己所獨得，不輕徇人，自舉世非之而不顧者。故先師嘗曰：『希淵真可以為我矣。』」

《明儒學案》卷一一：「蔡宗兗字希淵，號我齋，山陰之白洋人。……已教授莆田，復不為當道所喜。文成戒之曰：『區區往謫龍場，橫逆之加日至，迄今思之，正動心忍性砥礪切磋之地，其時乃止搪塞排遣，竟成空過，惜也。希淵省克精切，其肯遂自以為忠乎？』……林見素謂：『先生中有餘養，祇見外者之輕，故能壁立千仞。』」

秋，羅洪先始信聶豹「歸寂」說　是年，經過三年往返爭論，羅洪先自稱與聶豹思想不謀而諾。

吳震《聶豹略年譜》：「嘉靖二十六年丁未（公元1547年），六十一歲。正月，鄒東廓等聚會於青原，為聶雙江六十初度祝壽。秋，羅念庵自稱與雙江思想達到了一致。」

羅洪先《祭聶雙江公入穸文》（《念庵集》卷一七）：「（嘉靖）丁未之秋，示以良藥，倏然心警，不謀而諾。如是三年，如負針芒，漸悟漸達，食已得嘗。蓋至是而後，知為學之力也。」

冬，胡直師從羅洪先　是年冬，胡直隨王有訓訪羅洪先於石蓮洞，居一月餘，日聞其言，日感其訓，遂背面稟學。

耿定向《明福建提刑按察司按察使胡公墓誌銘》（《耿天臺先生文集》卷一二）：「（嘉靖）丁未，因友人往訪羅文恭於石蓮洞，居月餘，時聞其歸寂旨，不甚契，而日炙其精神日履衷有感發，乃北面稟學焉。」

胡直《困學記》：「（嘉靖）丁未冬，……及就友人王有訓語。有訓曰：『遨舉不如力學』，因偕予往訪羅念庵先生。居石蓮洞，既一月，日聞先生語感發，乃北面稟學焉。先生初不甚喜良知，亦不盡信陽明先生之學，訓吾黨專在主靜無欲，予雖未甚契，然日承無欲之訓，熟矣。」

年底，聶豹被逮入獄，獄中作《困辨錄》一書　是年底，夏言聽從言官言，誤認聶豹在平陽傾吞公款，聶豹入獄。後年，得釋。《困辨錄》是聶豹的哲學代表作之一，爲其詔獄時所作的札記。由羅洪先序刻於江西永豐。全書分辨中、辨易、辨心、辨素、辨過、辨仁、辨神、辨誠八類。該書認爲「中」是道心之本體，「未發之中，太極也」，可以看作其「歸寂」說的理論基礎。同時，聶豹獄中經歷，也可視爲其虛靜之旨的眞實體悟，並爲「歸寂」作了最終的驗證。

吳震《聶豹略年譜》：「嘉靖二十六年丁未（公元1547年），六十一歲。……年底，被逮，下錦衣獄。後於獄中作《困辨錄》、《幽居答述》等。」

宋儀望《雙江聶公行狀》（《明文海》卷四四四）：「先生諱豹，字文蔚，……至丁未歲，巡按侯御史始題覆前事，部議且將用先生矣。會執政夏公入謗者言，擬旨逮先生錦衣獄。既被拷，無所驗。明年九月，又奉欽依行巡按御史覆勘。……所著有《被逮稿》、《困辨錄》、《幽居答述》等稿。既巡按御史黃君洪昆勘至，於是謗事悉明向矣。尋得旨。落職南歸。時己酉春正月也。」

《四庫全書總目提要》卷九六：「《困辨錄》八卷（浙江巡撫採進本），明聶豹撰。豹字文蔚，永豐人。正德丁丑進士，官至兵部尚書，諡貞襄。事蹟具《明史》本傳。豹之學出於姚江。是編乃其嘉靖丁未繫詔獄時所札記，分辨中、辨易、辨心、辨素、辨過、辨仁、辨神、辨誠八類。羅洪先爲之批註。」

羅洪先《困辨錄序》：「雙江先生繫詔獄，經年而後釋。方其繫也，身不離桎梏，視不踰垣戶，塊然守其素以獨居。久之諸子群聖之言，涉於目者不慮而得。參之於身動則有信，慨曰：『嗟乎！不履斯境疑安得盡忘乎？』於是著錄曰《困辨》，以明寂感之故。」

是年

《明道編》刊刻　《明道編》是浙中王門學者黃綰的哲學著作。是年，其子黃承德將所著《久庵日錄》8卷及學生聽課所記《習業錄》4卷合併，刻成《明道編》12卷，現僅存6卷。總體而言，書中敍述黃綰從相信宋儒到轉向王守仁，晚年又背叛王學，對致良知展開批判的過程。從黃綰所著書的時間和內容看，是書應該主要是針對守仁及其後學王畿等人的禪學傾向所做的回應。

黃承德《明道編・跋》：「《久庵日錄》者，錄家君平日用功體踐之言也。……

錄凡八卷：以晚年所記六卷置諸卷首，以見家君發明正學精深，無入不自得也；以舊日所記二卷，置諸卷末，以見平生工夫眞切，無一時之間怠也。乃並諸門人原所記《習業錄》四卷，共爲十二卷，總名爲《明道編》，謀諸梓人，以告諸同志共勉焉。嘉靖二十六年五月吉旦，男承德百拜謹書。」

林文相《明道編林文相序》：「夫子之學，超然獨悟，以知止爲聖學之要訣，以精思爲致知之工夫，以格物爲致知之功效。志必於道，據必於德，依必於仁，遊必於藝。體用有內外，知行有先後，有動有靜，有始有終。存之於心，則常定、常靜、常安，主宰在我而虛靈之體不昧；應之於世，則能慮、能精、能一，鉅細曲當而不失時措之中。端緒簡易，旨歸明白，有以繼絕學於千載之下，而上接孔孟之眞傳。」

黃綰思想轉向批判王學　是年，《明道編》刊刻，《明道編》是反映黃綰晚年思想的重要文獻，也標誌著黃綰與王學的徹底決裂。黃綰對王學的批判具體爲：首先，質疑「良知」合法性，黃綰認爲，孟子所言的「良知良能」專指「明性善」而言，並非學問上達到「良知」的境界，故「良知」不能用於言學問。其次，王守仁及其弟子把「良知」視爲「學問頭腦」，認爲「凡言學問，惟謂良知足矣」，這樣學者便「不知聖門所謂志道、據德、依仁、遊藝爲何事」，大有以偏概全、以點概面之失。最後，從「良知」、「致良知」本身而言，其途徑、方法、大旨均相當於佛家「不思善、不思惡」、楊慈湖「不起意」之旨，即「良知」、「致良知」就是佛學宗旨的儒家再現。

黃綰《明道編》卷一：「今日君子，於禪學見介本來面目，即指以爲孟子所謂良知在此，以爲學問頭腦。凡言學問，惟謂良知足矣。故以致知爲至極其良知，格物爲格其非心。言欲致知以至極其良知，必先格物以格其非心，欲格物以格其非心，必先克己以去其私意，私意既去，則良知至極，故言工夫，惟有去私而已。故以不起意、無意必、無聲臭爲得良知本體。良知既足，而學與思皆可廢矣！而不知聖門所謂志道、據德、依仁、遊藝爲何事，又文其說，以爲良知之旨，乃夫子教外別傳，惟顏子之資，能上悟而得之，顏子死而無傳，其在《論語》所載，皆下學之事，乃曾子所傳，而非夫子上悟之旨。以此鼓舞後生，固可喜而信之，然實失聖人之旨，必將爲害，不可不辯。孟子言良能良知，專明性善之本如此，非論學問止如此也。若一一求中節以儘其愛親、敬長之道，非學則不至，非思則不得。孟子豈欲人廢學與思而云爾哉！？今因良知之說而

欲非學與思，以合釋氏『不思善、不思惡』、楊慈湖『不起意』之旨，幾何不似任情爲良能，私知爲良知也哉！」

案：黃綰在《明道編》對王學的批判，應該首先著眼於王學後學的空疏及雜禪，其次才是對良知深層次的不滿，最後可能會聯繫到王守仁，但《明道編》整編並沒有指名，可能還是顧及師生之情。在吳國鼎《明道編・跋》中，確有以引用黃綰之語對王守仁溫和的不滿，「余嘗與陽明、甘泉日想砥礪，同升中行。然二公之學，一主於致良知，一主於體認天理，於余心尤有未瑩，乃揭艮止、執中之旨，昭示同志，以爲聖門開示切要之訣，學者的確工夫，端在是矣，外是更無別玄關可入也。」但從整篇而言，顯然不是專門針對王守仁的。

周汝登生　周汝登，明代泰州學派學者。字繼元，號海門，嵊縣（今浙江嵊縣）人。

《周海門先生年譜稿》：「嘉靖二十六年丁未（1547），1歲。」

何心隱師從顏均　是年，何心隱（梁汝元之別名）師從顏均，學良知之學，並深有所得。

黃宣民《顏均年譜》：「（嘉靖）二十六年丁未（公元1547年），四十四歲。……梁汝元來學。」

世宗嘉靖二十七年　戊申（1548 年）

湛若水 83 歲，黃綰 72 歲，季本 64 歲，聶豹 62 歲，鄒守益 58 歲，歐陽德 53 歲，錢德洪 53 歲，王畿 51 歲，羅洪先 45 歲，羅汝芳 34 歲，何心隱 32 歲，耿定向 25 歲，焦竑 8 歲。

三月，鄧豁渠落髮出家　嘉靖二十六年二月，鄧豁渠抵楚雄，遊雞足山，和李中溪（李元陽）遊三塔寺。遂感性命之學甚重，非拖泥帶水可以成就，遂落髮出家，時在是年。

鄧豁渠《南詢錄》：「（嘉靖）丁未二月，抵楚雄。府主謝鳳山遊雞足山。李中溪，大理人，管帶渠於三塔寺。渠思性命甚重，非拖泥帶水可以成就，往告中溪，落髮出家。溪甚喜，出文銀五兩，造三衣與渠落髮。與玉峰書云：『太湖落髮，一佛出世。』戊申三月十日也。渠先號太湖。」

孟夏，陳建《學蔀通辨》編成，對王守仁之學多有批評　陳建（1497

～1567），字廷肇，號清瀾，東莞（今廣東東莞）人，明代理學家。嘉靖七年（1528）舉人，歷任福建侯官縣教諭、江西臨江府學教授、山東信陽縣知縣等職。在王學盛行之時，著《學蔀通辨》，是書將朱熹著作先後順序加以釐定，修正了王守仁的錯誤，對於研究朱熹思想前後變化有一定作用。是書宗旨爲尊朱詆陸，表面攻擊象山，實際在詆毀王守仁，指謫王學朱、陸「早異晚同」並「陽儒陰釋」。認爲王守仁的《朱子晚年定論》顛倒先後、牽強附會。

　　陳建《學蔀通辨・自序》：「天下莫大於學術，學術之患莫大於蔀障。……至近日王陽明因之，又集爲《朱子晚年定論》，自此說既成，後人不暇復考，一切據信，而不知其顛倒早晚，矯誣朱子以彌縫陸學也。建爲此懼，究心通辨，前編明朱、陸早同晚異之實，後編明象山陽儒陰釋之實，續編明佛學近似惑人之實。……嘉靖戊申孟夏初吉，東莞陳建書於清瀾草堂。」

是年

楊東明生　　楊東明，明代北方王門學者。字啓修，號晉庵。河南虞城（今河南商丘虞城縣）人。

　　張惟驤《疑年錄彙編》卷七：「楊晉庵七十七東明，生嘉靖二十七年戊申，卒天啓四年甲子。」

　　《明儒學案》卷二九：「楊東明號晉庵，河南虞城人。……天啓甲子卒，年七十七。」

羅汝芳悟孝爲仁之本　　是年，羅汝芳跟楚人胡宗正學《易》，並對伏羲之畫有一些體悟。認爲「太極」爲「性命根源」，「孝悌」爲「不慮而知」的「日用內事」。從此，羅汝芳始把孔孟之言歸於「孝悌」，即「孝悌」爲「仁」之本，爲「仁」之「日用內事」。如果說羅汝芳師從顏均是一種思想的歸屬，那麼，羅汝芳是年師從胡宗正學《易》則是一種道德的回歸，是對孔孟之道的再體認、再汲取、再昇華。

　　蔡世昌《羅近溪先生年譜稿》：「嘉靖二十七年戊申（1548年），34歲。先生學《易》於楚人胡宗正，閉戶三月，悟伏羲『先天未畫之前：伏羲所畫之畫即『乾畫』，『乾畫』即『太極』，『太極』是『性命的根源』；『孝悌即日用內事，不慮而知即先天未畫也』。從此一切經書皆必歸會孔孟，孔孟之言皆必歸會孝悌。」

胡直有禪學傾向 是年，胡直因病遇禪，並有所悟，始懷疑儒學有未盡之旨，並就此請正於錢德洪，論學未合而歸。

耿定向《明福建提刑按察司按察使胡公墓誌銘》（《耿天臺先生文集》卷一二）：「公諱直，……戊申，寓韶州。因病問禪於鄧仲質，爲休心息念之學，久之有見。……由是愈益究出世之旨，日有所悟，而疑儒學有未盡。時晤越錢緒山，以所見就參之，無當也。」

世宗嘉靖二十八年　己酉（1549 年）

湛若水 84 歲，黃綰 73 歲，季本 65 歲，聶豹 63 歲，鄒守益 59 歲，歐陽德 54 歲，錢德洪 54 歲，王畿 52 歲，羅洪先 46 歲，羅汝芳 35 歲，何心隱 33 歲，耿定向 26 歲，焦竑 9 歲。

仲秋，聶豹獲釋，與鄒東廓等舉行沖元（玄）大會 前年底，聶豹獲釋，是年初，歸里。是年仲秋，與鄒東廓等舉沖元大會，論「虛寂之旨」。

吳震《聶豹略年譜》：「嘉靖二十八年己酉（公元1549年），六十三歲。前年戊申正月，內閣首輔夏言致仕。同年十月，夏言死。同年底，雙江獲釋。次年初，歸里。是年仲秋，與鄒東廓等舉沖元大會，論『虛寂之旨』」

宋儀望《雙江聶公行狀》（《明文海》卷四四四）：「先生諱豹，字文蔚，……尋得旨，落職、南歸，時己酉春正月也。

秋，王畿、錢德洪赴沖玄（元）大會 秋，王畿偕錢德洪赴沖玄大會，王畿有《沖玄會紀》。

《王龍溪先生年譜》：「嘉靖二十八年己酉，1549年，五十二歲。……秋，龍溪偕錢德洪赴會沖元，道出睦州（今浙江建德）時，爲《鄒東廓先生續摘稿》作序。至沖玄觀大會同志百餘人。後有《沖玄會紀》。」

是年

陳九川於沖玄大會中，闡良知本心之旨與人倫日用工夫 是年，陳九川在沖玄大會上，大發良知本心之體。此前，陳九川受守仁和王畿的影響，學術趨向以偏向致悟，此次沖玄大會，陳九川便趁機闡釋致良知之本體的重要性，並從爲學方法上點破「只在當下悟得這點眞機」，這些足以表明黃宗羲所說的「蓋陽明一生精神，俱在江右」也值得懷疑。

《陳明水先生年譜》：「嘉靖二十八年己酉，1549年，五十六歲。……先生於沖玄大會中，闡良知本心之旨與人倫日用工夫。」

陳明水《沖玄會冊》（《明水陳先生文集》卷六）：「吾人本心，元自惕然不昧，便是天之明命，便是良知。其放肆昏昧者，皆染蔽之也。使此本體惕然常不昧，便謂之工夫，便是『顧諟天之明命』。此警惕不寐之本體，流行充塞於人倫日用之間，便是格物，便是明倫。故吾人學問，只在當下悟得這點真機，服膺弗失，即一切世情污染不上。」

鄒守益《沖玄錄》（《東廓鄒先生文集》卷七）：「明水陳子至沖玄，復聚擬峴，逾樟源嶺，別於文殊寺，擁衾箴砭曰：『予近得龍溪子意見、言詮一針，更覺儆惕。只是時時洗刷，時時潔淨，方是實學。實學相證，何須陳言！』陳子曰：『某亦近有覺悟，直從本體精明，時時儆惕，一有礙滯，不容放過。視向者補過救缺，支撐悔尤，要透一格。』曰：『勉之矣，我日斯邁，而月斯徵，保德保身，無負白首黃綺之期！』」

案：從陳九川《沖玄會冊》看，人之本心（「良知」）原是精明無染（「惕然不昧」），然之所以有「放肆昏昧者」，「皆染蔽之也」。致良知之工夫即是剔除染蔽，恢復精明之良知。此良知「充塞於人倫」，便是格物，「故吾人學問，只在當下悟得這點真機，服膺弗失，即一切世情污染不上。」不難看出，陳九川已經非常重視良知的發散與流行，並把「悟」視為學術之途徑，這雖然不能說是現成良知說的翻版，但與王畿已有相距不遠。黃宗羲在《明儒學案》卷十六中說：「是時越中流弊錯出，挾師說以杜學者之口，而江右獨能破之，陽明之道賴以不墜。蓋陽明一生精神，俱在江右，亦其感應之理宜也。」然陳九川亦是江右王門學者，且在守仁後學中處於重要地位，其思想的去旨及對其他江右王門的影響是很值得關注的。然而查找《明儒學案》卷十九《郎中陳明水先生九川》學案，卻發現陳明水的《沖玄會冊》並沒有被收錄，從《明儒學案》對案主文獻的選擇而言，至少說明兩點，第一，黃宗羲為維護江右王學的正統地位，特別是陳明水作為陽明在江右重要的再傳弟子，故意不錄《沖玄會冊》；第二，黃宗羲沒有看到是文。

王時槐再次問學劉文敏，並豁然有省　是年，錢德洪自廣東舟返，至山寺中，方丈問，「何謂心無內外？」錢德洪以鐘聲為喻，言外物（鐘聲）不涉於心，而心卻能統攝萬物（鐘聲），故心無內外，王時槐不能釋然，歸螺川後，又問於劉文敏，劉文敏以心至大無內，所管攝無至界、無止處為解，並

以此得出心廓然無際，無有內外之分，王時槐豁然有省。錢德洪和劉文敏分別從萬物（鐘聲）、心體兩個不同的途徑詮釋「心無內外」，可謂殊途同歸、相得益彰。

王時槐《王塘南先生自考錄》嘉靖二十八年癸酉條：「錢緒山先生自廣東舟返，過螺川，某於舟次聽教，至南浦而別。一日侍坐山寺，方丈某問曰：『何謂心無內外？』時寺僧方在殿叩鐘，緒山先生曰：『今聞鐘時我不往，彼鐘不來此而聲聞無間，心無內外可知也。』某猶未釋然。及歸螺川，問兩峰先生何謂心無內外，兩峰先生曰：『汝謂心有內外乎？且道汝心所管至界到何處而止，若心所管攝無至界、無止處，則此心廓然無際，何內外之有！』某乃豁然有省。」

朱恕卒　朱恕（？～1549），明代泰州學派學者，字光信，號樂齋，江蘇大豐（今江蘇大豐市）人，樵夫出身。他爲人樸實、性格剛正，浩歌負薪，不失儒雅之氣。師事王艮，學良知之學，他雖學有所得，但仍以樵業爲生，不肯與官僚交遊，特別是不能爲富貴放棄自然爲學的天性。朱恕和韓貞吾的著作，後人輯爲《朱樂齋韓貞吾兩先生遺集》。

李顒《韓樂吾》（《二曲集》卷二二）：「韓樂吾，名貞，字以中，興化縣人。……居破窯中聞樵者朱氏風從之學，朱卒，復受業於心齋仲子。」

《明儒王東崖先生遺集・年譜紀略》：「（嘉靖）二十八年庚戌，先生四十歲。冬十一月母吳氏卒。（哭泣甚哀。是年閩朱卦洲、昭陽韓貞來學。）」

《明儒學案》卷三二：「朱恕字光信，泰州草偃場人。樵薪養母。一日過心齋講堂，歌曰：『離山十里，薪在家裏，離山一里，薪在山裏。』心齋聞之，謂門弟子曰：『小子聽之，道病不求耳，求則不難，不求無易。』樵聽心齋語，浸浸有味。於是每樵必造下聽之。饑則向都養乞漿，解裹飯以食。聽畢則浩歌負薪而去。門弟子觀其然，轉相驚異。」

案：韓貞受業於朱恕，朱恕卒後，復受業於王襞，而韓貞受業於王襞是嘉靖二十八年。嘉靖二十八年爲1549年，故朱恕卒約在是年。

世宗嘉靖二十九年　庚戌（1550 年）

湛若水 85 歲，黃綰 74 歲，季本 66 歲，聶豹 64 歲，鄒守益 60 歲，歐陽德 55 歲，錢德洪 55 歲，王畿 53 歲，羅洪先 47 歲，羅汝芳 36 歲，何心隱 34 歲，耿定向 27 歲，焦竑 10 歲。

　　春，羅洪先《夏遊記》成　　《夏遊記》主要記述羅洪先、王畿、錢德洪等人的講學內容，時間是從嘉靖戊申（1548）到嘉靖庚戌（1550），主要事件是 1548 年的青原大會、1549 年的沖元大會等。從是書的寫作宗旨而言，主要是對王畿良知現成說的批判。

　　《羅洪先略年譜》：「嘉靖二十九年庚戌（公元1550年），四十七歲。春，撰成《夏遊記》。」

　　羅洪先《夏遊記》：「先師提掇良知，乃虞庭所謂道心之微，一念靈明，無內外、無寂感。吾人不昧此一念靈，明便是致知。隨事隨物不昧此一念靈明，便是格物。……吾人今日致知工夫不得力，第一意見爲害。這意見是良知之賊，卜度成悟，明體宛然，便認以爲良知。……此是學術毫釐之辨，不可不察也。……龍溪聞之，亦或以爲然否？」

　　四月，呂懷、何遷等在南京建大同樓，設王守仁與湛若水像　　是年，呂懷、何遷等甘泉弟子在南京建大同樓於新泉精舍，設王守仁與湛若水像。何遷、呂懷雖爲甘泉弟子，但與王門弟子往來密切，且折衷王、湛。甘泉眾弟子建大同樓，設王守仁像，已表明甘泉弟子承認王學良知與甘泉天理宗旨不二，是王、湛兩家之學合流的標誌性事件。

　　錢著《年譜‧年譜附錄一》（《王陽明全集》卷三六）：「（嘉靖）二十九年庚戌正月，……四月，門人呂懷等建大同樓於新泉精舍，設師像，合講會。精舍在南畿崇禮街。……是年，懷與李遂、劉起宗、何遷、余胤緒、呂光洵、歐陽塾、歐陽瑜、王與槐、陸光祖、龐嵩、林烈及諸生數十人，建樓於精舍，設師與甘泉像爲講會。」

　　八月，顧憲成生　　顧憲成，明代東林學派著名學者。字叔時，號涇陽，江蘇無錫（今江蘇無錫市）人，世稱涇陽先生或東林先生。

　　《顧端文公年譜》：「世宗肅皇帝嘉靖二十九年庚戌，八月初七日寅時，公生於涇里。」

　　八月，閭東刊刻《陽明王先生文集》　　是年，陝西巡撫監察御史閭東刊刻《陽明王先生文集》，是集含《文錄》、《傳習錄》、《則言》等，是研究守仁及其思想的重要文獻。

　　閭東本《重刻陽明先生文集序》（《陽明王先生文集》卷首）：「《陽明先生文

錄》，舊刻於姑蘇。《傳習錄》刻於贛。繼又有薛子者，刻其《則言》。然相傳不多得，同志者未得合併以觀全書，每有餘憾。東按西秦，……盡取先生《文錄》，附以《傳習錄》，並《則言》，共若干卷，刻之。……爰命工鋟於天水。嘉靖庚戌秋八月，巡撫陝西監察御史內江後學閭東撰。」

是年

錢德洪增刻王守仁《朱子晚年定論》，共三卷　《朱子晚年定論》是王學術史上一部非常重要的學術著作，守仁在時，其刻錄為一卷。是年，錢德洪曾錄兩卷，並刊刻之。

錢著《年譜·年譜附錄一》（《王陽明全集》卷三六）：「（嘉靖）二十九年庚戌正月，吏部主事史際建嘉義書院於溧陽，祀先生。……增刻先生《朱子晚年定論》。《朱子定論》，師門所刻止一卷，今洪增錄二卷，共三卷，際令其孫致詹梓刻於書院。」

劉曉卒　劉曉（1481～？），明代江右王門學者。字伯光，號梅源，江西安福人。正德八年（1513）中舉，鄉舉後為新寧令。師事王守仁，學承良知，為人主真，少有大志。歸吉安後，籌辦惜陰會，傳陽明之學，江西安福之學風，多由其起。

鄒守益《貞壽篇》（《東廓鄒先生文集》卷二）：「（嘉靖）庚戌季夏，梅源翁亦升七袠矣。同志徵言以壽，乃書以為賓筵祝。」

《明儒學案》卷一九：「劉曉字伯光，號梅源，安福人。鄉舉為新寧令。見陽明於南京，遂棄受焉。陽明贈詩『謾道《六經》皆注腳，還誰一語悟真機。』歸集同志為惜陰會。吉安之多學者，先生為之五丁也。先生下語無有枝葉，嘗誦少陵『語不驚人死不休』之句，歎曰：『可惜枉費心力，不當云「學不聖人死不休」耶？』學者舉質鬼神無疑，先生曰：『人可欺，鬼神不可欺，今世可欺，後聖有作，真偽不可欺。』」

案：據《貞壽篇》，「七袠」為七十歲，（嘉靖）庚戌為1550年，故劉曉生應在1481年。其卒年至少在1550之後，由於文獻闕失，今故列於是年。

鄒守益致書聶豹，駁「歸寂」說　是年，鄒守益得知聶豹「歸寂」說後，以為聶豹之說不合良知之旨，遂致書聶豹。鄒守益以戒懼為致良知之旨，只有戒懼，方能保良知本體純然無質，而「歸寂」說所倚重的「感」偏重於

良知本體之外，「寂」又偏重於良知本體之內，均不甚合良知本體。

耿定向《東廓鄒先生傳》（《耿天臺先生文集》卷一四）：「（嘉靖）庚戌，先生年六十歲。……時聶雙江豹有歸寂說，先生致書，略云：『良知一字，與天地同運，日月同明，寂感無二時，體用無二界，惟能戒懼保本體，不以世情一毫自污，不以氣質自雜，不以聞見推測自鑿，方是合德合明，皓皓肫肫宗旨。若倚於感則爲逐外，倚於寂則爲執內。病於本性，均也。」

世宗嘉靖三十年　辛亥（公元 1551 年）

湛若水 86 歲，黃綰 75 歲，季本 67 歲，聶豹 65 歲，鄒守益 61 歲，歐陽德 56 歲，錢德洪 56 歲，王畿 54 歲，羅洪先 48 歲，羅汝芳 37 歲，何心隱 35 歲，耿定向 28 歲，焦竑 11 歲，顧憲成 2 歲。

五月，何廷仁卒　何廷仁（1486～1551），明代江右王門學者。初慕大儒陳獻章，後師王守仁，不以科舉爲念，至嘉靖元年（1522）才應鄉試中舉人。嘉靖二十二（1543）年，授廣東新會知縣，遷南京工部主事。是年卒，年 66 歲。爲王門高第。其學主「致良知」，論學務爲平實，主躬行實踐。持「四有」論，恪守師門宗旨，認爲良知在人易曉，不在「過求」，不在「定守」。著有《善山語錄》等。

羅洪先《南京工部屯田清吏司主事善山何公墓誌銘》（《念庵文集》卷一五）：「君初名秦，字廷仁，晚以字行，字性之，號善山。……君生成化丙午十月初三日，卒嘉靖辛亥五月二十五日，享年六十有六。」

《明儒學案》卷一九：「何廷仁字性之，號善山，初名秦，江西雩縣人。……陽明歿後，與同志會於南都，諸生往來者恒數百人，故一時爲之語曰：『浙有錢、王，江有何、黃。』指緒山、龍溪、洛村與先生也。先生論學，務爲平實，使學者有所持循。……先生曰：『夫良知在人爲易曉，誠不在於過求也。如知無所得，無所定守，即良知也。……』……細詳先生之言，蓋難四無而伸四有也。」

秋，王畿等訪問僧人玉芝法聚，並出示王守仁答良知二偈　是年，王畿、周怡等到浙江湖州市武康縣天池山訪玉芝法聚。玉芝法聚（1492～1563）爲明代僧人，字玉芝，號月泉，浙江嘉興人。曾經投偈於王守仁，王守仁有《答人問良知二首》。是時王畿等來訪，出示王守仁手書《答人問良知二首》詩，想此詩尚在，故人已去，令人感歎不已。

王畿《和良知四詠》（《王畿集》卷一八）：「辛亥秋，予偕周順之、江叔源，訪月泉天池山中，出陽明先師手書答良知二偈，撫今懷昔，相對黯然，疊韻四絕，聊識感遇之意云。」

王守仁《答人問良知二首》：「良知即是獨知時，此知之外更無知。誰人不有良知在，知得良知卻是誰？知得良知卻是誰？自家痛癢自家知。若將痛癢從人問，痛癢何須更問爲？」

是年

鄒元標生　鄒元標，明代江右王門學者。字爾瞻，號南皋，江西吉水（今江西吉水市）人。

案：關於鄒元標的生卒，文獻記載不多，據姜亮夫《歷代人物年里碑傳綜表》記載，鄒元標生於嘉靖辛亥（1551），卒於天啓甲子（1624）。

三一教創立　是年，三一教主林兆恩開始傳道授徒，標誌著三一教正式創立。林兆恩（1517～1598），明代思想家。三十歲（1546）時棄科舉，專心研究宋儒「身心性命」之學及各家學說，創儒、道、釋「三教歸一」學說。勸人爲善，反對邪惡。後居東岩烏石山，弟子不下數千。林兆恩可謂儒學之怪胎，但其行爲仍可稱爲儒士風範。嘉靖末，倭寇大舉侵擾，撰《防倭管見》，建議城鄉舉辦團練禦倭。其學以歸儒尊孔爲旨，以王守仁心學及三教融合論爲基礎，融匯儒家綱常倫理、道家修身養性、佛家虛空本體，創立「三教同歸於心」的思想體系，其本體論主「空」，人性論主「善」，認識論主「知」。並力破三教之門戶，圓潤三教之旨歸。即把儒家社會道德倫理與宗教的神道設教功能結合在一起，以期達到最上乘的社會功效，並踐履於立身行事之規範。在當時影響極大。

陳衷瑜《三一教主夏午尼林子本行實錄》：「嘉靖三十年辛亥，教主雖倡明三教，而未受徒，黃州素與教主友善，每詳察言動間，心悅誠服，乃執贄長跪，願爲弟子而受教，教主見其志意懇切，始以心法語之。」

《林懋勳先生兆恩》（《閩中理學淵源考》卷五六）：「林兆恩，字懋勳，……二氏之粗者，吾儒所不屑；精者，不出吾道之範圍，遂合三教而發明之。……大要以三綱、四業爲本，歸儒宗孔爲急。」

黃綰卒　黃綰（1477～1551），浙中王門學者。以父蔭入官，授後軍都督

府都事。明正德五年（1510），經友人引薦，結識王守仁，訂終生共學之盟。官至南京禮部右侍郎、禮部尚書兼翰林學士。早年深受程朱影響。從學王守仁後，轉而對王學篤信不疑。爲維護其「知行合一」說，與人反覆論辯，得王守仁器重，稱其爲「吾黨之良，莫有及者」。黃綰晚年始對王學產生懷疑，「予始未之信，既而信之，又久而驗之，方知空虛之弊誤人非細。信乎？差之毫釐，謬以千里，可不愼哉！」在王學風靡當世之時，獨樹一幟，批判王學，成爲王學走向的風向標。批判王學「良知說」的禪學傾向，對「知行合一」觀點也不以爲然。還批判王學的基礎──宋代理學，反對空談性理，主張經世。重視國計民生，寫有大量關於軍政、民政的奏稿與筆錄，如《論治河理漕疏》、《上明罰安邊疏》等，涉及農墾、戍邊、賦稅、水利等。黃綰認爲儒學道統爲「艮止」，他以「艮止」來論證心體的絕對性。「止」本於「艮」，而「艮」出自《艮卦》，用來說明八卦的變化所能達到的地步，表示達到極限之意，不再進，即爲靜止之狀態。「止」亦爲靜止，止之其所，即爲心之本體。故能存心明心，行止皆當。總而言之，其學建立在批判王畿之學空疏之基礎上，強調切實功夫，但依然可以定性爲王學內部的方法之爭。著有《明道編》、《石龍集》、《久庵日錄》、《中庸古今注》、《思古堂筆記》、《石龍奏議》、《雲中疏稿》等。

李一瀚《禮部尚書兼翰林院學士黃公綰行狀》（《國朝獻徵錄》卷三四）：「公姓黃氏，諱綰，字宗賢，別號久庵居士，臺之黃岩人也。……享年七十有五。」

《明儒學案》卷一三：「黃綰字叔賢，號久庵，臺之黃岩人。……享年七十有五。……先生立艮止爲學的，謂：『中涉世故，見不誠非理之異，欲用其誠、行其理，而反羞之。既不羞而任諸己，則憤世疾邪，有輕世肆志之意。於是當毀譽機阱之交作，郁郁困心無所自容，乃始窮理盡性以求樂天知命，庶幾可安矣。久之自相湊泊，則見理性天命皆在於我，無所容其窮盡樂知也，此之謂艮止。』」

案：關於黃綰的卒年，文獻沒有明確記載，《明儒學案》記其卒年七十五，今據容肇祖的考證（容肇祖：《王守仁的門人黃綰》，《燕京學報》第27期），黃綰約是年卒。

世宗嘉靖三十一年　壬子（1552 年）

湛若水 87 歲，季本 68 歲，聶豹 66 歲，鄒守益 62 歲，歐陽德 57 歲，錢

德洪 57 歲，王畿 55 歲，羅洪先 49 歲，羅汝芳 38 歲，何心隱 36 歲，耿定向 29 歲，焦竑 12 歲，顧憲成 3 歲。

二月，薛應旂改「新建伯祠」爲「陽明先生祠」，並自稱私淑守仁　薛應旂曾師事歐陽德，習良知之學，後奉命考察南京官員，此次考察中，因置王畿爲察典，王畿因是辭職，薛應旂也因此得罪王學人士。是年，薛應旂任浙江提學副使，並有機會謁紹興陽明王先生祠，看到「新建伯」題額，並由此想到守仁興學振道之事，十分感慨，遂改「新建伯祠」爲「陽明先生祠」，同時，也自稱私淑守仁先生，以示對守仁的敬仰。

薛應旂《更定陽明先生祠額告文》（《方山文錄》卷二二）：「嘉靖壬子春二月，浙江提學副使，後學武進薛某巡歷紹興，謁陽明王先生祠。見祠以『新建伯』題額，因思先生之所以振起乎世道，著存乎人心者，恐不專在是也。越夏六月某日，屬紹興府知府梅守德易以今額。……某等雖未及門，竊幸私淑。頃登先生之祠，會先生及門之士，議易今額，直書曰：『陽明先生祠』」

十月，許世卿生　許世卿，明代東林學者。字伯勳，號靜餘，江蘇常州（今江蘇常州市）人。

顧憲成《明故孝廉靜餘許君墓誌銘》（《涇皋藏稿》卷一六）：「君諱世卿，字伯勳，……君生嘉靖壬子十月十六日，卒萬曆丁未四月初八日，得年五十六。」

是年

鄒守益示學者戒懼之旨　是年，鄒守益和同志聚於復古會，並示學者戒懼之旨。鄒守益認爲應戒懼於不睹不聞，戒懼於事與念，均未徹底，惟有戒懼於不睹不聞，才能把念、事一以貫之。

郭燕華《東廓鄒先生年譜簡編》：「嘉靖三十一年壬子，1552年，六十二歲。是年，先生聚『復古會』，示戒懼之旨，主張戒懼於不睹不聞。示學者曰：『戒懼之功雖同，而其血脈各異。戒懼於事與念，皆未也。惟戒懼不睹不聞者，念慮事爲，一以貫之，是爲全生全歸，仁孝之極』云」。

劉魁卒　劉魁（1488～1552），明代江右王門學者。正德二年（1507）舉人。歷知鈞州、潮州，扶植風教。入爲工部員外郎。後因極諫忤旨，廷杖，與楊爵、周怡同繫詔獄，於獄中，猶與楊爵、周怡講論不輟，以氣節著稱。是年卒，年 65 歲。著有《省愆稿》。

案：劉魁生卒年，文獻皆不載，今據姜亮夫《歷代人物年里碑傳綜表》載，劉魁生於弘治元年戊申（1488），卒嘉靖壬子（1552），年65歲。

《明儒學案》卷十九：「劉魁字煥吾，號晴川，泰和人。……先生受學於陽明，卒業東廓。以直節著名，而陶融於學問。……門人尤熙問爲學之要，曰：『在立誠』」。

徐樾卒 徐樾（？～1552），明代泰州學派學者。字子直，號波石。江西貴溪人。嘉靖十一（1532）年進士。先後任禮部侍郎、雲南布政使。嘉靖七年、十年、十八年徐樾三次在王艮門下受業。王艮在考察徐樾前後達十一年以後，乃於逝世前授徐以「大成之學」。徐樾任雲南布政使時，因監軍僉事王養浩膽怯，徐樾親自督運糧餉，中土司詐降計，遭伏擊，戰死於沅江城下。用自己的生命踐履了尊身與尊道的統一。其學以「大成之學」爲旨，也是盡心之學，強調心爲人之本，行事要依靠心之天賦，即率性而行，這樣，既實現了天然良知，也符合了宇宙之道。

《明儒學案》卷三二：「徐樾字子直，號波石，貴溪人。……（嘉靖）三十一年，升雲南左布政使。……先生呵問，伏兵起而害之。……即以受降一事論之，先生職主督餉，受降非其分內，冒昧一往，即不敢以喜功議先生，其於尊身之道，得有間矣。」

王艮《再與徐子直·又》（《王心齋全集》卷二）：「屢年得書，必欲吾慈憫教誨，於此可見子直不自滿足，非特謙辭已也。殊不知我心久欲授吾子直大成之學，更切切也。但此學將絶二千年，不得吾子直面會口傳心授，未可以筆舌諄諄也。幸得舊多一會，子直聞我至尊者道，至尊者身，然後與道合一，隨時即欲解官，善道於此可見。吾子直果能信道之篤，乃天下古今有志之士，非凡近所能及也。……餘者俟面講，不備。」

案：據黃宗羲的評論，徐樾親自督運糧餉是爲「受降非其分內，冒昧一往」，即多管閒事，不懂尊身之道。其實，王艮的尊身說，本身就是在實現道的可控範圍內尊身，如果道的實現方式不可控，那麼就不能限制生命的付出。徐樾的行爲正是尊身和尊道的統一，是用生命踐履了尊道，是尊身和尊道的統一，可謂無愧於師說。

顏均尋找徐樾屍骸 徐樾戰死後，屍骸失蹤。顏均聞訊後，立即入滇，尋找徐樾屍骸，但不果。後數年，顏均終於找到徐樾屍骸，並葬於王艮墓旁。

黃宣民《顏均年譜》：「（嘉靖）三十一年壬子（公元1552年），五十歲。……孤身往雲南尋找徐樾屍骸，至湖廣沅洲，不獲，折返江西。」

羅汝芳悟「格物」說，並悟「孝悌慈」與「天命」為一旨　是年，羅汝芳悟「格物」說，羅汝芳認為，「格物」之「格」為訓為「法程」，即規則、準則、標準，而《大學》的內容為「古聖《六經》之嘉言善行」，故羅汝芳之「格物」也自然是以古聖先賢之「嘉言善行」為準則，躬行實踐。不僅如此，羅汝芳還進一步把「嘉言善行」具體為「孝悌慈」，同時，羅汝芳又「苦格物莫曉？」「莫曉」什麼呢？應該是「格物」之「物」之著落點，其對「格物」之「格」已訓為「法程」，但「物」還空留在「嘉言善行」上，未免不妥，故今「從《大學》至善，推演到孝悌慈」，「孝悌慈」即為「嘉言善行」之具體化。羅汝芳接著說：「為天生明德，本自一人之身，而未及家國天下」，「天生明德」即王守仁之「良知」，也是羅汝芳「格物」之結果，即「孝悌慈」之「法程」，也就是「孝悌慈」之規則。「本自一人之身，而未及家國天下」，這說明其受王艮「安身」說之影響，以身為本。總的而言，羅汝芳的「格物」就是以個體為本，踐履「孝悌慈」之規則。同時，「天命」為《中庸》之旨，羅汝芳悟「孝悌慈」與「天命」同，即《大學》、《中庸》之旨同，均為「天命」的日用（「孝悌慈」）踐履。

蔡世昌《羅近溪先生年譜稿》：「嘉靖三十一年壬子（1552年），38歲。悟《大學》『格物』之說。先生『格物』之悟後，從《大學》『至善』推演到『孝悌慈』，以孝悌慈為天生明德，本自一人之身，而未及國家天下。於是凝頓精神，沉思數月，悟《大學》之『孝悌慈』與《中庸》之『天命』說貫通無二。」

揚起元《羅近溪先生墓誌銘》：「忽一夜悟格物之說曰：『大人之學，必有其道。《大學》之道，必在先知，能先知之則盡。《大學》一書，無非是此物事。盡《大學》一書物事，無非是此本末終始。盡《大學》一書之本末終始，無非是古聖《六經》之嘉言善行。格之為義，是即所謂法程，而吾儕學為大人之妙術也。』」

黃宗羲《參政羅近溪先生汝芳・語錄》（《明儒學案》卷三四）：「比聯第歸家，苦格物莫曉，乃錯綜前聞，互相參訂，說殆千百不同，每有所見，則以請正先君，先君亦多首肯，然終是不為釋然。……後遂從《大學》至善，推演到孝悌慈，為天生明德，本自一人之身，而未及家國天下。」

世宗嘉靖三十二年　癸丑（1553年）

湛若水 88 歲，季本 69 歲，聶豹 67 歲，鄒守益 63 歲，歐陽德 58 歲，錢德洪 58 歲，王畿 56 歲，羅洪先 50 歲，羅汝芳 39 歲，何心隱 37 歲，耿定向 30 歲，焦竑 13 歲，顧憲成 4 歲。

正月，何心隱聚和合族　是年，何心隱依據依據《大學》「修齊治平」的理論在家鄉江西永豐建構萃和堂。萃和堂以合族為基礎，何心隱身理一族之政，掌管冠婚、喪祭、賦役等，一切通其有無，不久以失敗告終。

侯外廬等《何心隱年表》：「嘉靖三十二年（癸丑），三十七歲。正月，聚和合族，著《聚和率教》、《率養》等文。」

二月，戚賢卒　戚賢（1492～1553），南中王門學者。嘉靖五年（1526）進士。歷任歸安知縣、吏科給事中、刑科給事中。其學宗良知，善於言談，能隨機喻物，著力服人。

王畿《刑科都給事中南玄戚君墓誌銘》（《龍溪王先生全集》卷二○）：「嘉靖癸丑二月十七日，南玄戚君以病卒於家。……君諱賢，字秀夫，別號南山，晚更號南玄。……萬鹿園以漕事入京，會君於邸舍講學，君戲曰：『鹿園名為旅禪，實未得理，是假和尚。』鹿園曰：『南玄名為宗儒，實未見性，是痞秀才。』因大笑而別。君與人言，皆以良知之說為主，執之甚堅，而意氣激昂足以發之。口津目熒，隨機喻物，披露心瞻。眾有說論不一者，時時謬以不肖之言為證，不明不已。」

《明儒學案》卷二五：「戚賢字秀夫，號南玄。江北之全椒人。……南玄談學，不離良知，而意氣激昂，足以發之。」

春，宋儀望刻《陽明先生文集》　是時，宋儀望按河東（陝西）鹽政，河東學子只心嚮學，然遠離正學、未有宗旨，為廣播教化、弘揚師說，遂刻《陽明先生文集》。

胡直《大理卿宋華陽先生行狀》（《衡廬精舍藏稿·續稿》卷六）：「按公諱儀望，字望之，初號陽山，更號華陽山人。……癸丑，出按河東鹽政。……公以西北士雖知業舉，然於正學未有聞，乃建河東書院，集名士廩之，日課其藝，因以論學，又為刻《陽明先生文粹》，以示嚮往，自是西方學者益知遡河汾宗旨矣。」

宋儀望《河東重刻陽明先生文集序》（《華陽館文集》卷一）：「《陽明先生文

集》，始刻於姑蘇，蓋先生門人錢洪甫氏詮次之。云自後刻於閩，於越，於關中。其書始漸播於四方學者。嘉靖癸丑春，予出按河東。……未幾，得關中所寄先生全錄，遂檄而刻之。」

是年

靈濟宮之會開始　靈濟宮位於北京城西城內，爲一道觀。1553 到 1554年之間，以歐陽德、徐階、聶豹、程文德爲主盟，在北京組織靈濟宮之會。據《明儒學案》記載，靈濟宮之會共舉辦三次，分別爲己酉（1553）、甲寅（1554）、戊午（1558）。是時，四方學者雲集達千人之多，討論陽明良知之學。其盛況爲數百年來所未有。

吳震《聶豹略年譜》：「嘉靖三十二年癸丑（公元1553年），六十七歲。……與歐陽南野等舉靈濟宮大會。」

蔡世昌《羅近溪先生年譜稿》：「嘉靖三十二年癸丑（1553年），39歲。……內閣大學士徐階定會所於北京靈濟宮，歐陽德、聶豹、程文德爲主盟，先生集同年顧桂岩、李近麓、柳洞陽、向望山、李一吾，……數十百人，三、六、九日大會講學，聯講兩月，學徒雲集至千人，人心翕然，稱盛會也。」

《明儒學案》卷一七：癸丑甲寅間，京師靈濟宮之會，先生（歐陽德）與徐少湖、聶雙江、程松溪爲主盟，學徒雲集至千人，其盛爲數百年所未有。

羅汝芳有「心性」之悟　是年，羅汝芳北上廷試，經過山東時得病，問道於泰山丈人，悟得早年所得證悟之非，從此學問日進。後羅汝芳再一次反歸孔孟，有「心性」之悟，得萬物爲一體，宇宙爲一機之旨。

蔡世昌《羅近溪先生年譜稿》：「嘉靖三十二年癸丑（1553年），39歲。北上赴試，途經山東臨清，忽遭重病，問道於泰山丈人，悟早年體認之澄然、湛然之景象非心體自然之明，早年所用之定靜工夫非眞正之工夫，從此執念潛消，血脈循軌，而學益進。……先生問道於泰山丈人後，以其來自外道，甚不甘心，於是反歸孔孟，有『心性』之悟，從此合天、地、人、物而爲一體，通始、終、本、末爲一機。」

胡直著《博約說》，並信歐陽德體仁之說　是年，胡直再次落第，日夜澄心，學有所悟，遂著《博約說》。認爲宋儒格物窮理之說爲非；近儒致良知之說，承領太易，不知良知的天則，亦爲非；致知應以約禮爲歸，約禮即

約吾心之良知，此正是歐陽德所言之體仁。

耿定向《明福建提刑按察司按察使胡公墓誌銘》（《耿天臺先生文集》卷一二）：「公諱直，……癸丑，又下第。……日夜默求，忽恍然有悟，遂著《博約說》。意謂：『儒先以窮物理爲博文固非是。近儒致知之說，承學者以知之變化圓融者當之，而不復知良知之有天則，亦誤已。約禮云者，約諸吾心之天則也。』……始契前聞文莊體仁之說爲確論。嗣以正之荆州唐公、大洲趙公、益自信。公之學至此蓋三變云。」

世宗嘉靖三十三年　甲寅（1554 年）

湛若水 89 歲，季本 70 歲，聶豹 68 歲，鄒守益 64 歲，歐陽德 59 歲，錢德洪 59 歲，王畿 57 歲，羅洪先 51 歲，羅汝芳 40 歲，何心隱 38 歲，耿定向 31 歲，焦竑 14 歲，顧憲成 5 歲。

三月，歐陽德卒　歐陽德（1496〜1554），明代心學家，江右王門學者。嘉靖二年（1523）進士，授六安知州，以學行改翰林院編修。遷南京國於監司業，以太常卿掌祭酒事，官至禮部尚書兼翰林院學士。嘗於六安建龍津書院，聚生徒講學。居家更以講學爲事，日與鄒守益、聶豹、羅洪先等講論，學者自遠而至，時稱「南野門人者半天下」。在北京，與徐階、聶豹、程文德並以宿學居顯位，集四方名士於靈濟宮，與論「良知」之學，至者五千人，京師講學，以此爲盛。其學承王守仁，以良知爲宗。反對以知識爲良知，但認爲良知不能離開知識而獨存，即其爲相互表裏的關係。在良知的動靜上，認爲動靜合一，否認動前有靜，已發前有未發。非但如此，他還認爲不能有動靜涵蓋良知，動靜爲良知存在的狀態，而其本身無動靜。因此，歐陽德否認聶豹的「歸寂說」，反對其動前求靜的旨歸。黃宗羲曰：「蓋不從良知用功，只在動靜上用功，而又只在動上用功，於陽明所言分明倒卻一邊矣。」也是不準確的。對於心體「無善無惡」之說，歐陽德也是基本認同，同時，歐陽德在格物的訓解上釋格爲「循獨知自然之則」，因此，其主張「循其良知」，爲學工夫主愼獨。可以說，歐陽德在陽明良知說的諸方面都有不同的繼承、闡釋、發揮。學務實踐，不尚空虛，倡導講會、爭鳴。著有《歐陽南野集》、《南野論學書》、《南野文選》。

徐階《明故太子少保禮部尚書兼翰林院學士文莊歐陽公神道碑銘》(《國朝獻徵錄》卷三四):「公諱德,字崇一,別號南野。……甲寅三月二十一日,得疾卒,距生弘治丙辰五月二日,享年五十九。」

張惟驤《疑年錄彙編》卷七:「歐陽南野五十九德,生弘治九年丙辰,卒嘉靖三十三年甲寅。」

《明儒學案》卷一七:「歐陽德字崇一,號南野,江西泰和人。……三十三年三月二十一日卒於官,年五十九。贈太子少保,諡文莊。……蓋不從良知用功,只在動靜上用功,而又只在動上用功,於陽明所言分明倒卻一邊矣。雙江與先生議論,雖未歸一,雙江之歸寂,何嘗枯槁,先生之格物,不墮支離,發明陽明宗旨,始無遺憾,兩不相妨也。」

《四庫全書總目提要》卷一七七:「《歐陽南野集》三十卷(江蘇巡撫採進本),明歐陽德撰。德字崇一,泰和人。嘉靖癸未進士,官至禮部尚書,卒諡文莊。……德之學,宗法姚江,故惟以提唱良知者為內,而餘則外之、別之云。」

王畿《歐陽南野文選序》:「先師(王守仁)嘗謂獨知無有不良。南野子每與同志論學,多詳於獨知之說。好好色、惡惡臭乃其應感之真機,戒自欺以求自慊,即所以為慎獨也。《集》中無非斯義。」

是年

顧允成生　顧允成,明代東林學派學者。字季時,號涇凡,江蘇無錫(今江蘇無錫市)人。明代清議派的代表人物之一,顧憲成之弟。

高攀龍《顧季時行狀》(《高子遺書》卷一一):「季時諱允成,別號涇凡,……丙申九月病,不食者四旬,……又十一年而卒,得年五十有四。」

案:萬曆丙申為1596年,又十一年而卒,即1607年,由於享年54,故是年生。

王畿大發見在良知之旨,被羅洪先所不許　是年趙大洲期會天池,念庵偕友人與焉。龍溪、念庵等會於海天,諸友論良知宗旨,龍溪標舉見在良知,直指本體,為念庵所不許,念庵肯定王畿指示良知本體之透徹,但本體與工夫卻不能歸一,學者須在工夫上用功,處處綿密,始是真悟,不然,只成玩弄。不僅如此,念庵還指責守仁後學不能究竟先生之學,以求先生之所未至。

羅洪先《甲寅夏遊記》:「龍溪曰:『指見在良知,便是聖人體段,誠不可;

然指一隙之光，以爲決非照臨四表之光，亦所不可。』因指上天靉靆曰：『譬之今日之日，非本不光，卻爲雲氣掩詠。指愚夫愚婦爲純陰陰者，何以異此？今言開天闢地，鼎立乾坤，未可別尋乾坤。惟歸除雲氣，即成再造之功。依舊日光臨四表。』龍溪因令予（案，指羅洪先）斷。予曰：『師泉早年，爲「見在良知便是全體」所誤，故從自心察識立說，學者用功，決當如此。但分主宰、流行兩行，工夫卻難歸一。龍溪指點極是透徹，卻須體師泉受用見在之說，從攝取進步，處處綿密，始是眞悟，不爾，只成玩弄。始是去兩短、取兩長，不負今日切磋也。若愚夫愚婦與聖人同異一段，前《夏遊記》中亦嘗致疑，但不至如師泉云云大截然耳。千古聖賢汲汲誘引，只是要人從見在尋源頭，不曾別將一心換卻此心。且如兄言開天闢地，鼎立乾坤，以爲吾自創業，不享見在，固是苦心語，不成懸空做得？只是時時不可無收攝保聚之功，使精神歸一，常虛常定，日精日健，不可直任見在以爲止足，此弟與二兄，實致力處耳。」

錢穆《羅念庵年譜》：「世宗嘉靖三十三年甲寅，五十一歲。趙大洲期會天池，偕友人赴之。至九江，遂展濂溪墓。龍溪候先生會海天，遂同舟西歸。……又謂龍溪曰：『陽明先生之學，其爲聖學無疑。惜也速亡，未至究竟，是門下之責也。公等往來甚密，受鍛鍊最久，得證聞最明，今年已過矣，猶不能究竟此學，以求先生之所未至，是公等負先生矣。』」

案：據錢穆先生考察，此篇《甲寅夏遊記》不載於其門人胡直所編的《念庵文集》，也不載於四庫全書本《念庵文集》。此次羅洪先和王畿的討論是他們之間最爲嚴肅的爭論，充分表明了羅洪先對陽明後學的不滿，也是羅洪先至死不同意加入守仁弟子的原因。

羅洪先撰《甲寅夏遊記》 是年，羅洪先結束青原大會，便撰成《甲寅夏遊記》。是書主要是對王畿良知說的辯論，羅洪先提出著名的「世間那有現成良知？」之說。是書爲羅洪先重要著作，反映了其思想的成熟。

《羅洪先略年譜》：「嘉靖三十三年甲寅（公元1554年），五十一歲。……夏，念庵赴之，……偶遇龍溪，相伴同遊，遂赴青原大會。撰《甲寅夏遊記》。」

羅洪先在《甲寅夏遊記》中提出「收攝保聚之功」，標誌著其思想的第三次轉變開始 是年，羅洪先與王畿就現成良知說反覆辯難後，提出「收攝保聚之功」，此爲其晚年思想成熟之開端。羅洪先認爲，陽明所傳授的「四句教」是一個整體的概念和體系，不能單一領悟。以前學者們只看重

其中的一句，即「知善知惡即是良知」，並於此用力，實爲重部分而忘記整體，羅洪先自己往年也曾犯此錯誤。經過此次錯誤，並對現成良知說進行批判後，羅洪先認識到良知至善無疑，然吾心有善惡兩端，心體主善主惡尤不可知，在心體善惡不可知的情況下，心體所發之意亦是善惡難定。如果所發之意爲惡，這說明心體之發沒有盡透本體，如何才能心體所發盡爲善呢？必須從本體上下工夫，本體爲靜，所以，應當主靜以復之，這樣，本體之善方能凝而不流，所發之良知方能靜而明，從良知到意的發散過程是最容易出問題的，故需有「收攝保聚之功」，目的在良知從靜到動的應用中能至善無比，並能保持體用一源。

羅洪先《甲寅夏遊記》：「陽明先生苦心犯難，提出良知爲傳授口訣，蓋合內外前後一齊包括。稍有幫補，稍有遺漏，即失當時本旨矣。往年見談學者，皆曰：『知善知惡即是良知』，『依此行之即是致知』。予嘗從此用力，竟無所入，蓋久而後悔之。夫良知者，言乎不學不慮、自然之明覺，蓋即至善之謂也。吾心之善吾知之，吾心之惡吾知之，不可謂非知也。善惡交雜，豈有爲主於中者乎？中無所主而謂知本常明，恐未可也。知有未明，依此行之，而謂無乖戾於既發之後，能順應於事物之來，恐未可也。故知善知惡之知，隨出隨泯，特一時之發見焉耳。一時之發見，未可盡指爲本體，則自然之明覺，固當反求其根源。蓋人生而靜，未有不善，不善動之妄也。主靜以復之，道始凝而不流矣。神發爲知，良知者靜而明也。妄動以雜之幾，始失而難復矣。故必有收攝保聚之功，以爲充達長養之地，而後定靜安慮由此以出。」

王畿與劉邦采有見在良知之辨　是年，王畿、羅洪先共至廬陵（吉安），劉邦采至船山問候，有此見在良知之辨。劉邦采認爲，見在良知與聖學不同。良知來自孟子的赤子之心，是每個人都具有的潛能，且能自然流露。見在良知「純陰無眞陽」，即見在良知只是良知（赤子之心）的一隙之光，不能普照大地，故不能視爲眞正的良知。王畿則不以爲然。王畿認爲，良知如太陽，已然存在，但卻爲雲氣遮蔽，不能盡透。所以，眾人只要撥雲，即可見日，不必從其他方式入手。同時，撥雲見得良知，亦需時時收攝保聚，方可長久。

羅洪先《甲寅夏遊記》（《明儒學案》卷一八）：「龍溪問：『見在良知與聖人同異？』師泉曰：『不同，赤子之心，孩提之知，愚夫婦之知能，如頑礦未經煅煉，不可名金。其視無聲無臭，自然之明覺，何啻千里！是何也？爲其純陰無

眞陽也。復眞陽者，更須開天闢地，鼎立乾坤，乃能得之。以見在良知爲主，決無入道之期矣。』龍溪曰：『謂見在良知便是聖人體段誠不可，然指一隙之光，以爲決非照臨四表之光，亦所不可譬之。今日之日，非本不光，卻爲雲氣掩蔽，以愚夫愚婦爲純陰者，何以異此。予曰聖賢只是要人從見在尋源頭，不曾別將一心換卻此心，師泉欲創業，不享見在，豈是懸空做得，只時時收攝保聚，使精神歸一便是，但不可直任見在，以爲止足耳！』」

世宗嘉靖三十四年　乙卯（1555 年）

湛若水 90 歲，季本 71 歲，聶豹 69 歲，鄒守益 65 歲，錢德洪 60 歲，王畿 58 歲，羅洪先 52 歲，羅汝芳 41 歲，何心隱 39 歲，耿定向 32 歲，焦竑 15 歲，顧憲成 6 歲。

五月，馮應京生　馮應京，明代江右王門學者。字可大，號慕岡，安徽泗州（今安徽泗州縣）人。

曹于汴《湖廣按察司僉事慕岡馮公墓誌銘》（《仰節堂集》卷五）：「公諱應京，字可大，慕岡其號，……病三日，劇密存，不發一語。丙夜，恭坐，漏下五更而逝，……是爲萬曆三十四年丙午正月二十日，距生嘉靖三十四年乙卯五月二十一日，年僅五十有二。」

是年

羅洪先楚山悟學歸體仁　是年，羅洪先登楚山，靜坐三月，恍然大悟。其在給友人蔣信的信中描述了這次體驗的狀況：心中中虛無物，上下古今、動靜內外渾然一體。此心乃萬物之靈機，眼、耳、心都能儘其所能，不爲外物所限。萬物之痛親，如我之痛親，感同身受。同時，誠敬得到極大的昇華，不但要盡己之性，還有盡人物之性。所以，對先賢所提「爲天地立心，萬物立命，往聖繼絕學，萬世開太平」有了重新的認識，有萬物一體、仁歸無限之感。可以說，羅洪先的爲學途徑最終回歸至先聖所提的「萬物一體」境界。

胡直《念菴先生行狀》（《衡廬精舍藏稿》卷二三）：「昔歲（嘉靖）乙卯，聞先生僑寓楚山，廢書塊坐三月，恍然大覺。貽書及友人道林蔣公，信大略言：此心中虛無物，旁通無窮，無內外，可指動靜、可分上下四方往古來，今渾然一片，而吾一身乃其發竅，非形跡能限。是故縱吾之目，天地不能滿吾視；傾吾之耳，天地不能出吾聽；瞑吾之心，天地不能逿吾思。古人往矣，其精神即吾之精神，

未嘗往也。四海遠矣，其疾痛即吾之疾痛，未嘗遠也。是故感於親而親，吾無分於親也。有分吾與親，斯不親矣。感於民而仁，吾無分於民也。有分吾與民，斯不仁矣。其感於物亦然，是乃得之天者，固然如是，而後可以配天，故曰誠者非自成己而已也。盡己之性，則亦盡人物之性。故『爲天地立心，萬物立命，往聖繼絕學，萬世開太平』非自任也。又曰：『知吾心體之大，則回邪非僻之念自無所容；得吾心體之存，則營欲卜度之私自無所措。然此特自知，不以語諸人。第謂此萬物一體舊說，未有省也。』」

錢穆《羅念庵年譜》：「世宗三十四年乙卯，五十二歲。春，將西遊白沙舊廬，留滯楚之旅社。王龍溪至自浙，遂共避暑山中。人跡罕到，初習靜坐，晝夜不休，如是者三月。恍然大覺，貽書蔣道林。」

王畿和聶豹關於本體良知之辨開始　江右提學副使王宗沐（敬所）遣生員徐應隆（時舉）至杭州天眞祠送守仁塑像。臨別，出示聶豹、鄒守益、羅洪先贈言，請王畿惠與贈言。王畿因有《致知議略》。在《致知議略》中，王畿認爲，良知與知識有根本區別，良知爲本心之明，不慮而得；知識爲後天之識，多憶而得。同時，良知又是合先天後天、未發已發之學，其體用一源、動靜兼顧，如果在良知之前求未發，則易陷于歸寂。王畿關於良知本體的看法是其現成良知說的理論依據，但也直接對聶豹的歸寂說提出了批評。

彭國翔《王龍溪先生年譜》：「嘉靖三十四年乙卯，1555年，五十八歲。……是年，龍溪有《致知議略》之作。」

王畿《致知議略》（《龍溪王先生全集》卷六）：「夫良知之與知識，差若毫釐，究實千里。……良知者，本心之明，不由學慮而得，先天之學也；知識則不能自信其心，未免假於多學憶中之助而已，入於後天矣。……若良知之前別求未發，即是二乘沉空之學；良知之外別求已發，即是世儒依識之學。或攝感以歸寂，或緣寂以起感，受症雖若不同，其爲未得良知之宗，則一而已。」

案：王畿的《致知議略》對聶豹的歸寂說提出了批評，聶豹見後，遂作《答王龍溪》以申其說。王畿再作《致知議辨》，聶豹又作《答王龍溪》。王畿和聶豹的爭論是現成良知派和歸寂派的理論之爭，主要是關於先天心體、未發已發、寂感、誠、乾知、自然之覺、知愛知敬等七個方面的辯論。關於其辯論的研究，可參考牟宗三《致知議略疏解》（《從陸象山到劉蕺山》第四章）及方祖猷《王畿與聶豹關於本體良知之辨——兼對牟宗三先生致知議辨一文的補充和商榷》（《寧波

大學學報》1996年第1期。）。

世宗嘉靖三十五年　丙辰（1556年）

　　湛若水91歲，季本72歲，聶豹70歲，鄒守益66歲，錢德洪61歲，王畿59歲，羅洪先53歲，羅汝芳42歲，何心隱40歲，耿定向33歲，焦竑16歲，顧憲成7歲。

　　正月，萬表卒　萬表（1498～1556），明代浙中王門學者。世以勳績顯。萬表獨才兼文武。正德十六年（1521）武進士，官至都督同知僉事、南京中軍都督府。萬表熟先朝典故，於國事無不曉暢。禦倭亦有功績，號稱儒將。是年卒，年59歲。萬表通經術，其學宗良知，但流於禪，其格物說甚當，但指物爲虛。著有《灼艾集》、《玩鹿亭稿》、《海寇議》等。

　　焦竑《榮祿大夫南京中軍都督府都督同知前提督漕運鎭守淮安總兵鹿園萬公墓誌銘》（《澹園集》卷二八）：「嘉靖丙辰正月二十六日，無疾端坐而逝，是夕大星隕於庭，光射數十丈云。距生弘治戊午八月二十二日，享年五十有九。」

　　《明儒學案》卷一五：「萬表字民望，號鹿園，寧波衛世襲指揮僉事。……先生之學，多得之龍溪、念庵、緒山、荊川，而究竟於禪學。……其實先生之論格物，最爲諦當。格之又格，而後本體之物呈露，即白沙之『養出端倪』也。」

　　七月，《南野先生文集》刊刻　是年，歐陽德的《南野先生文集》刊刻，該書共三十卷，其中，《內集》十卷，皆講學論道之文；《外集》六卷，皆應制及章奏、案牘之文；《別集》十四卷，則應俗之詩文。歐陽德師事守仁，學宗良知，爲學質疑決異、不務虛遠，爲文不施雕刻、粹雅勁健，爲論經綸匡世、不阿眾心。是書是由晉江中丞蔡公提議，門人王宗沐主編而成。

　　王宗沐《南野先生文集序》：「先師歐陽南野先生沒之二年，晉江中丞蔡公撫江右，丕崇正學，從其家匯先生遺言三十卷，橛沐校而刻焉。……南野先生固王氏高第，夙抱異質，從其師說，而守之以信，本則自得，而非一時之意象，……予謂先生之教之書，則固不貳於孔子之家法。未喪斯文，其在茲也已！……嘉靖丙辰七月。」

　　《四庫全書總目提要》卷一七七：「《歐陽南野集》三十卷（江蘇巡撫採進本），明歐陽德撰。……是集爲其門人王宗沐所編。凡《內集》十卷，皆講學之文；《外集》六卷，皆應制及章奏、案牘之文；《別集》十四卷，則應俗之詩文

也。德之學，宗法姚江，故惟以提唱良知者爲內，而餘則外之、別之云。」

是年

薛應旂轉向朱陸合一之學　是年，薛應旂罷官，然學無所進，終不能明其究竟，故重讀孟子之書，反覆展玩，終恍然有悟，始覺朱子與陸子分別是孔子與孟子教法，且相成相合。這是其學第二次轉變。

曾向虹《薛應旂年表要略》：「嘉靖三十五年丙辰（西曆公元1556），公五十六歲。公自陝西罷官，居南京避倭寇。」

薛應旂《書考亭淵源目錄後》：「旂雖寡陋，自童子時即有志於學。三十年前，從事舉業，出入訓詁，章分句析，漫無歸著。……如是者又三十年。然每一反觀，居常則覺悠悠，遇事未見得力；及遍視朋儕，凡講斯學者，率少究竟，乃復展轉於衷。年逾五十，猶未能不惑。及罷官歸矣，恐終無所得而負此生，日以孟子之書反覆潛玩。賴天之靈，恍然而悟，始知朱子之言，孔子教人之法也，陸子之言，孟子教人之法也。……道本一致，學不容二，兩先生所以相成而非所以相反也。」

鄒守益在青原迎湛若水　是年，湛若水年九十一，由衡山來青原。鄒守益率仲子及諸同志迎之，並一依古禮。

郭燕華《東廓鄒先生年譜簡編》：「嘉靖三十五年丙辰，1556年，六十六歲。……甘泉公九十有一，由衡山來青原，先生率仲子及諸同志迎之。」

耿定向《東廓鄒先生傳》（《耿天臺先生文集》卷一四）：「是歲，甘泉湛公由衡山來青原，時公年九十一，而先生年亦六十六矣。率仲子及諸同志迎之，預誡同志體古憲老，不乞言意……一準古養老禮惟謹。」

世宗嘉靖三十六年　丁巳（1557 年）

湛若水 92 歲，季本 73 歲，聶豹 71 歲，鄒守益 67 歲，錢德洪 62 歲，王畿 60 歲，羅洪先 54 歲，羅汝芳 43 歲，何心隱 41 歲，耿定向 34 歲，焦竑 17 歲，顧憲成 8 歲。

四月，王畿有德性之知與見聞之知之辨　是年四月，王畿赴寧國水西之會，和周怡、汪尙寧等討論學問，臨別，龍溪作《水西同志會籍》。五月，王畿從齊雲趨會星源，與洪覺山等數十人聚首普濟山房，王畿有《書愁源同

志會約》。在兩次聚會中，王畿都對德性之知與見聞之知有所區別，並認爲德性之知求諸己，不由學慮而得，屬於良知之知；而聞見之知緣於外，是學慮而得，屬於知識之知。

彭國翔《王龍溪先生年譜》：「嘉靖三十六年丁巳，1557年，六十歲。是年四月，龍溪赴寧國水西之會，……臨別，龍溪作《水西同志會籍》，……五月，……作《書愁源同志會約》。」

王畿《水西同志會籍》（《龍溪王先生全集》卷二）：「嘉靖丁巳歲，値予赴會之期，……夫志有二，知亦有二。有德性之知，有聞見之知。德性之知求諸己，所謂良知也。聞見之知緣於外，所謂知識也。毫釐之差，辨諸此而已。」

王畿《書愁源同志會約》（《龍溪王先生全集》卷二）：「嘉靖丁巳五月端陽，予從齊雲趨會星源，……夫良知與知識，爭若毫釐，究實千里。同一知也，良知者，不由學慮而得，德性之知，求諸己也；知識者，則學慮而得，聞見之知，資諸外也。」

案：德性之知與聞見之知一直是學者討論的對象，對此，二程、朱子、陽明等均有討論，但均不甚明確。王畿認爲，德性之知，由不慮而得，根於良，故爲良知之知。聞見之知，由學慮而得，爲多學之助，故爲知識之知。另外，德性之知求諸己，知無方所，而聞見之知緣於外，識有區域。同時，王畿又強調「夫良知與知識，爭若毫釐，究實千里。同一知也，」這說明，知識離不開良知（參加王畿《別曾見臺漫語摘略》），也隱含著轉識爲知的可能性（參見王畿《意識解》），而轉識爲知的過程正是致良知工夫的展開。

夏，王畿有先天正心之學之論 是年，王畿會王遵岩（名愼中，字道思，號遵岩，1509～1559）於三山（福州）石雲館第，共十九日。臨別有《三山麗澤錄》。在是文中，王畿談及先天正心之學。良知爲心之體，本無不善，一動於意，便有善、不善之分，若能在先天心體上立根，則意便處於心之發動與應用之下，道德便控制了嗜欲，知無不良，這樣，簡易直截，效果明顯。同時，王畿也論及後天之學的弊端，在意處立根，必須以良知爲判斷準則，意的經驗性和後天性，難免難於至善，這樣，就更需要致良知之工夫，其可操作性和難度都會成倍遞增。但也不得不強調，先天之學和後天之學是針對不同悟性之人而言的，不可一概而論。

彭國翔《王龍溪先生年譜》：「嘉靖三十六年丁巳，1557年，六十歲。……

夏，龍溪會王遵岩於三山（福州）石雲館第，共十九日。臨別有《三山麗澤錄》，即此會相與問答之記。」

王畿《三山麗澤錄》（《龍溪王先生全集》卷一）：「先生（王畿）謂遵岩子曰：『正心，先天之學也；誠意，後天之學也。』遵岩子曰：『必以先天後天分心與意者，何也？』先生曰：『吾人一切世情嗜欲，皆從意生。心本至善，動於意，始有不善。若能在先天心體上立根，則意所動自無不善，一切世情嗜欲自無所容，致知工夫自然易簡省力，所謂後天而奉天時也。若在後天動意上立根，未免有世情嗜欲之雜。才落牽纏，便費斬截，致知工夫轉覺繁難，欲復先天心體，便有許多費力處。顏子有不善，未嘗不知，知之未嘗復行，便是先天簡易之學。原憲克伐怨欲不行，便是後天繁難之學。不可不辨也。」

案：先天正心之學是王畿致良知工夫論中重要概念，王畿以後曾多次論及，但大意不出於此。可參考王畿的《陸五臺贈言》、《答馮緯川》等。

夏，王畿有三教之論，並以良知圓潤三教之精義　三教融合問題在明代已是不爭的事實。王畿關於三教的觀點首先是繼承王守仁的三教融合論，不僅如此，王畿又提出三教同源論。王畿認為，虛、寂、微、密為千聖相傳之秘藏，更是涵蓋三教宗旨的關鍵。由於先儒措施失當，把虛、寂、微、密等精義輕易讓與佛氏，這樣一來，吾儒一涉空寂，便成異學，自己又不敢承當，最後結果是進退維谷。空寂等精義乃吾儒大道，吾儒如果借佛道等他路而入，正是畫地為牢、可悲之極。良知之學乃三教之靈樞，於此悟入，不但可以涵蓋吾儒道德規範，而且還有圓潤虛、寂、微、密等先儒失去的精義秘藏，以正當的途徑收復吾儒所失之陣地，真是功在萬世。

彭國翔《王龍溪先生年譜》：「嘉靖三十六年丁巳，1557年，六十歲。……夏，龍溪會王遵岩於三山（福州）石雲館第，共十九日。臨別有《三山麗澤錄》，即此會相與問答之記。」

王畿《三山麗澤錄》（《龍溪王先生全集》卷一）：「吾儒未嘗不說虛、不說寂、不說微、不說密。此是千聖相傳之秘藏。從此悟入，乃是範圍三教宗旨。自聖學不明，後儒反將千聖精義讓與佛氏，才涉空寂，便以為異學，不肯承當。不知佛氏所說，本是吾儒大路，反欲借路而入，亦可哀也。……先師良知之學，乃三教之靈樞，於此悟入，不以一毫知識參乎其間，彼將帖然歸化。所謂經正而邪慝自無，非可以口舌爭也。」

案：王畿有多處三教之論，此處爲第一次有準確年代記載且較能完整反映其三教思想的論述。其中，以良知統攬三教爲王畿三教之論的核心。相關論述可參見王畿的《三教堂記》、《南遊會紀》、《東遊會語》、《書陳中閣卷》、《與李中溪》、《水西別言》、《自訟長語示兒輩》、《答五臺陸子問》等。

是年

鄒守益發明《學》《庸》合一之旨　是年，鄒守益與同志會於白鷺洲書院，王敬所率諸生千人聽講，鄒守益發明《學》《庸》合一之旨。鄒守益認爲，《大學》可以歸旨於明明德，《中庸》可以歸旨於致中和。而中和與明德是統一和相同的，明德即是謂性，修道之途在愼獨。所以，明德、中和、愼獨是一致的，同時，格物、致知、愼獨也是一致的。這樣，鄒守益把《大學》、《中庸》歸於一旨，即愼獨。

郭燕華《東廓鄒先生年譜簡編》：「嘉靖三十六年丁巳，1557年，六十七歲。是年，先生會學於白鷺洲書院（又稱「白鷺會」），王敬所率諸生千人聽講，先生發明《學》《庸》合一之旨。」

鄒守益《白鷺書院講義》：「《大學》以家國天下納諸明明德，《中庸》以天地萬物納諸致中和。天地萬物者，家國天下之總名也；中和者，明德之異名也。明德即性也。明明德、親民而止至善，安焉謂之率性，復焉謂之修道，而本本原原，不越愼獨一脈。……故自其獨知之眞切，樂行憂違確乎不可拔也，命曰思誠；自其憂樂之精明炯乎不可昧也，命曰致知；自其憂樂之所在森乎不逾其則也，命曰格物。物不逾其則，則知復其精，意復其眞。夫是以忿懥好樂無所滯而心得其正，命之曰中；親愛賤惡無所辟而身得其修，命之曰和。立中達和，溥博而時出之，以言乎家庭日齊，以言乎閭里日治，以言乎四海九洲日平，以言乎天地萬物則備矣，……世之豪傑，孰不欲位育之運諸掌也，而欠卻中和；孰不欲中和之體諸躬也，而欠卻戒懼。是僕根而薪茂，涸源而蘄流，聞見日博，測度日切，摹擬日精，而至善日遠矣。」

耿定理二十四歲已知反身體悟，學從本入　是年，耿定理二十四歲。當一朋友問「子學從何入」時，耿定理言「吾學從無極太極入，不落陰陽五行。」其兄耿定向大怒，並痛責不已，認爲其沒有反身體會，只會談玄說異。耿定理說，世人讀孔孟之書，多爲陞官進達，更沒有反身體會。耿定理認爲，「從無極太極入」乃是學從反本，學問之本，只是一「中」字，特被子思點

出，「喜怒哀樂，未發之謂中。」而「從無極太極入」正是喜怒哀樂未發之前之境界，故爲學之入手處。耿定向聽後，亦有所啓發。

耿定向《繹中庸》（《耿天臺先生文集》卷十）：「嘉靖丁巳，仲子（耿定理）有聞矣，余猶未之識也。一日，友問仲子曰：『子學從何入？』仲子曰：『吾學從無極太極入，不落陰陽五行。』余聞而艴然，怒訶之曰：『小子誦習孔孟書，不反身體會，乃剿此玄談，可訝也。』仲子素嚴事余，乃抗對曰：『吾亦重訝世人讀孔孟書，第藉以梯榮肥，更無一反身體會者。』……仲子曰：『肇道統者，僉稱堯舜相傳宗旨，只是一中。子思子，孔氏之神孫也，特爲之注曰：喜怒哀樂，未發之謂中。今讀孔氏書者，孰從未發前覰一目哉？』……因日與討究，幸有所啓。」

世宗嘉靖三十七年　戊午（1558 年）

湛若水 93 歲，季本 74 歲，聶豹 72 歲，鄒守益 68 歲，錢德洪 63 歲，王畿 61 歲，羅洪先 55 歲，羅汝芳 44 歲，何心隱 42 歲，耿定向 35 歲，焦竑 18 歲，顧憲成 9 歲。

郝敬（1558～1639）生。

冬，鄧元錫師事鄒守益、劉邦采、劉陽　是年，鄧元錫問學於鄒守益、劉邦采、劉陽等師，鄒守益以「戒懼」爲贈，劉邦采、劉陽對其學多有提攜，鄧元錫學日進。

許孚遠《翰林院待詔鄧汝極先生墓誌銘》（《明文海》卷四四五）：「君諱元錫，字汝極，別號潛谷，……戊午冬，行至中途，復回車。過吉州，問學於鄒文莊、劉師泉、劉三五諸先生，文莊手書『發育峻極，從三千三百充拓三千三百，從戒懼心體流出』語爲贈，而二劉先生於汝極有深契，交加鍛鍊，學益有得已。」

是年

葉茂才生　葉茂才，明代東林學者。字參之，號閒適，無錫（今江蘇無錫）人。

錢謙益《嘉議大夫南京工部右侍郎葉公墓誌銘》（《牧齋初學集》卷五二）：「公諱茂才，字參之，……公卒於崇禎二年六月十七日，享年七十有二。」

《東廓鄒先生文集》成　是年，《東廓鄒先生文集》成。《東廓鄒先生文集》是在《初稿》和《摘稿》的基礎上，融合鄒守益晚年所著錄，一備而成。守益師事守仁，學宗良知，為守仁嫡傳，其學發良知繼善成性之真，從而立我達人。為學以戒慎為教，慎獨為止。

程寬《東廓鄒先生文集後序》：「門人蓬萊陳辰始類其《初稿》以梓，諸同志又摘其言之切於要者一百二十四篇梓之，名曰《摘稿》，而晚年所著錄，未備也。今吾南劉翁來守於建，偕蓉山董翁鳩其全集梓之，以惠天下學者，嗚呼，讀者於此而良知之心可以油然而興矣！……嘉靖戊午春閩建門人程寬栗之拜譔。」

《四庫全書總目提要》卷一七六：「《東廓集》十二卷（江西巡撫採進本），明鄒守益撰。……守益傳王守仁之學，詩文皆闡發心性之語。其門人陳辰始編錄所作為《東廓初稿》。東廓山名，守益講學處也。諸門人又梓其切要者一百二十四篇名曰『摘稿』，而晚年著述則未之備。是編為嘉靖中所刊，題『建寧府知府劉佃匯選，同知董燧編次，通判黃文明掄集』，又題『門人周怡、宋儀望、邵廉續編，孫德涵等十八人重輯』。錯互顛舛，莫知竟出誰手也。史稱世宗欲去興獻帝本生之稱，守益疏諫，下獄拷掠。嘉靖二十九年九廟災，守益疏陳上下交修之道，又忤旨落職。其疏具載本傳，今集中乃不載。考《千頃堂書目》，此集之外尚有《東廓遺橐》十三卷。今未見其本，或別收於遺橐中歟？」

案：關於《東廓鄒先生文集》的成書時間，基本依此為準。據呂懷的《東廓鄒先生文集序》：「知建寧府事吾南劉君，先生邑人，家學淵源，其為私淑先生既久，至是治建，尤汲汲倡明斯道，以興多士，是用匯先生詩文，約為十卷，鋟梓以傳。維厥寅樂安董君編次之，損齋黃君、季岩葉君贊理之，若曰懷知先生深，爰寓書屬言謂之序云。嘉靖庚申端陽前二日永豐呂懷拜撰。」「嘉靖庚申」為1560年，晚於程寬《東廓鄒先生文集後序》「嘉靖戊午（1558）」，故成書應該為嘉靖戊午。同時，《四庫全書總目提要》的《東廓集》基本與此相同，其言「建寧府知府劉佃匯選，同知董燧編次，通判黃文明掄集」和呂懷記載基本吻合。是書以後的流傳中可能又經「門人周怡、宋儀望、邵廉續編，孫德涵等十八人重輯」。至於是書的刊刻，應該在隆慶壬申（1572），據馬森《東廓鄒先生文集序》：「森久宦江右，因得侍先生，□論深相知信，先生之季子穎泉君又辱在交遊，有同志之雅，今來長憲吾閩，風化所被，猶仰象賢，間以學生文集若干卷示森，曰：『將梓之，以惠來學。』命森敘之。森雖不文，然素受學生教，又思

陽明之學遍天下，而能發其蘊者無如先生，故忘其淺陋而敬爲之序，……隆慶壬申仲秋之吉晚學生懷安馬森撰。」

耿定理在京師論「中」 是年，耿定理從其兄耿定向來京師，並和諸同志遊。一日，大會上有一人舉「中」義相質，同志各抒己見，獨定理不言，不久，定理請諸君觀「中」，並強調「中」在我們生活中，不僅僅在書本上，諸同志有省。

耿定向《繹中庸》（《耿天臺先生文集》卷十）：「戊午歲，仲子從余來京師，時海內顯學，多與遊處。一日，大會。或舉中義相質。同志各呈所見。仲子獨嘿不語。忽從座中崛起，拱立曰：『請諸君觀中。』隨慨曰：『捨當下言中，沾沾於書冊上覓中，終生罔矣。』同志因有省者。」

王棟主講白鹿洞書院、正學書院 是年，王棟服父喪期滿，除江西建昌南城縣訓導。兩奉杜史聘其主白鹿洞、南昌府正學書院會。

《明儒王一庵先生遺集‧年譜紀略》：「（嘉靖）三十七年戊午，先生五十六歲。（是年除江西建昌南城縣訓導。兩奉杜史聘主白鹿洞、南昌府正學書院會。……）」

顏均傳程學顏大中之學 是年，顏均在舟中傳授大中之學與程學顏。大中之學爲《大學》、《中庸》之簡稱。顏均認爲，《大學》、《中庸》爲孔子傳心口訣，是所有學問的精竅，也是自我修養圓潤之學。

黃宣民《顏均年譜》：「（嘉靖）三十七年戊午（公元1558年），五十五歲。南下途中，門人程學顏追訪至，在舟中傳授大中之學。」

程學顏《衍述大學中庸之義》：「《大學》、《中庸》書，名篇也。……我師顏山農獨指判曰：『此尼父自選傳心口訣也。……』……是故自我廣遠無外者，名爲大；自我凝聚員神者，名爲學；自我主宰無倚者，名爲中；自我妙應無跡者，名爲庸，合而存，存一神也。尼父之學，不可知之學也。」

世宗嘉靖三十八年　己未（1559 年）

湛若水 94 歲，季本 75 歲，聶豹 73 歲，鄒守益 69 歲，錢德洪 64 歲，王畿 62 歲，羅洪先 56 歲，羅汝芳 45 歲，何心隱 43 歲，耿定向 36 歲，焦竑 19 歲，顧憲成 10 歲。

楊愼卒，楊愼（1488～1559），字用修，號升菴，四川新都人，明代著名

學者。

十一月，程文德卒 程文德（1497～1559），明代浙中王門學者。初受業章懋，後從王守仁遊。舉嘉靖八年（1529）進士，授翰林編修。累擢吏部左侍郎，掌詹事府。不好為道家事，所撰青詞，有規諷意。嘉靖不悅並銜之，調南京工部右侍郎。上疏忤旨，除名歸，聚徒講學以終，貧不能殮。萬曆間，諡文恭。其學以眞心為學之要，認為做人做事只要做到眞心而無文飾，便是致知，便是愼獨，便是求放心。是年卒，年63歲。著有《松溪集》、《程文恭遺稿》。

姜寶《松溪程先生年譜》：「（嘉靖）三十八年己未冬十一月二十有八日，先生終。時年六十三歲。」

《明儒學案》卷一四：「程文德字舜敷，號松溪，婺之永康人。……三十八年十一月卒，年六十三。萬曆間贈禮部尚書，諡文恭。先生初學於楓山，其後卒業於陽明。以眞心為學之要，雖所得淺深不可知，然用功有實地也。」

十二月，蔣信卒 蔣信（1483～1559），明代心學家，楚中王門學者。正德二年（1507），王守仁謫貴州龍場驛丞，路過常德。他與縣人冀元亨拜守仁為師。後又拜湛若水為師，兩人交遊甚久。嘉靖十一年（1532）中進士，授戶部主事，轉兵部員外郎，後出任四川僉事，遷貴州提學副使。蔣信是著名的學者，其學以折中王、湛兩家為要，重良知之本體，持甘泉之工夫，然得甘泉為多，故又有宋學傾向，以愼獨為主，篤行實踐，主經世致用，學者稱為正學先生。出其門者，如姚學閔、龍德孚、胡舜華、鄒元標等，大都長於政事，優於德行。著有《蔣道林文粹》、《桃岡講義》、《桃岡目錄》、《古大學義》等。

孫應鼇《正學先生道林蔣公墓誌銘》（《明文海》卷四四二）：「歲嘉靖己未冬十月，某以省覲，道武陵，侍論道林先生桃岡，三日期蒞官再侍焉，逾三月，某以蒞官復道武陵，未至前十日先生屬纊矣。十二月三日也，嗟痛哉！先生壽七十有七。……成化癸卯八月丁亥為先生始生。」

《明儒學案》卷二八：「蔣信字卿實，號道林，楚之常德人。……三十八年十二月庚子卒，年七十七。……是故先生之學，得於甘泉者為多也。……先生既從一動一靜之間，握此頭腦，謂動而未形，有無之間，所謂幾者，聖賢戒愼恐懼，正是於此精一。用處，即是體，和處，即是未發之中。夫周子之所謂動

者，從無爲中，指其不泯滅者而言，此生生不已，天地之心也。誠神幾，名異而實同，以其無謂之誠，以其無而實有謂之幾，以其不落於有無謂之神。先生以念起處爲幾，念起則形而爲有矣。有起則有滅，總極力體當，只在分殊邊事，非先生約歸理一之旨也。先生之論理氣心性，可謂獨得其要，而工夫下手反遠之，何也？」

案：據《明儒學案》，蔣信「得於甘泉者爲多也」，如果從師承而言，應歸爲甘泉學派，今歸爲楚中王學，主要是以地域言。

世宗嘉靖三十九年　庚申（1560 年）

湛若水 95 歲，季本 76 歲，聶豹 74 歲，鄒守益 70 歲，錢德洪 65 歲，王畿 63 歲，羅洪先 57 歲，羅汝芳 46 歲，何心隱 44 歲，耿定向 37 歲，焦竑 20 歲，顧憲成 11 歲。

四月一日，唐順之卒　唐順之（1507～1560），明代南中王門學者。嘉靖八年（1529）會試第一，授庶吉士，調兵部主事，後轉吏部。嘉靖十二年（1533），任翰林院編修，校對累朝實錄，後罷官入陽羨山中讀書十餘年。嘉靖三十三年（1554），倭寇屢犯，起用爲兵部職方郎中，泛海累敗倭寇，以功擢右僉都御史，巡撫鳳陽。是年，帶病泛海禦倭，卒於通州（今江蘇南通），年 54 歲。崇禎時追諡襄文。學者稱「荊川先生」。他學識淵博，又志在經世，喜論政談兵，探究性理。論文強調文章要有眞精神和千古不可磨滅之見識，並應直抒胸臆，信手寫出。其學受王畿和聶豹影響較大，得王畿爲多，以天機爲宗，無欲爲功夫；也受聶豹歸寂說的影響。其著作大體有五編：《儒編》、《左編》、《右編》、《文編》、《稗編》等。

《明唐荊川先生年譜》：「（嘉靖）三十九年庚申，五十四歲。……筋衣履而卒，時四月一日也。」

《明儒學案》卷二六：「唐順之字應德，號荊川，武進人也。……先生之學，得之龍溪者爲多，故言於龍溪，只少一拜。以天機爲宗，以無欲爲工夫。謂：『此心天機活潑，自寂自感，不容人力，吾惟順此天機而已。障天機者莫如欲，欲極洗淨，機不握而自運矣。成、湯、周公坐以待旦，高宗恭默三年，孔子不食不寢，不知肉味。凡求之枯寂之中，如是艱苦者，雖聖人亦自覺此心未能純是天機流行，不得不如此著力也。』」

四月，湛若水（1466～1560）卒　參見《明儒學案》卷三七、郭棐《湛文簡公傳》（《明文海》卷三九七）。

是年

何心隱遇張居正，始埋下殺身之禍　是年，耿定向引見張居正給何心隱，何心隱、張居正、耿定向三人在城東僧舍相遇，何心隱隨便地對張居正講：「公在太學，知太學道乎？」張居正說沒有聽說，並不無諷刺地說：「爾意時時欲飛，卻飛不起也！」張居正走後，何心隱沮喪地對耿定向說：「夫！夫也，異日必當國，當國必殺我！」

侯外廬等《何心隱年表》：「嘉靖三十九年（庚申），四十四歲。與江陵會京師顯靈宮，時在京師寓耿天臺邸舍。」

耿定向《里中三異人傳》（《耿天臺先生文集》卷一五）：「嘉靖庚申歲也，余時官北臺。狂匿程君邸。即同里士紳避不見，間從北部羅汝芳氏遊。余故與程、羅兩君交善，時相往反，因晤之。聆其言，貌若癲狂，然間出語有中吾衷者。時張江陵爲少司成。予挈之城東僧舍，與晤。狂俯首凝睇目江陵曰：『公居大學，知大學道乎？』江陵爲弗聞者，遊目而攝之曰：『爾意時時欲飛，卻飛不起也。』江陵別去，狂捨然若喪曰：『夫！夫也，吾目所不及多見，異日必當國。殺我者必夫也。』」

羅洪先致書聶豹，駁其專事寂靜　是年，羅洪先致書聶豹，駁其專事寂靜。羅洪先認爲爲學在知幾，幾爲動之微，此爲千聖之命脈，而儒家兢業之事便是知幾，此知幾可訓爲執中。由於幾爲動之微，故羅洪先已表明其反對寂靜之說。而聶豹認爲兢業另有所在，這是羅洪先不能接受的。

錢穆《羅念庵年譜》：「世宗三十九年庚申，五十七歲。……答雙江公有云：周子曰：幾者動之微，此千聖之命脈，至此始盡露其旨。無二幾也，萬動俱微，是謂知幾。稍涉於動，便是失幾。兢兢業業，吃緊在此。此幾謂之爲一亦可，謂之爲萬亦可。蓋一即一切，一切即一，佛家已識此件。若訓爲萬務，不見執中的意思。在眾人視之爲萬物，在聖人視之爲幾。微與不微所由辨也。除卻執中，更無兢業。以兢業與行所無事作二義看，似尚可論。來論謂兢業蓋有所在，不知更何在也。」

鄒守益發明工夫「合一之旨」之說　是年，鄒守益應胡宗憲之邀，

入浙謁陽明祠，並會講於天眞書院，發明工夫「合一之旨」之說，會講之後，又遊武夷山。鄒守益認為，戒愼工夫與誠意致知格物之旨相同，戒愼恐懼便是愼獨。戒懼可通致知，可達格物。從工夫而言，戒愼與致知格物異趣同工。

郭燕華《東廓鄒先生年譜簡編》：「嘉靖三十九年庚申，1560年，七十歲。……同年先生應胡宗憲之邀，入浙謁陽明祠，會講於天眞書院，發明工夫「合一之旨」之說，爾後，先生遊武夷山。」

鄒守益（費浩然等錄）《浙遊聚講問答》：「問：『戒愼工夫與誠意致知格物之旨同異，何以別？』曰：戒愼恐懼，便是愼；不睹不聞，莫見莫顯，便是獨。自戒懼之靈明無障，便是致知；自戒懼之流貫而無虧，便是格物。故先師云：子思子撮一部《大學》作《中庸》首章，聖學脈絡，通一無二，淨洗後世支離異同之窟。正心是未發之中，修身是發而中節之和，天地位，萬物育，是齊家治國平天下。詞有詳略，工夫無詳略。」

耿定向得一「忘」字要訣　是年，耿定向彈劾吏部尚書吳鵬，因此而與首輔嚴嵩生隙，形勢對耿定向很不利，有的同僚當時還勸其外調。危難中，張居正告誡耿定向持一「忘」字，方能忘人忘我，心寬事願。

耿定向《觀生記》：「（嘉靖）三十九年庚申，我生三十七歲。……時銓政濁亂，余上疏彈太宰及以賄進者。語侵要人。要人側目，日夕遣邏卒在門，伺余動靜。……江陵謂我曰：『我能忘人，人自忘我。危疑中持一忘字，要矣！』余深有契乎其言也。」

羅洪先認同胡直之博約說　是年，羅洪先以博約說質之羅洪先，羅洪先初不是很贊同，不久寫信於胡直，深信無疑。博約說大意為，宋儒格物窮理（博）是錯誤的；今儒致良知過於簡單（約），易流於空疏，也是不對的；致知應以約禮為歸，約禮即約吾心之良知以禮，此正是歐陽德所言之體仁。

耿定向《明福建提刑按察司按察使胡公墓誌銘》（《耿天臺先生文集》卷一二）：「公諱直，……（嘉靖）己未，……公過家，以博約旨質之羅文恭（羅洪先）。文恭初未深頷。既在楚，文恭貽書曰：『吾於子博約說，洞然無疑。』」

世宗嘉靖四十年　辛酉（1561年）

季本77歲，聶豹75歲，鄒守益71歲，錢德洪66歲，王畿64歲，羅洪先58歲，羅汝芳47歲，何心隱45歲，耿定向38歲，焦竑21歲，顧憲

成 12 歲。

五月，黃弘綱卒 黃弘綱（1492～1561），明代江右王門學者。正德十一年（1516）舉人。嘉靖二十三年（1544），始任爲汀州府推官，升刑部主事。後請致仕，歸與鄒守益、聶豹、羅洪先等講學。黃弘綱長期跟隨王守仁學習，爲其得意門生。其學前後有變，最初強調「持守」，其後以「不致纖毫之力，一順自然」爲主。黃善於推闡師說，崇尚實踐。王守仁「良知」之說發自晚年，未及與學者深究其旨，其門人遂忽略其「誠一無僞」之本體，而以意念之善者爲「良知」。黃弘綱持重守堅，主天然之良知，對「四句教」不盲目信從。著有《黃洛村集》。

羅洪先《明故雲南清吏司主事致仕洛村黃公墓銘》（《念庵文集》卷一五）：「（嘉靖）辛酉五月二十八日端坐而逝，距其生弘治壬子七月十八日，壽止七十，……君名弘綱，字正之。」

《明儒學案》卷一九：「黃弘綱字正之，號洛村，江西雩縣人。……四十年五月二十八日卒，年七十。先生之學再變，始者持守甚堅，其後以不致纖毫之力，一順自然爲主。……先生曰：『以意念之善爲良知，終非天然自有之良。知爲有意之知，覺爲有意之覺，胎骨未淨，卒成凡體。於是而知陽明有善有惡之意，知善知惡之知，皆非定本。意既有善有惡，則知不得不逐於善惡，只在念起念滅上工夫，一世合不上本體矣。』四句教法，先生所不用也。」

何心隱用乩術去嚴嵩 是年，因嘉靖信奉道教，何心隱與徐階合作，讓道士（泰州學派弟子）假借「姦臣如嚴嵩」之名來使皇帝疏遠嚴嵩，爲最終扳倒嚴嵩打下了基礎。

侯外廬等《何心隱年表》：「嘉靖四十年，四十五歲。因乩術去嚴嵩，南旋，易名何心隱；錢同文（懷蘇）棄官從之。」

秋，耿定向、耿定理、胡直相會，胡直以「以無念爲宗」，耿定理揭「以不容己爲宗」 是年秋，耿定向與胡直會於漢江之滸，談爲學宗旨，胡直以「以無念爲宗」，耿定理揭「以不容己爲宗」。

耿定向《明福建提刑按察司按察使胡公墓誌銘》（《耿天臺先生文集》卷一二）：「辛酉秋，余被命巡西夏，偕仲弟子庸晤於漢江之滸。時公學以無念爲宗。舉以叩余弟。子庸曰：『吾學以不容己爲宗。』」

程學顏卒 程學顏（？～1561），明代泰州學派學者。字二蒲，號後臺，湖北孝感人。官至太僕寺丞。爲學上進而執著，死後與何心隱合葬。

耿定向《里中三異人傳》（《耿天臺先生文集》卷一六）：「何狂者，姓梁名汝元，後自變易姓名爲何心隱，……嗣程君升冏丞，……無何程冏丞卒於京邸，予有西夏之命，狂移館別邸。從之遊者，諸方技及無賴遊食者，咸集焉。」

耿定向《觀生記》：「（嘉靖）四十年辛酉，我生三十八歲。……徐公曰：『時南中吳督學待次升矣，意藉重公西夏之行，姑少遲以待。』」

《明儒學案》卷三二：「程學顏字二蒲，號後臺，孝感人也。官至太僕寺丞。自以此學不進，背地號泣，其篤志如此。心隱死，其弟學博曰：『梁先生以友爲命，友中透於學者，錢同文外，獨吾兄耳。先生魂魄應不去吾兄左右。』乃開後臺墓合葬焉。」

案：是年，耿定向有西夏之行，程學顏卒，其生年不可知。

耿定向告誡何心隱要慎行 是年，耿定向有西夏之行，臨行，告誡何心隱要慎言慎行，何心隱不以爲然，不久，嚴嵩（分宜）之子被言官彈劾而下第，估計與何心隱有關。

耿定向《里中三異人傳》（《耿天臺先生文集》卷一六）：「無何程冏丞卒於京邸，予有西夏之命，狂移館別邸。從之遊者，諸方技及無賴遊食者，咸集焉。余頻行，謂之曰：『子慎所與哉。』應曰：『萬物皆備於我，我何擇焉。』尋分宜子爲言官論敗，或曰狂有力焉。」

孟化鯉師事尤時熙 是年，孟化鯉十七歲，感歎人生苦短，不可不有所爲，時尤時熙力行古道、學有所得，孟化鯉遂師事之。

鄒元標《奉政大夫吏部文選郎中雲浦孟公墓碑》（《願學集》卷五下）：「先生諱化鯉，字淑龍，……十七補邑弟子員，念人生如漚露，波波一生不可爲人。西川尤先生力行古道，始就學焉。」

案：孟化鯉生於1545年，今年十七歲。

世宗嘉靖四十一年　壬戌（1562 年）

季本 78 歲，聶豹 76 歲，鄒守益 72 歲，錢德洪 67 歲，王畿 65 歲，羅洪先 59 歲，羅汝芳 48 歲，何心隱 46 歲，耿定向 39 歲，焦竑 22 歲，顧憲成 13 歲。

七月，高攀龍生　高攀龍，明代東林學派著名學者。初字雲從，後字存之，別號景逸，江蘇無錫（今江蘇無錫市）人。

《高忠憲公年譜》：「世宗肅皇帝嘉靖四十一年壬戌七月十三日午時，公生。」

八月，陳九川卒　陳九川（1494～1562），明代江右王門學者。正德九年（1514）進士。觀政禮部，一度告假，後授太常博士。武宗南巡並尋歡作樂，與贛籍官員修撰舒芬、考功員外郎夏良勝、禮部主事萬潮等，連疏諫反對，觸怒武宗，入獄，罰跪午門的五晝夜，幾死廷杖，削爲民。此四人被稱爲「江西四諫」。世宗即位，起爲主客司郎中。群小陰恨之，謫鎮海衛。遇赦復官，致仕。因居明水山，遂易號明水，周遊講學四十餘年，伴名山以終。陳九川崇尚理學，拜王守仁爲師，是江右王門的代表人物。自謂其學「三起意見，三易功夫」，而未得其宗，先「從念慮上，長善消惡」，後才「意無不誠，發無不中，才是無善無惡實功」。後就正龍溪，方得良知工夫之實。其學受龍溪影響極大，爲學以「心無定體」、「愼獨知幾」爲旨，反對聶豹的歸寂說，主心體無善無惡說，於「立誠、存神、知幾、研幾」、「愼獨」合爲一體，貫注於心，浸潤於物。爲學重功夫，於良知有入室之見。著有《明水先生集》，晚年著有《傳習續錄》等。

徐泉海《陳明水先生年譜》：「嘉靖四十一年壬戌，1562年，六十九歲。是年九月五日之夕，有星墜居旁，先生乃卒，享年六十九歲。」

陳九川《答聶雙江》（《明水集》卷一）：「川（陳九川自稱）自服先師致知之訓，中間凡三起意見，三易工夫，而莫得其宗。始從念慮上，長善消惡，⋯⋯即意無不誠，發無不中，才是無善無惡實功。⋯⋯及後入越，就正龍溪，⋯⋯始自愧心漢背，⋯⋯從獨知幾微處，嚴謹緝熙，工夫才得實落。⋯⋯致字工夫，僅無窮盡，即無善無惡非虛也，遷善改過非粗也。⋯⋯微龍溪，吾豈特同門而異戶哉，殆將從空華結空果矣。」

《明儒學案》卷一九：「陳九川字惟濬，號明水，臨川人也。⋯⋯嘉靖四十一年八月卒，年六十九。⋯⋯先生則合寂感爲一，寂在感中，即感之本體。感在寂中，即寂之妙用。⋯⋯是先生與偏力於致知者大相逕庭。顧念菴銘其墓猶云：『良知即未發之中，無分於動靜者也。』指感應於酬酢之跡，而不於未發之中，恐於致良知微有未盡。是未契先生宗旨也。」

案：關於陳九川的卒年，《陳明水先生年譜》記爲「九月」，而《明儒學案》

記爲「八月」，羅洪先《明故禮部主客郎中致仕明水陳公墓誌銘》記爲「先生生弘治甲寅十月十六日，卒嘉靖壬戌八月某日，享年六十有九。」因羅洪先和陳九川爲同時代之人，更爲可靠，故從之。

十月七日，王畿會羅洪先，就現成良知說進一步交換意見，不能合 王畿、羅洪先在現成良知問題上一直不能達到一致，特別是經過羅洪先三個《遊記》之後，其分歧更爲明顯。是年，王畿往赴松原，與羅念庵等聚會，雙方就現成良知的問題進一步交換了意見，羅洪先再次重申世間那有現成良知之說，他們雖仍見解不一，彼此卻友好如初。

彭國翔《王龍溪先生年譜》：「嘉靖四十一年壬戌，1562年，六十五歲。是年冬仲十月七日，龍溪往赴松原，與羅念庵等聚會，雙方就現成良知的問題進一步交換了意見，雖仍見解不一，彼此卻友好如初。」

羅洪先《松原志晤》（《念庵文集》卷八）：「壬戌仲冬七日，忽自懷玉訪余松原，余不出戶者三年，於是連榻信宿，盡得傾倒。龍溪問曰：『近日行持自覺比前何似？』……龍溪曰：『世間那有現成先天一氣，先天一氣非下萬死工夫，斷不能生。……』余應聲贊曰：『兄此言極是，世間那有現成良知，良知非萬死工夫，斷不能生也，不是現成可得。』」

十一月，王畿有論良知工夫說 是年，王畿赴吉水松原，訪羅洪先先生，共訂所學。雖然他們就現成良知問題上一直不能達到一致，但王畿就良知工夫說說出了自己的見解。王畿承接先天正心之學和後天誠意之學之論，強調先天正心之學是「從頓入者，即本體以爲工夫」，此種「工夫」，其實是羅洪先等人所批評的「現成良知」，即沒有工夫可言。後天誠意之學是「從漸入者，用工夫以複本體，」而此種「工夫」，才是羅洪先等人所贊同的致良知工夫。王畿的「從頓入者，即本體以爲工夫」是一種道德的自信和良知的自然流露，是先天的良知和後天之呈現的自然統一，也是對良知當下的把握與自覺，王畿稱之爲「即本體以爲工夫」。同時，此種工夫的先天條件是「利根之人」的「頓入」。

王畿《松原晤語》（《龍溪王先生全集》卷一）：「予不類，辱交於念庵子三十餘年，……壬戌冬仲，往赴松原新廬，共訂所學。……夫聖賢之學，致知雖一，而所入不同。從頓入者，即本體以爲工夫，天機常運，終日兢業保任，不離性體，雖有欲念，一覺便化，不致爲累。所謂性之也。從漸入者，用工夫以

複本體，終日掃蕩欲根，袪除雜念，以順其天機，爲使爲累。所謂反之也。」

案：關於王畿對良知工夫的討論，可參見王畿的《松原晤語壽念庵羅丈》、《答茅治卿》等文。

十一月，鄒守益卒 鄒守益（1491～1562），明代心學家，江右王門學者，王守仁的親炙弟子，主要傳人。正德六年（1511）中進士第一，授編修。官至南京國子監祭酒。逾年告歸，師守仁，宸濠反，參守仁軍事。世宗即位，始赴官。因直諫謫廣德州判官，累遷南京國子監祭酒，又因諫事落職。守益天資純粹，里居日事講學達20餘年，四方從遊者踵至，學者稱東廓先生。鄒守益所推動的講學活動，在江右地區及周邊地區有很大的影響力。從嘉靖五年開始，由鄒守益主持的講學活動就有大大小小數百次。其在傳播王學中的作用及影響均在其它諸門諸子之上。在學術上，其說以「戒懼」爲宗旨，以持「敬」爲途徑。認爲戒愼恐懼即致良知（「明明德」），同時，鄒守益強調，只有戒愼恐懼，才能恢復良知本體的常精常明（「明明德」），才能自強不息、積極進取，並認爲戒愼恐懼是爲學大要，亦是爲學功夫。總體而言，鄒守益因穩健而偏於守成，因力闢當時空疏學風而趨於保守，講學以護衛和申論師說爲旨歸。是年卒，年72歲。追諡文莊。著有《東廓集》。

宋儀望：《翰林院侍讀學士追贈禮部侍郎諡文莊東廓先生行狀》（《明文海》卷四四四）：「世有大儒曰東廓先生，姓鄒氏，諱守益，字謙之，吉之安福人。……壬戌九月，先生寢疾，……至十一月九日，王龍溪畿至自浙入問疾，先生拱手以別，次日，疾亟，命義美扶坐，正衣冠端默而逝。……蓋先生之學，指受雖有所自，至其深造自得，彌老而篤，則今之學者莫能至也。海內之士，謂陽明王公之學，所賴以不墜者，先生之功爲大，誠知言矣。」

《明儒學案》卷一六：「姚江之學，惟江右爲得其傳，東廓、念菴、兩峰、雙江其選也。……蓋陽明一生精神，俱在江右，亦其感應之理宜也。……鄒守益字謙之，號東廓，江西安福人。……四十一年卒，年七十二。隆慶元年，贈禮部右侍郎，諡文莊。……先生之學，得力於敬。敬也者，良知之精明而不雜以塵俗者也。吾性體行於日用倫物之中，不分動靜，不捨晝夜，無有停機。流行之合宜處謂之善，其障蔽而壅塞處謂之不善。蓋一忘戒懼則障蔽而壅塞矣，但令無往非戒懼之流行，即是性體之流行矣。離卻戒愼恐懼，無從覓性；離卻性，亦無從覓日用倫物也。故其言：『道器無二，性在氣質。』皆是此意。……夫子之後，源遠

而流分，陽明之沒，不失其傳者，不得不以先生爲宗子也。」

冬，焦竑從學於耿定向 是年，焦竑師從耿定向，可以說，正是耿定向將其引導到陽明之學。後來，焦竑又師從王襞、羅汝芳，學問開始向泰州學派轉型。

《焦竑年譜》：「嘉靖四十一年壬戌（西曆一五六二），竑年二十三。冬，耿定向來督南直隸學政，竑遂受學於定向。」

是年

陶望齡生 陶望齡，明代泰州學派學者。字周望，號石簣，浙江會稽人。

陶望齡《亡兄虞仲傳》：「嘉靖庚申，大人父承學以按擦副使治兵九江府。……後二年，孿生二男子，長曰望齡，次曰高齡。」

案：嘉靖庚申爲1560，後二年，即1562年生。

世宗嘉靖四十二年　癸亥（1563 年）

季本 79 歲，聶豹 77 歲，錢德洪 68 歲，王畿 66 歲，羅洪先 60 歲，羅汝芳 49 歲，何心隱 47 歲，耿定向 40 歲，焦竑 23 歲，顧憲成 14 歲，高攀龍 2 歲。

四月，季本卒 季本（1485～1563），明代心學家，浙中王門學者。明代大臣、學者。正德丁丑（1517 年）進士，進士及第後，授建寧府推官，徵爲御史，以言事謫揭陽主簿。官至長沙知府，落職歸。是年卒，年 79 歲。守仁故後，其門人宗旨異趣，各有所張，而「以自然爲宗」（主要指王畿等）的風氣很盛。季本以爲這種說法有背師門宗旨，轉而提出「龍惕說」，龍爲心體，變化而警惕，變化而不拘，警惕而有節，警惕爲心之主宰，變化爲心之無方。季本認爲自然不能沒有主宰，自然只是主宰之無滯。其說與王畿相反，重主宰而惡自然。其保持警惕的功夫爲愼獨，要保持心體常精常明，功夫有主。其學對遏制王學向狂蕩發展，具有一定作用。另外，季本對經學研究頗深，著有《易學四同》、《詩說解頤》、《春秋私考》、《四書私存》、《說理彙編》《讀禮疑圖》、《孔孟圖譜》等。

徐渭《師長沙公行狀》（《徐渭集》卷二七）：「先生姓季，諱本，……易榻而

暝，爲嘉靖癸亥四月二十九日，距生成化乙巳九月十三日，享年七十有九。」

《明儒學案》卷一三：「季本字明德，號彭山，越之會稽人。……嘉靖四十二年卒，年七十九。少師王司輿（名文轅），後師事陽明。先生之學，貴主宰而惡自然，以爲『理者陽之主宰，乾道也；氣者坤之流行，坤道也。流行則往而不返，非有主於內，則動靜皆失其則矣』。其議論大抵以此爲指歸。……先生於理氣非明睿所照，從考索而得者，言之終是鶻突。弟其時同門諸君子單以流行爲本，體玩弄光影，而其升其降之歸於畫一者無所事，此則先生主宰一言，其關係學術非輕也。故先生最著者爲《龍惕》一書，謂『今之論心者，當以龍而不以鏡，龍之爲物，以警惕而主變化者也。理自內出，鏡之照自外來，無所裁制，一歸自然。自然是主宰之無滯，曷常以此爲先哉？』……先生閔學者之空疏，只以講說爲事，故苦力窮經。」

四月，耿定向與王襞論學　是年，耿定向與王襞論克己復禮之學，隨後，聘其督建並主講泰州安定書院，可以說，耿定向正是通過王襞瞭解王艮的學說，並自稱「私淑」，後人評價爲「先生之學，得之東崖者多矣。（袁承業《王心齋先生弟子師承表》）」可謂中肯。

耿定向《觀生記》：「（嘉靖）四十二年癸亥，我生四十歲。……四月，巡駐淮安。……時屬泰州守肅王東崖壁來晤，……徐與論克己復禮，東崖釋克己即能己以天地萬物依己，不以己依天地萬物云云。蓋承傳乃父立本旨也。徐君未達，以質余，余曰：『講學不須在此陳言上解釋。即察王君當下心神眞能承服父學，欲以其學通吾儕，別無一絲塵襟，便是能立己。吾儕當下心神惟是求學，更無些子勢位在胞中作障，便是克己。』余仲釋克己是無我云，徐君因大有省。」

焦竑《王東崖先生墓誌銘》（《澹園集》卷三一）：「天臺耿師嘗晤先生，迎謂曰：『眾多君解了於道有得，君自謂若何？』先生曰：『道者，六通四辟之塗也。藉謂我有之，將探取焉？』而又曰：『我能得之，則已離矣。』余師大贊其言，定爲石交云。」

五月，鄒守益、錢德洪主修錢著《年譜》成　是年，錢著《年譜》歷多年而成。守仁逝世後，門人爲系統完整記載師說，以示學人，並風化後世，特編錢著《年譜》。錢著《年譜》始總裁於鄒守益，惜其早卒，後由錢德洪主編。《年譜》成後，羅洪先爲之考訂，王畿爲之序。錢著《年譜》是記錄王守仁生平履歷、思想變遷、學術演變等資料的重要參考典籍，是研究王守仁思

想的重要參考工具。

　　錢著《年譜‧年譜附錄一》(《王陽明全集》卷三六)：「(嘉靖)四十二年癸亥四月，先師年譜成。師既沒，同門薛侃、歐陽德、黃弘綱、何性之、王畿、張元沖謀成年譜，使各分年分地搜集成稿，總裁於鄒守益。越十九年庚戌，同志未及合併。洪分年得師始生至謫龍場，寓史際嘉義書院，具稿以復守益。又越十年，守益遺書曰：『同志注念師譜者，今多為隔世人矣，後死者寧無懼乎？譜接龍場，以續其後，修飾之役，吾其任之。』洪復寓嘉義書院具稿，得三之二。壬戌十月，至洪都，而聞守益訃。遂與巡撫胡松弔安福，訪羅洪先於松原。洪先開關有悟，讀《年譜》若有先得者。乃大悅，遂相與考訂。促洪登懷玉，越四月而譜成。」

　　錢穆《羅念庵年譜》：「世宗嘉靖四十二年癸亥，六十歲。陽明年譜編竣，念庵序之，曰：善學者，竭才為上，解悟次之，聽言為下。洪先談學三年而先生卒，未嘗一日及門，然於三者之辨，今已審矣。」

　　彭國翔《王龍溪先生年譜》：「嘉靖四十二年癸亥，1563年，六十六歲。是年五月，陽明《年譜》歷多年而成，龍溪作《陽明先生年譜序》，雖然對《年譜》予以高度肯定，但也指出未能盡發陽明思想的底蘊。」

　　案：關於《年譜》修成的具體時間，《王陽明全集‧年譜附錄一》記為「四十二年癸亥四月」，而錢德洪《陽明先生年譜序》為：「嘉靖癸亥夏五月，陽明先生年譜成。」相對於其它資料，錢德洪《陽明先生年譜序》的時間更為靠前，可靠性也更強，今從之。

八月，耿定向、羅汝芳建志學書院於宣城，祀王守仁　嘉靖四十一年 (1562)，羅汝芳出任寧國 (今安徽宣城) 知府。是年，羅汝芳和耿定向建志學書院。書院既祭祀陽明，又招諸生會文講學，宣傳教化。

　　錢著《年譜‧年譜附錄一》(《王陽明全集》卷三六)：「(嘉靖)四十二年癸亥四月，先師年譜成。……八月，提學御史耿定向、知府羅汝芳建志學書院於宣城，祀先生。洪、畿初赴水西會，過寧國府，諸生周怡、貢安國、梅守德、沈寵、余珊、徐大行等二百人有奇，延至景德寺，講會相繼不輟。是年，畿至。定向、汝芳規寺隙地，建祠立祀，於今講會益盛。後知府鍾一元扁為『昭代真儒』，遵聖諭也。」

十一月，聶豹卒　聶豹 (1487～1563)，明代心學家，江右王門學者。

正德十二年（1517）進士，歷任華亭知縣、御史、蘇州知府、平陽知府，官至兵部尚書。是年卒，年77歲。卒後追諡貞襄。聶豹因信服王陽明的「致良知」學說，以陽明弟子自居，但他根據王守仁「心之本體，原自不動」的觀點，得出「良知本寂」，割裂「寂」、「靜」（羅洪先和聶豹觀點相似，提出「主靜」說）與「感」、「動」的統一與圓融，獨立發展了「寂」、「靜」的一面，提出了「歸寂」說。其「歸寂」是為通感，通感即明物，即良知之應用，與禪學之苦寂不同。其學舍動求靜，離已發求未發，在良知本體上用功甚著，對其師學說雖有繼承的一面，但割裂也不少。同時，聶豹在「致良知」途徑上以「歸寂」、「主靜」為功夫，更多原因是因為當時王門弟子承領良知本體太易，而欠缺工夫，故其學說也有補救時弊之意。著有《雙江論學書》、《雙江聶先生文集》、《困辨錄》等。

徐階《明故太子太保兵部尚書贈少保諡貞襄聶公墓誌銘》（《聶豹集·附錄》）：「公諱豹，字文蔚。……公生成化丁未正月十三日，卒嘉靖癸亥十一月初四日，享年七十有七。」

吳震《聶豹略年譜》：「嘉靖四十二年癸亥（公元1563年），七十七歲。是年十一月初四日卒。」

《明儒學案》卷一七：「聶豹字文蔚，號雙江，永豐人也。……四十二年十一月四日卒，年七十七。隆慶元年，贈少保，諡貞襄。……先生之學，獄中閒久靜極，忽見此心真體，光明瑩徹，萬物皆備，乃喜曰：『此未發之中也，守是不失，天下之理皆從此出矣。』乃出，與來學立靜坐法，使之歸寂以通感，執體以應用。……其疑先生之學者有三……先生一一申之……而曰良知是未發之中，則猶之乎前說也。先生亦何背乎師門？乃當時群起而難之哉！」

尹臺《雙江先生文集序》：「先生之學，以歸寂為宗，以致虛守靜為入德不易之極。其所受雖有從出，然自得於友，驗然識之際，以超然獨契乎千載之上，豈世之淺聞膚窺者所能處涉其津涘也哉。」

冬，耿定向悟《中庸》之旨　是年，耿定向校士吳門，與諸生研讀《中庸》「大哉聖人之道」章時，頗有省處。回去後，反覆內省，忽明聖人之道乃在「明哲體」，只有「明哲體」，才能觀乎內外，貫穿上下。

耿定向《吳門麻語》（《耿天臺先生文集》卷八）：「（嘉靖）癸亥冬，校士吳門。與諸生細繹《中庸》『大哉聖人之道』章，頗有省處。獨未引詩義，覺未了

了。入夜伏枕，反身內觀，一無所有，惟些子炯然在此。大省人之爲人，惟此明哲體耳。此體透徹，此身乃爲我有，是以大哉之道屬之聖人也。夫即此明哲之體，通極於天，發育於萬物，貫徹於三千三百，洋洋優優，誰不具足？理會至此，不覺手舞足蹈於袵席間也。」

是年

張元沖卒　張元沖（1502～1563），浙中王門學者。嘉靖十七年（1538）進士，授中書舍人，改吏科給事中。後遷工科都給事中，出爲江西參政，廣東按察使，江西左右布政使，升右副都御史，巡撫江西。爲官正直，敢於直諫。是年卒，年 62 歲。其學宗良知，師事王守仁，爲學以戒懼爲入門，踐履爲工夫。方法上主張立志和有主，態度眞切純篤。

劉宗周《大中丞浮峰先生暨配胡淑人合葬墓誌銘》（《劉蕺山集》卷一三，《四庫全書》本）：「先生張氏，諱元沖，……先生生於弘治壬戌，卒於嘉靖癸亥。」

《明儒學案》卷一四：「張元沖字叔謙，號浮峰，越之山陰人。……先生登文成之門，以戒懼爲入門，而一意求諸踐履。文成嘗曰：『吾門不乏慧辨之士，至於眞切純篤，無如叔謙。』先生嘗謂學者曰：『孔子之道，一以貫之，孟子之道，萬物我備，良知之說，如是而已。』又曰：『學先立志，不學爲聖人，非志也。聖人之學，在戒懼愼獨，不如是學，非學也。』」

羅洪先未稱守仁門人　是年，《陽明年譜》成，羅洪先爲之作序，洪先對守仁非常敬重，如龍場之歷練、治贛之魄力、擒叛之勇氣，均爲洪先莫及。在良知承領上，洪先與龍溪有隙，最感佩雙江，據黃宗羲所言，「（洪先）先生之學，始致力於踐履，中歸攝於寂靜，晚徹悟於仁體。」其中，「致力於踐履」爲師事李谷平；「中歸攝於寂靜」爲敬佩聶雙江；「晚徹悟於仁體」爲自我所得。同時，洪先對守仁後學對良知承領太易深爲憂慮，雖然學承良知，但不願入師門之意志亦堅決。

錢穆《羅念庵年譜》：「世宗嘉靖四十二年癸亥，六十歲。《陽明年譜》編竣，念菴序之，曰：善學者，竭才爲上，解悟次之，聽言爲下。洪先談學三年而先生卒，未嘗一日及門，然於三者之辨，今已審矣。《陽明年譜》末附念菴論《年譜》書九首，緒山答書十首，其一云：兄於師譜，不稱門人，而稱後學。兄年十四，聞陽明先生講學，慨然有志就業。父母不令出戶庭。未嘗不憤憤。兄初疑吾黨承

領本體太易，並疑吾師之教。始之疑吾師，非疑吾師也，疑吾黨之語也。今信吾師，非信吾師也，自信所得，而徵師之先得也。今譜中稱門人，以表兄信心，且從童時初志也。念菴復書云：故江公與僕兩人，一則嘗侍坐，一則未納贄，事體自別，不得引以相例。惟兄聽其言。」

世宗嘉靖四十三年　甲子（1564 年）

錢德洪 69 歲，王畿 67 歲，羅洪先 61 歲，羅汝芳 50 歲，何心隱 48 歲，耿定向 41 歲，焦竑 24 歲，顧憲成 15 歲，高攀龍 3 歲。

二月，羅洪先卒　羅洪先（1504～1564），明代心學家，江右王門學者。明世宗嘉靖八年（1529）進士第一名，授翰林院修撰，遷春房左贊善。因與唐順之等上疏忤世宗意，罷黜爲民。於石蓮洞講學，學者稱其石蓮居士。是年卒，年 61 歲。年十五，讀王守仁《傳習錄》，欲往受業，因父阻未遂。然仍宗守王學，並爲之訂立年譜。對傳播王學起到一定作用。其一生思想大體可用「始致力於踐履，中歸攝於寂靜，晚徹悟於仁體」來概括。始致力於良知門徑，即「知善知惡」的良知說，但用力無門。中期守王門的「致良知」說，認爲「良知」即「至善之謂也」。贊同聶豹「歸寂之說」，並提出「主靜」說，認爲「良知」並不是自發地起作用，需要經過「主靜」工夫，即「學聖亦須靜中悅見端倪始得」。主靜坐養心，提出欲爲聖人，「必自無欲始，求無欲必自靜始」，恒舉《易大傳》「寂然不動」、周子「無欲故靜」之旨以告學人。時王畿謂良知自然，不假纖毫力。洪先非之曰：「世豈有現成良知者耶？」雖與畿交好，而持論始終不合。晚年又提出某些修正，轉向以「誠敬存之」爲功夫的「體仁」說。總體而言，羅洪先對王畿的現成良知和聶豹的歸寂說都有某種本體上靈性的契合，但礙於它們難以克服的弊病，又不得不以「體仁」代之。總體而言，其學側重於良知的收攝保聚，即良知的工夫性修正，在寂和感問題上，持寂感統一論，又側重於寂。講學其間。爲文初效李夢陽，繼從唐順之等互相切磋，晚乃自成一家。精研輿地，曾費十年功在元人朱思本《輿地圖》基礎上，撰成《廣輿圖》。對天文、水利、軍事、算學亦無不通曉。著有《念庵集》。

錢穆《羅念庵年譜》：「世宗四十三年甲子，六十一歲。二月十四日卒。」

《明儒學案》卷一八：「羅洪先字達夫，號念菴，吉水人。……四十三年卒，年六十一。隆慶改元，贈光祿少卿，諡文恭。先生之學，始致力於踐履，中歸攝於寂靜，晚徹悟於仁體。……先生謂：『良知者，至善之謂也。吾心之善，吾知之，吾心之惡，吾知之，不可謂非知也。……』鄧定宇曰：『陽明必爲聖學無疑，然及門之士，概多矛盾。其私淑而有得者，莫如念菴。』此定論也。」

高攀龍《三時記》：「（高攀龍）連日在自麓家，相對靜坐。自麓出，念菴諸書觀之，其學大要以收攝保聚爲主，而及其至也，蓋見夫離寂之感非眞感，離感之寂非眞寂，已合寂感而一之。」

春，李材訪王畿，往復證悟　是年，李材訪王畿，有浹旬之會。諸君往復證悟，頗盡交修。

彭國翔《王龍溪先生年譜》：「嘉靖四十三年甲子，1564年，六十七歲。是年春，李見羅來訪龍溪，聚會浹旬。」

王畿《書見羅卷兼贈思默》（《王畿集》卷十六）：「嘉靖甲子春，比部見羅李子，在告南還，訪予金波園中，得爲浹旬之會。往復證悟，頗盡交修。」

暮春，王畿、王襞主講宛陵　時羅汝芳爲宜州守，大集合六邑之士千餘人，請王畿、王襞主講，一時士子多蒸蒸嚮學。

蔡世昌《羅近溪先生年譜稿》：「嘉靖四十三年甲子（1564年），50歲。……暮春，集合宛陵六邑同志，邀王畿、王襞主講。」

王畿《宛陵會語》（《王畿集》卷二）：「近溪羅侯之守宜也。既施化於六邑之人，……聚於宛陵，……陶之以禮樂。……甲子暮春，……長幼千餘人，聚於至善堂中。」

十二月，刑部給事中張岳上疏，力陳講學之弊　是年，刑部給事中張岳上疏陳言，力陳講學之弊。張岳認爲學者講學以富貴功名鼓動士大夫，其實學者自己也是爲了功名利祿，學者們本身剽竊浮詞，談虛論寂，相邀以聲譽。鑒於此，張岳認爲應該禁止講學，起碼對講學之事應當謹慎。

《明世宗實錄》卷五四一：「嘉靖四十三年十二月己巳朔，……刑科右給事中張岳言：『比來聖政一新，士風丕變，……今講學家以富貴功名爲鼓舞人心之術，而聞風爭附者，則以富貴功名橫於胸中。……然後，剽竊浮詞，談虛論寂，相飾以智，相軋以勢，相尙以藝能，相邀以聲譽。……臣以爲欲塞其門、拒其

戶，在國家於用捨之間，慎之而已。」

是年

孫慎行生 孫慎行，明代東林學派學者。字聞新，號淇澳，武進（今江蘇常州）人。唐順之外孫。

劉宗周《資政大夫禮部尚書兼翰林院學士加贈光祿大夫太子太保諡文介淇澳孫公墓表》（《劉戢山集》卷一四，《四庫全書》本）：「今上御極之八年，念前此置相不得其人，無由建太平之業也。始大破資格進群臣於廷，親試才品，拔其尤，未厭，復用夙望，即家起毘陵孫公，屬公已嬰疾，聞命力趨，間關水陸，疾浸劇，抵國門，上亟趣公陛見，而公竟不起，上驚悼良久。……卒年七十二。」

案：「今上御極之八年」為崇禎八年，即1635年，其生年72，可知其是年生。

鄧豁渠至楚，見耿定理及趙大洲 是年，鄧豁渠六十七歲，至湖北黃安，見耿定理，並居其家。不久，鄧豁渠北遊河南衛輝，見趙大洲，談學術見旨，鄧豁渠把近年用佛道解良知之學的感悟盡數說出，大洲大為驚訝，並對此「荒謬」之學嚴加批判。

耿定向《里中三異傳》（《耿天臺先生文集》卷一六）：「鄧豁渠者，蜀之內江右族也，……慕余仲來余里，時年幾七十矣。……鶴（鄧豁渠）尋北遊衛輝，……適大洲起官，過衛輝，渠出郊迎。……於時，中州數孝廉來就大洲問學，大洲令鄧與答問。大洲聆已，大恚曰：『吾藉是試子近詣何如，時聆子言論，乃荒謬一至是耶！夫以顏子之質，其學惟日有不善，未嘗不知，知之未嘗復行如此。奈何為此虛罔語，誤及誤人耶？』重歎息而去。」

鄧豁渠《南詢錄》：「（嘉靖）甲子九月，終入黃安，流浪半載。」

世宗嘉靖四十四年　乙丑（1565年）

錢德洪70歲，王畿68歲，羅汝芳51歲，何心隱49歲，耿定向42歲，焦竑25歲，顧憲成16歲，高攀龍4歲。

年初，鄧豁渠有證悟 是年，鄧豁渠住耿定向家，有證悟。開始超越人情變通，走近萬物一體，無有無、真妄、生滅之分之境，惟守真心，貫通世我。

鄧豁渠《南詢錄》：「（嘉靖）乙丑正月，……油油然有穎悟之機。遷居耿楚

倥茅屋,林柏壹送供安養兩月,始達父母未生前的,先天先地先的,水窮山盡的,百尺竿頭外的,與王老師差一線的。所謂無相三昧般涅槃,不屬有無,不屬真妄,不屬生滅,不屬言語,常住真心,與後天事不相聯屬。向日在雞足山所參人情事變的,豁然通曉,被月泉妨誤二十餘年,幾乎不得出此。苦海南柯夢中,幾無醒期。渠在茅屋聞雞啼犬吠,兩次證入。」

春,羅汝芳、徐階合同志大會靈濟宮　是年,羅汝芳入京,得謁見徐階,並告知徐階時務當以講學為先,徐階對講學一向支持,此此讓羅汝芳合部、寺、臺省及觀會諸賢,大會靈濟宮。

蔡世昌《羅近溪先生年譜稿》:「嘉靖四十四年乙丑(1565年),51歲。……春,先生以寧國守入覲,同徐爌謁大學士徐階,勸主上以務學為急。……徐階屬先生合部、寺、臺省及觀會諸賢,大會靈濟宮。」

八月,吳桂森生　吳桂森,明代東林學者,字叔美,別號觀華,江蘇無錫人。

吳桂森《息齋筆記》卷上:「予(萬曆)甲辰歲聽講於東林書院,始知有學之一字,時年四十矣,茫無知識,安得便有進步。回思一生碌碌所作何事,豈不慚負天地。」

華貞元《吳觀華先生傳》:「先生名桂森,字叔美,別號觀華,延陵季子後也。……嘉靖乙丑歲八月二十三日先生生。……壬申,懸朱子像,以歿身相遇也,可知井進通矣。十一月朔,余赴會東林,先生竟於是日長逝。」

九月,顧應祥卒　顧應祥(1483～1565),明代浙中王門學者。明弘治十八年(1505)進士,授饒州府推官。其膽識過人,一生戎馬倥傯,戰功赫赫,官至刑部尚書。是年卒,年83歲。其好讀書,尤精於九章勾股法。少受業於王守仁、湛若水,學重自得。守仁卒後,其見《傳習續錄》,門人問答多有未當於心者,作《傳習錄疑》。認為「良知者,性之所發也,日用之間,念慮初發,或善或惡,或公或私,豈不自知之?」認為知為自知,且即知即行,故「其視知行終判兩樣,皆非師門之旨也。」總之,其學已對良知的危害提出質疑,主張踐履實地之學。多在矯正王學之弊,已有王學修正主義傾向。著有《人代紀要》、《靜虛齋惜陰錄》、《崇雅堂文集》等。

徐中行《顧公行狀》(《明文海》卷四四九):「顧公諱應祥,字惟賢,號箬

溪，……公少嘗從陽明、增城二先生遊，然公能自得，師務在篤行實踐，不欲空談性命，曉曉駕說，卒至畔去，如若輩所爲也。……蓋今歲乙丑九月七日以虐卒於家，距其生春秋八十有三。」

《明儒學案》卷一四：「顧應祥字惟賢，號箬溪，湖之長興人。……少受業於陽明。陽明歿，先生見《傳習續錄》，門人問答多有未當於心者，作《傳習錄疑》。……大抵謂：『良知者，性之所發也，日用之間，念慮初發，或善或惡，或公或私，豈不自知之？……念念去惡爲善，則意之所發，心之所存，皆天理，是之謂知行合一。知之非難，而行之爲難。今日『聖人之學，致良知而已矣。人人皆聖人也，吾心中自有一聖人，自能孝，自能弟』。而於念慮之微，取捨之際，則未之講，任其意向而爲之，日『是吾之良知也』，知行合一者，固如是乎？……其視知行終判兩樣，皆非師門之旨也。」

是年

薛敷教生　薛敷教，明代東林學者。字以身，號玄臺。武進（今江蘇常州）人。薛應旂之孫。

高攀龍《光州學正薛公以身墓誌銘》（《高子遺書》卷一一）：「諱敷教，號玄臺，字以身，……癸卯，太孺人卒，以身執喪，不飲酒食肉，……以身年五十九而卒。」

《明史》卷二三一：「薛敷教，字以身，武進人。……家居二十年，力持清議，大吏有舉動，多用敷教言而止。後與憲成兄弟及攀龍輩講學。卒，贈尚寶司丞。」

案：薛敷教太孺人卒在萬曆癸卯（1603），其家居二十年，故1523卒，其生年59，故是年生。

世宗嘉靖四十五年　丙寅（1566年）

錢德洪 71 歲，王畿 69 歲，羅汝芳 52 歲，何心隱 50 歲，耿定向 43 歲，焦竑 26 歲，顧憲成 17 歲，高攀龍 5 歲。

春正，羅汝芳在從姑山講學，評論聶豹「歸寂」說　是年，羅汝芳講學於姑山，諸生問學，一生問聶豹之學怎樣？羅汝芳認爲「歸寂」無非是「主靜之別名」，從爲學工夫而言，只對初學者適合。

羅汝芳《盱壇直詮》：「（嘉靖）丙寅春正，儒自金溪謁師於姑山之長春閣。……

次日，師攜諸生，過師之泗石溪別墅。儒與思泉黃君、文塘黎君、南沙羅君、心文王君潛侍。儒問曰：『雙江聶先生所謂歸寂者，何謂也？』師曰：『此主靜之別名也。』儒曰：『此等工夫何如？』師曰：『究竟此等工夫還是多了。然在初學或未可少。』」

六月，焦竑主講崇正書院　是年，耿定向建崇正書院於南京清涼山，選撥才俊讀書其中，欲建一所培育正學、弘揚良知的學校。耿定向爲焦竑之師，耿定向延其爲主教，既提高了其名聲，也爲崇正書院預留了更大的發展空間。

《焦竑年譜》：「嘉靖四十五年丙寅（西曆一五六六），竑年二十七。……六月，崇正書院成，延焦竑主其教，檄髦士從講。著《崇正書院會儀》。」

夏廷美　生卒不詳。夏廷美，明代泰州學派學者。安徽繁昌（今安徽繁昌縣）人，田夫。師事焦竑，主自然之旨，爲人處事主張按本心而行，反對依從人物，強調把握天理人欲之間界線，持人欲即天理說。

《明儒學案》卷三二：「夏廷美，繁昌田夫也。……歸從弱侯遊，得自然旨趣。弱侯曰：『要自然便不自然，可將汝自然拋去。』叟聞而有省。……又曰：『吾人須是自心作得主宰，凡事只依本心而行，便是大丈夫。若爲世味牽引，依違從物，皆妾婦道也。』又曰：『天理人欲，誰氏作此分別？儂反身細求，只在迷悟間。悟則人欲即天理，迷則天理亦人欲也。』」

案：夏廷美師從焦竑當在是年左右，其生卒不可考。

是年

李贄始信守仁之學　李贄自稱不信道，不信仙釋，是年爲友人李逢陽、徐用檢所誘，讀守仁書，看到有得道之人不死的言語，此與其一直具有的爲聖情節吻合，故始信之。

《明李卓吾先生贄年譜》：「嘉靖四十五年，他四十歲。……這年，他始讀王守仁、王畿之書，始信王氏之學。他後來作的《陽明先生年譜後語》說道：『余自幼倔強難化，不信道，不信仙釋。故見道人則惡，見僧則惡，見道學先生則尤惡。惟不得不假升斗之祿以爲養，不容不與世俗相接而已，然拜揖公堂之外，固閉戶自若也。不幸年逼四十，爲友人李逢陽、徐用檢所誘，告我龍溪先生語，示我陽明王先生書，乃知得道眞人不死，實與眞佛眞仙同，雖倔強，不得不信

之矣。李逢陽，號翰峰，白門人。徐用檢，號魯齋，蘭溪人。……余今者果能讀先生之書，果能次先生之譜，皆徐李二先生力也。』後來聽說：『五載春官，潛心道妙』，蓋任禮部司務後，始習王守仁之學。」

錢德洪刻《陽明文錄續編》並《家乘》三卷　是年，守仁《文錄》已刻錄多年，眾弟子又收集諸多守仁資料，加上嘉興府知府徐必進及眾弟子的支持，錢德洪刻《陽明文錄續編》並《家乘》三卷。

錢著《年譜·年譜附錄一》（《王陽明全集》卷三六）：「（嘉靖）四十五年丙寅，刻先生《文錄續編》成。師《文錄》久刻於世。同志又以所遺見寄，匯錄得為卷者六。嘉興府知府徐必進見之曰：『此於師門學術皆有關切，不可不遍行。』同志董生啓予徵少師存齋公序，命工入梓，名曰《文錄續編》，並《家乘》三卷行於世云。」

顏均被逮　是年，顏均顏均四處遊行講學，至揚州，忽有太平府當塗縣尹龔以正來見。龔以正為南昌人，且是其早年講學一門生。此人以時任南畿督學的耿定向邀顏均至太平久處為說辭。顏均亦不多疑，欣然去太平府學，講了三日，隨即受擒。在獄中被關押九日，方知為耿定向所擒。

黃宣民《顏均年譜》：「（嘉靖）四十五年丙寅（公元1566年），六十三歲。過揚州，買儀真舟南還。受誘騙至太平府講學，三日即遭逮捕，押解南京，入獄，遭嚴刑拷打，幾死。《自傳》紀其事甚悉，茲摘引於下：又逾數年，過揚州，謁別中丞馬鍾陽諱森，出，買儀真舟南旋。忽有太平府當塗縣尹龔以正，南昌人，係舊時講學一日之門生，差吏持聘儀請往彼府，衍教三學生徒，且報稱南道提學耿楚侗名定向，係舊徒梁汝元門生，命邀老師祖往太平久處。鐸不疑，即赴太平府學，開講三日，竟受擒。監九日，解操院，鐸始知為耿定向所擒獲。」

案：顏均是否被耿定向所擒，至今只有此條孤證，不見於時人的記載中，加上顏均狂熱的宗教色彩，故此事存疑。

穆宗隆慶元年　丁卯（1567年）

錢德洪72歲，王畿70歲，羅汝芳53歲，何心隱51歲，耿定向44歲，焦竑27歲，顧憲成18歲，高攀龍6歲。

五月，王守仁得封新建侯，王學解禁　是年，在王學弟子耿定向等努力學，穆宗詔贈守仁新建侯，王學得以解禁，並被稱為繼堯、孔、周、程之

後的正學。

錢著《年譜·年譜附錄一》(《王陽明全集》卷三六):「今上皇帝隆慶元年丁卯五月,詔贈新建侯,諡文成。丁卯五月,……於是給事中辛自修、岑用賓等,御史王好問、耿定向等上疏:……疏上,詔贈新建侯,諡文成。制曰:『竭忠盡瘁,……紹堯、孔之心傳,微言式闡;倡周、程之道術,來學攸宗。……』」

是年

李贄與焦竑訂交　是年,焦竑赴北京會試,並與李贄訂交。焦竑是當時的學界名流,以後影響越來越大,李贄是一個極其重視朋友之人,是時與焦竑訂交,討論學問。

李(李劍雄)著《焦竑年譜》:「隆慶元年,丁卯,1567年。28歲,在南京。冬,赴北京,準備會試;與李贄訂交。」

穆宗隆慶二年　戊辰 (1568年)

錢德洪73歲,王畿71歲,羅汝芳54歲,何心隱52歲,耿定向45歲,焦竑28歲,顧憲成19歲,高攀龍7歲。

冬臘,羅汝芳營救顏均　顏均雖以講學爲主,但性格耿直,受騙至太平府講學,被耿定向所擒,幾致死,羅汝芳聽說後,馬上組織營救,得以戍福建邵武。

蔡世昌《羅近溪先生年譜稿》:「隆慶二年戊辰1568年,54歲。冬臘,先生聞顏均以剛直獲取罪,幽繫南京,先生稱貸二百金,同二子及門人持隆慶普赦哀詔,具揭詞,賈舟赴南京營救之,得戍福建邵武。」

是年

王棟創水東大會,大發誠意之旨　是年,王棟創立水東大會,並重點闡述「意」與「心」的關係。王棟把「意」說成是「心」的主宰,一反傳統以「心」爲主宰的說法,讓「意」來抑制、監督和調控「心」。「意」的主宰作用,能使人心中有所主,發而皆中,是非明辨。而這種主宰作用,其實就是通過近乎「志」的「意」來統攝和調控的。此種學說與後來劉宗周的觀點極爲相似,惜王棟並未形成系統的體系。

《明儒王一庵先生遺集・年譜紀略》：「穆宗隆慶二年戊辰，先生六十六歲。
（是年創水東大會，建義倉，著《會學十規》，大發誠意之旨，遺《會語》行於
世。）」

穆宗隆慶三年　己巳（1569 年）

錢德洪 74 歲，王畿 72 歲，羅汝芳 55 歲，何心隱 53 歲，耿定向 46 歲，
焦竑 29 歲，顧憲成 20 歲，高攀龍 8 歲。

正月，薛應旂重修《考亭淵源錄》成　正月，薛應旂作《書考亭淵源
目錄後》，標誌其重修《考亭淵源錄》的完成。《考亭淵源錄》，二十四卷，原
為宋端儀撰，但原書已不可見，是書基本為薛應旂重修所得。薛應旂仿《伊
洛淵源錄》之例，列宋代程朱理學諸人，併兼錄陸九淵兄弟三人。關於《考
亭淵源錄》是否應列陸九淵兄弟諸人，時人便有非議，然薛應旂不以為然。
薛應旂認為，道至大，人人皆可有之，皆可言之，但真正知道的人很少，把
道付諸實踐的人尤少。朱陸雖立論不同，但均為知道行道之人，故可以相成
相和。

曾向虹《薛應旂年表要略》：「隆慶三年己巳（西曆公元1569年），公六十九
歲。春正月既望公作《書考亭淵源目錄後》。公之門人向程為公之《薛子庸語》作
序。」

薛應旂《書亭淵源錄目錄後》：「《考亭淵源錄》成，余既序之矣。客有覽者
起而問曰：『今之講學者所在有之議論種種，蓋云眾矣。其號為知學者則謂陸氏之
學聖門之的傳也，朱氏之學聖門之羽翼也。子是之編乃比而同之，次象山於考亭
師友之列，豈亦近世道一編之遺意乎？』……非然也。道原於天而畀於人，人人
有之，人人能言之，而知之者蓋鮮，講學者將以明斯道而措諸行也。苟非深造自
得者是難與口舌爭也。道一編者，無亦見朱陸皆賢而立論不同，故合二氏而彌縫
之，其本來面目、真切血脈恐亦未之深究也。」

《四庫全書總目提要》卷六一：「《考亭淵源錄》二十四卷（浙江吳玉墀家
藏本），明宋端儀撰，薛應旂重修。……自端儀始。然其書今未見。即此書原本
亦未見。世所行者惟應旂重修之本。應旂作《宋元通鑑》，於道學宗派，多所紀
錄，此書蓋猶是意。然應旂初學於王守仁，講陸氏之學。晚乃研窮洛、閩之旨，
兼取朱子，故其書目錄後有云：『兩先生實所以相成，非所以相反』，遂以陸九

淵兄弟三人列《考亭源淵錄》中，名實未免乖舛也。」

案：關於薛應旂重修《考亭淵源錄》成書的時間，定爲隆慶二年和隆慶三年均可。據曾向虹《薛應旂年表要略》「隆慶二年戊辰（西曆公元1568年），公六十八歲。公十二月朔望爲《考亭淵源錄》作序。」在隆慶二年十二月，薛應旂曾爲《考亭淵源錄》作序，說明是書已經編好。在隆慶三年，薛應旂又有《書亭淵源錄目錄後》，可以理解爲是書已經完整編好。

二月，《王心齋語錄》付梓 是年，王襞攜《王心齋語錄》赴江西，就正於宋儀望、聶靜、郭汝霖、董燧，編訂爲四冊，付梓。

王元鼎《東崖先生行狀》（《王心齋全集・明儒王東崖先生遺集》卷首）：「歲己巳，先公遺有《語錄》，尚紛錯未就裁訂。先生乃手錄之，過豫章，就正於陽山宋公、泉崖聶公、一崖郭公、蓉山董公，參訂編集四冊，付之梓。」

《明儒王東崖先生遺集・年譜紀略》：「（隆慶）三年己巳，先生五十九歲。（春二月，搜先公語錄遺稿，梓行於世。）」

十月，周怡卒 周怡（1505～1569），明代南中王門學者。嘉靖十七年（1538）進士，授順德府推官，擢吏科給事中。以疏劾嚴嵩下獄三年。世宗感乩仙之言，故與楊爵、劉魁同出獄。不久又入獄，又二年，始得釋。隆慶初，召爲太常寺少卿，又上疏忤中官，外調山東按察使僉事。稍遷司業，仍爲太常寺少卿。是年卒，年64歲。其平生觸犯權倖，至者再三，但百折不改，勁直忠亮，爲一代完人，其學宗良知，師事鄒守益、王畿，爲學主實，主身體力行。著有《訥溪奏疏》。

萬士和《提督四夷館太常寺少卿訥溪周公墓表》（《明文海》卷四四四）：「公名怡，字順之，號都峯，改訥溪，……己巳夏，復太常少卿，提督四夷館，既上道，疾作，不克，赴任，以十月十七日卒於家。」

《明儒學案》卷二五：「周怡字順之，號訥溪，宣州太平人。……隆慶三年十月卒於家，年六十四。早歲師事東廓、龍溪，於《傳習錄》身體而力行之。海內凡名王氏學者，不遠千里，求其印證。不喜爲無實之談，所謂節義而至於道者也。」

十二月，海瑞勒令徐階退地 明代中後期，貴族、官僚、甚至皇莊的佔地現象十分嚴重。朝廷雖三令五申，但效果微甚。是年，海瑞任應天巡撫，秉公執法，勒令徐階退出強佔土地，並對其子繩之以法，徐階雖寫信求張居

正開情，但也無可奈何，百姓盛讚海青天。

《海瑞年譜》：「公元1569，己巳，明隆慶三年。……十二月，海瑞巡歷上海縣，查看吳淞江水患。海瑞允許農民檢舉鄉官的不法行爲，勒令鄉官退還侵奪的民田，同時認眞平反冤獄。……前內閣首輔徐階夫子極爲惶恐，……但海瑞後來確實到過徐階的故鄉松江，並且見了徐階，要求徐階『以父改子』，按規定如數退還侵奪的民田。」

是年

《歐陽南野先生文選》成　是年，有歐陽德門人馮惟訥和同門王畿所選編的《歐陽南野先生文選》成。是書是在《歐陽南野集》的基礎上選編其中關於師徒講學及學者論道的若干篇，篇幅占原書十分之一。當時，學風浮躁、高談玄解者不絕，是書的選編是爲了宣揚南野先生守靜、無欲、愼獨等爲學理念，以救突突世風。

王畿《歐陽南野先生文選序》：「予友歐陽南野子文集行於世久矣，門人督學少洲馮君慮其浩博，授集於予，選其尤關於學者若干篇，屬會稽陽山莊尹將梓以傳。……先師嘗謂：『獨知無有不良』。南野子每與同志講學，多詳於獨知之說。好好色，惡惡臭，乃其感應之眞機；戒自欺，以求自慊，即所以爲愼獨也。集中無非斯義，所謂卓然之信，超然之悟，蓋庶幾焉！……隆慶己巳孟冬朔日同門友人山陰王畿拜序。」

馮惟訥《歐陽南野先生文選後序》：「先生文集凡三十卷，四方傳刻者眾。……是書出而高談玄解於世無當者，其將有瘳乎？於是乎書。隆慶己巳年仲夏望日門人北海馮惟訥頓首拜書。」

《四庫全書總目提要》卷一七七：「《南野文選》四卷（江西巡撫採進本），明歐陽德撰。此本爲隆慶中其門人馮惟訥等所編。於全集僅十分取一，然德在朝著述，如建儲、災異諸疏，皆能言人所不能言，而是編不載。則惟訥等所錄皆講學之文故也，是可以觀明儒之所尙矣。

錢同文卒　錢同文（？～1569？），明代泰州學派學者。字懷蘇，江蘇興化（今江蘇興化市）人。官至郡守，與何心隱友善。

何心隱《上祁門姚大尹書》（《何心隱集》卷四）：「……又及己巳冬，聞錢去世，即往哭之。輒往杭，會講學者，便與夏見吾名道南以官梧州僉事起復，過杭而會，是亦素相與講學人也。」

《明儒學案》卷三二：「錢同文字懷蘇，福之興化人。知祁門縣，入為刑部主事，累轉至郡守。與心隱友善，懷蘇嘗言：『學道人堆堆，只在兄弟款中，未見有掙上父母款者。』」

案：是年，何心隱得知錢同文逝世，由於何心隱和錢同文關係密切，故錢同文的逝世應該在是年或此前一年，由於文獻不足，故定於是年。

劉文敏年八十猶陟三峰之顛，靜坐百餘日　是年，劉文敏年八十歲，猶陟三峰之顛，靜坐百餘日，體驗良知之虛。並對其門人王時槐、陳嘉謨、賀涇言良知本體本虛，其學以虛為宗。

《明儒學案》卷一九：「劉文敏字宜充，號兩峰，吉之安福人。……年八十，猶陟三峰之顛，靜坐百餘日。謂其門人王時槐、陳嘉謨、賀涇曰：『知體本虛，虛乃生生，虛者天地萬物之原也。吾道以虛為宗，汝曹念哉，與後學言，即塗轍不一，慎勿違吾宗可耳。』隆慶六年五月卒，年八十有三。」

穆宗隆慶四年　庚午（1570 年）

錢德洪 75 歲，王畿 73 歲，羅汝芳 56 歲，何心隱 54 歲，耿定向 47 歲，焦竑 30 歲，顧憲成 21 歲，高攀龍 9 歲。

正月，王棟有《誠意答問》　是年，王棟有《誠意答問》，門人李梴記之。在泰州學派中，王棟可謂是以特例，他不僅繼承王艮的格物說，又指出意為心之主宰。從王學的發展而言，其把良知的本體推進到意的層面具有非常重要的現實意義，最重要的莫過於遏制良知的易得和空疏，而泰州學派本身便是強調良知發散（「現成良知」說），王棟的存在尤為顯得不協調，故王棟門人對其「意」的界定非常不解，是才有是年的《誠意答問》。

《明儒王一庵先生遺集・誠意答問》：「歲在庚午春王正月，……梴偶侍側。一庵夫子起而歎曰：『格物之學，已信於人人矣，誠意以心之主宰言，不猶有疑之者乎！』梴曰：『豈特他人疑之，雖以梴之久於門下者，亦不能以釋然。……』師曰：『意近乎志，即經文之所謂有定也。……則修身矣。』」

三月，禮科給事中胡價上疏，請禁「督學憲臣聚徒講學」　是年，胡價上疏，請禁止督學憲臣聚徒講學。胡價認為，聚徒講學，本為儒者之事，且不具有賞罰陟遷之職。而督學憲臣聚眾講學之害良多，第一多是嘩眾取寵、

以獵進取；第二，此種講學，還徒長競進之風，但實無眞才實學；第三，此種講學，容易標立門戶。故特請嚴禁，上從其言。

《明穆宗實錄》卷四三：「隆慶四年三月，……庚午，……禮科給事中胡價言，督學憲臣聚徒講學，本爲儒者之事，乃其徒遂緣是而詭辭飾貌，以獵進取。至有一語相合以爲曾唯而優之廩餼，一見如愚以爲顏子而貢之大廷者。徒以長競進之風，而其中實無所得也。夫孔孟聚徒，彼其時固未有賞罰予奪之柄也，操賞罰予奪之柄而立爲門戶，破其藩籬，豈持憲執法之體哉？部覆請如價言，戒諭督學憲臣，務敦崇實行，毋倡爲浮說，以滋奸僞。從之。」

案：是時張居正以爲內閣成員，而胡價被認爲是其「黨羽」，有人認爲此爲張居正授意。參見上揭中純夫《張居正と講學》（轉引吳震：《明代知識界講學活動繫年1522～1602》，學林出版社，2004年版，第298頁。），存疑。

是年

顧憲成、顧允成問學薛應旂　是年，顧憲成問學於著名學者薛應旂，此後治學以程朱理學爲宗，且側重於經世致用。

《顧端文公年譜》：「（隆慶）四年庚午，二十一歲。補邑癢生，應應天鄉試。問學於方山薛先生，受《考亭淵源錄》。」

曾向虹《薛應旂年表要略》：「隆慶四年庚午（西曆公元1570年），公七十歲。顧憲成與顧允成從師於公。」

焦竑與李贄知交莫逆，並極力稱讚李贄爲「聖門第二席」　是年，李贄任南京刑部員外郎，與焦竑往來密切，且志趣相投，知交莫逆。李贄認爲其問學「得之弱侯者甚有力」，焦竑更爲推許李贄，認爲其「即未必是聖人，可肩一狂字，坐聖門第二席」。焦竑和李贄均爲泰州學派成員，焦竑屬於穩健派，而李贄卻是典型的激進派。泰州學派均有強烈的聖人情節，故黃宗羲說：「自姚江指點出『良知人人現在，一反觀而自得』，便人人有個做聖之路。」李贄更爲其中之尤，焦竑對李贄的評價便可看出其中的端倪。

李（李劍雄）著《焦竑年譜》：「隆慶四年，庚午，1570年。31歲。李贄44歲，任南京刑部員外郎，始於焦竑、李登等密切往來。焦與李志趣相投，知交莫逆。『窮暑繼日，寢食靡輟』，商討學問，闡明道學。李贄說：其學問『得之弱侯者甚有力』。焦竑亦甚推許李贄，稱『李卓吾即未必是聖人，可肩一狂字，

坐聖門第二席。』（朱國楨《湧幢小品》）」

李贄《壽焦太史尊翁後渠公八秩華誕序》（《續焚書》卷二）：「李宏甫曰：余至京師，即聞白下有焦弱侯其人矣。又三年，始識侯。既而徙官留都，始與侯朝夕促膝窮詣彼此實際。夫不詣則已，詣則必爾，乃爲冥契也。故宏甫之學雖無所授，其得之弱侯者亦甚有力。夫侯千古人也，世之願交侯者眾矣。其爲文章欲以立言，則師弱侯；爲制科以資進取，顯功名不世之業，則師弱侯。」

周汝登師事王畿　是年，應剡中邑令之請，王畿來剡講學，周汝登和袁銘吾前往拜謁，併入龍溪門下。

《周海門先生年譜稿》：「隆慶四年庚午（1570），24歲。是年，王龍溪應剡中邑令之請入剡講學，海門與袁銘吾等前往拜謁，始遊龍溪門下。」

周汝登《銘吾袁君六十壽序》（《東越證學錄》卷八）：「憶在庚午之年，相與共遊龍溪子之門。當時不肖尚未足領略其微言。近稍有所窺，始能篤信。」

案：周汝登爲王畿弟子，然黃宗羲在《明儒學案》中卻將其列入羅汝芳門下，不知何故。關於此方面的考證，可參閱彭國翔《周海門學派歸屬辨》（《浙江社會科學》，2002年第4期）。

鄒元標從胡直遊　是年，鄒元標二十歲，從胡直遊，並有志於學。

《明史》卷二四三：「鄒元標，字爾瞻，吉水人。……元標弱冠從直遊，即有志爲學。」

案：關於鄒元標的生卒，文獻記載不多，據姜亮夫《歷代人物年里碑傳綜表》記載，鄒元標生於嘉靖辛亥（1551），卒於天啓甲子（1624）。

穆宗隆慶五年　辛未（1571 年）

錢德洪 76 歲，王畿 74 歲，羅汝芳 57 歲，何心隱 55 歲，耿定向 48 歲，焦竑 31 歲，顧憲成 22 歲，高攀龍 10 歲。

歸有光（1506～1571）卒。

劉元珍生　劉元珍，明代東林學者。字伯先，別號本孺，武進（今江蘇無錫）人。

高攀龍《劉羽戢知新稿序》：「劉伯先以弱冠舉辛卯，其次君羽戢復以弱冠舉乙卯，世人視其父子取科名猶掇之也。」

《明儒學案》卷六○：「劉元珍字伯先，別號本孺，武進人。……未幾，卒

官，年五十一。」

　　案：劉元珍以「弱冠舉辛卯」，萬曆辛卯爲1591年，故劉元珍是年生。據《明儒學案》記載，其「未幾，卒官，年五十一。」故其卒年爲1621年。

穆宗隆慶六年　壬申（1572年）

　　錢德洪77歲，王畿75歲，羅汝芳58歲，何心隱56歲，耿定向49歲，焦竑32歲，顧憲成23歲，高攀龍11歲。

　　五月，劉文敏卒　劉文敏（1490～1572），明代江右王門學者。自幼聰明，不滿足於學苟小成，乃從師王守仁，不應科舉，亦不入仕，以講學爲業。其學以躬行爲主，虛談爲戒。「以致良知爲鵠，操存克治，瞬息不少懈」。反對聶豹未發屬性、已發屬情之說，認爲心體即靜即動，即行即止。主張喜怒哀樂爲情，情之得其正者性。其學「以虛爲宗」，然其「虛」非老氏之「虛」，乃「常止之眞明，即所謂良知也」。是年卒，年83歲。著有《論學要語》等。

　　張惟驤《疑年錄彙編》卷七：「劉兩峰八十三文敏，生弘治三年庚戌，卒隆慶六年壬申。」

　　《明儒學案》卷一九：「劉文敏字宜充，號兩峰，吉之安福人。……已讀《傳習錄》而好之，反躬實踐，惟覺動靜未融，曰：『此非師承不可。』乃入越而稟學焉。自此一以致良知爲鵠，操存克治，瞬息不少懈。……其於師門之旨，未必盡同於雙江，蓋雙江以未發屬性，已發屬情，先生則以喜怒哀樂情也，情之得其正者性也。年八十，猶陟三峰之巓，靜坐百餘日。謂其門人王時槐、陳嘉謨、賀涇曰：『知體本虛，虛乃生生，虛者天地萬物之原也。吾道以虛爲宗，汝曹念哉，與後學言，即塗轍不一，愼勿違吾宗可耳。』隆慶六年五月卒，年八十有三。……先生之虛，乃常止之眞明，即所謂良知也。其常止之體，即是主宰，其常止之照，即是流行，爲物不二者也。故言虛同而爲虛實異，依然張子之學也。」

　　七月，薛甲卒　薛甲（1498～1572），明代南中王門學者。薛甲字應登，號畏齋，江蘇江陰人也。嘉靖四十四（1565）年進士，授兵科給事中。後降湖廣布政司照磨。歷寧波通判，保定同知，四川、贛州僉事副使。其學承良知，對良知之學多有發揮，訓格物爲感物。著有《易象大旨》、《藝文類稿》等。

薛應旂《憲副畏齋薛公墓表》（《明文海》卷四四四）：「公諱甲，字應登，畏齋其別號也，常之江陰人。……公生於弘治戊午十月二十四日，卒於隆慶六年七月二十五日，享年七十五。」

《明儒學案》卷二五：「薛甲字應登，號畏齋，江陰人也。……先生篤信象山陽明之學，其言格物即所以致知，慎獨即所以存養，成物即所以成己，無暴即所以持志，與夫一在精中，貫在一中，約在博中，恕在忠中，皆合一之旨，此學之所以易簡也。……羲按，陽明之格物，謂致吾心良知之天理於事事物物，則事事物物皆得其理。……先生之格物，以感物爲格，不能感物，是知之不致。陽明以正訓格，先生以感訓格，均爲有病。何不以他經證之？……格當訓之爲至，與神之格思同。二先生言正言感，反覺多此一轉。所致者既是良知，又何患乎不正不感乎？」

仲夏，聶豹《雙江先生文集》編成　是年，《雙江先生文集》（即《雙江聶先生文集》編成，是書十四卷，爲聶豹從子聶靜所輯。主要收錄聶豹之奏疏、序跋、記文、銘文、表文、祭文、書信、詩賦、雜著等，並依體例按類匯成，是研究聶豹思想之重要著述，惜並不完備，還有《巡閩稿》、《大學古本臆說》、《知晉稿》、《被逮稿》、《白沙緒言》、《良知辨》、《質疑存稿》、《勘事參語》、《華亭縣志》等未收錄。

尹臺《雙江先生文集序》：「《雙江先生文集》總一四卷，爲故太子太保、兵部尚書、貞襄聶公之遺文，其從子儀部君子安手類輯之，刻以傳諸天下者也。……夫先生之學以歸視寂爲宗，以入虛守寂爲入德不易之極。……隆慶六年，歲在壬申仲夏朔旦。郡後學永新尹臺撰。」

秋，李贄與耿定理訂交　是年秋，耿定理過南京，由焦竑薦引，與李贄訂交。李贄與耿定理在以後的交往中關係密切，且爲學趨向相近，故關係極爲融洽。耿定理重天機，李贄愛眞機，故兩人旨向相投，並互相尊敬。

李（李劍雄）著《焦竑年譜》：「隆慶六年，壬申，1572年。33歲。在南京。秋，耿定理過金陵，由焦竑薦引，與李贄訂交。」

李贄《耿楚倥先生傳》（《焚書》卷四）：「歲（萬曆）壬申，楚倥遊白下，余時懵然無知，而好談說。先生默默無言，但問余曰：『學貴自信，故曰「吾斯之未能信。」又怕自是，故又曰「自以爲是，不可與入堯、舜之道。」試看自信與自是有何分別？』余時驟應之曰：『自以爲是，故不可與入堯舜之道；

不自以爲是，亦不可與人堯舜之道。』楚侗遂大笑而別，蓋深喜余之終可入道也。」

神宗萬曆元年　癸酉（1573 年）

錢德洪 78 歲，王畿 76 歲，羅汝芳 59 歲，何心隱 57 歲，耿定向 50 歲，焦竑 33 歲，顧憲成 24 歲，高攀龍 12 歲。

三月，兵部給事中趙思誠上疏，請罷守仁從祀　是年，兵部給事中趙思誠上疏，請罷守仁從祀之請，並對守仁盡情詆忤，學術上，「黨眾立異，非聖毀朱」；生活作風上，「宣淫無度，侍女數十，其妻每對眾發其穢行」；爲人規則上，「欺取所投金寶，半輸其家，貪計莫測，實非純臣」。

《神宗實錄》卷一一「萬曆元年三月乙酉」：兵科給事中趙思誠疏罷王守仁從祀之請。言守仁黨眾立異，非聖毀朱，有權謀之智功，備奸貪之醜狀，使不焚其書、禁其徒，又從而祀之，恐聖學生一奸實，其爲世道人心之害不小。因列守仁異言叛道者八款。又言其宣淫無度，侍女數十，其妻每對眾發其穢行。守仁死後，其徒籍有餘黨，說事關通，無所不至。擒定寧賊，可謂有功，然欺取所投金寶，半輸其家，貪計莫測，實非純臣。章下該部。

三月，第一本以《傳習錄》爲主抨擊王學的著作《求是編》刊刻　《求是編》，馮柯著，共四卷。馮柯（1523～1610），字子新，號寶陰，別號貞白，浙江寧波府慈谿縣人。馮柯是朱學學者，因嘉靖丙寅（1566）年春，當時郡學張香山修齋創道，請其主講，馮柯便對王學提出了不同的看法。在是書中，針對《傳習錄》的章節，馮柯逐條加以駁對，可謂第一本《傳習錄》的注評本，也是第一本非《傳習錄》之作。當然，馮柯對王守仁的主要思想理解，多狹於門戶，或詮釋不透、或故意歪曲，不能對《傳習錄》的傳播構成真正威脅，但卻反映了朱陸學者的思想交流與碰撞。

馮柯《求是編自敘》：「（嘉靖）丙寅春，郡博士張香山先生修齋創道，以柯學頗得源，委申請捐俸，延之主會，時陽明王氏致良知之學盛行，凡講學者莫不倚以爲說，然亦非能真知其是與非也，附和而已。……故柯非敢非陽明，惟求其是而已，求其是則不得不與可疑者而論之，此余於《傳習錄》雖不敢非之，而不得不論之，……時萬曆癸酉春三月清明日慈谿馮柯敘。」

是年

方與時卒　方與時（1526～1573），明代泰州學派學者。字湛一，湖北黃陂人。棄科舉而習道術。與耿定向、王畿、何心隱等有交往，後爲張居正、嚴世蕃所迫，逃高拱幕中。其學多尚玄虛，侈談論，善於道外之術。

耿定向《里中三異人傳·方山人傳》（《耿天臺先生文集》卷一六）：「方山人，黃陂人也，名一麟，後更與時，自號湛一，……今上改元，新鄭罷相，邵義亦誅，山人踉蹌走匿太和山，循君山中居，無何病瘵，歸歸而死，年甫四紀。」

《明儒學案》卷三二：「方與時字湛一，黃陂人也。……然尚玄虛，侈談論。耿楚倥初出其門，久而知其僞，去之。……後臺、心隱大會礦山，車騎雍容。湛一以兩僮兒一籃輿往，甫揖，心隱把臂謂曰：『假我百金。』湛一唯唯，即千金惟命。」

神宗萬曆二年　甲戌（1574 年）

錢德洪 79 歲，王畿 77 歲，羅汝芳 60 歲，何心隱 58 歲，耿定向 51 歲，焦竑 34 歲，顧憲成 25 歲，高攀龍 13 歲。

十月，錢德洪卒　錢德洪（1496～1547），明代心學家，浙中王門學者。嘉靖嘉靖十一（1532）年進士。出爲蘇州教授，後補國子監丞，又升刑部主事，遷員外郎，署陝西司事。師事王守仁，爲王門高弟子，常代師講授，篤信王守仁「良知」之學，認爲充塞天地間，只有此良知。曾與王畿同主越中書院，晚年遊歷四方講學，潛心傳播王守仁「良知」說，在野三十年，無日不講學。江、浙、宣、楚、廣各地，皆有講舍。爲時人所宗。其學經歷了「三變」過程。初時，以「爲善去惡」工夫爲「致良知」；而後，又認爲「良知」是「無善無惡」的；最後則認識到「離已發而求未發，必不可得」，無善無惡亦非良知，唯當即吾所知，以爲善者而行之，以爲惡而者去之。錢德洪後期之學，重在一個「知」字。可以說，錢德洪對王守仁的「心體無善無惡」之說（本體）是承認的，但同時又認識到此說之弊（工夫），故特別強調後天格物誠意之工夫。德洪爲學注重「爲善去惡」的修煉工夫，對「天泉四句教」有獨到見解。錢德洪作爲王學高足，著作很多，惜大多失傳。今人輯佚的有《錢緒山遺文抄》（〔日〕田公平輯，在此基礎上，葉樹望、彭國翔、張如安、

永富青、錢明等又進行了進一步的努力，使得錢氏著作得到進一步完善，但依然有很多著作不可得。）等，2007 年，鳳凰出版社出版了《徐愛錢德洪董沄集》，內有《錢德洪語錄詩文輯佚》，此為目前錢德洪文獻資料收集最完整的著作。

王畿《刑部陝西司員外郎特詔進階朝列大夫致仕緒山錢君行狀》（《龍溪王先生全集》卷二○）：「君諱德洪，字洪甫，初名寬，避先元諱，以字行。……君生於弘治丙辰十二月二十二日，卒於萬曆甲戌十月二十七日，享年七十有九。」

張惟驤《疑年錄彙編》卷七：「錢緒山七十九德洪，生弘治九年丙辰，卒萬曆二年甲戌。」

《明儒學案》卷一一：「錢德洪字洪甫，號緒山，浙之餘姚人。……時四方之士來學於越者甚眾，先生與龍溪疏通其大旨，而後卒業於文成，一時稱為教授師。……二年十月二十六日卒，年七十九。……先生與龍溪親炙陽明最久，習聞其過重之言。……先生謂：『未發竟從何處覓？離已發而求未發，必不可得。』是兩先生之『良知』，俱以見在知覺而言，於聖賢凝聚處，盡與掃除，在師門之旨，不能無毫釐之差。龍溪從見在悟其變動不居之體，先生只於事物上實心磨煉。故先生之徹悟不如龍溪，龍溪之修持不如先生。乃龍溪竟入於禪，而先生不失儒者之矩矱，何也？龍溪懸崖撒手，非師門宗旨所可繫縛，先生則把纜放船，雖無大得亦無大失耳。」

冬，王畿提出正心之學的操心工夫說　是年，張元忭約王畿與周繼實、裘子充等人聚會天柱山房，王畿有《天山答問》之作。在是文中，王畿著重論及正心之學之工夫，即操心。王畿認為，良知為活潑之體，而操心正是在保持良知活潑之體，同時，又不為世情嗜欲所滯礙。此種操習目的是保持良知之主宰地位，使其有的放矢，隨時呈現道德端倪，自然無執於本心，又無滯於物欲。

彭國翔《王龍溪先生年譜》：「萬曆二年甲戌，1574年，七十七歲。……是年閏十二月，立春前一日，張元忭再約龍溪與周繼實、裘子充等人聚會天柱山房，尋歲寒之盟。龍溪有《天山答問》之作。」

王畿《天山答問》：「（萬曆）甲戌間立春前一日，陽和子相期會宿天柱山房，……操是操習之操，非把持也。心之良知，原是活潑之物。人能操習此心，時時還它活潑之體，不為世情嗜欲所滯礙，便是操心之法，即謂之存。才有滯礙，

便著世情，即謂之亡。」

案：關於操心說，可參見王畿的《華陽明倫堂會語》、《新安斗山書院會語》、《冊付養眞收受後語》等。關於正心之學之工夫，王畿還提出愼獨、立志、無中生有等工夫，惜這些學說提出的時間難以確定，故不再另述。

是年

唐樞卒 唐樞（1497～1574），明代學者，甘泉學派門人。嘉靖五年（1526）進士。授刑部主事。以上疏言李福達獄事忤世宗，斥爲民。講學著書凡四十年。其學宗良知，標眞心爲宗旨，深造實踐，又留心經略，九邊及越、蜀、滇、黔險阻厄塞，無不親歷。唐樞師事湛若水，湛若水隨處體認天理，雖說是心的體認，但天理有內外兩部分組成，到唐樞這裡，討眞心的眞心更偏重於內的一面，故更爲接近王學。是年卒，年78歲。著有《木鐘臺集》、《易修墨守》、《國琛集》、《周禮因論》。

《唐一庵先生年譜》：「萬曆二年甲戌，七十八歲。十二月二十九日丑時卒。」

《明儒學案》卷四○：「唐樞字惟中，號一庵，浙之歸安人。嘉靖丙戌進士，除刑部主事。疏論李福達，罷歸。講學著書垂四十年。先生初舉於鄉，入南雍，師事甘泉。其後慕陽明之學而不及見也。故於甘泉之隨處體認天理，陽明之致良知，兩存而精究之。卒標『討眞心』三字爲的。夫曰眞心者，即虞廷之所謂道心也。曰討者，學問思辨行之功，即虞廷之所謂精一也。隨處體認天理，其旨該矣，而學者或昧於反身尋討。」

案：唐樞爲甘泉門人，學更近陽明，其「討眞心」之旨，「討」即爲「致」；「眞心」即爲「良知」。其學調和王學與甘泉學派之意很明顯。其《國琛集》等書中對王學甚爲推崇。

薛應旂卒 薛應旂（1500～1574）明代南中王門學者。嘉靖十四年（1535）進士，授慈谿知縣、江西九江府儒學教授，累遷南京考功郎中。嘉靖二十四年（1545），因忤嚴嵩，爲給事中王曄所劾，謫建昌通判。嚴嵩失勢後復起，官至浙江提學使。其學承良知，師承歐陽德，爲學早期傾向陸王，晚年貫通程朱、陸王，且以程朱爲尊。可謂東林學派主要思想來源之一。著有《宋元資治通鑒》、《考亭淵源錄》、《甲子會記》、《四書人物考》、《高士傳》、

《薛子庸語》、《薛方山紀述》、《憲章錄》、《方山文錄》、《浙江通志》等。

曾向虹《薛應旂年表要略》：「萬曆二年甲戌（西曆公元1574年），公七十四歲。……閏十二月二十日公去世。」

《明儒學案》卷二五：「薛應旂號方山，武進人。……先生為考功時，賓龍溪於察典，論者以為逢迎貴溪，其實龍溪言行不掩，先生蓋借龍溪以正學術也。先生嘗及南野之門，而一時諸儒，不許其名王氏學者，以此節也。然東林之學，顧導源於此，豈可沒哉！」

王襞主會金陵，發明其父王艮格物宗旨　是年，耿定向升南京戶部尚書，聘請王襞主會金陵，發明其父王艮格物尊身之道。焦竑也參加是會，且受益匪淺。

《明儒王東崖先生遺集·年譜紀略》：「（萬曆）二年甲戌，先生六十四歲。（耿公定向遷南京戶部尚書，聘先生主會金陵，發明先學格物宗旨。……）」

李（李劍雄）著《焦竑年譜》：「萬曆二年，甲戌，1574年。35歲。……王襞再至金陵主講會，四方學者來集，『連榻累句，博問精討』。焦竑與會，『受益為深。』」

宋儀望作《陽明先生從祀或問》　是年，宋儀望有倡靈濟宮之會，時兵部給事中趙息誠上疏，請罷陽明從祀之請，大家眾議紛紜，莫知所策。宋儀望認為不能只爭口舌，故著《陽明先生從祀或問》一文，在此文中，宋儀望闡釋了守仁良知之學乃孟子之後續，亦是顏子之學，故為正統無疑。

曾同亨《華陽宋公墓誌銘》（《泉湖山房稿》卷二二）：「歲甲戌，四方縉紳及諸挾冊士雲集闕下，時學禁愈厲，公倡會靈濟宮，亹亹多所發明。廷議王文成公從祀者，眾議紛紜，莫知所決策。公曰，此未可口舌爭也。著為《或問》一篇。大意謂：『……王公指以示人曰：所謂致知者，乃致吾心之良知，而非以知識先也，證諸孟子所言，孩提之知愛知敬，顏子有不善未嘗不知之知，無不吻合。』持論侃侃，無所顧忌，聞者悚服。」

神宗萬曆三年　乙亥（1575年）

王畿78歲，羅汝芳61歲，何心隱59歲，耿定向52歲，焦竑35歲，顧憲成26歲，高攀龍14歲。

六月，魏良弼卒　魏良弼（1492－1575），明代江右王門學者。嘉靖二

年（1523）進士。授松陽（今屬浙江）知縣，後歷官刑科給事中、禮科都給事中、太常少卿。因直諫，屢遭廷杖，然言之愈激。居家在丹陵書院講學達四十二年之久，深得鄉人尊重。以其告誡以教家人。受學於王守仁，與錢德洪、陳九川、劉邦采、羅洪先、鄒守益等往復論學，聯集講會，闡揚王學。認為良知、天理非二也。為學主「悟道」，在道德修養上反對體認良知，認為人本得天理良知，但人被習心遮蔽，故不能呈現，若去其蔽，則本體自然呈露。強調「良知之學不待教」，要在「四端」處「擴充」，「以誠身為貴」。隆慶初，進太常寺少卿，致仕。是年卒，年 84 歲。追諡忠簡。著有《水洲文集》。

《魏水洲先生行略》（《太常少卿魏水洲先生文集》卷六）：「先生姓魏氏，諱良弼，字師說，別號水洲。……（先生）本之於身心而貴力行，先之以德行而後文藝。其要歸卒本於良知，而善能提攜宗旨，切中事情，令人人自得反覆於性命之致。……萬曆乙亥，……六月二十七日卯時，奄然長逝。略無一語及他，享年八十有四。」

張惟驤《疑年錄彙編》卷七：「魏水洲八十四良弼，生弘治五年壬子，卒萬曆三年乙亥。」

《明儒學案》卷一九：「魏良弼字師說，號水洲，南昌新建人。……先生兄弟皆於陽明撫豫時受學，故以『致良知自明而誠，知微以顯，天地萬物之情與我之情自相應，照能使天回象，君父易慮，士大夫永思，至愚夫孺子，亦徵於寤寐。』何者？不慮之知，達之天下，智愚疏戚，萬有不同，孰無良焉？此所以不戒而孚也。……萬曆乙亥卒，年八十有四。」

十月，鹿善繼生　鹿善繼，明代東林學者。（一作繼善）字伯順，河北定興人。

《明末鹿忠節公善繼年譜》：「明神宗萬曆三平乙亥十月丁丑先生生是為十月十三日，太恭人田年十六，而鞠先生於江村。」

秋，王畿會同志於斗山書院，並重點闡釋「格物」之說　是年秋，王畿赴新安斗山書院之會，有《新安斗山書院會語》。在此次大會上，王畿重點闡釋了其「格物」說。王畿把「格物」之「格」訓為天則、天然格式，即良知所內在固有的道德準則，而把「物」訓為「倫物」所感之應跡，如「孝慈」、「聰明」等，即良知得以呈現的外在事物，主要是指父子、君臣等人倫關係。王畿認為，「格物」就是消除生活中不合乎道德的行為，使良知得以完

美呈現。同時，「格物」是達到良知本體的路徑，這樣，「格物」便等同於「致知」。其具體方法爲寡欲而至於無欲。可以看出，王畿還是繼承守仁之說，認爲物因感而生，心外無物。

彭國翔《王龍溪先生年譜》：「萬曆三年乙亥，1575年，七十八歲。……秋，龍溪在華陽與丁賓等百數十人聚會華陽明倫堂，有《華陽明倫堂會語》。後赴新安斗山書院之會，有《新安斗山書院會語》。」

王畿《新安斗山書院會語》（《龍溪王先生全集》卷七）：「（萬曆）乙亥秋，先生由華陽達新安，……或問格物之義，……先生曰：『「天生蒸民，有物有則」，良知是天然之則，物是倫物所感之應跡。如有父子之物，斯有慈孝之則；有視聽之物，斯有聰明之則。感應跡上，循其天則之自然，而後物得其理，是之謂格物。非即「以物爲理」也。「人生而靜，天之性也」，物者因感而有，意之所用爲物。意到動處，便是流於欲。故須在應跡上，用寡欲工夫。寡之又寡，以至於無，是之謂格物，非即「以物爲欲」也。』」

是年

吳鍾巒生 吳鍾巒（1575～1649），明末東林學者。字巒稚，號霞舟，江蘇武進（今江蘇常州市）人。崇禎七年（1634）進士。授長興知縣，南渡，升禮部主事，未上而國亡。師事顧憲成，重實踐。著有《十願齋易說》、《霞舟易箋》。

陳鼎《吳鍾巒傳》（《東林列傳》卷一二）：「吳鍾巒字巒稚，號霞舟，武進人。……年五十八由光州學博連舉進士，是爲崇禎甲戌。……辛卯八月，渡海入昌國衛城，至九月二日，我師至，積薪自焚於文廟左廡樓下，年七十五，全家俱死，著有《周易卦說》、《大學衍注》，霞舟攜卷語錄、雜著藏於家，學者稱霞舟先生。」

《明儒學案》卷六一：「吳鍾巒字巒，號霞舟，武進人也。……辛卯八月末，於聖廟右廡設高座，積薪其下，城破，捧夫子神位，登座危坐，舉火而卒，年七十五。先生受業於涇陽，而於景逸、玄臺、季思皆爲深交，所奉以爲守身法者，則淇澳《困思抄》也。」

案：吳鍾巒「年五十八由光州學博連舉進士，是爲崇禎甲戌」，甲戌爲1634年，故其生年爲1575，其享年75，故卒年爲1649年。

王時槐於空寂之體若有所見 是年，王時槐年五十而退休，雖然在官

場亦未忘求學，然終無所破。退休後，屏絕外部紛亂，反躬密體，瞬息自勵，這樣三年下來，若有見于空寂之體。

王時槐《塘南居士自撰墓誌銘》：「予姓王氏，名時槐，字子植，……入仕雖以其鈍功所及，求賢於一時諸先覺，切磋於四方良友，精神所注未敢荒昧，顧跡涉塵歡，迄無專力，以是五十而未有聞焉。及退休大懼，齒衰惕然慚悚，則悉屏絕外紛，反躬密體，瞬息自勵，如是者三年，若有見于空寂之體。」

案：王時槐生於1522，50歲退休，正是1572年，由於其三年「屏絕外紛，反躬密體，瞬息自勵」，方悟「空寂之體」，故時間應為1572到1575，故列於是年之下。

神宗萬曆四年　丙子（1576 年）

王畿 79 歲，羅汝芳 62 歲，何心隱 60 歲，耿定向 53 歲，焦竑 36 歲，顧憲成 27 歲，高攀龍 15 歲。

三月，趙貞吉卒　趙貞吉（1508～1576），明代泰州學派學者。嘉靖十四年（1535）進士。授翰林編修。歷任戶部右侍郎、史部侍郎、翰林院學士、文淵閣大學士。為官不畏強權、議論侃直，其政治生涯亮點是庚戌（1550）退敵和隆慶和議，在庚戌（1550）退敵中，趙貞吉在百官莫發一論中，敢於奮袖直言，且賞罰分明，變通為策，不愧為救世之才；在隆慶和議中，趙貞吉以戰略性的眼光，敏銳捕獲機會，勇於任事，再次充當了救世之才。為人多自負，與人生怨，致使仕途不順，政治理想得不到實現。趙貞吉之學，傾向於陽明之學，卻近於禪，並認為禪不足以害人，主張三教一源。晚年欲著《二通》，並涵蓋中國所有學術，分內篇《經世通》、外篇《出世通》兩部，惜未竟而卒，著有《文肅集》等。

張惟驤《疑年錄彙編》卷七：「趙大洲六十九貞吉，生正德三年戊辰，卒萬曆四年丙子。」

胡直《少保趙文肅公傳》（《衡廬精舍藏稿·續稿》卷十一）：「（萬曆）丙子正月，疾良愈。……至三月望，端坐薨，春秋六十有九。」

《明儒學案》卷三三：「趙貞吉字孟靜，號大洲，蜀之內江人。……萬曆四年三月十五日卒，年六十九。贈少保，諡文肅。先生之學，李贄謂其得之徐波石。……先生之所謂『不足以害人』者，亦從彌近理而大亂真者學之。」

案：關於趙貞吉是否該列入泰州學派，有的學者便提出了質疑，如吳震認為：
「從師承關係看，趙與泰州學派之關係並不確定；從思想特徵看，趙與泰州學派
的關聯性也不明確。」〔註1〕故建議暫且不顧。鑒於目前對泰州學派的研究還不
深入，此事存疑。

六月，劉永澄生 劉永澄，明代東林學者。字靜之，江蘇揚州寶應縣人。
《劉職方公年譜》：「明神宗顯皇帝萬曆四年丙子六月初三日卯時，公生。」

神宗萬曆五年　丁丑（1577 年）

王畿 80 歲，羅汝芳 63 歲，何心隱 61 歲，耿定向 54 歲，焦竑 37 歲，顧
憲成 28 歲，高攀龍 16 歲。

**閏八月，王畿有千聖過影，良知永存之論，表達了對良知的終極信
仰** 是年，鄧以讚將北上，渡錢塘，訪龍溪於會稽，與張陽和、羅康洲等會
宿龍南山居，龍溪有《龍南山居會語》。在是文中，王畿表達了對良知的終極
信仰。王畿認為，天、地、千聖，均有散滅之時，非永恆存在。惟獨一念靈
明（良知）才是萬物之根基，生天生地，生人生萬物，且大生廣生、生生而
未嘗息，良知既具有現實性、可觸性等有限性，又具有超時空、超地域的無
限性，其至善之德性，是天人合一，是萬物之源，是心靈之安頓處，是我們
的終極信仰。

彭國翔《王龍溪先生年譜》：「萬曆五年丁丑，1577年，八十歲。……閏八月，
鄧以讚（定宇）將北上，渡錢塘，訪龍溪於會稽，與張陽和（元忭）、羅康洲（萬
化）等會宿龍南山居，龍溪有《龍南山居會語》。」

王畿《龍南山居會語》（《龍溪王先生全集》卷七）：「夫天，積氣耳；地，積
形耳；千聖，過影耳。氣有時而散，形在時而消，影有時而滅，皆未究竟其義。
予所信者，此心一念之靈明耳。一念靈明，從渾沌立根基，專而直，翕而闢，從
此生天生地，生人生萬物，是謂大生廣生、生生而未嘗息也。乾坤動靜，神智往
來。天地有盡而我無盡，聖人有為而我無為。……我尚不知我，何有於天地？何
有於聖人？」

十月，鄒元標因上疏張居正奪情事而被戍 是年，張居正父喪，依古

〔註1〕 吳震：《泰州學派研究》，北京：中國人民大學出版社，2009 年版，第 16 頁。

禮，本該居喪，但張居正以萬曆新政的推行正處在關鍵階段，此時離去，可能人去政廢，並以此爲由，堅持奪情。多位言官上疏反對奪情，均不果。是時，翰林吳中行、趙用賢以諍被廷杖，血肉狼籍，在此背景下，鄒元標依然堅持上疏，並因此被杖八十，謫貴州都勻衛。

陳鼎《鄒元標趙南星列傳》（《東林列傳》卷一三）：「鄒元標字爾瞻，江西吉水人。萬曆五年進士，觀政刑部。首輔張居正父喪奪情，抗疏指斥，入朝門，適翰林吳中行、趙用賢以諍，居正杖於廷，血肉狼籍，嘔歎曰：『奇男子也！』出袖中疏，上之，略曰，……疏入，杖八十，謫貴州都勻衛。」

《江西通志》卷七九：「鄒元標字爾瞻，別號南皋，吉水人。萬曆進士，其年十月，江陵奪情，元標懷疏入，……有旨，杖八十，戍貴州都勻衛。」

是年

李贄赴雲南，途經黃安，會見耿定向、耿定理　是年，李贄赴雲南，出任姚安太守，途經黃安，會見耿定向、耿定理兄弟，並留女及婿於黃安，有歸隱終生之計。

《明李卓吾先生贄年譜》：「神宗萬曆五年（西曆一五七七），他五十一歲。……他往滇時，道過湖北黃安，訪耿定理，並識其兄定向。因留其女及婿莊純夫於耿氏家。」

李贄《耿楚倥先生傳》（《焚書》卷四）：「（萬曆）丁丑入求，道經團風，遂捨舟登岸，直抵黃安見楚倥，並睹天臺，便有棄官留住之意。楚倥見余蕭然，勸余復入，余乃留吾女並吾婿莊純夫於黃安，而因與之約曰：『待吾三年滿，收拾得正四品祿俸歸來爲居食計，即與先生同登斯岸矣。』楚倥牢記吾言，教戒純夫學道甚緊；吾女吾婿，天臺先生亦一以己女己婿視之矣。」

楊起元師事羅汝芳　是年，羅汝芳入京，講學於廣慧寺，朝士多從之遊，楊起元從羅汝芳問學。

蔡世昌《羅近溪先生年譜稿》：「萬曆五年丁丑（1577年），63歲。……楊起元中進士，入贄稱弟子。」

神宗萬曆六年　戊寅（1578年）

王畿81歲，羅汝芳64歲，何心隱62歲，耿定向55歲，焦竑38歲，顧

憲成 29 歲，高攀龍 17 歲。

　　正月，劉宗周生　劉宗周，明末著名儒學大師，蕺山學派的創始人。初名憲章，字起東，號念臺，山陰（今浙江紹興縣人）人，因講學山陰縣城北蕺山，學者稱爲蕺山先生。明萬曆二十九年（1601）進士，以行人司行人累官順天府尹、工部侍郎。天啓初，爲禮部主事。歷右通政。因劾魏忠賢、客氏，削籍歸。崇禎初，起順天府尹，奏請不報，謝疾歸。再起授工部侍郎，累擢左都御史。福王監國，起原官；痛陳時政，並劾馬士英、劉孔昭、劉澤清、高傑，復爭阮大鋮必不可用，皆不聽，乞骸骨歸。杭州失守，絕食二十三日卒。門人私謚正義，學者稱念臺先生。其學矯心學流弊，爲王學大宗（殿軍），遠接陽明，近承東林，專提誠意，學歸愼獨。著有《劉蕺山集》、《劉子全書》、《周易古文鈔》、《論語學案》、《聖學宗要》等。他爲人清廉正直，操守甚嚴，立朝敢於抗疏直言，屢遭貶謫，不改其志。弟子遍天下，而以黃宗羲、陳確、祝淵、張履祥等最爲著名。

　　《蕺山劉子年譜·年譜上》：「明萬曆六年戊寅春正月二十六日卯時，先生生於水澄里。是爲正月二十六日卯時，時家計浸落，外大母楊念太夫人不置，彌月，召太夫人攜先生如道墟。先生生而清異，人以寒玉稱之。」

　　七月，張後覺卒　張後覺（1503～1578），明代北方王門學者。官華陰縣訓導。嘗受業於尤時熙。早歲，聞良知之說於縣教諭顏鑰，遂精思力踐，偕同志講習。已而貴溪徐樾以王守仁再傳弟子來爲參政，後覺率同志往師之，學益有聞。是年卒，年 76 歲。其學主王守仁良知之學，認爲良知不可分，「良即是知，知即是良，良外無知，知外無良」。其門人，孟秋、趙維新最著。

　　張元忭《荏平弘山張先生墓表》（《明文海》卷四四二）：「先生名後覺字志仁，……萬曆戊寅七月二十日卒，享年七十有六。」

　　《明儒學案》卷二九：「張後覺字志仁，號弘山，山東荏平人。……萬曆戊寅七月卒，年七十六。其論學曰：『耳本天聰，目本天明，順帝之則，何慮何營。』曰：『良即是知，知即是良，良外無知，知外無良。』曰：『人心不死，無不動時，動而無動，是名主靜。』曰：『眞知是忿忿自懲，眞知是欲欲自窒，懲忿如沸釜抽薪，窒欲如紅爐點雪，推山塡壑，愈難愈遠。』」

　　十月，宋儀望卒　宋儀望（1514～1578），明代江右王門學者。字望

之，江西吉安永豐縣人。嘉靖二十六年（1547）進士。授吳縣知縣，惠政頗著。徵拜御史，陳時務十二策。因劾胡宗、阮鶚忤嚴嵩，貶夷陵州判。嵩敗，擢陵州兵備僉事。萬曆中累官至大理寺卿。又因忤張居正被劾歸。是年卒，年 65 歲。儀望少師聶豹，私淑王守仁，以良知之學爲歸旨。著有《華陽館文集》。

胡直《大理卿宋華陽先生行狀》（《衡廬精舍藏稿・續稿》卷六）：「按公諱儀望，字望之，初號陽山，更號華陽山人。……生正德甲戌年月日，終萬曆戊寅十月朔日，得年才六十有五。」

《明儒學案》卷二四：「宋儀望字望之，吉之永豐人。……卒年六十五。先生從學於聶貞襄，聞良知之旨，時方議從祀陽明，而論不歸一，因著《或問》，以解時人之惑，其論河東、白沙，亦未有如先生之親切者也。」

是年

史孟麟師事顧憲成　史孟麟是顧憲成門人中及門較早的一位，且爲人親厚，講學並稱一時。

《顧端文公年譜》：「（萬曆）六年戊寅，二十九歲。……宜興史孟麟來問學，孟麟字際明，於諸門人中最親後，長諫垣歷卿寺建言，講學並稱於時。」

耿定向對張居正奪情表示同情　去年（1577），張居正因奪情而頗深世人非議。是年，耿定向家居服喪，聽到此事後，給張居正寫信勸慰。耿定向視張居正爲伊尹，並以「經權」之論爲其開脫，勸其不必拘泥於格式，甚至對上疏者提出了批評。

耿定向《戊寅答張江陵》（《耿天臺先生文集》卷六）：「去多倉皇顓啓奉慰，時尚未悉。朝議本末忤還辱示，奏對錄一用捧讀，數過仰惟。主上眷倚之隆，閣下陳情之懇，……今世有仲淹取而綴之，《大甲》、《說命》篇中當更爲烈，不可論今古矣。某當思伊尹，毅然以先覺覺後，……時有常變，道有經權，……安可拘攣於格式而膠紐於故常哉！」

案：關於此事，耿定向的所作所爲，一直是時人或後人詬議。常常被詮釋爲獻媚的典型，《明史》也有記載。除此之外，耿定向對講學活動亦有批評，這似對張居正禁止講學的支持。耿定向說：「昔者，相君（張居正）遭喪，二三士紳，倡議相君，以此少□，而讒者因乘間譖言，倡此議者盡是講學之黨。相君稍稍蓄疑，而讒者益構之。」（耿定向：《與劉養旦・己卯》）。

神宗萬曆七年　己卯（1579 年）

王畿 82 歲，羅汝芳 65 歲，何心隱 63 歲，耿定向 56 歲，焦竑 39 歲，顧憲成 30 歲，高攀龍 18 歲，劉宗周 2 歲。

正月，毀天下書院　是時，王學發展迅速，講學之風大興，士大夫競講學，甚至影射當政者，張居正惡之，認為他們空談廢業，為了更好的推行萬曆新政，張居正令有司盡改天下書院為公廨。先後毀應天等府書院凡六十四處。

《明張江陵先生居正年譜》：「萬曆七年己卯（公曆一五七九），先生五十五歲。先生以士大夫競講學，毀天下書院以為公廨。」

《明史》卷二〇：「（萬曆）七年春正月戊辰，詔毀天下書院。」

張居正《請申舊章飭學政，以振興人才疏》：「聖賢以經術垂訓，國家以經術作人，若能體認經書，便是講明學問。……教官生儒務將平昔所習經書義理著實講求，躬行實跡，以需他日之用，不許別剏書院，群聚徒黨及號召地方遊食無行之徒，空談廢業，因而起奔競之門，開請託之路。」（《張文忠公全集·湊疏》卷四）

九月，何心隱卒　何心隱（1517～1579），明代心學家，泰州學派學者。嘉靖二十四年（1545）舉人，後從顏山農學，認為《大學》主張先齊家，乃棄舉業，在家鄉構築「萃和堂」，以宗族為單位，進行社會理想的實驗。其原名梁汝元，因夥同藍道行計除嚴嵩未成，為嚴氏黨羽所仇，遂改姓名，隱跡江湖。先後講學四方，後因反對張居正毀書院、禁講學，被湖廣巡撫王之垣杖殺。其學其行為均有沖決封建禮教網羅的氣概。他認為人為天地之心，心是太極，性即是欲。反對「無欲」，主張「寡欲」，與百姓同欲。曾構建復孔堂，創求仁會館，強調道德平等，追求大同世界。提出「寡欲」、「育欲」的主張，要求維護下層人民的基本生活權利。其思想是明末資本主義萌芽時期市民階層崛起的要求和表現，更是對封建明教的突破，有一定的進步意義。著有《爨桐集》。

侯外廬等《何心隱年表》：「萬曆七年，六十三歲。三月初，為朱心學把總所逮捕，九月，在武昌犧牲。」

程學博《祭梁夫山先生文》：「萬曆己卯秋，永豐梁夫山先生以講學被毒死。癸未冬，門人胡時和始得請收其遺骸，附葬於後臺程公之墓，從學生遺言也。

友人程學博爲文以哭之。」

《明儒學案》卷三二：「泰州之後，其人多能以赤手搏龍蛇，傳至顏山農（鈞）、何心隱一派，遂復非名教之所能羈絡矣。……梁汝元字夫山，其後改姓名爲何心隱，吉州永豐人。……心隱之學，不墮影響，有是理則實有是事，無聲無臭，事藏於理，有象有形，理顯於事，……蓋一變而爲儀、秦之學矣。」

案：關於黃宗羲對何心隱的評價，由於其參考文獻不足，故還待研究。「不墮影響，有是理則實有是事，無聲無臭，事藏於理，有象有形，理顯於事」是黃宗羲對何心隱學說的概括，此評價來自何心隱《說矩》：

> 學之有矩，非徒有是理，而實有是事也。若衡，若繩，若矩，一也，無聲無臭，事藏於理。衡之未懸，繩之未陳，矩之未設也。有象有形，理顯於事，衡之已懸，繩之已陳，矩之已設也。……仲尼十五而志學，志此矩也；三十而立，立此矩也；四十而不惑，不惑此矩也；五十而知天命，知此矩也；至於七十而始從心所欲不逾矩矣。夫聖如仲尼，自十五而七十，莫非矩以矩乎其學，學以學乎其矩。矩也者，不容不有者也。是故矩之於學也，獨衡之於輕重也，獨繩之於曲直也。莫非事理之顯乎其藏，不容不有者也。（何心隱：《何心隱集》，容肇祖整理本，中華書局，1960 年版，第 33～34 頁。）

「矩」是標準、規矩，也是物之行狀、容積。學問之「矩」亦是如此，「非徒有是理，而實有是事也」，即學問之「矩」有理有事，同時這種「矩」又是「無聲無臭，事藏於理。」即學問之「矩」不同事物之「矩」，只有標準、規矩，而無行狀與容積，然如果不懂此學問之「矩」，此「矩」之行狀與容積便藏於標準與規矩之中；如果懂得此學問之「矩」，此「矩」之行狀與容積便顯現於標準與規矩之中。爲學便是學此「矩」。大至孔子、小至庶人均以學此「矩」爲歸旨。此處是何心隱的一種爲學方式與哲學，而黃宗羲對何心隱學術宗旨的總結基本就是對其此段話的概述，因此是甚爲不當的。正如容肇祖先生所言：「這種見解，合於王艮『即事是學，即事是道』的見解，而不致走入玄妙的迷途的。」（容肇祖：《明代思想史》，齊魯書社，1992年，第228頁。）不過，從何心隱的行動而言，的確有「專言用」的一面，但這正是整個泰州學派「即事是學，即事是道」（王艮：《王心齋全集》，江蘇教育出版社，2001年，第13頁。）的理念。從黃宗羲把何心隱一段講爲學之道的話視爲對其全部學術的總結，顯然是片面和不當的。同時，何心隱還有很多思想，如「育欲」、「寡欲」等，黃宗羲均沒有提

到。可以，黃宗羲對何心隱之文獻掌握並不充分，然由於《明儒學案》並未節選何心隱之文獻，對於黃宗羲究竟看了多少何心隱的著作與文獻，我們也不得而知。

是年

周汝登有佛學傾向　在此以前，周汝登其兄繼實既有佛學悟旨，並一直試圖說服周汝登信其說，汝登一直不能合，然多次辯難之後，汝登思想已有轉變。是年，汝登已有佛學傾向。

《周海門先生年譜稿》：「萬曆七年己卯（1579），33歲。是年，海門出使眞州，其兄周繼實來訪。海門其時對佛學已有所取。」

周汝登《題繼實兄書後》（《東越證學錄》卷九）：「（萬曆）己卯，余使眞州，（繼實兄）來訪，時余有所醒發，機語乃投，相視各不覺一笑。」

神宗萬曆八年　庚辰（1580年）

王畿83歲，羅汝芳66歲，耿定向57歲，焦竑40歲，顧憲成31歲，高攀龍19歲，劉宗周3歲。

春，耿定向有書致王畿，駁其「無是無非」之說　針對王畿的良知知是知非而無是無非之說，耿定向對此表達了嚴重的不滿，並以孟子之說為立論，對王畿展開了嚴厲的批判。

耿定向《觀生記》：「（萬曆）八年庚辰，我生五十七歲。……春，有書與王龍溪論學。」

耿定向《與王龍溪先生》（《耿天臺先生文集》卷四）：「孟子曰：『無是非之心，非人也。』吾儕既已受形為人，安能無此心哉！大意蓋曰，是是非非之心，從無是無非中來，乃為天則云耳。然獨非聖人如此，常人亦如此。故曰：『斯民也，三代之民直道而行者也。』聖人特不蔽耳。……今並將是非之心看作標末，不將使天下胥至惛惛懂懂耶。」

九月，尤時熙卒　尤時熙（1503～1580），明代北方王門學者。舉嘉靖元年（1522）鄉試，歷元氏、章丘學諭，國子學正，戶部主事，終養歸。是年卒，年78歲。先生因讀《傳習錄》，始信聖人可學而至，然學無師，終不能有成，於是師事劉晴川（劉魁）、朱近齋、周訥溪、黃德良（名驥）。考究

陽明之言行。其學以功夫爲本，認爲道理於發見處始可見，而學者只於發動處用功，所以功夫即是本體，不當求其起處。著有《擬學小記》等。

張元忭《尤西川墓銘》（《明文海》卷四四二）：「先生諱時熙，字季美……先生卒以萬曆庚辰九月二十七日，享年七十有八。」

《明儒學案》卷二九：「尤時熙字季美，號西川，河南洛陽人。……萬曆庚辰九月卒，年七十八。……先生以道理於發見處始可見，學者只於發動處用功，故功夫即是本體，不當求其起處。」

十一月，萬曆清丈　爲緩解財政危機，實現賦役均平，一批有識之士發出清丈土地的呼聲。張居正深謀遠慮，剛毅明斷，清醒地認識到明皇朝已成搖搖欲墜的大廈，爲挽狂瀾於既倒，張居正雷厲風行，大刀闊斧地推行改革，其經濟措施便是從萬曆清丈開始的。

《明張江陵先生居正年譜》：「萬曆八年庚辰，公曆一五八○年，先生五十六歲。……十一月，……以故田賦之弊孔百出，……先生憂之，念欲君國子民計，非清丈不可。遂詔天下行之。」

是年，周汝登基本接受佛學之旨　是年，周汝登榷稅蕪湖關，當政者要增稅額，汝登不忍苛民，以缺額謫兩淮鹽運判官。期間大病，得其兄周繼實悉心照料而無恙，在與其兄的談證中，汝登已基本接受其兄的佛學宗旨。

《周海門先生年譜稿》：「萬曆八年庚辰（1580），34歲。是年，海門榷稅蕪湖，不忍苛民，後以缺額謫兩淮鹽運判官。使蕪湖期間大病垂死，得其兄周繼實悉心照料。彼時海門對佛學更有所取，與繼實之談證已由初不相合到一切莫逆。」

周汝登《題繼實兄書後》（《東越證學錄》卷九）：「（萬曆）庚辰，余便蕪湖，兄（周繼實）亦至值。余大病垂死，兄晝夜省視不怠，病中談證，一切莫逆。」

神宗萬曆九年　辛巳（1581 年）

王畿84歲，羅汝芳67歲，耿定向58歲，焦竑41歲，顧憲成32歲，高攀龍20歲，劉宗周4歲。

正月，王棟卒　王棟（1503～1581），明代泰州學派學者，王艮族弟。嘉靖三十七年（1558）由歲貢授江西建昌府南城訓導，轉泰安升南豐教諭、深州學正等職，所到之處，以講學爲事。致仕歸鄉後，被聘主持海陵安定書

院。其學大略有二：一是稟師門格物之旨而洗發之。師承王艮格物之旨，而突出「格物論」的修身養性工夫，淡化「尊身」、「保身」思想；二是不以意為心之所發。王棟認為意為心之主宰，此說與劉宗周之說頗為相似，但比劉說早幾十年，惜未詳細闡述。後人輯有《王一庵遺集》。

《明儒王一庵先生遺集‧年譜紀略》：「（萬曆）九年辛巳，先生七十九歲。（正月二十六日，先生卒。七日前，病革，與弟子嘗永訣曰：『余至憾者，與爾為手足幾八十年，未嘗少厭。余何慮？』……有意中事留諭本宗東崖，惜未至而歿。）」

《明儒學案》卷三二：「王棟字隆吉，號一庵，泰州人。……先生之學其大端有二：一則稟師門格物之旨而洗發之。……故致知格物，不可分析。一則不以意為心之所發。……豈知一庵先生所論，若合符節。先生曰：『不以意為心之所發，雖自家體驗見得如此，然頗自信心同理同，可以質諸千古而不惑。』」

九月，鄒德涵卒 鄒德涵（1538～1581），江右王門學者。鄒守益之孫。隆慶五年（1571）進士，授刑部主事，後出為河南僉事。守仁違世後，朝中少數人認為應除去守仁的祭祀，德涵上書極言應祀。江陵當政，禁止講學，德涵不以為然，求學更急。其學宗良知，師事耿定向，以悟為入門，日用之間，旋皆透徹。與其祖及父之學截然不同。

焦竑《奉議大夫河南按察司僉事鄒君汝海墓表》（《澹園集》卷二七）：「德涵君諱，字汝海，……君生嘉靖戊戌五月二日，卒萬曆辛巳九月二十九日，年四十有四。」

《明儒學案》卷一六：「德涵字汝海，號聚所。隆慶辛未進士。從祀議起，上疏極言文成應祀。授刑部主事，江陵當國，方嚴學禁，而先生求友愈急。傅憒所、劉畏所先後詆江陵，皆先生之邑人，遂疑先生為一黨，以河南僉事出之。御史承江陵意，疏論鐫秩而歸，未幾卒，年五十六。先生受學於耿天臺，鄉舉後卒業太學。天臺謂：『公子寒士，一望而知，居之移氣若此。獨汝海不可辨其為何如人。』問學於耿楚侗，楚侗不答。先生憤然曰：『吾獨不能自參，而向人求乎？』反閉一室，攻苦至忘寢食，形軀減削。出而與楊道南、焦弱侯討論，久之，一旦雪然，忽若天牖，洞徹本真，象山所謂『此理已顯也。』然穎泉論學，於文莊之教，無所走作，入妙通玄，都成幻障，而先生以悟為入門，於家學又一轉手矣。」

案：據焦竑《奉議大夫河南按察司僉事鄒君汝海墓表》記載，德涵享年四十

有四，而《明儒學案》記爲「年五十六」，恐爲誤記。另外，從師承及學術脈略而言，德涵應爲泰州學人，然今列江右門人，蓋爲其祖鄒守益故。

神宗萬曆十年　壬午（1582 年）

王畿 85 歲，羅汝芳 68 歲，耿定向 59 歲，焦竑 42 歲，顧憲成 33 歲，高攀龍 21 歲，劉宗周 5 歲。

張居正（1525～1582）卒。

六月，顧憲成不爲時動，堅決不爲張居正醮禱　是年六月，張居正病危，朝中大臣紛紛爲其醮禱，顧憲成不爲時動，堅決不去，同僚爲之署名，顧憲成聽到後，馳騎醮壇，手抹去之，幸虧張居正不久去世，顧憲成得免於禍。

《顧端文公年譜》：「（萬曆）十年壬午，三十三歲。……六月，江陵病，舉朝爲醮金，禱於東嶽公，不可同官，危之代爲署名，公馳騎醮壇，手抹去之，幸江陵尋卒，得免於禍。」

是年

馮從吾始從顧憲成問學　是年，馮從吾問學顧憲成，馮從吾，字仲好，學者稱爲少墟先生，爲關學之宗。

《顧端文公年譜》：「（萬曆）十年壬午，三十三歲。……關中馮從吾來問學。」

神宗萬曆十一年　癸未（1583 年）

王畿 86 歲，羅汝芳 69 歲，耿定向 60 歲，焦竑 43 歲，顧憲成 34 歲，高攀龍 22 歲，劉宗周 6 歲。

閏二月，徐階卒　徐階（1503～1583），明代南中王門學者，政治家。嘉靖二年（1523 年）以探花及第，授翰林院編修。後因忤張孚敬，被斥爲延平府推官，受此挫折，從此謹事上官，立朝有度，善於保全，直至禮部尚書，兼文淵閣大學士。曾密疏揭發咸寧侯仇鸞的罪行，且擅寫青詞爲嘉靖帝所信任。這時，嚴嵩當政，謹愼以待；又善於迎合帝意，故能久安於位。嘉靖四十二年（1563）成爲首輔，對時局多有匡正。晚年以佔地爲時所議，但亦不

失大節。是年卒，年 81 歲。死後贈太師封號，諡號文貞。徐階曾師從聶豹，推崇良知之學，占首輔之利，對明代中後期的講學活動大有推動。著有《少湖先生文集》、《世經堂集》。

《許文貞公年譜》：「(萬曆) 十一年癸未，八十一歲。閏二月，公疾，二十六日，疾亟。」

《明儒學案》卷二七：「徐階字子升，號存齋，松江華亭人。……聶雙江初令華亭，先生受業其門，故得名王氏學。及在政府，為講會於靈濟宮，使南野、雙江、松溪程文德分主之，學徒雲集，至千人。……敬齋曰：『處事不用智計，只循天理，便是儒者氣象。』故無論先生田連阡陌，鄉論雌黃，即其立朝大節觀之，絕無儒者氣象，陷於霸術而不自知者也。諸儒徒以其主張講學，許之知道，此是迴護門面之見也。」

六月，王畿卒 王畿 (1498～1583)，明代心學家，浙中王門學者。嘉靖十一年 (1532) 進士。授南京職方主事，遷武選郎中。不久辭職返鄉，以講學為業。是年卒，年 86 歲。師事王守仁，為其高弟子，善談說，常代師講授，曾與錢德洪同主越中書院，有「教授師」之稱。守仁卒後，王畿基本為王學的中心人物，其講學活動貫穿近半個世紀，且熱情不改。足跡遍及東南，在吳、楚、閩、越、江、浙皆有講舍，潛心傳播王學，歷時四十餘年。年八十猶講學不倦，為時人所宗。王畿悟性較高，師從守仁較晚，從師時間僅為五年，且多承守仁良知發散之學。其學以「四無」說為核心，主張治學從「心」上立根，從「本體」入手，以「悟」為門徑，需「悟得心是無善無惡之心，意即無善無惡之意，知即無善無惡之知，物即無善無惡之物」。認為良知是當下見在，不假功夫修正。先驗之良知 (至善法則) 與見在良知 (道德呈現) 同是道德本體，同時，良知的發散形式又受現實條件 (物欲等) 的制約，這種化制約為坦途的過程正是致良知的工夫。而「利根之人」盡可發揮道德致知之極致，不須工夫過程，一般之人需要一段化現實制約為道德坦途的工夫。其學從「無處立根基」上把握「一念之幾」，對佛道之學多有借鑒，且重視把良知存在方式和運行機制合一為自然無執狀態，故有在釋老間徘徊之譏，於師說多有發明，但由於其學由「悟」到「無」，缺乏有效的、可遵循的、普世的工夫限制，便容易流入空寂。同時，王畿追求圓潤佛老之學，以化為吾儒之用，終不為聶豹、羅洪先等工夫派所認可。其學使王學大發其章，也使王

學漸失其傳。其著作與談話錄後人收輯成《龍谿王先生全集》。

彭國翔《王龍谿先生年譜》：「萬曆十一年癸未，1583年，八十六歲。是年六月初七，龍溪卒。」

《明儒學案》卷一二：「王畿字汝中，別號龍溪，浙之山陰人。……萬曆癸未六月七日卒，年八十六。……自此印正，而先生之論大抵歸於四無。以正心為先天之學，誠意為後天之學。從心上立根，無善無惡之心即是無善無惡之意，是先天統後天。從意上立根，不免有善惡兩端之決擇，而心亦不能無雜，是後天復先天。此先生論學大節目，傳之海內而學者不能無疑。……雖云真性流行，自見天則，而於儒者之矩矱，未免有出入矣。然先生親承陽明末命，其微言往往而在。象山之後不能無慈湖，文成之後不能無龍溪。以為學術之盛衰因之，慈湖決象山之瀾，而先生疏河導源，於文成之學，固多所發明也。」

張元忭《祭王龍溪先生文》：「惟先生早事門牆，微言密授，神解心承，直窺閫奧，何止升堂？……文成既沒數十年來，總持三教，狎主宗盟，江之左右，浙之東西，或一聆其謦欬，輒興歎於望洋。俾文成之脈，綿延不絕者，實先生為之表章。……先生未死，文成猶生，先生死矣，文成其不復生也！」

王畿《遺言付應斌應吉兒》：「師門致良知三字，人孰不聞？惟我信得及。致良知工夫，徹首徹尾，更無假借，更無包藏掩護。本諸身，根於心也，征諸庶民，不待安排也。真是千聖相傳秘藏，捨此，皆曲學小說矣。明道云：天理二字，是吾體貼出來。吾於良知亦然。」

是年

恢復全國書院　張居正去世後，鄒元標復起，請求恢復全國書院，得到皇帝批准。不久，嶽麓書院、白鹿書院、嵩陽書院、睢陽書院等得到恢復。

鄒元標《重新嶽麓書院》（《願學集》卷五上）：「會予癸未起家，備官披垣，奏言舊毀天下書院，傷道化、蔑名教，非所以維風淑世。上報可。而嶽麓則首報可。……予又憶當議復時，予謁大宗伯語曰：『天下諸名書院，如嶽麓、白鹿、嵩陽、睢陽諸勝境，今幸一新。然所以主張斯文，不可無人。』」

李才棟《白鹿洞書院史略》：「廢書院後不久，張居正死。萬曆十一年（公元1583年），給事中鄒元標請求恢復全國書院，得到皇帝批准。九江巡道王橋隨即請復白鹿洞書院，在巡撫曹大野的支持下，不到一年時間，白鹿洞書院得到恢復。萬曆十三年（1585），又贖回了原有田畝。……萬曆十三年後白鹿洞書院重興。」

（教育科學出版社，1989年，第121～122頁。）

陳龍正生 陳龍正（1583～1645），明末東林學者。字惕龍，號幾亭，浙江嘉善（今浙江嘉善縣）人。崇禎七年（1634）進士。任中書舍人，好言事極諫，連上四疏劾東廠緝事冤濫。後升南京國子監丞。福王監國，用爲祠祭員外郎，不就。清軍陷南京時，已有疾，絕藥而卒。師事高攀龍，精研性理而留心當世時務，從高攀龍的格物經世轉爲身心修養之學，主「存誠」，行「愛人」，故黃宗羲說其「師門之旨又一轉矣」。輯有《程朱遺書》、《程子詳本》，著有《救荒策會》等，後人輯有《幾亭全集》。

陳鼎《陳龍正傳》（《東林列傳》卷一一）：「陳龍正字惕龍，浙江嘉善人，少師事無錫高攀龍，……五十登崇禎甲戌進士，授中書舍人。……乙酉六月，南都潰，得劉宗周殉節狀，遂絕粒而死，著有《學言》二十卷，《政書》二十卷，《文錄》二十卷，因述二卷爲《幾亭全書》行於世，學者稱幾亭先生。」

《明儒學案》卷六一：「陳龍正字惕龍，號幾亭，浙之嘉善人。……先生師事吳子往志遠、高忠憲，留心當世之務，故以萬物一體爲宗，其後始湛心於性命，然師門之旨又一轉矣。」

案：陳龍正「五十登崇禎甲戌進士」，即1634年陳龍正50歲，故是年生。

劉邦采卒 劉邦采（1498～1583？），明代心學家，江右王門學者。初爲邑諸生，即以希聖爲志，不喜科舉。正德十六年至嘉靖六年（1521～1527），王守仁居越六年，在稽山書院、龍泉寺講學，邦采攜好友劉文敏一同入越拜見，成爲王守仁受業弟子。嘉靖七年（1528），邦采鄉試中舉，先授壽寧教諭，又升嘉興府同知。不久便棄官歸鄉，著書講學。邦采之學術特色，主要在其「性命兼修」說。陽明亡後，其學浸失其眞，流於空虛，故邦采提出「性命兼修」說以矯正其流弊。認爲性爲心之主宰，命爲心之流行。爲學重兼修，重踐履，同時，劉邦采主張良知之發用，反對良知的收攝，故「性命兼修」說也是對聶豹「歸寂說」之修正，可謂爲學工夫之由內到外之轉變。著有《易蘊》等。

王時槐《師泉劉先生邦采傳》（《國朝獻徵錄》卷八五）：「師泉劉先生邦采，字君亮，兩峰先生從弟也。……年八十有六。」

《明儒學案》卷一九：「劉邦采字君亮，號師泉，吉之安福人。……所謂「性命兼修，立體之功，即宋儒之涵養；致用之功，即宋儒之省察。涵養即是

致中，省察即是致和。立本致用，特異其名耳。然工夫終是兩用，兩用則支離，未免有顧彼失此之病，非純一之學也。總緣認理氣爲二。造化只有一氣流行，流行之不失其則者，即爲主宰，非有一物以主宰夫流行，然流行無可用功體，當其不失則者而已矣。」乃先生之言心意知物，較四有四無之說，最爲諦當。」

案：據《友慶堂合稿》卷三《兩峰劉先生誌銘》：「歲壬午，先生（按：指劉文敏）歲二十有三，則與其族弟師泉共學，思所以自立於天地間者，或至夜分不能即枕。……則買舟趨越中，見王公，執守門牆，往復三年寒暑。」嘉靖壬午爲1522年，時劉文敏23歲，而劉邦采比劉文敏小，故其生年不會早於1498。由於文獻闕失，今姑且記爲1498年生，其生年86，卒年約爲1583年。

神宗萬曆十二年　甲申（1584 年）

羅汝芳 70 歲，耿定向 61 歲，焦竑 44 歲，顧憲成 35 歲，高攀龍 23 歲，劉宗周 7 歲。

七月二十三日，耿定理卒　耿定理（1524～1584），明代泰州學派學者。耿定嚮之弟，師事方湛一、鄧豁渠，一生沒有做官，但學問很高，他與李贄是摯友，交情甚厚。李贄稱他爲「勝我之友」。是年卒，年 61 歲。其學重天機，尚自然，多當機指點，使人豁然開朗，曾提出「不容己」之說，耿定向也受其學影響。著有《楚倥論學錄》。

耿定向《觀生記》：「（萬曆）十二年甲申，我生六十一歲。……七月抵任，是月二十三日仲子卒於家。」

《明儒學案》卷三五：「耿定理字子庸，號楚倥，天臺之仲弟也。……其始事方湛一，最後於鄧豁渠得一切平實之旨，能收視返聽；於何心隱得黑漆無入無門之旨，充然自足。……先生論學，不煩言說，當機指點，使人豁然於罔指之下。」

李贄《耿楚倥先生傳》（《焚書》卷四）：「先生諱定理，字子庸，別號楚倥，諸學士所稱八先生是也。諸學士咸知有八先生，先生初不自知也。……按先生有德不耀，是不欲耀其德也；有才無官，是不欲官其才也。不耀德，斯成大德矣；不用才，始稱眞才矣。人又烏能爲先生傳乎？且先生始終以學道爲事者也。雖學道，人亦不見其有學道之處，故終日口不論道，然目擊而道斯存也。所謂雖不濕衣，時時有潤者也。」

　　七月二十五日，孫應鰲卒　孫應鰲（1527～1584），明代王學學者。嘉靖三十二年（1553）進士，選庶吉士，改戶部給事中、刑部右給事中，官至南京工部尚書。師事徐樾，爲王守仁再傳弟子。其學以求仁爲宗，以誠意愼獨爲要，注重教書育人，且以闡明儒學爲宗，對陽明之學在貴州的傳播起了很大作用。著有《左粹題評》、《淮海談易》、《論學彙編》等。

　　陳尚象《南京工部尚書孫應鰲墓誌銘》：「公字山甫，號淮海，別號道吾。……萬曆甲申七月二十五日薨於家，距其生嘉靖丁亥八月十四日，壽五十有八。」（轉引劉漢忠《孫應鰲生平、著述的再考察》，《貴州文史叢刊》1994年第5期。）

　　黎庶昌《刻孫淮海先生〈督學文集〉序》：「能繼起以昌明聖學、興起斯文爲己任者，至明乃得文恭孫淮海先生。先生當明中世，傳陽明王氏之學於貴溪徐樾波石，即能洞徹良知之弊；嗣又討論於蔣道林；其學以求仁爲宗，以誠意愼獨爲要，以盡人合天爲求仁之終始，其於成己成物，位育參贊，天人一體之原，心契微眇，溫故知新，浩然自得。晚歲築學孔精舍以居，尤致精於易理。生平難進易退，不以依違徇人，亦不以激烈取異。匡君德，鐫巨瓃，論革除，清國學，兢兢焉。惟以維持風教、作育人才爲急務，物來順應，沛然有餘，海內群以名臣大儒歸之，可謂命世賢豪，不待文王而興者也。」

　　十一月，黃尊素生　黃尊素，明末東林學者。字眞長，號白安，浙江餘姚人。黃宗羲之父。

　　《黃忠端公年譜》：「明萬曆十二年甲申十一月十三日，公生。」

　　十一月，王守仁等從祀孔廟　張居正當政後，書院被毀，講學被禁。張居正去世後，講學活動又趨於活躍。是年，在沈鯉、申行時的疏請下，加上諸御史、給事中等支持，王守仁、陳獻章、胡居仁得以從祀孔廟，講學活動得以開放。王守仁等從祀孔廟意味著王守仁等學者的人格影響、事功得失、學術見解等垂世規範至少某一方面得到了時人的認可和尊敬。

　　《明神宗實錄》卷一五五「萬曆十二年十一月庚寅」：「准王守仁、陳獻章、胡居仁從祀學宮。先是，隆慶元年，給事中趙思誠御史石槚疏題王守仁、陳獻章不宜從祀。而副都御史徐栻，給事中魏時亮、趙參、魯宗洪，選御史謝廷傑、梁許、蕭廩、徐乾貞，進士鄒德泳俱言二臣應從祀，其後御史詹事講上言：『孔子有功萬世，宜饗萬世之祀，諸儒有功孔子，宜從孔子之祀。……』上曰：『皇祖世宗嘗稱王守仁有用道學，並陳獻章、胡居仁既眾，論推許，咸准從祀孔

廟。……』其遵旨行。」

是年

王時槐終有所悟，並以透性爲宗、研幾爲要 是年，王時槐又經過十年學習與領悟，思想已基本成熟，並悟出聖人求仁之旨。此次所悟主要是其由釋氏而入，返歸六經，實證於心，終悟孔子之道至大無疑，從此心定而無惑。同時，王時槐漸悟爲學以透性爲宗。總體而言，其學以透性爲宗，以研幾爲要。所謂透性，即透徹明瞭什麼是性及如何把握性。他視性爲先天之理，不容言說，無法直接用力，只能通過性之呈露來把握。

王時槐《塘南居士自撰墓誌銘》：「予姓王氏，名時槐，字子植，……入仕雖以其鈍功所及，……迄無專力，以是五十而未有聞焉。及退休大懼，齒衰惕然慚悚，則悉屏絕外紛，反躬密體，瞬息自勵，如是者三年，若有見于空寂之體。又十年，漸悟於生機微密，不涉有無之宗，以爲孔門求仁之旨誠在於此。蓋始者由釋氏以入，浸澤耽嗜，如醒初醒，已乃稍稍疑之，試歸究六經，實證於心，則如備嘗海錯而後知稻粱之不可以易，以自迷自反，屢疑屢悟，……卒之眞若憬然，有窺於孔子之道之爲大，中遵信而不忍少悖。」

《明儒學案》卷二○：「王時槐……先生弱冠師同邑劉兩峰，刻意爲學，仕而求質於四方之言，學者未之或怠，終不敢自以爲得，五十罷官，屏絕外務，反躬密體，如是三年，有見於空寂之體，又十年漸悟生生眞機，無有停息，不從念慮起滅，學從收斂而入，方能入微，以透性爲宗，研幾爲要。」

案：王時槐生於1522，50歲退休，正是1572年，由於其三年「屏絕外紛，反躬密體，瞬息自勵」，方悟「空寂之體」，故時間應爲1572到1575，「又十年，漸悟於生機微密，不涉有無之宗，以爲孔門求仁之旨誠在於此」。故應爲是年。

神宗萬曆十三年　乙酉（1585 年）

羅汝芳 71 歲，耿定向 62 歲，焦竑 45 歲，顧憲成 36 歲，高攀龍 24 歲，劉宗周 8 歲。

三月，唐伯元上《從祀疏》，力言王守仁不當從祀 是年，唐伯元上疏，力言王守仁不宜從祀。唐伯元認爲，「六經無心學之說，孔門無心學之教。」王守仁所謂「良知」，是「邪說誣民」之道。言官鍾汝淳上疏彈劾唐伯元詆毀先儒，後降海州判官。

《明神宗實錄》卷一五九：「萬曆十三年三月，……謫南京戶部署郎中事唐伯元三級調外。伯元上疏醜詆新建伯不宜從祀，且謂：六經無心學之說，孔門無心學之教。守仁言良知，邪說誣民。又進《石經大學》云，得之安福舉人鄒德溥，已爲製序。南兵科給事中鍾汝淳特疏糾之，後降海州判官。」

五月，胡直卒　胡直（1517～1585），明代江右王門學者。嘉靖三十五年（1556）進士。初授比部主事，出爲湖廣僉事，領湖北道。晉四川參議。尋以副使督其學政，請告歸。詔起湖廣督學，移廣西參政、廣東按察使，起福建按察使。少攻古文詞，後從歐陽德及羅洪先學，爲王守仁的再傳弟子，以王守仁爲宗。認爲天理在人心，不在萬物。關於儒釋之別，胡直認爲，吾儒求理，主入世；佛者不求理，主出世。是年卒，年69歲。著有《衡廬精舍藏稿》、《續稿》及《鬍子衡齊》等。

耿定向《明福建提刑按察司按察使胡公墓誌銘》（《耿天臺先生文集》卷一二）：「公諱直，……倏然而逝，巳（應爲乙，疑刻錯）酉五月二十九日也。」

《明儒學案》卷二二：「胡直字正甫，號廬山，吉之泰和人。……萬曆乙酉五月卒官，年六十九。……先生著書，專明學的大意，以理在心，不在天地萬物，疏通文成之旨。夫所謂理者，氣之流行而不失其則者也。太虛中無處非氣，則亦無處非理。……先生之旨，既與釋氏所稱『三界惟心，山河大地，爲妙明心中物』不遠。其言與釋氏異者，釋氏雖知天地萬物不外乎心，而主在出世，故其學止於明心。明心則雖照乎天地萬物，而終歸於無有。吾儒主在經世，故其學盡心，盡心則能察乎天地萬物，而常處之有。」

八月，韓貞卒　韓貞（1509～1585），明代泰州學派學者。陶匠出身，世代以鑄陶爲業，朱恕授以《孝經》，韓貞從此開始學文。嘉靖十二年（1533），朱恕引他至王艮門下深造。學成歸鄉，韓貞以弘道化俗爲己任，漸漸地，跟隨者有上千人之多，聲勢聳動州縣。到了秋閒，坐著小船，一個村子一個村子地聚徒講學，弦誦之聲洋溢江浦，十分動人。其學以泰州學派「百姓日用即道」爲學旨。師事王艮，卒業於王襞，爲學主當下理會，從心悟入手。力倡爲善，重大節，以明道化人爲己任。門人許子桂等編有《樂吾韓先生遺事》。

《理學韓樂吾先生行略》（《韓貞集》附錄二）：「先生於萬曆十三年八月初九日卒，享年七十。」

《明儒學案》卷三二：「韓貞字以中，號樂吾，興化人。以陶瓦爲業。慕朱

樵而從之學，後乃卒業東崖。……秋成農隙，則聚徒談學，一村既畢，又之一村，前歌後答，弦誦之聲，洋洋然也。……耿天臺行部泰州，大會心齋祠，偶及故相，喜怒失常。樂吾拊床叫曰：『安能如儂識此些字意耶？』天臺笑曰：『窮居而意氣有加，亦損也。』東崖曰：『韓生識之，大行窮居，一視焉可也。』」

案：據《理學韓樂吾先生行略》（《韓貞集》附錄二）：「先生生於明正德四年己巳十月廿四日卯時，係興化縣東鄉人氏，世業陶。」可知韓貞享年七十六，《理學韓樂吾先生行略》所記「享年七十」為誤記。

冬，《近溪子全集》編成　是年，《近溪子全集》編成，耿定向閱讀、編輯並批點之。《近溪子全集》有多個版本，分別為《近溪子集》，其門人杜應奎編；《近溪子全集》，其孫懷祖刊；有《批點近溪子集》，耿定向所編；有《批點近溪子續集》，楊起元所編；有《明德公文集》、《近溪先生詩集》、《近溪子附集》、《近溪子外編》，有《從姑山集》、《續集》，並其孫懷智所編。羅汝芳為泰州後學，其學雖如四庫館臣所言「放誕自如，敢為高論」，但思想核心不出「仁」之規範，故仍不失為儒者。

蔡世昌《羅近溪先生年譜稿》：「萬曆十三年乙酉（1585年），71歲。……冬，耿定向批點《近溪子全集》」

耿定向《讀近溪子集》（《耿天臺先生文集》卷一一）：「越乙酉冬，迺得《近溪子全集》，把玩累日，不能釋手，俯仰而歎曰：『嗟夫，近溪子之學，其日新迺如此耶！』」

《四庫全書總目提要》卷一七八：「《近溪子文集》五卷（江蘇巡撫採進本），明羅汝芳撰。……其學出於顏均，承姚江之末流，而極於氾濫。故其說放誕自如，敢為高論。著述最易成編，多至四五十種。即其集亦非一刻。有《近溪子集》，其門人杜應奎編；有《近溪子全集》，其孫懷祖刊；有《批點近溪子集》，耿定向所編；有《批點近溪子續集》，楊起元所編；有《明德公文集》、《近溪先生詩集》、《近溪子附集》、《近溪子外編》，有《從姑山集》、《續集》，並其孫懷智所編；有《明德詩集》，其門人左宗郢刊。今多散佚。此集則其曾孫萬先所刊也。」

是年

顧憲成名所居為小心齋　是年，顧憲成名所居為小心齋。至於為何命名為小心齋？顧憲成解釋為：小心是「學」與「矩」之間的工夫，是聖人無

可無不可入手處。聖人無可無不可是「學」與「矩」的結合所致。「學」有「矩」，便只能走正道，只能小心，因為知「矩」；「矩」有「學」，便只能向上、只能小心，因為知「學」。此處之小心即是敬，即是為學的修持工夫。這種向上的為學工夫層層遞進，學問才能紮實，才不至於狂妄。

《顧端文公年譜》：「（萬曆）十三年乙酉，三十六歲。家居。……名所居曰小心齋。」

顧憲成《乙巳》（《小心齋札記》卷一二）：「無可無不可是孔子小心處，作何解？曰：可者因而可之，聖人未嘗敢自有其可也；不可者因而不可之，聖人未嘗敢自有其不可也。……此章要看第一句學字末一句矩字，兩字首尾呼應最可味。是故謂之學，便是聖人亦不敢一毫自家主張，知有矩而已矣；謂之矩，便是聖人亦不敢一毫違他主張，知有學而已。豈不是個小心？……曰小心是個敬。」

神宗萬曆十四年　丙戌（1586 年）

羅汝芳 72 歲，耿定向 63 歲，焦竑 46 歲，顧憲成 37 歲，高攀龍 25 歲，劉宗周 9 歲。

唐伯元聽到顧憲成對「良知」的分析，認為「假令早聞足下之言，向者《論從祀》一疏，尚合有商量也」　是年，顧憲成、孟我疆相會於京師，孟我疆對唐伯元上《從祀疏》、力言王守仁不當從祀一事極為不滿。後顧憲成見唐伯元，對其言之守仁「良知」、「致良知」之良苦用心，唐伯元表示，「假令早聞足下之言，向者《論從祀》一疏，尚合有商量也。」

顧憲成《小心齋札記》卷四：「歲丙戌，余晤孟我疆先生於都下。我疆問曰：『唐仁卿何如人也？』余曰：『君子也。』我疆曰：『何以排王文成之甚？』余曰：『朱子以象山為告子，文成以朱子為楊墨，皆甚辭也，何但仁卿已而。』過仁卿述之，仁卿曰：『固也，足下不見世之談良知者乎？如鬼如蜮，還得為文成諱否？』余曰：『《大學》言致知，文成恐人認識為知，便走入支離去，故就中間點出一良字；孟子言良知，文成恐人將這個知作光景玩弄，便走入玄虛去，故就上麵點出一致字，其意最為精密。至於如鬼如蜮，正良知之賊也，奈何歸罪於良知！獨其揭「無善無惡」四字為性宗，愚不能釋然耳。』仁卿曰：『善！假令早聞足下之言，向者《論從祀》一疏，尚合有商量也。」

呂坤、鄒元標在為學途徑發生分歧，並致書論學　是年，呂坤、鄒

元標相識於吏部，並往復論學。呂坤以「省過」、「治心」為為學途徑，以陸王之學空疏無實為由，勸鄒元標放下釋典及陸子、白沙、陽明一切諸書，專取朱子、胡居仁、薛瑄《性理》《論學》、《居業錄》、《讀書錄》諸篇讀之。鄒元標「不敢奉命」，認為「主腦」是根本，其他之法都是小道。

鄭涵《呂坤年譜》：「萬曆十四年（丙戌，1586），五十一歲。……是歲，與鄒元標相識於吏部，曾相與往復論學。……坤先在孟秋處與元標相晤，對鄒之為學多所攻駁，嗣復致書以申之：『前邊我疆兄，……弟欲吾兄將釋典及陸子、白沙、陽明一切諸書暫束高閣，取《性理》《論學》諸篇（按：當即《朱子語類》卷四至十三）及我朝胡敬齋《居業錄》、薛敬軒《讀書錄》讀之，此與孔門正路分毫不差，最能附就庸愚。」

鄒元標《答呂新吾少司寇》（《願學集》卷一）：「老兄終日省過，弟竊謂吾儒之學有大頭腦，頭腦既定，譬之大將威望有素，小小奸宄亦自滅息。……陸子、陽明、白沙三先生，弟方奉之為指南，老兄欲弟束之高閣，是欲弟適越而北轅也，不敢聞命。」

焦竑問學於羅汝芳　是年羅汝芳至南京講學，焦竑詣之問學，並佩服其學直指本心，堅定了其為聖學的信心。羅汝芳亦器重焦竑，相信其他日必能振興心學。

《焦竑年譜》：「萬曆十四年丙戌（西曆一五八六），竑年四十七。羅汝芳（號近溪）至金陵，竑詣之問學。」

李（李劍雄）著《焦竑年譜》：「萬曆十四年，丙戌，1586年。47歲。……羅汝芳、周思久結伴游學，歷南昌、兩浙，至金陵，講學憑虛閣。竑見羅汝芳，正式列入門牆。焦竑稱頌羅汝芳之學能『直指本心』，使『學者霍然如梏高得脫，客得歸，始信聖人之必可為‧而陽明非欺我』者，強固了心學的信仰。羅汝若亦器重焦竑，說他『具大力』，他日必能振興心學。」

羅汝芳論明明德之學　是年，在南京，焦竑與姚汝循拜見羅汝芳，羅汝芳論明明德之學。羅汝芳認為，德如同鑒（鏡），既沒有被遮蓋，也不昏暗，但是，必須磨（鏡，喻德）才明。同時，明德不是物體，非比喻所能及，任何人都是有明德在體同時又是被遮蓋著，故只有磨（鏡，喻德）歷一番，明德才能彰顯出來。

蔡世昌《羅近溪先生年譜稿》：「萬曆十四年丙戌（1586年），72歲。……焦

竑與姚鳳麓（名汝循，字敍卿，號鳳麓）拜見先生，先生論明明德之學。」

焦竑《中憲大夫直隸大名府知府鳳麓姚公墓表》（《澹園集》卷二七）：「往丙戌歲，羅近溪先生至金陵，余與公詣之。先生論明明德之學。公曰：『德猶鑒也，匪翳匪昏，匪磨靡明。』先生徐曰：『明德無體，非喻所及，且公一人耳，爲鑒爲翳，復爲磨者，可乎？』公聞之有省。」

劉宗周從學於族舅章某　是年，劉宗周九歲，從學於族舅章某，劉宗周爲遺腹子，從小依附於外祖父章穎家成長，並隨從族舅章某學習。

姚（姚名達）著《劉宗周年譜》：「萬曆十四年丙戌（一五八六年），先生九歲。從學於族舅章某，弱不好弄，飯畢即就學舍。往來肅躬而行，不他顧，不疾趨，見者異之。」

李贄作《答耿司寇》，揭露耿定向的虛僞　何心隱是泰州學派的左派。曾以方術的方式參劾嚴嵩，後來又與權相張居正不合，反對張居正禁止講學，被當局目爲「妖人」、「叛逆」。萬曆七年（1579），楚撫王之垣將何心隱誘捕，羈押於湖北。耿定向與泰州學派關係密切，是何心隱與李贄共同的朋友。當時耿定向身居顯位，又與張居正過從甚密，並得其信任。包括羅汝芳、李贄等人在內，都把營救何心隱的希望寄託在耿定向身上。但耿定向憚於張居正的威勢，並沒有爲何心隱求情，以致坐視其被處死。李贄對此非常不滿，最後與耿定向公開決裂，並投書對其進行了激烈的批評，從萬曆十二年至二十四年耿定向與李贄的筆戰一直不斷，而李贄的《答耿司寇》可謂此次論戰中的代表作。

《李贄年譜》：「萬曆十四年（一五八六），六十歲。這年，他有《答耿司寇》的信，揭露封建地主階級假道學耿定向的醜惡面貌。他說：『試觀公之行事，殊無甚異於人者。人盡如此，我亦如此，公亦如此。自朝至暮，自有知識以至今日，均之耕田而求食，買地而求種，架屋而求安，讀書而求科第，居官而求尊顯，博求風水以求福蔭子孫。種種日用，皆爲自己身家計慮，無一毫爲人謀者。及乎開口談學，便說「爾爲自己，我爲他人」，「爾爲自私，我欲利他」。「我憐東家之饑矣，又思西家之寒，難可忍也」！「某等肯上門救人矣，是孔、孟之志也」；「某等不肯會人，是自私自利之徒也」。「某行雖不謹，而肯與人爲善」；「某等行雖端謹，而以好佛法害人」。從此而觀，所講者未必公之所行，所行者又公之所不講。其與「言顧行、行顧言」何異乎！……』他揭露封建統治階級

一般的虛僞的面貌，是『言不顧行、行不顧言』，而贊成勞動人民和小農、小工的『作生意者但說生意，力田作者但說力田』的眞實可愛。」

高攀龍始致力於學　是年，高攀龍二十五歲，在聽到李元沖（李材弟子）和顧憲成的講學後，深爲震撼，自稱始學力不足，並致力於學。李元沖時爲無錫縣令，顧憲成已經學有所歸，而高攀龍對朱子之學才稍有領悟，但卻明確認識到聖人之學，必有到達途徑，只是方法需要探求。例如對心的認識，高攀龍已經不再局限於方寸，而是重視身心一體、身心相得等。這足以說明，在高攀龍對朱子的認識上，已經不再拘謹於辭章理解，而是領悟其內在含義。

華允誠《高忠憲公年譜》：「（萬曆）十四年丙戌，二十五歲，始志於學。」

高攀龍《困學記》：「吾二十有五聞令公李元沖（名復陽）與顧涇陽先生講學，始志於學。以爲聖人之所以爲聖人者，必有做處，未知其方。看《大學或問》，見朱子說入道之要莫如敬，故專用力於肅恭收斂，持心方寸間，但覺氣鬱身拘，大不自在；及放下又散漫如故，無可奈何。久之，忽思程子謂心要在腔子裏，不知腔子何所指，果在方寸間否耶？覓注釋不得，忽於小學中見其解曰：腔子猶言身子耳，大喜。以爲心不專在方寸，渾身是心也，頓自輕鬆快活。」

神宗萬曆十五年　丁亥（1587 年）

羅汝芳 73 歲，耿定向 64 歲，焦竑 47 歲，顧憲成 38 歲，高攀龍 26 歲，劉宗周 10 歲。

孟春，呂柟《涇野子內篇》刊刻，呂柟對王守仁良知之學提出了批評　是年，呂柟《涇野子內篇》刊刻。呂柟是明代躬行實踐的學者，學術宗旨以「尚行」著稱。《涇野子內篇》爲呂柟的語錄及講學問答，基本反映了其學術思想。呂柟對王守仁知行合一、致良知等均有批評，今選其中致良知部分作爲代表。呂柟認爲，王守仁良知之教，並非適合所有學者。因爲「人之資質有高下，工夫有生熟，學問有淺深」，故不可一概而論。王守仁良知之教發展了「尊德性」，容易導致學術空疏、禪化，故呂柟強調以「博學於文，約之以禮」，即要重視博物、行的重要性。

呂柟《涇野子內篇》卷之一三：「何廷仁言：『陽明子以良知教人，於學者甚有益。』先生曰：『此是渾淪的說話。若聖人教人，則不如是。人之資質有高下，工夫有生熟，學問有淺深，不可概以此語之。是以聖人教人，或因人病處

說，或因人不足處說，或因人學術有偏處說，未嘗執定一言。至於立成法，詔後世，則曰：「格物致知」，「博學於文，約之以禮」。蓋渾淪之言可以立法，不可因人而施。」

案：呂柟《涇野子內篇》的具體刊刻時間不可知，從其《序》言看，是書編成大約在嘉靖十一、十二年，然明刻本中內附呂畇所著《涇野子內篇門人錄》，其末著曰：「時萬曆十五年孟春，致仕知府次男呂畇頓首謹識。」故其刊刻暫定爲是年，待考。

十月，王襞卒 王襞（1511～1587），明代泰州學派學者，王艮之子。少隨父赴會稽，傳王守仁之學。父卒，繼父講席，往來各地講學。是年卒，年77歲。其學受王艮和王畿影響很大，以「不犯手爲妙」爲宗旨，在「良知」中加入「自然」之意，提出「自然之謂道」之說，不僅自然界是「自然」，人性也是「自然」，於是，其說便不自然的進入無爲之境，近於禪學。著有《東崖遺集》（一作《王東崖先生遺集》）。

《明儒王東崖先生遺集・年譜紀略》：「（萬曆）十五年丁亥，先生七十七歲。冬十月十一日先生卒。（先生疾將終，危坐定氣養神，時命門人梅聖輩雅歌取樂，顧門人曰：『爾等惟有講學一事付託之。』復顧諸嗣曰：『汝曹只親君子，遠小人，一生受用不盡。』無一言及家事。）」

《明儒學案》卷三二：「王襞字宗順，號東崖，泰州人。……萬曆十五年十月十一日卒，年七十七。先生之學，以『不犯手爲妙。鳥啼花落，山峙川流，饑食渴飲，夏葛多裘，至道無餘蘊矣。充拓得開，則天地變化，草木蕃，充拓不去，則天地閉，賢人隱。今人才提學字，便起幾層意思，將議論講說之間，規矩戒嚴之際，工焉而心日勞，勤焉而動日拙，忍欲希名而誇好善，持念藏穢而謂改過，心神震動，血氣靡寧，不知原無一物，原自見成。但不礙其流行之體，眞樂自見，學者所以全其樂也，不樂則非學矣。』……先生之學，未免猶在光景作活計也。」

是年

徐用檢等修葺虔臺王文成公祠 張居正當政時，盡毀天下書院，王文成公祠也在禁燬之列。是年，王守仁再傳弟子徐用檢（錢德洪弟子）等修葺之，使其恢復原貌，以供觀者。

張位《重修王文成公祠記》（《閒雲館集》卷一七）：「徐公名用檢，蘭溪人。

蓋素講良知之學而有得者。……萬曆己卯（1579），當國者毀天下書院，是祠因廢。……丙戌（1586）秋，兵憲徐公請於開府秦公，議葺新之。逾年（1587）畢工。規制宏麗，廟貌如故。」

神宗萬曆十六年　戊子（1588 年）

羅汝芳 74 歲，耿定向 65 歲，焦竑 48 歲，顧憲成 39 歲，高攀龍 27 歲，劉宗周 11 歲。

二月，**華允誠生**　華允誠（1588～1648），明代東林學者。字汝立，號鳳超。華允誼弟。江蘇無錫人。天啓二年（1622）進士。從高攀龍學，傳其主靜之學。崇禎時官兵部員外郎，疏言溫體仁等徇私亂政，被奪俸，尋歸養親。福王時起吏部員外郎，十餘日即辭歸。明亡後，以不肯剃髮，被殺。著有《春秋說》、《四書大全參補》。

《奉直大夫吏部員外郎豫如府君年譜》：「明萬曆十六年，戊子二月三日丑時，府君生。」

徐枋《明奉直大夫吏部驗封司員外郎豫如華公墓誌銘》：「公諱允誠，字汝立，……歲丙午八月朔，……危坐而逝，……公生於萬曆戊子二月三日，年六十一殉難。」

三月，**張元忭卒**　張元忭（1538～1588），明代浙中王門學者。隆慶五年（1571）進士第一人，授翰林修撰。雖爲張居正門生，但是，在張居正生病，滿朝爲之奔走求神之時，他卻不趨附。萬曆十五年（1587）升右諭德兼翰林侍讀。是年卒，年 51 歲。其學始「從龍溪得其緒論，故篤信陽明」；中年「鬭龍溪」，批評其「諱言工夫」。其良知說受程朱影響很大，特別是受朱熹「道問學」篤實方法影響，以心爲已發，爲「無垢無污」的絕對本體，即至善良知，學者必須「修持」才能達到良知。是說本爲克服王學務虛之流弊，但客觀的起了瓦解和消釋王學的作用。著《張陽和集》、《不二齋論學書》等。

羅萬化《張陽和先生墓表》（《明文海》卷四四五）：「（張元忭）辛未登第官翰林修撰……詎今萬曆戊子而子藎逝矣，……按子藎，姓張氏，名元忭，別號陽和。」

《明儒學案》卷一五：「張元忭字子藎，別號陽和，越之山陰人。……丁亥升右春坊，左諭德，兼翰林侍讀。明年三月卒官，年五十一。先生之學，從龍

溪得其緒論，故篤信陽明四句教法。龍溪談本體而諱言工夫，識得本體，便是
工夫。先生不信，而謂：『本體本無可說，凡可說者皆工夫也。』嘗闢龍溪欲渾
儒釋而一之，以良知二字爲範圍三教之宗旨，何其悖也。故曰：『吾以不可學龍
溪之可。』先生可謂善學者也。……先生談文成之學，而究竟不出於朱子，恐
於本體終有所未明也。」

四月，李渭卒 李渭（1513～1588），明代著名學者。明世宗嘉靖十三
年（1534）舉人。官至應天府中南戶部郎。爲官廉潔自守，尊愛百姓。李渭
潛心研究儒學，在治學中，李渭先後請教過蔣信、湛甘泉、耿定理、耿定向、
羅近溪、鄒元標等學者，最終形成自己風格。在講學上，以講學爲事，講學
反對空論，主張踐履；爲學理念上，秉承「中和」和「爲仁」的儒學理念，
以「無欲」爲修養功夫，重視「躬行踐履」，並進一步闡明了王陽明「知行合
一」學說。學者稱他「同野先生」。明神宗賜他對聯曰：「南國躬行君子，中
朝理學名臣」。晚年設「中和書院」講學，對黔中北的教育事業貢獻顯著，興
學黔中，開黔北學風，學者環顧四周、如影相從，使黔北文人蔚起，代不乏
人。其學承程朱，又受陽明心學影響很大，以毋意爲宗。有必爲聖人之人格，
持「中和」的宇宙觀、「爲仁」政治觀等儒家核心理念，躬行踐履。著有《先
行錄》、《毋意篇》、《大儒治歸規》、《雜著》、《詩文》等。

焦竑《參知李公渭傳》（《國朝獻徵錄》卷一〇二）：「公諱渭，字湜之，學者
稱同野先生，上世自吉水遷思南。……生正德癸酉十二月，卒萬曆戊子四月享年
七十有六。」

耿定力《李同野先生墓誌銘》：「公之學，自卻妄念以至謹。……道林先生
破其拘攣（拘束），余伯兄謂之有恥，仲兄直指本心，近溪喝其起滅，卒契毋意
之宗。」

《思南府續志》卷一二《藝文志·摭遺》：「同野先生，爲思南理學之宗……
先生邊隅一書生耳，其幼即攜『必爲聖人』四字以自勵，即此四字而論，通儒
咋舌而不敢言者。先生敦然任之，看係何等擔當！何等力量！夷考其行，又實
與所志符合，殆所謂豪傑之士，雖無文王猶興者也。」

六月，萬虞愷卒 萬虞愷（1505～1588），明代江右王門學者，萬廷言
之父。嘉靖十七年（1538）進士，累官南京兵科給事中、山東參議、刑部侍
郎等。是年卒，年84歲。爲官敢於直諫，師事王守仁、歐陽德，聞守仁良知

之學，得歐陽德自得之法，爲學主收斂，持性善說。著有《楓潭集》。

鄧以讚《刑部侍郎楓潭萬公行狀》：「公諱某，字懋卿，別號楓潭，……公沒於戊子閏六月二十七日未時，距生乙丑三月十二日，享年八十有四。」

王錫爵《刑部右侍郎楓潭萬公虞愷墓誌銘》：「公諱虞愷，字懋卿，楓潭其號，……公爲人敢言，似直寡怨、似厚不雕、似樸忘機、似通守謙、似柔能斷、似勇而一以學問融之門生子弟，……晚年讀圓覺金剛諸經，有悟謂此即我儒無聲無臭注疏然，不輕爲新學道聽者言，……而萬氏特以挫鋒含茂，無標號於天下，參於游道，見謂不廣然，政此公所謂自得也，夫自得則又何得哉！知不知勿論矣。」

九月，羅汝芳卒 羅汝芳（1515～1588），明代心學家，泰州學派學者。嘉靖三十二年（1533）進士，官至參政。是年卒，年74歲。他一生深入下層，宣講哲理，教化士民，以發人「良知」和濟人急難聞名於世。其學遠源於王守仁，近交王艮。提倡順適自然地擴充人人具有的帶有良知的「赤子之心」去「體仁」，強調當下意識即爲心之本體，此本體具有非設置性、非預期性，保持此本體即爲聖人。此當下意識包括中和、寧靜、戒愼恐懼、精一等，是自然天成的本體流露。羅汝芳思想中亦有大量佛道因子，但其固有的道德並未丟失，故主旨依然爲儒學。著有《孝經宗旨》、《識仁編》、《近溪子文集》和《近溪語錄》等。

李贄《羅近溪先生告文》（《焚書》卷三）：「（萬曆）戊子冬月二十四日，南城羅先生之訃至矣，而先生之沒，實九月二日也。夫南城，一水間耳，往往至者不能十日餘，而先生之訃直至八十餘日而後得聞，何其緩也！」

鄒元標《明大中大夫雲南參政近溪羅先生墓碑》（《願學集》卷六）：「先生姓羅，名汝芳，字惟德，學者稱爲明德先生。……先生生正德乙亥五月，沒萬曆戊子九月。」

《明儒學案》卷三四：「羅汝芳字惟德，號近溪，江西南城人。……十六年……年七十四。……先生之學，以赤子之心、不學不慮爲的，以天地萬物同體、徹形骸、忘物我爲大。此理生生不息，不須把持，不須接續，當下渾淪順適。……論者謂龍溪筆勝舌，近溪舌勝筆。……俄頃之間，能令其心地開明，道在視前。一洗理學膚淺套括之氣，當下便有受用，顧未有如先生者也。……若以先生近禪，並棄其說，則是俗學之見，去聖亦遠矣。」

是年

李材因冒領軍功下獄　李材等出兵緬，渡金沙江，與孟養等土司兵會
遮浪，賊大敗，生擒賊將三人，賊兵無數。巡撫劉世曾、總兵官沐昌祚以大
捷報神宗。是年，神宗詔令覆勘征緬戰功，巡按御史蘇酇言斬首不及千，破
城拓地皆無驗，猛密地尚爲緬據，李材等虛張功伐，並因此入獄。經多方營
救及神宗開悟，五年後得釋。

《明神宗實錄》卷二〇一：「萬曆十六年七月壬子朔孟秋，……刑部尚書李
世達等、都察院左都御史吳時來、大理寺左少卿李棟會審犯官李材等緬捷一事。」

許孚遠《壽李孟誠年丈七裒序》（《明文海》卷三百二十）：「孟誠當六十時，
以滇南軍功遭讒毀，被逮下獄者五年，中外搢紳及滇人、粵人鳴冤之。疏凡數十
上，會同榜王元馭少師方晉首揆密爲營救，幸聖明一旦悟而釋之。」

神宗萬曆十七年　己丑（1589 年）

耿定向 66 歲，焦竑 49 歲，顧憲成 40 歲，高攀龍 28 歲，劉宗周 12 歲。

春，焦竑中狀元　是年，焦竑終以會試一甲七名、典試一甲一名中式。
從嘉靖四十三年（1564）至今二十五年間，焦竑曾經先後七次到北京參加會
試，都落榜而歸。直到是年，才以進士第一及第，從此，名揚天下。

李（李劍雄）著《焦竑年譜》：「萬曆十七年，己丑，1589年。50歲。春，在
北京應試，終以會試一甲七名、典試一甲一名中式。」

十月，查鐸卒　查鐸（1516～1589），南中王門學者。嘉靖四十四（1565）
年進士，爲刑科給事中時，因不悅於高拱，外調至廣西副使。學宗良知，師
事王畿、錢德洪，私淑守仁，喜良知簡易直接，不事繁雜。

焦竑《憲副毅齋查先生墓誌銘》（《國朝獻徵錄》卷一〇一）：「先生諱鐸，字
子警，別號毅齋。……端坐逾時，遂瞑。……時萬曆己丑十月三十日，距所生正
德丙子正月十七日，享年七十有四。」

《明儒學案》卷二五：「查鐸字子警，號毅齋，涇縣人。……學於龍溪、緒
山，謂『良知簡易直截，其他宗旨，無出於是。不執於見即曰虛，不染於欲即
曰寂，不累於物即曰樂。無有無，無始終，無階級，侻焉日有孳孳，終其身而
已。』」

是年

孟秋卒 孟秋（1525～1589），明代北方王門學者。隆慶五年（1571）進士，歷任縣令、兵部郎中、刑部員外郎、尚寶寺少卿等職。孟秋為人正直，為官清廉，敢於任事，深得民心。師從張後覺，在學問上也多承其師。他與河南知名學者孟化鯉過往甚密，經常在一起切磋學問，影響較大。黃宗羲稱二孟（孟秋、孟化鯉）如「冰壺秋月，兩相輝映，以扶家傳於不墮，可稱北地聯璧」，給予很高評價。在學術宗陽明良知說，反對程朱理學「存天理，滅人欲」。孟秋強調的是追求現成良知說，實際上也是摻和了佛教禪宗的頓悟說。著有《我疆論學語》等。

姚思仁《尚寶司丞孟秋墓碑》（《山東通志》卷三五之二〇）：「蓋謂我疆先生云，先生諱秋，字子成，號我疆，世為山東茌平人。……己丑升本司少卿，浹旬而卒。……享年六十五。」

《明儒學案》卷二九：「孟秋字子成，號我疆，山東茌平人。……先生大指以『心體本自澄徹，有意克己，便生翳障。蓋真如的的，一齊現前，如如而妙自在，必克復而後言仁，則宣父何不以克伐仁原憲耶？……』先生之論，加於識仁之後則可，若未識仁，則克己之功誠不可已，但克己即是識仁。」

神宗萬曆十八年　庚寅（1590 年）

耿定向 67 歲，焦竑 50 歲，顧憲成 41 歲，高攀龍 29 歲，劉宗周 13 歲。
王世貞（1526～1590）卒。

是年

《焚書》刻成，內含與耿定向信七封，爭論再起 是年，李贄《焚書》刻成，又稱《李氏焚書》，6 卷。主要收錄李贄書信、雜著、史評、詩文、讀史短文等。是書為李贄反對封建傳統思想的力作。書中有對儒家和程朱理學的大膽批判，可謂非聖無法，敢為異論，因而被統治階級視為洪水猛獸，並認為其人可誅，其書可毀。李贄也深知其見解為世所不容，故將其名之為《焚書》。其中，還有與耿定向的書信，由此，耿李爭論再起。

《李贄年譜》：「萬曆十八年（一五九〇），六十四歲。《李氏焚書》在麻城刻成。《焚書》的內容，大膽地揭破了道學家的假面目，……《焚書》內有與耿定向的信七封，對於耿定向醜惡面貌的揭露和批評是非常尖銳的。」

耿定向《觀生記》：「（萬曆）十八年庚寅，我生六十七歲。正月，歸至黃城借寓。至三月初，抵里。六月，聞謗，作《求儆書》，蔡弘甫序梓之，以告同志。」

神宗萬曆十九年　辛卯（1591 年）

耿定向 68 歲，焦竑 51 歲，顧憲成 42 歲，高攀龍 30 歲，劉宗周 14 歲。

二月，顏鯨卒　顏鯨（1517～1591），明代學者。字應雷，浙江慈谿人。嘉靖三十五年（1556）進士，授行人，後選爲御史，巡按河南。爲官正直，沉毅幹練。力除嚴嵩爪牙。任事守正，不惜得罪張居正、高拱。其學承良知，師事王守仁，以求仁爲宗，主經世致用。

郭正域《顏先生鯨傳》（《國朝獻徵錄》卷八八）：「公諱鯨，字應雷，……先生生於正德九年正月己亥，卒於萬曆辛卯二月丙申，得年七十有五。」

《明儒學案·附案》：「顏鯨字應雷，號沖宇，寧之慈谿人。……鄒南皋曰：『予讀先生所論孔、孟、顏、曾，及「原人」「原性」諸語，其學以求仁爲宗，以默坐澄心爲入門，以踐履操修爲見性，而妙於愼獨，極於默識，既彈厥心矣，而總於悟格物之旨盡之。』世儒以一事一物爲物，而先生以通天下國家爲物，爲格，其力久，故其悟深。其悟深，故其用周。眞從困衡中入，而非以意識承當之者。先師戢山曰：『先生於學問頭腦，已窺見其大意，故所至樹立磊落。』先生與許敬庵皆談格物之學，敬庵有見於一物不容之體，先生有見於萬物皆備之體。蓋相反而相成者，總之不落訓詁窠臼者也。」

十二月，王宗沐卒　王宗沐（1523～1591），明代浙中王門學者。明嘉靖二十三年（1544）進士，授刑部主事。官至刑部左侍郎。其中，任江西提學副使時，修王陽明祠，建正學、懷玉書院，於白鹿洞聚集諸生，親自答疑、講學。師事歐陽德，對良知認識頗深，重事功反對空談。以良知爲歸旨，有儒佛之辨，但不甚透徹。著有《海運詳考》、《海運志》、《敬所文集》、《宋元資治通鑒》、《十八史略》、《台州府志》等。

鄧以讚《刑部左侍郎致仕敬所王先生行狀》：「先生諱宗沐，字新甫，別號敬所，晚更號櫻寧。……先生生嘉靖癸未某月日，歿萬曆辛卯十二月日，享年六十有九。」

張惟驤《疑年錄彙編》卷七：「王新甫六十九宗沐，生嘉靖二年癸未，卒萬曆十九年辛卯。」

《明儒學案》卷一五:「王宗沐字新甫,號敬所,臺之臨海人。……先生師事歐陽南野,少從二氏而入,已知『所謂良知者,在天爲不已之命,在人爲不息之體,即孔氏之仁也。學以求其不息而已』。其辨儒釋之分,謂『佛氏專於內,俗學馳於外,聖人則合內外而一之』。此亦非究竟之論。蓋儒釋同此不息之體,釋氏但見其流行,儒者獨見其眞常爾。先生之所謂『不息』者,將無猶是釋氏之見乎!」

是年

李贄與耿定向第一次和解　是年,李贄與耿定向第一次和解,李贄有書信給耿定向,表示了和解的意向和決心。

耿定向《觀生記》:「(萬曆)十九年辛卯,我生六十八歲。……弘甫著《焚書》,辨先是,謗者自悔愧書來。」

案:關於李贄「自悔愧書」,原信已經不可見,但耿定向此說應爲屬實。據林海權《李贄年譜考略》:「萬曆十九年辛卯(1591),68歲。……寓居麻城龍湖芝佛院。春間,得悉耿定力將回黃安,李贄回信給在川中的周友山,流露了願與耿定向和解的意向。《焚書》卷一《答周友人》:『獨余不知何說,專以良友爲生,故有之則樂,捨之則憂,甚者馳神於數千里之外。明知不可必得,而神思奔逸,不可得而制也。……無念已往南京,庵中甚清氣。楚侗回,雖不曾相會,然覺有動移處,所憾不得細細商榷一番。……叔臺(耿定力號)想必過家,過家必到舊縣(指麻城),則得相聚也。』」可以,李贄確實有與耿定向(號楚侗)和解之心。

羅大紘　生卒不詳,明代江右王門學者。字公廓,號匡湖,江西安福人。萬曆十四年(1586)進士,授行人。萬曆十九年(1591)八月,遷禮科給事中。對於策立太子之事,萬曆私下斥責申時行介入立儲問題,時行推說不知,又寫密函告知皇上:「惟親斷親裁,勿因小臣妨大典。」不幸此信落入羅大紘手中。是年九月,大紘彈劾首輔申時行失職,中書黃正賓、御史鄒德泳、吏部給事中鍾羽正、侯先春等亦劾之。萬曆帝震怒,將羅大紘斥爲民。是年九月,申時行辭職。鄉人以大紘、羅倫、羅洪先,號爲「三羅」。天啓中,贈光祿少卿。其學承良知,師事徐魯源,但與江右正統,又有不同。著有《匡湖心語》。

《明儒學案》二三:「羅大紘字公廓,號匡湖,吉之安福人。……先生學於徐魯源,林下與南皋講學。南皋謂先生敏而善入,眾人所卻步躊躇四顧者,先生

提刀直入；眾人經數年始入者，先生先闖其奧，然觀其所得，破除默照，以爲一
念既滯，五官俱墮。於江右先正之脈，又一轉矣。」

案：限於文獻，羅大紘生卒不可知，其於萬曆十九年（1591）八月，遷禮科
給事中。姑記於是年之下。

神宗萬曆二十年　壬辰（1592 年）

耿定向 69 歲，焦竑 52 歲，顧憲成 43 歲，高攀龍 31 歲，劉宗周 15 歲。

周汝登作《九解》駁《九諦》之說　是時，周汝登（王畿弟子，王守
仁再傳弟子）、許孚遠（唐樞弟子，湛若水再傳弟子）等在南京講學，許敬庵
作《九諦》以難「無善無惡」說，周海門作《九解》破之。在此次會講上，
周汝登、許孚遠爭論的核心爲「無善無噁心之體」一語，許孚遠力主「有善
無惡」，並認爲，若「無善無噁心之體」成立，一方面與《大學》至善之本體
不符，另一方面，性善故知善，若性「無善無惡」，則不能推出知必良之結論。
周汝登則認爲「無善無惡」實爲至善，「不慮者爲良」，如果以相對與「惡」
之「善」來命名良知，則與「不慮」似不協調。「無善無噁心之體」，不僅指
未發，也是已發，蓋指良知之存在方式自然無礙和應用形式無執自覺，且未
發已發實爲一事，並由此得出王畿的「四無」說極爲合守仁之旨。許孚遠對
「無善無噁心之體」的理解僅限於良知本體的存在形式，而對其應用方式不
能盡解。同時，有必要指出，「無善無噁心之體」是守仁對心體本然無執狀態
的形容，「是人實現理想的自在境界的內在根據」（姚才剛《試論明末清初的
王學修正運動》，《湖北行狀學院學報》2004 年第 5 期），而周汝登把「無善無
惡」引入到性是極爲不當的。

《周海門先生年譜稿》：「萬曆二十年壬辰（1592），46歲。……是年，海門
在南都與許孚遠有『九諦』『九解』之辨。許孚遠以『九諦』質疑當時天泉證道中
『無善無惡』之說，而海門則以『九解』回應，對『無善無惡』的理論內涵進行
了進一步的闡釋與澄清。『九諦』『九解』之辨是晚明『無善無惡』之辨的重要事
件，爲圍繞『無善無惡』思想所展開的討論提供了重要的思想材料。」

《明儒學案》卷三六：「諦八云：……『無善無噁心之體』一語，蓋指其未
發廓然寂然者而言之，而不深惟《大學》止至善之本旨，亦不覺其矛盾於平日
之言。至謂『有善有惡意之動，知善知惡是良知，爲善去惡是格物』，則指點下

手工夫，亦自平正切實。而今以心意知物，俱無善惡可言者，竊恐其非文成之正傳也。（解八云：）致良知之旨，與聖門不異，則無善惡之旨，豈與致良知異耶？不慮者爲良，有善則慮而不良矣。『無善無噁心之體』一語，既指未發廓然寂然處言之，已發後豈有二耶？未發而廓然寂然，已發亦只是廓然寂然。知未發已發不二，則知心意知物難以分析，而四無之說，一一皆文成之秘密。非文成之秘密，吾之秘密也，何疑之有？於此不疑，方能會通其立論宗旨，而工夫不謬。不然以人作天，認欲爲理，背文成之旨良多矣。夫自生矛盾，以病文成之矛盾，不可也。《解》八。」

神宗萬曆二十一年　癸巳（1593 年）

耿定向 70 歲，焦竑 53 歲，顧憲成 44 歲，高攀龍 32 歲，劉宗周 16 歲。

三月，呂坤《呻吟語》刊刻，對王學多所批判　是年，呂坤《呻吟語》刊刻。《呻吟語》是呂坤重要的哲學著作，全書語言篤實，不虛談高遠。在王學方面，批評也很多，對王守仁所倡導的性善說，呂坤以程朱之學爲依據，認爲「義理之性」是至善無疑，然「氣質之性」卻有善有惡，不能一概而論。不然，人人都是性善，人人可爲聖人，則教化刑名有何用？對於王守仁所主張的知行合一，呂坤也有不同意見，認爲知先於行，知指導行。另外，是書對王艮、李贄也有批評，不再贅述。

呂坤《呻吟語・序》：「呻吟，病聲也。呻吟語，病時疾痛語也。病中疾痛，惟病者知，難與他人道，亦惟病時覺，既愈，旋復忘也。……萬曆癸巳三月，抱獨居士寧陵呂坤書。」

呂坤《呻吟語・問學》：「世儒曰：知行只是一個。……愚謂：自道統初開，工夫就是兩項。」

呂坤《呻吟語・性命》：「性皆善矣，道胡可修？孟子不專言性善，曰：『聲色臭味安佚，性也。』或曰：這性是好性。曰：好性如何君子不謂？又曰：『動心忍性。』善性豈可忍乎？……設使沒有氣質，只是一個德性，人人都是生知聖人，千古聖賢千言萬語、教化刑名都是多了底，何所苦而如此乎？這都是降伏氣質，扶持德性。立案於此，俟千百世之後駁之。」

七月，鄧元錫卒　鄧元錫（1529～1593），明代江右王門學者。十五而孤，爲諸生，遊羅汝芳之門。嘉靖三十四年（1555）舉於鄉。復從羅汝芳、

鄒守益學。是年，徵授翰林待詔，甫離家而卒。鄉人私諡他爲「文統先生」，時人還將他和吳與弼、劉元卿、章潢並稱爲「江右四君子」。是年卒，年 65 歲。其學繼承王守仁，但又不儘其說。批判心學空談之風，強調以經典爲教。著有《五經繹》、《函史》、《明書》、《三禮編繹》、《潛學稿》等。

　　許孚遠《翰林院待詔鄧汝極先生墓誌銘》（《明文海》卷四四五）：「君諱元錫，字汝極，別號潛谷，……汝極生嘉靖己丑二月二十八日，卒萬曆癸巳七月十有四日，享年六十有五。」

　　《明儒學案》卷二四：「鄧元錫字汝極，號潛谷，江西南城人。……時心宗盛行，謂：『學唯無覺，一覺無餘蘊，九思、九容、四教、六藝，桎梏也。』先生謂：『九容不修，是無身也；九思不愼，是無心也。』」

　　《四庫全書總目提要》卷五〇：「《明書》四十五卷（浙江鮑士恭家藏本），明鄧元錫撰。……考元錫之學淵源於王守仁，而不盡宗其說。當心學盛行之時，皆謂學惟求覺，不必致力群書，元錫力排其說，別心學於道之外，其說固是。」

　　案：《明儒學案》記爲「鄧元錫字汝極，號潛谷，江西南城人。……萬曆壬辰，授翰林待詔，府縣敦趣就道。明年，辭墓將行，以七月十四日卒於墓所，年六十六。」即66歲卒，應爲誤記。

是年

耿定向力言「四句教」說，反對「四無」說　是年，沈太守鐵問學耿定向，耿定向遂作《贅言》答之。在《贅言》中，耿定向重點闡述了王守仁「四句教」的合理性，並力辨王畿的「四無」說。耿定向認爲，「無善無噁心之體」是正確的，因爲每個人性體相同，但卻不能推出意、知、物俱無善無惡。性體無善無惡是每個人原本具有的，但意、知、物卻要靠後天的努力。

　　耿定向《觀生記》：「（萬曆）二十一年癸巳，我生七十歲。夏中作《傳家牒》。沈太守寓書問學，著《贅言》答之。」

　　耿定向《遇晶贅言》（《耿天臺先生文集》卷八）：「惟文成所謂無善無惡，非謂善惡混，亦非謂本無善，如槁灰而生機斷滅也。……無善無惡性體也，人人所同，故曰性相近也。……王汝中舉先生斯語而附以己意，謂：心無善惡，則意知與物一切如是，下二句若非向上機云。……蓋上語是所謂誠者天之道，下二句乃誠之者也。」

神宗萬曆二十二年　甲午（1594 年）

耿定向 71 歲，焦竑 54 歲，顧憲成 45 歲，高攀龍 33 歲，劉宗周 17 歲。

七月，高攀龍有「半日靜坐，半日讀書」之規程，並有所獲　是年，高攀龍赴任廣東揭陽謫所，至武林訪陸古樵、吳蓬庵，並與陸古樵談論白沙之學，得陸古樵提醒，高攀龍在舟中發憤爲學，嚴立規程，以朱子「半日靜坐，半日讀書」爲規則，反覆行之，寂寞旅途，瀟灑自若，如是兩月，竟有收穫。高攀龍經過此次神秘體驗，醒悟到本心豁露，六合皆心。此爲高攀龍誠敬主靜中對天理的體悟，也是格物致知豁然貫通的結果。

華允誠《高忠憲公年譜》：「（萬曆）二十三年甲午，三十三歲。七月，赴任廣東。……至武林與廣東陸古樵粹明、嘉善吳蓬庵志遠談論數日。古樵潛心白沙主靜之學，先生得其提醒，自歉於道尚未有見，總無受用，發憤曰：『此行不徹此事，此生眞負此身矣。』舟中嚴立規程，取前所爲『半日靜坐，半日讀書』者，反覆行之，當心氣澄清時，有塞乎天地氣象。……手持二程書，偶見明道先生曰：……『飲水曲肱，樂在其中。』『萬變俱在人，其實無一事。』猛省曰：『原來如此，實無一事也。一念纏綿，斬然遂絕，忽如百斤擔子，頓爾落地。又如電光一閃，透體通明，遂與大化融合無際，更無天人內外之隔。至此見六合皆心，腔子是其區宇，方寸亦其本位，神而明之，總無方所可言也。平日深鄙學者張皇說悟，此時只看作平常。自知從此方好下工夫耳。』」

九月，顧憲成始作《小心齋札記》　是年，顧憲成始作《小心齋札記》，是書爲讀書及答門人問學的筆記，按年編次，爲其代表作。憲成辭官里居，與弟允成、高攀龍等修宋楊時東林書院，偕同志高攀龍，錢一本、薛敷教、史孟麟、於孔兼輩講學其中。朝中清議之士多所符合，漸有黨議之風。是書所記多爲問學、答問、質疑之篇，有萬曆戊申同安蔡獻臣刻本；有顧與淳刻本。

《顧端文公年譜》：「（萬曆）二十二年甲午，四十五歲。……九月，抵家，有疾，始作《小心齋札記》。」

《四庫全書總目提要》卷九六：「《小心齋札記》十六卷（江蘇巡撫採進本），明顧憲成撰。……憲成里居，與弟允成修宋楊時東林書院，偕同志高攀龍，錢一本、薛敷教、史孟麟、於孔兼輩講學其中。朝士慕其風者，多遙相應和。聲氣既廣，標榜日增。於是依草附木之徒，爭相趨赴，均自目爲清流。門戶角爭，遞相

勝敗，黨禍因之而大起。恩怨糾結，輾轉報復，明遂以亡。雖憲成等主持清議，本無貽禍天下之心。而既已聚徒，則黨類眾而流品混。既已講學，則議論多而是非生。其始不過一念之好名，其究也流弊所極，遂禍延宗社。《春秋》責備賢者，憲成等不能辭其咎也。特以領袖數人，大抵風節矯矯，不愧名臣。故於是書過而存之，以示瑕瑜不掩之意云爾。是書於萬曆戊申，同安蔡獻臣始爲刻版。其後刻於崑山。然兩本皆始於萬曆甲午，終於乙巳，止十二卷。此本乃其子與淳所刻，益以丙午至辛亥所記，增多四卷。卷數與《明史・藝文志》合，當爲足本矣。」

是年

顧憲成革職爲民　是年，顧憲成因癸巳京察、會推閣臣等事與內閣不合，被革職爲民，不久回家鄉無錫。

《顧端文公年譜》：「（萬曆）二十二年甲午，四十五歲。會推閣臣，忤旨，降雜職，尋革職爲民。」

神宗萬曆二十三年　乙未（1595 年）

耿定向 72 歲，焦竑 55 歲，顧憲成 46 歲，高攀龍 34 歲，劉宗周 18 歲。

二月，高攀龍有辨儒釋之別論　是年二月，高攀龍從廣東揭陽歸家，並對儒釋之別進行了一次深刻研判。高攀龍認爲，釋氏與聖人同異明顯，相同處主要集中在：爲學論道精微處，佛家有的，吾儒具有之，總不出無極二字；不同處主要集中在：至於佛家之弊病處，先儒具言之，總不出無理二字。即佛家學問中缺乏理的存在。以有理無理區別儒釋之別，是高攀龍一直堅持的觀點，也是被黃宗羲反覆強調並引用的重要論述。

《高忠憲公年譜》：「（萬曆）二十三年乙未，三十四歲。二月，抵家。再取儒釋二家參之，謂：『釋氏與聖人所爭毫髮，其精微處，吾儒具有之，總不出無極二字。弊病處，先儒具言之，總不出無理二字。觀二氏而益知聖道之尊，若無聖人之道，便無生民之類，即二氏亦飲食衣被其中而不覺也。』」

十二月，李贄和耿定向相見，並第二次和解　是年，李贄回到黃安，並和耿定向相見，雙方和解如初，李贄寫《耿楚倥先生傳》，自敘和耿定向衝突及和解的始末。李贄認爲，雙方爭執多年的根本原因在爲學理念不同，耿定向重「人倫之至」，而李贄重「未發之中」。耿定向承繼泰州學派「百姓日

用之爲道」之說，重視良知發用之生生不息，反對玄遠無旨，因此，耿定向基本接受封建倫理道德，強調「仁」之運用。李贄多繼承王畿思想，重視良知的回歸（「未發之中」），即童心，反對封建道德的虛僞。從爲學路徑、宗旨而言，兩者是根本不同的，其爭論也不可避免，當然，何心隱被殺等其它原因也是其爭論之誘因。

　　林海權《李贄年譜考略》：「萬曆二十三年乙未（1595），……十一二月間，李贄到黃安天窩見耿定向，雙方再次『和解』。李贄寫《耿楚倥先生傳》，自敘和耿定向衝突及和解的始末。」

　　李贄《耿楚倥先生傳》（《焚書》卷四）：「既三年，余果來歸。奈之何聚首未數載，天臺即有內召，楚倥亦遂終天也！既已戚戚無懼，而天臺先生亦終守定『人倫之至』一語在心，時時恐余有遺棄之病；余亦守定『未發之中』一言，恐天臺或未窺物始、未察倫物之原。故往來論辯，未有休時，遂成捍格，直至今日耳。今幸天誘我衷，使余捨會『未發之中』，而天臺亦遂頓忘「人倫之至」。乃知學問之道，兩相捨則兩相從，兩相守則兩相病，勢固然也。兩捨則兩忘，兩忘則渾然一體，無復事矣。於是以不避老，不畏寒，直走黃安會天臺於山中。天臺聞余至，亦遂喜之若狂。志同道合，豈偶然耶！然使楚倥先生而在，則片言可以折獄，一言可以迴天，又何至苦余十有餘年，彼此不化而後乃覺耶！……（周思敬跋文）敬少時多病，貪生無術，藉楚倥兄介紹，得受業於耿天臺先生之門。……三日前，得楚倥長郎汝念書。汝念以送莊純夫到九江，專人馳書白下，報喜於余云：『兩先生已聚首，語甚歡契。』越三日，則爲十二月二十九，余初度辰也，得卓吾先生寄所著《楚倥先生傳》，述兩先生契合本末且悉。……周思敬跋。」

　　劉宗周年少，習多不合禮法　　是時，劉宗周年少，還未受性命之學的薰陶，行爲多不合禮法。

　　《劉宗周年譜》卷中：「萬曆二十三年乙未，先生十八歲。……嘗從大父兼峯公遊水澄故里，與於祖廟之祭，見其多不合禮，有更定之志。」

　　鹿善繼寢食《傳習錄》其中，並身體力行之　　是時，鹿善繼深浸《傳習錄》之中，並以踐履爲基礎、工夫爲旨歸、聖賢爲期許，刻苦學習。

　　《明末鹿忠節公善繼年譜》：「（萬曆）二十三年乙未，先生二十一歲。是年侍御公寄《王文成全書》來，先生取《傳習錄》，寢食其中，慨然有必爲聖賢之

志，而一切著落皆身實踐之，以陽明所謂將本體只作一番光景玩弄者爲戒，自少至老，在邦在家，只求事事不虧本分，時時不愧本心，故能崛起北方，倡明絕學，卒之教身成仁，捨生取義爲有明一代眞儒云。」

神宗萬曆二十四年　丙申（1596 年）

耿定向 73 歲，焦竑 56 歲，顧憲成 47 歲，高攀龍 35 歲，劉宗周 19 歲。

六月，耿定向卒　耿定向（1524～1596），明代泰州學派學者。嘉靖三十五年（1556）進士。擢御史，出按甘肅，舉劾無所私。萬曆中，累官戶部尚書，立朝有時望。告歸，居天臺山，講學以終。是年卒，年 73 歲。諡恭簡。其學遠宗王守仁，近接王艮，「不尙玄遠，謂『道之不可與愚夫愚婦知能，不可以對造化；通民物者，不可以爲道，故費之即隱也，常之即妙也，粗淺之即精微也』」。認爲良知生生不息（「眞機不容已」，即良知的當然之則。），但不能把握良知本體，缺乏一段工夫，以良知爲情識之知，屬現成良知說。從個人與學術結合而言，耿定向有強烈的道德感（重明教），對學術有繼往開來之任（不容已）。同時，其說又有兩重性，對泰州學派的某些主張依偎其間，對「人欲」問題設有底線，反對「認欲爲理」。總體而言，其學術精神以衛道爲主，對儒學道統的維護不遺餘力，相反，對李贄的抨擊，尤爲嚴厲。著有《耿天臺文集》、《碩輔寶鑒要覽》、《耿子庸言》、《天臺論學語》等。

焦竑《資德大夫正治上卿總督倉場戶部尙書贈太子少保諡恭簡天臺耿先生行狀》（《澹園集》卷三三）：「先生（耿定向）歸，……頃之，如假寐者而逝，蓋丙申六月廿一日也。距生嘉靖甲申十月十日，享年七十有三。」

《明儒學案》卷三五：「耿定向字在倫，號天臺，楚之黃安人。……卒年七十三，贈太子少保，諡恭簡。……先生之學，不尙玄遠，謂『道之不可與愚夫愚婦知能，不可以對造化；通民物者，不可以爲道，故費之即隱也，常之即妙也，粗淺之即精微也』。其說未嘗不是，而不見本體，不免打入世情隊中。……先生謂學有三關：一即心即道，一即事即心，一愼術。愼術者，以良知現現成成，無人不具，但用之於此則此，用之於彼則彼，故用在欲明明德於天下，則不必別有制心之功，未有不仁者矣。夫良知即未發之中，有善而無惡，如水之必下，針之必南，欲明明德於天下，而後謂之良知，無待於用。故凡可以之彼之此者，皆情識之知，不可爲良。先生之認良知，尙未清楚，雖然，亦緣《傳習後錄》記陽明之

言者失眞。……先生爲其所誤也。」

十月，顏均卒 顏均（1504～1596），明代心學家，泰州王門學者。師從徐樾。徐樾戰死雲南，顏均不遠千里收其屍，義氣甚高。顏均爲人好急人之難，率性而行，有俠行踐道之風。持「體仁」說，講「大中」之學，重視道德實踐，認爲性如明珠，原無塵燃，主張率性而爲，純任自然。在儒釋關係上，學不斥禪。著有《顏均集》。

黃宣民《顏均年譜》：「（萬曆）二十四年丙申（公元1596年），九十三歲。十月十三日，病逝於永新中陂家中。」

《明儒學案》卷三二：「顏鈞，字山農，吉安人也。嘗師事劉師泉，無所得，乃從徐波石學，得泰州之傳。其學以人心妙萬物而不測者也。性如明珠，原無塵染，有何聞？著何戒懼？平時只是率性所行，純任自然，便謂之道。及時有放逸，然後戒愼恐懼以修之。凡儒先見聞，道理格式，皆足以障道。此大旨也。嘗曰：『吾門人中，與羅汝芳言從性，與陳一泉言從心，餘子所言，只從情耳。』山農遊俠，好急人之難。」

案：對於黃宗羲對顏均的評價，歷來都被引用。通讀近年發現的《顏山農先生遺集》，對比黃宗羲的評價，很難說明其是在讀顏均的文集的基礎上得來的，其評論基本是借用了鄧元錫的觀點，鄧元錫在《陳一泉先生墓誌銘》（《明文海》）的說：

> （陳一泉）比壯，從吉永新顏均先生遊。顏鈞先生者，泰州王先生弟子也，其學以人心妙萬物不測也，爲即性即命，欲以心運世，而顏訾古儒，先爲見聞、理道格式實障道，以自詡爲恣睢。先生游學揚泰間，悅之，從渡淮渡江，從入衢信建越，歲矣，盡領解其說。顏鈞先生喟然謂門徒曰：「吾與若輩言從情耳，與惟德言從性，與本潔言從心。」

不難看出，黃宗羲對顏均的評價「其學以人心妙萬物而不測者也」，就是借用了鄧元錫的話；黃宗羲說顏均「凡儒先見聞，道理格式，皆足以障道。此大旨也。」也是套用了鄧元錫的評價。另外，黃宗羲說顏均「性如明珠，原無塵染，有何聞？著何戒懼？平時只是率性所行，純任自然，便謂之道。及時有放逸，然後戒愼恐懼以修之。」是洪垣《答顏均》（《明儒學案》）信中的話，也是對洪垣引用顏均的話的直接引用：

> 心齋之學，同志每以空疏爲疑。……人惟有此不睹不聞、體物不

遺之體，而或不能不以忘助失之，故戒愼恐懼，所以存於此身，猶之曰
修身修心養性云耳，非謂必有一物而後可存養也。今日性如明珠，原無
塵染，有何睹聞？著何戒懼？故遂謂平時只是率性所行。及時有放逸，
不睹不聞，然後戒愼恐懼以修之。

　　從洪垣《答顏均》的內容看，「今日性如明珠，原無塵染，有何睹聞？著何
戒懼？故遂謂平時只是率性所行。及時有放逸，不睹不聞，然後戒愼恐懼以修
之。」應該是顏均寫給洪垣的信中的話，而黃宗羲直接引用之，並作爲評價顏
均的學術宗旨，的確甚爲不當，難怪陳來先生存疑（陳來：《明代的民間儒學與
民間宗教——顏山農思想的特色》，《中國近世思想史研究》，商務印書館，2003
年出版，第475頁。陳來說：「從『其學』到『此大旨也』一段是綜論顏均思想
的基本宗旨，但這一段表述，證之於《顏山農先生遺集》，不見其依據所在。黃
宗羲所說，頗合於王心齋之說，而不見於顏均文字，何以如此，不得而知。」），
可以斷定，黃宗羲沒有看到顏均的文集，憑黃宗羲的學識，如果看過顏均的文
集，一定會有所評論，不至於盡引用別人的論斷。所以臺灣學者王泛森的推斷
也是正確的（王泛森：《明代心學家的社會角色——以顏均的〈急救心火〉爲例》，
《鄭欽仁教授榮退紀念論文集》，臺北：稻鄉出版社1999年版，第249頁。王泛
森說：「從種種跡象來看，黃宗羲並沒有讀過顏山農的遺稿，其對泰州後學的判
斷，實際上是以有限的二手資料爲依據的，故其信賴程度需大打折扣。」）。

神宗萬曆二十五年　丁酉（1597年）

　　焦竑57歲，顧憲成48歲，高攀龍36歲，劉宗周20歲。

　　正月，孟化鯉卒　孟化鯉（1545～1597），明代北方王門學者。字叔龍，
號雲浦，河南新安人。年十六，憤然以聖賢自期。萬曆八年（1580）進士。
歷戶部主事，文選司郎中。持正不阿，以奏起給事中張棟削籍，忤旨除名。
化鯉少從尤時熙遊，講良知之學。著有《雲浦集》。

　　鄒元標《奉政大夫吏部文選郎中雲浦孟公墓碑》（《願學集》卷五下）：「先生
諱化鯉，字淑龍，……以嘉靖乙巳閏正月廿四日生先生，……先生沒萬曆廿五年
正月，享年五十三。」

　　《明儒學案》卷二九：「孟化鯉字叔龍，號雲浦，河南新安人。……西川既
傳晴川之學。先生因往師之。凡所言『發動處用功』，及『集義即乎心之所安』，
皆師說也。在都下與孟我疆相砥礪，聯舍而寓，自公之暇，輒徒步過從，飲食

起居，無弗同者，時人稱爲二孟。」

神宗萬曆二十六年　戊戌（1598 年）

焦竑 58 歲，顧憲成 49 歲，高攀龍 37 歲，劉宗周 21 歲。

八月，顧憲成與管志道辨「無善無惡」　是年，南浙諸同志講學於惠泉，管志道以絕學自居，專治佛氏，且有三教合一之旨。顧憲成與之反覆辯難，對其「無善無惡」之說辨之尤力，雙方往返書牘達數萬言。後，高攀龍也參與其中。這是繼「九諦」、「九解」之後又一次重要的思想論辯。

《顧端文公年譜》：「（萬曆）二十六年戊戌，四十九歲。八月，會南浙諸同人，講學於惠泉之上，作《質疑編》。……時太倉管東溟志道以絕學自居，一貫三教，而實專宗佛氏。公與之反覆辯難，積累成帙。管名其牘曰《問辨》，公亦名其編曰《質疑》。於『無善無惡』四字，駁之尤力。」

秋，高攀龍與管志道辨「無善無惡」之旨　是年，高攀龍與管志道辨無善無惡之旨。管志道雖爲王學門人，但流於佛道，認爲儒釋一門，主張性無善無惡；而高攀龍雖爲東林人士，但遏制禪風，匡正時事，特從孟子性善說入手，與管志道等展開了一場辨無善無惡之旨的大論戰。此次論戰時間持續較長，一直延續到明末，主要針對本體性善與否、致良知的本體與工夫是否合一、「統體之善」與「散殊之善」的關係等展開。在此次辯論中，顧憲成、高攀龍雖然堅持了傳統道義，但對無善無惡的理解卻沒有達到王守仁、王畿等水平，而此次辯難也只能視爲一般意義上的衛道之論；管志道雖然堅持了王守仁、王畿的無善無惡觀念，但出發點是儒佛歸一，且大旨歸佛，故已經脫離王學無善無惡之眞諦。

《高忠憲公年譜》：「（萬曆）二十六年戊戌，三十七歲。作《水居爲靜坐讀書計》。……是秋，會同志於二泉之上，與管東溟辨無善無惡之旨，作《山居課程》。」

楊起元卒　楊起元（1546～1598），明代泰州學派學者。隆慶元年（1567）中解元，萬曆五年（1577）進士。歷任編修、國子監司業、司經局洗馬、國子監祭酒、南京禮部右侍郎、南京吏部右侍郎攝吏部、禮部尚書事。曾任廣州禺山書院山長。其師從羅汝芳，承泰州現成良知說，學不諱禪。著有《證

學篇》、《證道書義》、《楊子學解》、《論學存笥稿》、《楊子格言》、《楊文懿集》
等。

　　焦竑《羅楊二先生祠堂記》（《澹園集》卷二十）：「歲（萬曆）戊子，羅先生
沒於盱江。丙申，貞復先生爲少宗伯，來金陵，始爲祠以祀之。又二載，貞復應
少宰之召，徘徊於家，亡何，亦以疾沒。」

　　《明儒學案》卷三四：「楊起元字貞復，號復所，廣東歸善人。……最後召
爲吏部侍郎兼侍讀學士，未上而卒，年五十三。……其大指謂：『明德本體，人人
所同，其氣稟拘他不得，物欲蔽他不得，無工夫可做，只要自識之而已。故與愚
夫愚婦同其知能，便是聖人之道。愚夫愚婦之終於愚夫愚婦者，只是不安其知能
耳。』雖然，以夫婦知能言，道不得不以耳目口鼻四肢之欲言性，是即釋氏作用
爲性之說也。」

　　案：萬曆丙申爲1596年，「又二載」先生卒，應爲1598年。

神宗萬曆二十七年　己亥（1599 年）

　　焦竑 59 歲，顧憲成 50 歲，高攀龍 38 歲，劉宗周 22 歲。

　　九月，周汝登、陶望齡等祭告守仁　是年，周汝登、陶望齡等數十人
會聚陽明祠，祭告守仁，以發明守仁遺教爲旨。海門作《告陽明夫子文》，定
爲月會之期。

　　《周海門先生年譜稿》：「萬曆二十七年己亥（1599），53歲。……是年秋，
海門居越。九月十一日，海門連同陶望齡等數十人會聚陽明祠，祭告陽明。海門
作《告陽明夫子文》，定爲月會之期。」

　　李贄《藏書》刻成　明李贄著，亦稱《李氏藏書》，共六十八卷。是年
刻成於南京。《藏書》體裁略仿紀傳體，記載戰國至元亡時著者認爲重要的
歷史人物約八百人。是書是作者對歷史的獨特批判，是對歷史聖賢冤屈的重
新裁定。其評量歷史人物，一反傳統的教條，而根據其童心說等主旨思想爲
依據盡抒褒貶之意。將農民起義領袖陳勝、竇建德列入「世紀」，與帝王並
列；評秦始皇稱爲「千古一帝」；卓文君的「私奔」爲「自然之性」；讚揚了
桑弘羊等「聚斂之臣」等。提出「是非無定質、無定論」說，反對「咸以孔
子之是非爲是非」，提倡功利，反對超功利。從排列方式而言，其對歷史人
物用特殊的排列方法而寓褒貶之意。中華書局 1959 年出了點校本，1974 年

修訂重印。

　　《明李卓吾先生贄年譜》:「萬曆二十七年,他七十三歲。這年他所著《藏書》六十八卷刻成於金陵,焦竑序這書說道:卓吾先生隱矣,而其人物之高,著述之富,如珠玉然,山暉川媚,有不得而自掩抑者,蓋聲明赫赫盈國內矣。或謂先生之為人,與其所為書,疑信者往往相伴,何居?余謂此兩者皆遙聞聲而相思,未見形而吠影者耳。先生高邁蕭潔,如泰華崇嚴,不可昵近,聽其冷冷然,塵土俱盡,而實本人情,切物理,一一當實不虛,蓋一被容接,未有不爽然自失者也。吾慨學者沈錮於俗流,而迷沿於聞見,於人之言,非其所耳熟,不以信,先生程量今古,獨出胸臆,無所規放,聞者或河漢其言,無足多怪。夫孔翠矜其華采,顧影自耀,人咸惜之,固矣。……書三種,一《藏書》,一《焚書》,一《說書》。《焚書》、《說書》刻於亭州。今為《藏書》,刻於金陵,凡六十八卷。」

　　《四庫全書總目提要》卷五〇:「《藏書》六十八卷(兩江總督採進本),明李贄撰。……贄書皆狂悖乖謬,非聖無法。惟此書排擊孔子,別立褒貶,凡千古相傳之善惡,無不顛倒易位,尤為罪不容誅。其書可毀,其名亦不足以污簡牘。特以贄大言欺世,同時若焦竑諸人,幾推之以為聖人。至今鄉曲陋,儒震其虛名,猶有尊信不疑者。如置之不論,恐好異者轉矜創獲,貽害人心故特存其目,以深暴其罪焉。」

神宗萬曆二十八年　庚子(1600 年)

　　焦竑 60 歲,顧憲成 51 歲,高攀龍 39 歲,劉宗周 23 歲。

　　三月,鄧以讚卒　鄧以讚(1542~1600),明代江右王門學者。隆慶五年(1571)進士,授編修。曾任南京祭灑,吏部右侍郎。人仕二十餘年,受俸僅六年。未登第時從王畿遊,傳良知之學。其學宗良知之說,認為心之本體,在順其初者。強調天理在初心的自然發用,為學由一個從持修到持悟的轉變過程,多在心之本體上講良知。著有《文潔集》。

　　《國榷》卷七八:「神宗萬曆二十八年,……三月,……予故吏部右侍郎鄧以讚祭葬。贈禮部尚書,蔭國子監。」

　　《明儒學案》卷二一:「鄧以讚字汝德,號定宇,南昌新建人。……謂:『陽明知是知非為良知,特是權論。夫知是知非不落於是非者也,發而有是有非,吾從而知之謂之照,無是無非,澄然在中,而不可不謂之知是知非,則是知之

體也。猶之好好色、惡惡臭，好惡之體，何嘗落於色臭哉！』在陽明實非權論，後來學者多在用處求，辨之於有是有非之中，多不得力，先生墮其義，不可謂非藥石也。」

案：關於鄧以讚的卒年，應該為是年，三月，為其祭葬，具體卒日不詳。

十月，潘士藻卒　潘士藻（1537～1600），明代泰州學派學者。萬曆十一年（1583）進士，授溫州推官。後升御史，巡視北城。有近恃侯進忠、牛承忠私出禁城狎婦女，邏者執之。為所毆，訴於潘士藻，事乃聞於帝。緣是結怨於東廠中官張鯨。會火災，士藻直諫，張鯨以言激帝怒，謫廣東布改司照磨，尋擢南京吏部主事，再遷尚寶卿。是年卒，年64歲。其學承泰州，師事耿定向、李贄，但為學尚淺，亦無泰州之弊。著有《闇然堂類纂》、《洗心齋讀易述》等。

焦竑《奉直大夫協正庶尹尚寶司少卿雪松潘君墓誌銘》（《澹園集》卷三○）：去華諱士藻，……不意其遂不起也。至十月二十有九日，竟以疾逝。……生嘉靖丁酉八月廿五日，距其卒得年六十有四。

《明儒學案》卷三五：「潘士藻字去華，號雪松，徽之婺源人。……先生學於天臺、卓吾，……一日自西長安街馬上，忽省曰：『原來只是如是，何須更索？』馳質之延之，延之曰：『近是。』曰：『戒慎恐懼，如何用功？』曰：『識此，渠自會戒慎，自會恐懼。』相與撫掌。已相戒曰：『此念最易墮落，須時時提醒，醞釀日深，庶有進步。』出京別天臺，天臺曰：『至淮謁王敬所。入安豐訪王東崖，此老頗奇，即戲語亦須記。過金陵再叩焦弱侯。只此便是博學之。』先生一一如教，始覺宇宙之無窮。從前真陷井之蛙也。」

李贄編成《陽明先生道學鈔》八卷　是年，李贄讀《陽明先生全集》，深有所感，遂編成《陽明先生道學鈔》，並斷言陽明之學足以繼孔子。

《李贄年譜》：「萬曆二十八年（一六○○），七十四歲。春，劉東星親到南京，接他到濟寧漕署，他編成《陽明先生道學鈔》八卷，節錄成《陽明先生年譜》二卷。他敘述編寫的經過說：『今歲庚子元日，……而明貢書屋正有《王先生全集》，既已開卷，如何釋手？……遂盡讀之。於是乃敢斷先生之書足繼夫子之後，蓋逆知其從讀易來也。……余於《易因》之稿甫就，即令汪本珂校錄先生全書，而余專一手抄《年譜》，……』」

李贄《與汪鼎甫》（《續焚書》卷一）：「我於三月二十一日已到濟寧，暫且

相隨住數時，即返舟來矣。……我於《陽明先生年譜》，至妙至妙，不可形容，恨遠隔，不得爾與方師同一絕倒。」

是年

顧憲成有《證性編》　是年，顧憲成有《證性編》。其中，編目《存經》一卷；《原異》一卷；《質疑》二卷；《徵信》一卷；《或問》一卷；《罪言》二卷。《存經》為《四書》、《五經》之言，以明性善之始；《原異》為原告子、釋老、莊列之異，以明性善之歧；《質疑》為與管志道辯論之言，以明性善之本；《罪言》為專闢社會無善無惡之說，以明性善之本著。《徵信》、《或問》兩卷或失去或散於其他卷中，不能盡得。總之，此《證性編》貫論古今、縱橫當下、由淺入深，是對性善說系統的論述。

《顧端文公年譜》：「（萬曆）二十八年庚子，五十一歲，作《證性編》。編目《存經》一卷；《原異》一卷；《質疑》二卷；《徵信》一卷；《或問》一卷；《罪言》二卷。」

神宗萬曆二十九年　辛丑（1601年）

焦竑61歲，顧憲成52歲，高攀龍40歲，劉宗周24歲。

中秋，周汝登與諸友弟子夜會天泉橋　是年，海門與諸友弟子夜會碧霞池之天泉橋，時風拂瑟聲、月籠萬明、庚歌千古、點點有情，憶守仁當年群英證道，大有男兒不譜此情有負平生之慨。

《周海門先生年譜稿》：「萬曆二十九年辛丑（1601），55歲。……中秋，海門與諸友弟子50餘人夜會天泉橋。海門回憶嘉靖丁亥歲先三年甲申，陽明亦於門人、弟子夜宴並有『鏗然舍瑟春風裏，點也雖狂得我情』之詩，海南亦賦詩一首。」

周汝登《中秋大會天泉橋》（《東越證學錄》卷十五）：「天泉橋上集群英，風拂羅衣鼓瑟聲。證道百年人未散，庚歌千古月常明。同逢令節應非偶，一掃浮雲若有情。不到此中譜此興，男兒幾已負平生。」

神宗萬曆三十年　壬寅（1602年）

焦竑62歲，顧憲成53歲，高攀龍41歲，劉宗周25歲。

　　二月，禮科給事中張問達上疏彈劾李贄　是年，禮科給事中張問達在首輔沈一貫的支持下，從爲人處事、學術、道德等諸多方面彈劾李贄，具體如下：第一，從爲人處事上講，李贄「壯歲爲官，晩年削髮」，此爲事實，張問達所講也是陳述語氣，不構成威脅；第二，從學術上講，李贄刻書「流行海內，惑亂人心」，具體爲「以呂不韋、李園爲智謀，以李斯爲才力，以馮道爲吏隱，以卓文君爲善擇佳偶，以司馬光論桑弘羊欺武帝爲可笑，以秦始皇爲千古一帝，以孔子之是非爲不足據，」張問達所列的也是事實，在所列的條目中，最爲嚴重的是「以孔子之是非爲不足據」，此條影響最巨，故稱其「狂誕悖戾」、「不可不毀」，但此條也罪不致死；第三，從道德上講，李贄「寄居麻城，肆行不簡，與無良輩遊於庵院，挾妓女，白晝同浴，勾引士人妻女入庵講法，至有攜衾枕而宿，庵觀者一境如狂。」此條罪最重，故張問達言其「尤可恨者」，但此條也最不可信，李贄在爲人處事、學術方面可能不符合封建道德標準，但在道德方面確實無暇，但此條也是此三條中最爲嚴重的，因爲其違背了封建國家以德治國的理念，故李贄被抓，與此條關係尤大。

　　《明神宗實錄》卷三六九：「萬曆三十年閏二月，……禮科都給事中張問達疏劾李贄：『壯歲爲官，晩年削髮，近又刻《藏書》、《焚書》、《卓吾大德》等書，流行海內，惑亂人心。以呂不韋、李園爲智謀，以李斯爲才力，以馮道爲吏隱，以卓文君爲善擇佳偶，以司馬光論桑弘羊欺武帝爲可笑，以秦始皇爲千古一帝，以孔子之是非爲不足據，狂誕悖戾，未易枚舉，大都刺謬不經，不可不毀。尤可恨者，寄居麻城，肆行不簡，與無良輩遊於庵院，挾妓女，白晝同浴，勾引士人妻女入庵講法，至有攜衾枕而宿，庵觀者一境如狂。』」

　　三月，李贄卒　李贄（1527～1602），明代著名思想家，評論家，泰州學派學者。嘉靖三十一年（1552）中舉，初任河南共城（今河南輝縣）教諭，後累官南京國子監博士、北京禮部司務、南京刑部員外郎、雲南姚安知府，54歲辭官歸隱。歸隱後，主要從事研究、講學和著述。後獄中自刎，是年卒，年76歲。在世界觀上，李贄主張宇宙的萬物是由天地（最終是陰陽二氣）所生，否定程朱理學理能生氣、一能生二的論斷。李贄發展了王艮的「百姓日用之道」和王襞的「自然之謂道」的學說，提出「穿衣吃飯，即人倫物理」和「人即道」、「人必有私」的以「人」爲中心的命題，具有近代啓蒙性。爲了衝破理學束縛，他提出「童心」說，「童心」即眞心、初心，最初一念之本

心，即不受外界影響的「我」的心，李贄正是以這一「童心」來衡量一切封建明教的是非，並以「異端」者自居，嘲笑神聖，糾正虛偽，揭露矛盾，回歸自我。同時，不得不強調，李贄的「童心」是不受道德約束的，是無是無非的，是開創土壤的利劍，也是毀滅人倫的利器，關鍵是使用是否得當。在認識論上，李贄認為人人平等，提出「天下無一人不生知」和「是非無定質、無定論」的觀點，李贄以「生知」說反對神化孔子，從認識能力、認識來源的角度來否認要以孔子為標準的傳統思想，其反對經典，蔑視權威，具有解放思想的進步作用。其「是非無定質、無定論」的觀點有一定積極意義，卻也否定了真理的客觀性，陷入相對主義。總體而言，其學批判多於建樹。其思想充滿自由的個體意識，強調為己之真，可惜社會還不具備超越的土壤。他沒有看到自己一生追求的自由的思想和理念得到成功的實施，卻為社會播下了進步思想的種子。可以說，李贄既繼承了泰州學派的底層路線，但又融合道釋，既非儒非道非釋、亦儒亦道亦釋，卻又把泰州學派理論發展到了頂峰，閃爍出底層意識的光華。著有《藏書》、《續藏書》、《焚書》、《續焚書》、《初潭集》、《四書評》、《陽明先生道學鈔》等。

　　《明李卓吾先生贄年譜》：「萬曆三十年，他七十六歲。……直至三月十五，他呼侍者薙髮，遂持刀自割其喉，到十六夜子時，遂卒。」

　　袁中道《李溫陵傳》：「久之，旨不下，公於獄舍中作詩讀書自如。一日呼侍者剃髮。侍者去，遂持刀自割其喉，氣不絕者兩日。侍者問：和尚痛否？以指書其乎曰：不痛。又曰：和尚何自割？書曰：七十老翁何所求？遂絕。時馬公以事緩，歸覲其父，至是聞而傷之，曰：『吾護持不謹，以致於斯也。傷哉！』乃歸其骸於通，為之大治冢墓，營佛刹云。」

　　沈德符《萬曆野獲編》卷二七「紫柏評晦庵」條：「董思白太史嘗云：『程（頤）、蘇（軾）之學，角立於元祐。而蘇不能勝，至我明，姚江以良知之說，變動宇內，士人靡然從之。其說非出於蘇，而精神血脈則蘇也，程朱之學幾於不振。』……然姚江身後，其高足王龍溪輩，傳羅近溪、李見羅，是為江西一派；傳唐一庵、許敬庵，是為浙江一派；……最後李卓吾出，又創特解，一掃而空之。」

　　案：李贄的童心說，是良知學說發展的變異，已經失去道德的種子，最終也失去儒家身份的認同。從李贄本人師承而言，是王學後學，從其思想而言，也多繼承王畿思想，但對於王畿思想中最關鍵的道德因子，李贄童心說的旨歸

爲清除殆盡，故黃宗羲《明儒學案》不收錄其學案並非沒有原因。具體可參考拙文《「共行只是人間路，得失誰知天壤分」——從「一本萬殊」看〈明儒學案〉爲何不給李贄立案》《雲南民族大學學報》（2010年第2期）。

神宗萬曆三十一年　癸卯（1603 年）

焦竑 63 歲，顧憲成 54 歲，高攀龍 42 歲，劉宗周 26 歲。

三月，劉宗周從學於許孚遠　是年，在陳植槐的介紹下，劉宗周師事許孚遠，習性命之學。許孚遠是唐樞弟子，屬於陳獻章、湛若水之系，但篤信王守仁良知之學，爲學以克己爲要，以反身尋究爲攻，強調躬修道德，反對良知無善無惡和援良知以入佛。此段學習，使劉宗周對白沙一枝之學有充分的認識，爲其以後提出「愼獨」說打下了堅實的基礎。

《劉宗周年譜》：「萬曆三十一年癸卯（一六○三），先生二十六歲。……仁和陳植槐感其誼，爲介紹於德清許孚遠。是年三月，先生如德清而納贄焉。問爲學之要，孚遠告以存天理，遏人欲，先生遂北面師事之。」

九月，顧憲成與高攀龍議復東林書院　是年，顧憲成致信高攀龍，討論復興東林書院之事。東林書院原爲宋代楊時講學舊所，然已經破舊不堪。是年，顧憲成前去考察憑弔，並決定在舊所上重建東林書院，以弘揚道學。

《顧端文公年譜》：「（萬曆）三十一年癸卯，五十四歲。……九月，議復東林書院。行狀曰：『先生時時謂攀龍曰：「日月逝矣，百工居肆以成事，吾曹可無講習之所乎？」』錫故有東林書院，宋龜山楊先生所居，楊先生令蕭山歸來，依鄒忠公志，完於毘陵。忠公尋卒，依李忠定公伯紀於梁溪，凡十八年。往來毘陵梁溪間，棲止東林，闡伊、洛之學，後廢爲僧舍。邵文莊公圖修復之，不果。及是，先生弔其墟，慨然曰：『其在斯乎？』遂聞於當道葺楊先生祠，同志者相與構精舍居焉。」

陳嘉謨卒　陳嘉謨（1521～1603），明代江右王門學者。嘉靖二十六年（1547）進士。歷官給事中。不付嚴嵩，出之外。仕至四川按察司副使。隆慶四年（1570）移疾歸。召爲湖廣布改司左參政，不起。優游林下以終。嘉謨與王時槐闡明良知之說。是年卒，年 83 歲。其學承良知，師事劉文敏，著有《念初堂稿》、《續集》。

張惟驤《疑年錄彙編》卷七：「陳蒙山八十三嘉謨，生正德十六年辛巳，卒萬曆三十一年癸卯。」

《明儒學案》卷二一：「陳嘉謨字世顯，號蒙山，廬陵人，……癸卯年八十三卒。少讀書西塔，劉兩峰在焉，即師事之。間以其說語塘南，塘南心動，亦往師之。一時同志鄒光祖、敖宗濂、王時松、劉爾松輩，十有七人，共學兩峰之門。螺川人士始知有學，先生倡之也。歸田後為會青原，與塘南相印正。慨然士習之卑陋，時舉江門名節藩籬之語，以振作之。凡來及門者，先生曰：『學非一家之私也，有塘南在，賢輩盍往師之。』其忘人我如此。」

高攀龍《張子正蒙注》成　是年，高攀龍完成《張子正蒙注》。高攀龍繼承程朱之學中以「理」為核心的思想體系，同時又推崇張載「太虛」（氣）為萬物之本的觀點，在是《注》中均有體現。

華允誠《高忠憲公年譜》：「（萬曆）三十一年癸卯，四十二歲。注《張子正蒙》完。」

《四庫全書總目提要》卷九五：「《正蒙釋》四卷（浙江巡撫採進本），舊本題明高攀龍集注，徐必達發明。……葉向高序稱：『《正蒙》精深浩渺，朱子訓釋未盡，錫山高雲從緣其指，廣為集注。檇李徐德夫篤好此書，嘗條其所見，謂之發明。以質雲從之說，同者去之，異者存之，異而此失彼得者去之，短長互見者存之』云云。則此書為必達所自定，非攀龍之本矣。」

案：關於《正蒙釋》，是書是否為高攀龍所注，待考。

神宗萬曆三十二年　甲辰（1604 年）

焦竑 64 歲，顧憲成 55 歲，高攀龍 43 歲，劉宗周 27 歲。

四月，東林學院重建　東林書院原是宋儒楊時的講學處。是年，顧憲成與胞弟顧允成及高攀龍等人共同倡議，修復東林書院，重建工程開始於這年四月十一日，至九月九日告竣。顧憲成和同好在東林書院講學，他主持書院達 8 年之久。顧憲成和高攀龍等在東林書院講學時，每年一大會，每月一小會，會期各 3 天。在「講習之餘，往往諷議朝政，裁量人物」，形成東林學派。各地學者、名士都聞風歸附，紛紛慕名赴會。一部分在職的正直官吏如趙南星等也「遙相呼應」，遂形成「東林黨」。東林書院遂成為輿論中心，顧憲成成為「東林黨」領袖之一。

《高忠憲公年譜》：「（萬曆）三十二年甲辰，四十三歲。興復東林書院。」

《顧端文公年譜》：「（萬曆）三十二年甲辰，五十五歲。……四月，作東林書院重建道南祠祀宋楊龜山先生。」

《明史》卷二三一：「邑故有東林書院，宋楊時講道處也，憲成與弟允成倡修之，常州知府歐陽東鳳與無錫知縣林宰爲之營構。落成，偕同志高攀龍、錢一本、薛敷教、史孟麟、於孔兼輩講學其中，學者稱涇陽先生。當是時，士大夫抱道忤時者，率退處林野，聞風響附，學舍至不能容。憲成嘗曰：『官輦轂，志不在君父，官封疆，志不在民生，居水邊林下，志不在世道，君子無取焉。』故其講習之餘，往往諷議朝政，裁量人物。朝士慕其風者，多遙相應和。由是東林名大著，而忌者亦多。」

案：關於「東林黨」到底是黨非黨問題，學術界有不同的看法，樊樹志便明確認定「東林黨」非黨，具體可參考樊樹志《晚明史・東林書院與「東林黨」》（復旦大學出版社，2003年版）。

九月，錢一本《像象管見》成　《像象管見》，九卷，錢一本著。錢一本於《六經》均有研究，尤精於《易》。《像象管見》不取前說，以卦、爻以求象，以象以明天道與人事，此爲「像象」。是書爲錢一本積二十年精力所成，是其《易》學的代表性著作。

錢一本《像象管見・題辭》：「易者，象也，易盡在畫也，象也者，像也。……蓋進而讀易，遂手易而讀之，出入必於是，寢食必於是，積之凡二十餘年。始於屯，仍爲屯，終於未濟，仍爲未濟。象則茫然而刓於像，何能有一隙之窺？然而半生之精力在此矣。……萬曆甲辰秋九月丙辰昆陵錢一本題。」

《四庫全書總目提要》卷五：「《像象管見》九卷（內府藏本），明錢一本撰。……一本研究《六經》，尤邃於《易》。是書不取京、焦、管、郭之說，亦不取陳搏、李之才之義，惟即卦、爻以求象，即象以明人事，故曰『像象』。象者天道，像其象者，盡人合天之道也。大旨謂由辭得象，而後無虛懸說理之病，知象爲像，而後有神明默成之學，而深關言象遺理、言理遺象、彷彿其象而仍不知所以爲象之弊。雖間有支蔓，而篤實近理者爲多。自稱『用力幾二十年』，亦可謂篤志矣。」

十月，顧憲成大會吳越士友於東林書院　是月，顧憲成會同顧允成、高攀龍、安希範、劉元珍、錢一本、薛敷教、葉茂才（時稱東林八君子）等

人發起東林大會，相約一以考亭白鹿洞規爲教，制定了《東林會約》、《東林商語》。

《顧端文公年譜》：「（萬曆）三十二年甲辰，五十五歲。……十月朔，定道南祠配享位。以月之九日、十日、十一日大會諸同人於東林書院，作《東林會約》，《東林商語》。」

是年

高攀龍有靜坐之論　是年，高攀龍爲靜坐之途徑與作用作了詳細的說明。高攀龍認爲靜坐爲聖凡必修之功，聖賢在日常中修行，學者須有切實工夫，才能補其小學之教。原因是我們浸染世俗過久過深，俗根難拔，而靜坐可以使塵妄消散，堅凝其正心正氣。這樣才能使諸人面目呈露，恢復自我。

高攀龍《困學記》：「（萬曆）甲辰，顧涇陽先生始作東林精舍，大得朋友講習之功，徐而驗之，終不可無端居靜定之力。蓋各人病痛不同，大聖賢必有大精神，其主靜只在尋常日用中。學者神短氣浮，便須數十年靜力，方得厚聚深培。而最受病處，在自幼無小學之教，浸染世俗，故俗根難拔。必埋頭讀書，使義理浹洽，變易其俗腸俗骨，澄神默坐，使塵妄消散，堅凝其正心正氣，乃可耳。余以最劣之資，即有豁然之見，而缺此一大段工夫，其何濟焉！所幸呈露面目，以來才一提策，便是原物。」

耿橘　生卒不詳。明代東林學者。字藍陽，一字朱橋，又字庭懷。獻縣（今屬河北）人。萬曆二十二年（1594）舉人，官至監察御史。曾復虞山書院，主持東林書院講學，其學承東林，但又傾向於悟道，故近羅汝芳，著有《周易鐵笛子》。

《明儒學案》卷六○：「耿橘字庭懷，北直河間人。……先生之學頗近近溪，與東林微有不同。其送方鳴秋謁周海門詩云：『孔宗曾派亦難窮，未悟如何湊得同？慎獨其嚴四個字，長途萬里視君蹤。人傳有道在東揚，我意云何喜欲狂？一葉扁舟二千里，幾聲嚶鳥在垂楊。』亦一證也。」

神宗萬曆三十三年　乙巳（1605 年）

焦竑 65 歲，顧憲成 56 歲，高攀龍 44 歲，劉宗周 28 歲。

正月，《東越證學錄》成，鄒元標作《序》　《東越證學錄》，十六卷。

周汝登撰。是書言證學，即證人之學，又證己之學，證之目的爲明。周汝登
傳王畿之學，言行舉止尤過於其師也。

《周海門先生年譜稿》：「萬曆三十三年乙巳（1605），59歲。……是年正月，
鄒元標爲海門明刻16卷本《東越證學錄》作序。」

鄒元標《東越證學錄序》：「《東越證學》，周子繼元撰也。……萬曆乙巳春正
月，吉水年弟鄒元標頓首拜撰。」

《四庫全書總目提要》卷一七九：「《東越證學錄》十六卷（安徽巡撫採進
本），明周汝登撰。汝登傳王畿之說，故是錄以證學爲名，而會語亦與詩文並列。」

十月初八，王時槐卒　王時槐（1522～1605），明代江右王門學者。師
事劉文敏，爲王守仁再傳弟子。嘉靖二十六年（1547）進士，授南京兵部主
事。後爲陝西參政。是年卒，年 84 歲。其學以「透性爲宗，研幾爲要」。在
人性論上，主張透性，即透徹先天之性，把握後天之命，關於王時槐所界定
的「性」是朱陸兼容的結果，「性」是理，也是氣。透性爲本體，研幾爲工夫。
「性」是先天、未發而至善的，「命」是後天、已發而有善有惡的。性呈露命
的後天狀態爲「幾」，即「幾」爲命善惡之念頭，「研幾」就是把握性呈露命
的後天善惡之念頭，使其去惡爲善。研幾的實踐過程即「愼獨」。爲學主修養，
以「靜中涵養」爲最高境界，以「愼獨」爲收斂功夫。其對良知認識得當，
早年認同聶豹等歸寂說。聶豹等本爲糾正空疏學風（已發）而提出「主靜歸
寂」，但此法又專注於未發，故不免步入另一極端。到王時槐晚年，漸漸不滿
歸寂說之只重未發，不重已發的做法，並最終提出自己的學說。著有《論學
書》、《語錄》等。

王時槐《塘南居士自撰墓誌銘》：「予姓王氏，名時槐，字子植，……此誌
銘撰於萬曆十六年戊子季夏九日，時先生年六十有七也。……先生卒萬曆三十
三年乙巳十月初八日卯時，享年八十有四。」

張惟驤《疑年錄彙編》卷七：「王塘南八十四時槐，生嘉靖元年壬午，卒萬
曆三十三年乙巳。」

《明儒學案》卷二○：「王時槐字子植，號塘南，吉之安福人。……乙巳十
月八日卒，年八十四。先生弱冠師同邑劉兩峰，刻意爲學，仕而求質於四方之
言學者，未之或忘，終不敢自以爲得。五十罷官，屏絕外務，反躬密體，如是
三年，有見於空寂之體。又十年，漸悟生生眞機，無有停息，不從念慮起滅。

學從收斂而入，方能入微，以透性爲宗，研幾爲要。……先生謂：『知者，先天之發竅也。謂之發竅，則已屬後天矣。雖屬後天，而形氣不足以干之。故知之一字，內不倚於空寂，外不墮於形氣，此孔門之所謂中也。』言良知者未有如此諦當。」

十月，周汝登《聖學宗傳》書成　《聖學宗傳》，周汝登著。是書宗旨爲會通儒釋，表彰王學。周汝登認爲伏羲傳至伊川程子，下分二支，分別爲朱熹和陸九淵，自陸九淵傳至王守仁爲聖學正傳，是書大量採集先儒類禪者語錄，此一直被後人詬議。

《周海門先生年譜稿》：「萬曆三十三年乙巳（1605），59歲。……十月，海門《聖學宗傳》書成。」

陶望齡《聖學宗傳序》（《歇庵集》卷三）：「今以功利之俗學，駕訓詁之膚詞，而欲闡緯聖眞，彌綸大道，不亦遠乎？是以四蔽未祛，一尊奚定？此海門周子《聖學宗傳》所由作也。……是編成於萬曆乙巳冬十月年，殺青壽梓，王子世韜昆弟實有其費，功亦偉云。」

《四庫全書總目提要》卷六二：「《聖學宗傳》十八卷（兩淮馬裕家藏本），明周汝登編。……《明史・儒林傳》附載《王畿傳》，末稱『王守仁傳王艮，艮傳徐樾，樾傳顏鈞，鈞傳羅汝芳，汝芳傳楊起元及汝登。起元清修姱節，然其學不諱禪。汝登更欲合儒釋而會通之，輯《聖學宗傳》，盡採先儒語類禪者以入。蓋萬曆以後，士大夫講學者多類此』云云，即此書也。首載黃卷《正系圖》。其序自伏羲傳至伊川程子，下分二支，一支朱子以下不繫一人，一支則陸九淵之下繫以王守仁，並稱卷是圖信陽明篤，敘統系明與《聖學宗傳》足相發明云。」

是年

焦竑《澹園集》（正集）編成　是年，焦竑《澹園集》（正集）編成。是集四十九卷，內容多爲焦竑論學、答問、書信、序、傳、墓誌銘、碑記等，是研究焦竑思想的重要參考資料。焦竑之學以知性爲宗，以博綜爲要，是泰州後學的重要學者。

李（李劍雄）著《焦竑年譜》：「萬曆三十三年，乙巳，1605年。66歲。在南京。……焦竑文集《澹園集》（正集）四十九卷編成，獲黃吉士資助，刻印於揚州。有耿定力、陳懿典、吳夢暘、方時俊、許吳儒諸人序跋。」

耿定力《焦太史澹園集序》：「夫文奚爲而作？以詮道也。……弱侯挺命世之才，而負窮理盡性至命之學，宜其旨遠辭文，直指橫發，借書於手無不瞭然，以至於遠也歟？……萬曆丙午季冬，通家友弟楚黃耿定力纂。」

案：焦竑《澹園集》應該是是年編成，刊刻至少在萬曆丙午（1606）或以後。

焦竑《焦氏筆乘》刊刻

是年，《焦氏筆乘》正、續集俱有謝與棟刻於本年，有顧起元序。《焦氏筆乘》是焦竑考據學代表作，多爲其講學、讀書筆記，正集六卷，續集八卷，涉及古史勘誤、名物訓詁、經典詮釋、佛道闡發、文字音義、版本研究、詩詞品評、師友言行等，上溯先秦，下至宋元，無所不備。焦竑以心學爲基礎，融合博物、考據爲一體，主張博約結合、有博返約。四庫館臣站在正統的立場上，對其詆毀頗多。

李（李劍雄）著《焦竑年譜》：「萬曆三十三年，乙巳，1605年。66歲。……《焦氏筆乘》正、續集俱有謝與棟刻於本年，有顧起元序。」

《四庫全書總目提要》卷一二八：「《焦氏筆乘》八卷（安徽巡撫採進本），明焦竑撰。……其講學解經，尤喜雜引異說，參合附會，如以孔子所云『空空』，及顏子之『屢空』爲虛無寂滅之類，皆乖迕正經，有傷聖教。蓋竑生平喜與李贄遊，故耳濡目染，流弊至於如此也。」

乙巳京察，劉元珍力陳沈一貫之失

是年，爲京察之年，吏部左侍郎楊時喬，左都御史溫純力持公道，盡黜政府私人錢夢皋等，大學士沈一貫密詔給事、御史等被黜者皆留下，且不下察疏。眾人心中憤甚，但均不敢先言，劉元珍乃上疏揭發沈一貫之私，並言其借京察之事，曲庇私人、損公肥私。乙巳京察，揭開了明末黨爭的序幕。

張鼎《劉元珍傳》（《東林列傳》卷二一）：「劉元珍字伯先，號本孺，無錫人。……乙巳京察，吏部左侍郎楊時喬，左都御史溫純力持公道，夢皋與其黨多麗考功法，一貫蠱惑神宗，謂京察不公，盡復言官之黜者，且留察典不下，人心憤甚，莫敢先發，元珍乃抗疏曰：『……夫使政本之地不私一人，則奸慝無壅於上，聞邪謀亦安能下，逞乃沈一貫實爲戎首，自秉政以來，曾不聞佐輔皇上救生靈於塗炭者，何事起忠良於擯扼者，何人年來比昵，僉人乖謬尤甚，即如京察一事，皇上豈有愛於夢皋而故昵之，又豈有私於臺省諸臣而獨寬之，蓋由一貫曲庇私人爲術，甚巧內則假公以朦上，外則挾威以箝下，既借皇上之權以伸其意，復竊皇上之德以固其交，頓令百年巨典，忽焉決裂，而皇上顧獨任

其咎，……』」

神宗萬曆三十四年　丙午（1606 年）

焦竑 66 歲，顧憲成 57 歲，高攀龍 45 歲，劉宗周 29 歲。

正月，馮應京卒　馮應京（1555～1606）明代江右王門學者。明萬曆二十年（1592）進士，任戶部主事、湖廣僉事。稅監陳奉剗孕好，溺嬰兒，凌辱民妻。應京列罪上疏，陳奉反誣，馮竟遭貶，調邊遠地區。吏民紛紛爲之鳴不平，帝尤憤怒，捕應京。應京於獄中著書，朝夕不倦；經多方營救，終獲釋。後贈太常少卿，謚「恭節」。師事鄒元標，學宗良知，多從憂患處用功，並有所得。

曹于汴《湖廣按察司僉事慕岡馮公墓誌銘》（《仰節堂集》卷五）：「公諱應京，字可大，慕岡其號，……病三日，劇密存，不發一語。丙夜，恭坐，漏下五更而逝，……是爲萬曆三十四年丙午正月二十日，距生嘉靖三十四年乙卯五月二十一日，年僅五十有二。」

《明儒學案》卷二四：「馮應京字大可，號慕岡，盱眙人也。……先生師事鄒南皋，其拘幽書草，皆從憂患之際，言其得力。棟如字子極，號天玉，官至太僕寺卿，亦講學於廣陵，則先生之傳也。」

五月，虞山書院成立，顧憲成作《虞山商語》　虞山書院原名文學書院，後更名學道書院，後又不斷更名。是年，耿橘更名曰虞山書院，書院位於蘇州常熟縣。虞山書院講學以東林學術爲宗旨，爲東林學派除東林書院的另一重要學術陣地。是年，在虞山書院的成立大會上，顧憲成作《虞山商語》。

《顧端文公年譜》：「（萬曆）三十四年丙午，五十七歲。……五月，作《虞山商語》。應耿庭懷及闔邑士紳之請，會講虞山書院。」

《江南通志》卷九〇：「文學書院初在常熟縣，……明宣德元年，知縣郭世南改建於儒學西，巡撫周忱更其名曰學道，……萬曆三十四年，知縣耿橘重新之，更名虞山書院。」

顧憲成《虞山書院記》：「甫五月，遂告成。峩峩虞山，儼然東南，大觀在焉！因易名虞山書院。」

是年

高攀龍實信孟子性善之學　孟子性善說是宋代理學建立的基礎，明代以後，特別是王守仁「四句教」的提出及王畿等後學的推演，性善說開始從顯性變爲隱形，但性善的理念和主旨沒有絲毫改變，傳之管志道之輩，由於其佛家影響過大，形而上的無善無惡遂變爲形而下的無善無惡，其轉變已經超出王守仁、王畿之範疇，其負面影響更是日益凸現。在高攀龍與管志道就無善無惡論進行反覆辯難之後，高攀龍以衛道、傳承爲居，最終確定了對性善說的信仰。

華允誠《高忠憲公年譜》：「（萬曆）三十四年丙午，五十七歲。實信孟子性善之旨。」

高攀龍《困學記》：「（萬曆）丙午，方實信孟子性善之旨。此性無古無今、無聖無凡，天地人只是一個，惟最上根潔清無蔽，便能信入，其次全在學力。稍隔一塵，頓遙萬里。孟子所以示暝玄之藥也。」

神宗萬曆三十五年　丁未（1607 年）

焦竑 67 歲，顧憲成 58 歲，高攀龍 46 歲，劉宗周 30 歲。

四月，許世卿卒　許世卿（1552～1607），明代東林學者。字伯勳，號靜餘，江蘇常州人。萬曆十三年（1585）舉於鄉。許世卿爲高攀龍的老師，爲人正直嚴謹、恪守規矩、誠信無二，有古君子遺風。

顧憲成《明故孝廉靜餘許君墓誌銘》（《涇皋藏稿》卷一六）：「君諱世卿，字伯勳，……君生嘉靖壬子十月十六日，卒萬曆丁未四月初八日，得年五十六。」

《明儒學案》卷六〇：「許世卿字伯勳，號靜餘，常州人。萬曆乙酉舉於鄉，發榜日與同志清談，竟夕未嘗見其有喜色也。揭安貧五戒曰：『詭收田糧，干謁官府，借女結婚，多納僮僕，向人乞覓。』省事五戒曰：『無故拜客，輕赴酒席，妄薦館賓，替人稱貸，濫與義會。』有強之者，輒指其壁曰：『此吾之息壤也。』一日親串急贖金，求援於先生，先生齧婢應之，終不破干謁戒也。守令罕見其面。歐陽東鳳請修郡志，先生曰：『歐公，端人也。』爲之一出。東林之會，高忠憲以前輩事之，飲酒吟詩，終日不倦，門屏落然，不容一俗客。嘗曰：『和風未學油油惠，清節寧希望望夷。』　其子曰：『人何可不學？但口不說欺心話，身不做欺心事，出無慚朋友，入無慚妻子，方可名學人耳。』疾革，謂某逼未

償，某施未執，某夯未還，言畢而逝。」

五月，顧允成卒　顧允成（1554～1607），明代東林學派學者，顧憲成弟。萬曆十一年（1583）進士，歷國子監博士、禮部議制司主事等職。是年卒，年54歲。師從薛方山，與兄憲成講學東林。性耿介，屬名節。其為文，多直抒胸臆，不事修飾。著有《小辨齋偶存》等。

高攀龍《顧季時行狀》（《高子遺書》卷一一）：「季時諱允成，別號涇凡，……丙申九月病，不食者四旬，……又十一年而卒，得年五十有四。」

《明儒學案》卷六〇：「顧允成字季時，別號涇凡。……丁未五月卒，年五十四。平生所深惡者鄉愿道學，……故先生見義必為，皆從性命中流出。沈繼山稱為『義理中之鎮惡，文章中之辟邪』，洵不虛也。」

按：萬曆丙申為1596年，又十一年而卒，即是年。

是年

周應中、王沣、陶石簣等受學於劉宗周　是年，劉宗周講學於大善寺僧舍，周應中、王沣、陶石簣等來問學。

《蕺山劉子年譜》：「萬曆三十五年丁未，先生三十歲，教授於大善寺僧舍。……鄉大夫往來者周寧宇（名應中）、王積齋（名沣）、陶石簣三人而已。」

李材卒　李材（1529～1607），明代心學家，止修學派學者。嘉靖四十一年（1562）進士，歷官刑部主事、廣東檢事、雲南按察使，曾數破倭寇，收孟養、蠻莫兩土司，以制緬甸，以功擢右檢都御史。重視教育，所至即聚徒講學，曾講學白鹿洞書院，初，從鄒守益學良知之學，自以為未成，乞假歸，訪唐樞、王畿、錢德洪，相與問難，變為「性覺之說」；李材極重「知」與「性」，認為「知」為心之作用，「性」為心之本體，後以「止修之學」為要，即「以止為存養，修為省察」。通過「知」的修養功夫而達到「性」的本體至善（「攝知歸止於靜，存養人性本體之善」），而「知」的修養功夫在「身」上，故李材非常重視修身，至於如何把「知」與「身」相連，李材言之甚簡。其說與陽明良知說路徑趨反，陽明重良知之工夫，止修重止於至善之本體。黃宗羲認為其學止於至善，缺修身一段功夫。著有《將將紀》、《觀我堂摘稿》、《李見羅書》等。

麥仲貴《明清儒學家著述生卒年表》：「（萬曆）二十三年乙未（一五九

五），……李材孟誠卒，年七十七。」

《明史》卷二二七：「李材，字孟誠，豐城人，尚書遂子也。……卒年七十九。」

《明儒學案》卷三一：「李材字孟誠，別號見羅，豐城人。……先生初學於鄒文莊，學致良知之學。……已變爲性覺之說，久之，喟然曰：『總是鼠遷穴中，未離窠臼也。』於是拈『止修』兩字，以爲得孔、曾之眞傳。……夫《大學》修身爲本，而修身之法，到歸於格致，則下手之在格致明矣。故以天下國家而言，則身爲本，以修身而言，則格致又其本矣。先生欲到歸於修身，以知本之本，與修身爲本之本，合而爲一，終覺齟齬而不安也。」

案：關於李材的生卒年，文獻均不載，麥仲貴根據民國十一年刊本《李見羅先生行略》對此有所考證，其考證見麥仲貴《明清儒學家著述生卒年表》（臺北：學生書局，1977年版，第920～921。），麥仲貴的考證根據《李見羅先生行略》，但《李見羅先生行略》不可見。而《明史》記爲「卒年七十九」，此和《江西通志》（卷六十九）《李材》的傳記所記吻合。故今從之。

高攀龍實信程子鳶飛魚躍與必有事焉之旨　是年，高攀龍實信程子鳶飛魚躍與必有事焉之旨。自然與人爲一直是一個亙古亙今的話題，高攀龍認爲，人性如鳶飛魚躍自然天成，但後天（必有事焉）的環境、際遇對其影響亦不可忽視，如同一顆植物，根苗花實，是其自然變化，而栽培灌漑，全在後天人爲的努力。學問亦是如此。高攀龍此說，即是其學問日趨立定之標誌，又可以視爲對王學後學過分強調自然的不滿。

華允誠《高忠憲公年譜》：「（萬曆）三十五年丁未，四十六歲。實信程子鳶飛魚躍與必有事焉之旨。」

高攀龍《困學記》：「（萬曆）丁未，方實信程子鳶飛魚躍與必有事焉之旨。謂之性者，色色天然，非由人力。鳶飛魚躍，誰則使之？勿忘勿助，猶爲學者戒兔。若眞機流行，彌漫布濩，亙古亙今，間不容息，於何而忘？於何而助？所以必有事者，如植穀然，根苗花實，雖其自然變化，而栽培灌漑，全在勉強。問學苟漫說自然，都無一事，即不成變化，亦無自然矣。」

神宗萬曆三十六年　戊申（1608 年）

焦竑 68 歲，顧憲成 59 歲，高攀龍 47 歲，劉宗周 31 歲。

七月，管志道卒　　管志道（1536～1608），明代泰州學派學者。隆慶五年（1571）進士，除南京刑部主事，改刑部。以老疾致仕，是年卒，年 73歲。其學糾合儒釋，晚年倡導儒釋道合流。著有《問辨牘》、《續問辨牘》、《覺迷蠡測》、《剩言》、《孟義訂測》等。

錢謙益《湖廣提刑按察司僉事晉階朝列大夫管公行狀》（《牧齋初學集》卷四九）：「公諱志道，字登之，……公卒於萬曆戊申七月十六日，享年七十有三。」

《明儒學案》卷三二：「管志道字登之，號東溟，蘇之太倉人。……萬曆戊申卒，年七十三。東溟受業於耿天臺，著書數十萬言，大抵鳩合儒釋，浩汗而不可方物。……按東溟所言，亦只是三教膚廓之論。平生尤喜談鬼神夢寐，其學不見道可知。泰州張皇見龍，東溟辟之，然決儒釋之波瀾，終是其派下人也。」

是年

章潢卒　　章潢（1527～1608），明代江右王門學者、經學家。曾任白鹿洞書院講授，嘉靖十三年（1534）建洗堂於東湖之濱，聚徒講學。嘉靖二十四年（1545）以薦授順天府學訓導。是年卒，年 82 歲。其學以心學為宗，主張「氣質」不同於「性」，「性」又離不開「氣質」。著有《周易象義》、《圖書編》、《詩經原體》、《書經原始》、《春秋竊義》《禮記箚言》、《論語約言》等。

張惟驤《疑年錄彙編》卷七：「章本清八十二潢，生嘉靖六年丁亥，卒萬曆三十六年戊申。」

《明史》卷二八三：「章潢，字本清，南昌人。……卒於萬曆三十六年，年八十二。」

《明儒學案》卷二四：「章潢字本清，南昌人。……萬曆戊申，年八十二卒。……先生論止修則近於李見羅，論歸寂則近於聶雙江，而其最諦當者，無如辨氣質之非性，離氣質又不可覓性，則與蕺山先師之言，若合符節矣。」

神宗萬曆三十七年　己酉（1609 年）

焦竑 69 歲，顧憲成 60 歲，高攀龍 48 歲，劉宗周 32 歲。

七月，劉元卿卒　　劉元卿（1544～1609），明代江右王門學者。隆慶四年（1570）在江西鄉試中奪魁，隆慶六年（1572）他創立復禮書院。萬曆二年（1574 年）再次參加考試，又沒有被取錄，於是絕意功名，回到家鄉，研

究學問，收徒講學。人稱「正學先生」，從弱冠至暮年，一生孜孜於學。他開始在當地求學，但所得不深，於是離鄉背井，遠遊從師。師事耿定向、王時槐等，學本出於姚江，對程、朱亦有所取，但更近於陸氏，平生反對釋氏，辯難尤力。著有《大學新編》、《山居草》、《還山續草》、《通鑑纂要》、《六鑒》、《諸儒學案》、《賢奕編》、《劉聘君全集》等。

鄒元標《明詔徵承德郎禮部主客司主事濾瀟劉公墓誌銘》（《願學集》卷六）：「公諱元卿，字調甫，初號旋宇，既號濾瀟。……生嘉靖甲辰三月，終萬曆己酉七月，享年六十六。」

《明儒學案》卷二一：「劉元卿字調甫，號濾瀟，吉之安福人。……先生惡釋氏，即平生所最信服者天臺、塘南，亦不輕相附和。故言：『天地之間，無往非神。神凝則生，雖形質薆然，而其所以生者已具；神盡則死，雖形體如故，而其所以生者已亡。然而，統體之神，則萬古長存，原不斷滅，各具之殘魂舊魄，竟歸烏有。』」

案：劉元卿師從耿定向、王時槐、劉陽，其中，耿定向對其影響甚大，從師承而言，列為《泰州學案》亦未嘗不可。

陶望齡卒 陶望齡（1562～1609），明代泰州學派學者。明萬曆十七年（1589）進士，授翰林院編修，參與編纂國史；曾升待講，主管考試，後被詔為國子監祭酒。陶望齡為官剛直廉潔，不受滋垢。一生清真恬淡，以治學為最大樂事。他把做學問也當作息歇，並用「歇庵」二字名其居室，學人有時也稱他為歇庵先生。其學儒釋兼宗，但其扶危持正，不失儒者風度，故黃宗羲認為其於禪學「皆淺也」。工詩善文，著有《制草》、《歇庵集》、《解莊》、《天水閣集》。

余懋孳《歇庵集·序》：「（萬曆）己酉春月，學使者瞻文成祠，欲揭宗旨，屬剡師纂次，而師惠然刪定，方及龍溪一卷，適以讀禮閣筆，哀毀太過，數月而遽藏舟，即書成未及序也。」

《明儒學案》卷三六：「陶望齡字周望，號石簣，會稽人也。……先生之學，多得之海門，而氾濫於方外。以為明道、陽明之於佛氏，陽抑而陰扶，蓋得其彌近理者，而不究夫毫釐之辨也。……然先生於妖書之事，犯顏持正，全不似佛氏舉動，可見禪學亦是清談，無關邪正。固視其為學始基，原從儒術，後來雖談玄說妙，及至行事，仍舊用著本等心思。如蘇子瞻、張無垢皆然，其於禪學，皆淺

也。」

案：關於陶望齡之生卒，碑傳記載均不詳。余懋孳為陶望齡之門人，故其記載應為屬實。

神宗萬曆三十八年　庚戌（1610 年）

焦竑 70 歲，顧憲成 61 歲，高攀龍 49 歲，劉宗周 33 歲。

三月，史孟麟建明道書院，顧憲成有《明道商語》　明道書院最早是劉珙為祭祀明道先生程顥而建，後不斷廢棄重建，是年，史孟麟建明道書院於江蘇荊溪。顧憲成與會，作《明道商語》。明道書院建成後，用東林會約，成為東林書院、虞山書院之外的另一個東林重要講學會所。

《顧端文公年譜》：「（萬曆）三十八年庚戌，六十一歲。……三月，作《明道商語》。史際明建明道書院於荊溪。」

案：明道書院成立於是年，但史孟麟在《題時習會約》中有言：「余以今上戊申（1608）立講會於明道書院，從同志請也，祁寒褥暑則輟講，風凡四閱月，用東林之約。」從文中而言，史孟麟在1608年即在明道書院會講，但明道書院正式成立應為是年。

八月，黃宗羲生　黃宗羲，明末清初思想家、史學家。字太沖，號梨洲，浙江餘姚人。

《黃梨洲先生年譜》（卷上）：「明萬曆三十八年庚戌八月八日戌時，公生。姚太夫人將分娩，忠端公預推祿命年月庚戌乙酉，得日時庚寅丙戌，配合極佳，然須聞金鼓之聲乃驗。適有里優鳴鉦擊鼓，而公生。」

祝世祿卒　祝世祿（1539～1610），明代泰州學派學者。萬曆十七年（1589）進士，考選為南科給事。歷尚寶司卿。耿定向講學東南，世祿從之遊，與潘去華、王德孺同為耿門高弟。其學承泰州現成良知說，主以不容己為宗，受禪學影響很大。世祿工詩，善草書。著有《環碧齋》、《尺牘》、《環碧齋》。

案：姜亮夫《歷代人物年里碑傳綜表》記載，祝世祿生於嘉靖己亥（1539），卒萬曆庚戌（1610）。

《明儒學案》卷三五：「祝世祿字延之，號無功，鄱陽人。……天臺以不容

己爲宗，先生從此得力。『身在心中』一語，實發先儒所未發。至謂『主在道義，
即蹈策士之機權，亦爲妙用』，此非儒者氣象，乃釋氏作用見性之說也。古今功業，
如天空鳥影，以機權而幹當功業，所謂以道殉人，遍地皆糞土矣。」

神宗萬曆三十九年　辛亥（1611 年）

焦竑 71 歲，顧憲成 62 歲，高攀龍 50 歲，劉宗周 34 歲，黃宗羲 2 歲。

是年夏，《澹園續集》刻成　是年，焦竑《澹園續集》刻成。是集二十
七卷，徐光啓、金勵爲之作《序》。焦竑學問淹雅，於書無不窺，善古文辭，
文筆足以達道，惟少近於禪。

《焦竑年譜》：「萬曆三十九年辛亥（西曆一六一一），竑年七十二。正月，
門人徐光啓爲作《澹園續集序》。時金勵爲竑刻《澹園續集》。勵官整飭徽寧等
處兵備副使，命其屬朱汝鼇刻之於當塗。夏間刻成，金勵並爲之序。」

十一月，徐用檢卒　徐用檢（1528～1611），明代浙中王門學者。明嘉
靖四十一年（1562）進士，授刑部主事，調任禮部儀制司，上疏請正郊廟之
禮。出補山東按察副使，專抑豪強。調任江西參議，好賢重士。擢爲陝西督
學，釐正文體，精勤課教，得士尤盛。再調任蘇松參政，升任廣東按察使。
後以太常寺卿致仕。爲官蹤跡半天下，而清操不改。私淑王陽明，師事錢德
洪。生平致力於志學，反對現成良知說，爲學篤實，勤於講學。著有《婺州
新安紀》、《會友聲編》、《己亥二錄》、《五經辨疑》、《劍虔錄》等。又匯錄薛
瑄、陳獻章、王守仁三家語錄，分類編纂成《三儒類要》。

張惟驤《疑年錄彙編》卷七：「徐魯源八十四用檢，生嘉靖七年戊子，卒萬
曆三十九年辛亥。」

《明儒學案》一四：「徐用檢字克賢，號魯源，金華蘭溪人。……萬曆辛亥
十一月卒，年八十四。先生師事錢緒山，然其爲學不以良知，而以志學。……蓋
其時學者執『心之精神謂之聖』一語，縱橫於氣質以爲學，先生以孔氏爲的，亦
不得已之苦心也。」

十二月，顧憲成《涇皋藏稿》刻成　是年，《涇皋藏稿》刻成。顧憲
成著，共二十二卷。是集涉書、疏、記、序、傳、志諸文，是顧憲成著作的
一個合集，也是研究顧憲成思想的重要參考書。顧憲成與高攀龍創辦東林書
院，以講學爲事，以砥礪氣節爲旨，爲明末惶惶之世樹立了一個人格典範。

當時，門戶之風尤重，君子小人互相搏擊，置君國而不顧，東林門風亦重，然其能以國事爲重，確爲世人榜樣。顧憲成爲人「持身端潔，恬於名利，且立朝大節多有可觀。其論說亦頗醇正，未嘗挾私見以亂是非，尚非後來依草附木者比。」其《涇皋藏稿》並論明末國事、黨爭之失，持論公正，去日不久，足資炯戒。

《顧端文公年譜》：「（萬曆）三十九年辛亥，六十二歲。……十二月，刻《涇皋藏稿》。集生平書、疏、記、序、傳、志諸文，詳加刪定，手自編次，爲二十二卷。」

《四庫全書總目提要》卷一七二：「《涇皋藏稿》二十二卷（浙江孫仰曾家藏本），明顧憲成撰。……明末，東林聲氣傾動四方，君子小人互相搏擊，置君國而爭門戶，馴至於宗社淪胥，猶蔓延詬爭而未已。《春秋》責備賢者，推原禍本，不能不遺恨於清流，憲成其始事者也。考憲成與高攀龍，初不過一二人相聚講學，以砥礪節概爲事。迨其後標榜日甚，攀附漸多，遂致流品混淆，上者或不免於好名，其下者遂至依託門牆，假借羽翼，用以快恩仇而爭進取，非特不得比於宋之道學，並不得希蹤於漢之黨錮。故論者謂攻東林者多小人，而東林不必皆君子，亦公評也。足見聚徒立說，其流弊不可勝窮，非儒者闇修之正軌矣。惟憲成持身端潔，恬於名利，且立朝大節多有可觀。其論說亦頗醇正，未嘗挾私見以亂是非，尚非後來依草附木者比。故姑錄其集，並論其末流之失，以示炯戒焉。」

高攀龍實信《大學》知本之旨　是年，高攀龍訂《古本大學》，並實信修身爲《大學》知本之旨。高攀龍認爲，從生理而言，身爲心、意、知、物存在的基礎，爲國家天下存在的基礎；從學理而言，格、致、誠、正，均爲身而設，齊、治、平，均自身而推，故修身自然爲《大學》知本之旨。高攀龍對修身的高度肯定和重視，爲其天下一身理論及實踐奠定了基礎。

華允誠《高忠憲公年譜》：「（萬曆）三十九年辛亥，五十歲。實信《大學》知本之旨。訂《古本大學》。」

高攀龍《困學記》：「（萬曆）辛亥，方實信《大學》知本之旨，具別刻中。」

高攀龍《大學首章廣義》：「《大學》平分八目，而歸本修身，何也？曰：無身則無心、意、知、物，無身則無國家天下，而身其管括也。格、致、誠、正，爲身而設；齊、治、平，自身而推，故八目只是一本。」

神宗萬曆四十年 壬子（1612 年）

焦竑 72 歲，顧憲成 63 歲，高攀龍 51 歲，劉宗周 35 歲，黃宗羲 3 歲。

正月，劉宗周訪朋友，愈深功於治心之學 是年，劉宗周拜訪高攀龍，並有問學三書，一論居方寸，二論窮理，三論儒釋異同與主敬之功。從此，其學術旨向開始由程朱轉向治心之學。

《劉宗周年譜》：「萬曆四十年壬子，先生三十五歲。正月，發自家。（據《舊譜》）道過無錫，謁高攀龍，相與請正，有問學三書，一論居方寸，二論窮理，三論儒釋異同與主敬之功。自此益反躬近裏，從事治心之功。（據《舊譜》）過寶應，訪劉永澄，永澄病，相與究養心之旨而別。（據《舊譜》次年）」

劉永澄卒 劉永澄（1576～1612），明代東林學者。萬曆二十九年（1601）進士。補順天儒學教授，嚴課程，飭行檢，北方學者稱為淮南夫子。官國子監學正。乞歸省親。起兵部職方司主事，未上而卒。其學承程朱，操履篤實，為人持正，不標門戶。著有《劉練江集》。

《劉職方公年譜》：「（萬曆）四十年壬子，三十七歲。……五月初七日丑時，公卒於家。」

《明儒學案》卷六○：「劉永澄字靜之，揚州寶應人。……先師劉忠端曰：『靜之尚論千古得失，嘗曰：「古人往矣，豈知千載而下，被靜之檢點破綻出來？安知千載後，又無檢點靜之者？」其刻厲自任如此。』大概先生天性過於學問，故其疾惡之嚴，真如以利刃齒腐朽也。」

五月二十三日，顧憲成卒 顧憲成（1550～1612），明代東林學派著名學者。萬曆八年（1580）進士，授戶部主事。因上疏語侵執政，謫桂陽州判官。累遷至吏部郎中，以廷推閣臣忤旨，削籍歸。後起光祿少卿，辭不就。與弟允成倡修東林書院，偕同志講學其中。顧憲成會同顧允成、高攀龍、安希範、劉元珍、錢一本、薛敷教、葉茂才（時稱東林八君子）等人發起東林大會，制定了《東林會約》，集會結社，議論國政，時稱東林黨。是年卒，年63 歲，諡端文。學者稱涇陽先生。為人正直，「德器溫厚，人莫測其喜怒」（蔣以化語，蔣以化，字仲學，號養庵，常熟人。語見《西臺漫紀‧德量》），從小既已名世自期。其學尊奉程朱「性即理」、「理為主」的本體論說，認為「理」在「氣」先。在人性論方面主張「以性善為宗」，反對王畿等人「心體無善無

惡」說，反對「不學不慮」、「不思不勉」的「見（現）成良知」說，提倡「躬行」、「重修」的知行觀，對打破「生而知之」的觀點有一定作用。著有《涇皋藏稿》、《小心齋札記》、《還經錄》、《質疑篇》、《證性編》等，後人編爲《顧端文公遺書》。

《顧端文公年譜》：「（萬曆）四十年壬子，六十三歲。……五月二十三日寅時，公終於涇里之正寢。」

《明儒學案》卷五八：「顧憲成字叔時，別號涇陽，常之無錫人。……壬子五月，先生卒，年六十三。……先生深慮近世學者，樂趨便易，冒認自然，故於不思不勉，當下即是，皆令究其源頭，果是性命上透得來否？勘其關頭，果是境界上打得過否？而於陽明無善無惡一語，辯難不遺餘力，以爲壞天下教法，自斯言始。」

高攀龍《南京光祿寺少卿涇陽先生行狀》：「先生之學，性學也。遠宗孔聖，不參二氏，近契元公，確遵洛閩。嘗曰：語本體，只性善二字；語工夫，只小心二字。又曰：不踰矩，孔之小心也；心不違仁，顏之小心也。此其學之大旨矣。」

五月，高攀龍獨主東林書院　是年，顧憲成逝世，高攀龍獨主東林書院，出任東林書院山長，名聲日隆。

《高忠憲公年譜》：「（萬曆）四十年壬子，五十一歲。五月，顧涇陽先生卒。公終身師事先生，至是先生卒，公獨主東林講習之事。」

是年

高攀龍實信《中庸》之旨　是年，高攀龍實信《中庸》之旨。高攀龍認爲程子之天地，陽明之良知，總不如中庸二字爲盡。中庸是一種工夫、本體的狀態，是一種自然而有爲的存在。高攀龍對《中庸》的領悟，表明其學問、實踐、爲人、處事已達到很高的境界。

華允誠《高忠憲公年譜》：「（萬曆）四十年壬子，五十一歲。實信《中庸》之旨。」

高攀龍《困學記》：「（萬曆）壬子，方實信《中庸》之旨。此道絕非名言可形，程子名之曰天地，陽明名之曰良知，總不若中庸二字爲盡。中者，停停當當；庸者，平平常常。有一毫走作，便不停當；有一毫造作，便非平常。本體如是，工夫如是。天地，聖人不能究竟，況於吾人？豈有涯際？勤物敦倫，謹

言敏行，兢兢業業，斃而後已云爾。」

神宗萬曆四十一年　癸丑（1613 年）

焦竑 73 歲，高攀龍 52 歲，劉宗周 36 歲，黃宗羲 4 歲。

六月，劉汋生　劉汋，字伯繩，劉宗周之子。明代王學學者。山陰（今浙江紹興縣人）人。

黃宗羲《劉伯繩先生墓誌銘》：「先生諱汋，姓劉氏，伯繩其字。……生於某年癸丑六月十日，卒於某年甲辰九月八日，明年某月某日，葬於某山之原。」

九月，高攀龍作《靜坐說》　是年九月，高攀龍作《靜坐說》。靜坐在高攀龍的學問修養中佔有極為重要的位置，高攀龍認為靜坐方能使諸人面目呈露，認清自己，如此學問才能有長足發展，修養方能進一步提高。同時，不得不承認，《靜坐說》亦有受佛道影響的影子，如靜坐中特別突出無意等。明代中後期，儒釋佛融合已有很大的發展，王門之中也很多學者重視悟的作用，高攀龍生活在這樣的時代，不能不受影響，但此《靜坐說》的主旨依然是儒家規範。

《高忠憲公年譜》：「（萬曆）四十一年癸丑，五十二歲。……九月，遊武林，弢光山中，靜坐，作《靜坐說》。」

是年高攀龍《靜坐說》：「靜坐之法，不用一毫安排，只平平常常默然靜去。此平常二字不可容易看過，即性體也。以其清淨不容一物，故謂之平常。……大抵著一毫意不得，著一毫見不得；才添一念，便失本色。由靜而動，亦只平平常常，湛然動去。靜時與動時一色，動時與靜時一色。所以一色者，只是一個平常也。」

錢一本《黽記》成　《黽記》，錢一本著，四卷，是年成。是書是錢一本在萬曆甲午（1594）至癸丑（1613）二十年間的隨手札記，取《詩》「黽勉從事」之義，所以題曰《黽記》。其內容主要發明性道之說，排斥二氏之言。且言之眞切、論之深刻。但亦有一些附會者，但無礙大體。

《四庫全書總目提要》卷九六：「《黽記》四卷（編修勵守謙家藏本），明錢一本撰。……東林方盛之時，一本雖與顧憲成分主講席。然潛心經學，罕談朝政，不甚與天下爭是非，故亦不甚為天下所指目。是編乃其隨手札記，取《詩》

『黽勉從事』之義，故題曰《黽記》。自萬曆甲午以迄癸丑，凡二十年。意有所得，輒筆之於書。其發明性道，排斥二氏，頗為深切。其中閒有過當者，如引《學記》『求之也佛』句以闢佛，未免附會。李日華《六研齋筆記》謂：『《曲禮》「獻鳥者佛其首」句注，訓佛為違戾，闢佛先生得之大喜』云云。二人同時，似聞一本之論，故有此戲。雖文人輕薄之詞，亦講學者好為異說有以召其侮也。」

　　案：關於是書的成書時間，《四庫全書總目提要》記其「自萬曆甲午以迄癸丑，凡二十年。意有所得，輒筆之於書。」可見是書寫作時間達二十年之久，故成書應為是年。

神宗萬曆四十二年　甲寅（1614 年）

　　焦竑 74 歲，高攀龍 53 歲，劉宗周 37 歲，黃宗羲 5 歲。

　　申行時（1535～1614）卒。

　　五月，周汝登創陽明祠，門人記有《或問十條》　　是年，周汝登在南都創建陽明祠，並會講陽明之學，同志相與論辯，海門為之剖析殆盡。門人祁承業記為《或問十條》。

　　《周海門先生年譜稿》：「萬曆四十二年甲寅（1614），68 歲。是年五月，海門於南都創建陽明祠，作《陽明先生南都祠志引記》，並會講陽明之學。門人祁承業記為《或問十條》。」

　　七月，高攀龍作《困學記》　　是年七月，高攀龍在水居作《困學記》，因困而學，故名《困學記》。多論個人求學歷程及為學之法。

　　華允誠《高忠憲公年譜》：「（萬曆）四十二年甲寅，五十三歲。……七月，作《困學記》。」

　　高攀龍《困學記》：「困而學之，年積月累，闕惟艱哉，而不足以當智者一笑也，同病相憐或有取焉。甲寅孟秋記。」

神宗萬曆四十三年　乙卯（1615 年）

　　焦竑 75 歲，高攀龍 54 歲，劉宗周 38 歲，黃宗羲 6 歲。

　　孟冬，高攀龍有《書靜坐說後》　　高攀龍於 1613 年作《靜坐說》兩年後，又作《書靜坐說後》。在是文中，高攀龍表達了對前文的不滿，特意強調

收斂身心，以主於一。此一即為道德之性體，此主即是入道之誠意。同時，高攀龍認為此為無意中之著意、著意中之無意。此《書靜坐說後》與前說相比，禪意大失、著意盡入。

高攀龍《書靜坐說後》：「萬曆癸丑秋靜坐武林弢光山中作《靜坐說》。越二年觀之，說殆未備也。夫靜坐之法，入門者藉以涵養，初學者藉以入門。彼夫初入之心，妄念膠結，何從而見平常之體乎？平常則散漫去矣。故必收斂身心，以主於一，一即平常之體也。主則有意存焉。此意亦非著意。蓋心中無事之謂一；著意則非一也。不著意而謂之意者，但從衣冠瞻視間，整齊嚴肅，則心自一，漸久漸熟，漸平常矣。故主一者，學者之成始成終者也。乙卯孟冬誌。」

是年

方學漸卒 方學漸（1540～1615），明代泰州學派學者。為諸生祭酒 28 年。後棄官，專事講學。是年卒，年 75 歲。其學以心學為宗。但大旨回歸於理，於泰州之學風不同。其學陸王並重，但已偏重於理，可謂王學中的理性精神。反對無善無惡說，力言心體至善。著有《心學宗》、《易蠡》、《孝經繹》、《桐彝》、《爾訓》、《崇本堂稿》等。

案：姜亮夫《歷代人物年里碑傳綜表》記載，方學漸生於嘉靖庚子（1540），卒於萬曆乙卯（1615）。

《明儒學案》卷三五：「方學漸字達卿，號本庵，桐城人也。……故先生以不學不慮，理所固然，欲亦有之，但當求之於理，不當求之於不學不慮。不知良知良能之不學不慮，此繼善之根也。人欲之卒然而發者，是習熟之心為之，豈不學不慮乎？先生欲辨無善無噁心之體，而自墮於有善有噁心之體矣，是皆求實於虛之過也。先生受學於張甑山、耿楚倥，在泰州一派，別出一機軸矣。」

《四庫全書總目提要》卷九六：「《心學宗》四卷（浙江巡撫採進本），明方學漸撰。……是書專明心學，自堯、舜至於明代諸儒，各引其言心之語，而附以己注。其自序云：『吾聞諸舜，人心惟危，道心惟微。聞諸孟子，仁，人心也。聞諸陸子，心即理也。聞諸王陽明，至善心之本體。一聖三賢，可謂善言心也矣。』蓋學漸之說本於姚江，故以陸、王並稱。而書中解人心惟危為高大意，解不愧屋漏為喻心曲隱微，解格物為去不正以歸於正，大意皆主心體至善，一闢虛無空寂之宗，而力斥王畿《天泉證道記》為附會。故其言皆有歸宿。憲成序其首曰：『假令文成復起，亦應首肯。蓋雖同是良知之學，較之龍溪諸家猶為近正』云。」

案：泰州學派本是黃宗羲設定的一個以王艮後學爲主的寬鬆學派，但由於人物繁雜、思想不一，越來越引起學者們的注意，其中，方學漸便是一例。從師承而言，方學漸「受學於張甑山、耿楚倥」，可以算是泰州後學。從思想而言，方學漸和泰州後學的確沒有太多的淵源，故黃宗羲也承認其「在泰州一派，別出一機軸矣。」

神宗萬曆四十四年　丙辰（1616 年）

焦竑 76 歲，高攀龍 55 歲，劉宗周 39 歲，黃宗羲 7 歲。

八月，華允誠聞高攀龍講學，深信不疑　是年，華允誠受《易》於錢一本，並在東林聽高攀龍講學，得其《靜坐說》、《心性說》，反觀內省，深信不疑，遂有必爲聖賢之志。

《奉直大夫吏部員外郎豫如府君年譜》：「（萬曆）四十四年丙辰，二十九歲，受《易》於毘陵錢啓新先生。……八月，聽講東林。得高忠憲公《靜坐說》、《心性說》，讀之始悟心學性學之辨，氣靜、理靜之殊，反觀內省，深信不疑，有必爲聖賢之志。」

是年

焦竑《國朝獻徵錄》刊刻　是年，焦竑《國朝獻徵錄》刻成，120 卷，有黃汝亨、顧起元序。是書採有明一代名人事蹟，其體例以宗室、戚畹、勳爵、內閣、六卿以下各官分類標目，其無官者則以孝子、義人、儒林、藝苑等目分載之，自洪武迄於嘉靖，搜採極博。是明代的一部重要文獻書目，是書的編著充分體現了焦竑的史學才能，是我們後人研究明代歷史的重要參考書。缺點是所引之書沒有全部注出出處，但瑕不掩瑜，足資參考。

李（李劍雄）著《焦竑年譜》：「萬曆四十四年，丙辰，1616年。77歲。在南京。刻《國朝獻徵錄》120卷成，有黃汝亨、顧起元序。」

顧起元《獻徵錄序》：「若舉一代王侯將相、賢士大夫、山林瓢衲之跡，鉅細畢收，毋患堙蔞，實未有若澹園先生之《獻徵錄》者。先生天生異才，幾鄰殆庶，知通聖統，上比素臣。……於是取累朝訓錄、方國紀志與家乘野史，門分類別，採而輯之，自禁中之副，名山之藏，通都大邑之傳，畢登於簡，一代史材，犁然大備，茲錄固其一爾。……然先生意不忍忘，時爲讎校，緒成其業，多至百二十卷。……萬曆丙辰，同里晚學顧起元撰。」

《四庫全書總目提要》卷六二：「《獻徵錄》一百二十卷（浙江巡撫採進本），明焦竑撰。竑有《易鑒》，已著錄。是書採明一代名人事蹟，其體例以宗室、戚畹、勳爵、內閣、六卿以下各官分類標目，其無官者則以孝子、義人、儒林、藝苑等目分載之，自洪武迄於嘉靖，搜採極博，然文頗氾濫，不皆可據。又於引據之書或注或不注，亦不免疎略。考竑在萬曆中，嘗應陳於陛聘，同修國史，既而罷去，此書殆即當時所輯錄歟？」

呂坤《去偽齋文集》刊刻，其中，呂坤再次批判王學　是年，呂坤《去偽齋文集》刊刻，書中再次批判王學，並焦點對準王學的核心良知說。呂坤認為，良知說是從情上立根，而情是由性決定的，性又是來自天理。故從本體而言，性為根本，情為端緒。良知是情，是性之萌芽，如果情的根本性得以改變，則作為萌芽的良知必然不保，故工夫應在性上，而不再情上。致良知亦是如此，如果致良知的工夫在離弦之箭上，即使箭上充滿良知，然沒有根本，即便不斷擴充，且將隨發隨散。

馬濤《呂坤簡表》：「公元1616年，萬曆四十四年，丙辰，八十一歲。長於知畏匯刻《去偽齋文集》於呂氏家塾。同邑人王印為之撰序。《文集》末附載呂知畏於本年十二月十六日所撰《跋》。」

呂坤《答孫冢宰論格物第二書》（《去偽齋文集》卷四）：「陽明說良知，乃在情上立根腳，認端緒作根本。不思良知之上有性，性之上有天。……故談本體，以情為子孫，以性為宗，以天為道，道之大原出於天。……良知，情也，是於萌子上著力，倘本枯根斷，其如萌蘗何？聖學工夫全在性天處見本體，涵養上用工夫。……致良知者，用力於離弦之箭者也。縱使發見皆良知，然既無根本，即欲擴充，將隨發隨散，並又發端而消亡之矣。欲千枝萬葉，豈可得乎？若發見弗良，才去省察克治，是離弦之箭，射者祝之曰：『中中中』，必不濟矣。」

神宗萬曆四十五年　丁巳（1617 年）

焦竑 77 歲，高攀龍 56 歲，劉宗周 40 歲，黃宗羲 8 歲。

九月，錢一本卒　錢一本（1546～1617），明代東林學派學者。萬曆十一年（1583）進士，除盧陵知縣，徵授御史，巡按廣西。於爭國本中所言最直，遭神宗忌恨，斥革為民。歸築經正堂，講學著書，與顧憲成分主東林書院講席，為東林八子之一。其學重工夫，認為性是天生，亦是人成。對《易》

學深有研究，著有《像象管見》、《邇記》等。

張鼎《錢一本傳》（《東林列傳》卷二一）：「錢一本字國瑞，武進人。……先生年七十二卒，天啓初，贈太僕少卿。」

《明儒學案》卷五九：「錢一本字國端，別號啓新，常州武進人。……如期而逝，蓋丁巳九月。……先生之學，得之王塘南者居多。懲一時學者喜談本體，故以『工夫爲主，一粒穀種，人人所有，不能凝聚到發育地位，終是死粒。人無有不才，才無有不善，但儘其才，始能見得本體，不可以石火電光，便作家當也。』此言深中學者之病。至謂『性固天生，亦由人成，故曰成之者性』。夫性爲自然之生理，人力絲毫不得而，與故但有知性，而無爲性。聖不能成，愚不能虧，以成虧論性，失之矣。」

神宗萬曆四十六年　戊午（1618 年）

焦竑 78 歲，高攀龍 57 歲，劉宗周 41 歲，黃宗羲 9 歲。

呂坤（1536～1618）卒。

是年李贄《續焚書》刻成　是年，李贄《續焚書》刻成，有焦竑序。《續焚書》是李贄的一部重要的文集，內容主要是書信、答問、傳記等，是書一承李贄獨特的視角、犀利的文風，是研究李贄思想的重要參考資料。

李（李劍雄）著《焦竑年譜》：「萬曆四十六年，戊午，1618年。79歲。在南京。……李贄《續焚書》刻成，有焦竑序。」

神宗萬曆四十七年　己未（1619 年）

焦竑 79 歲，高攀龍 58 歲，劉宗周 42 歲，黃宗羲 10 歲。

唐鶴徵卒　唐鶴徵（1538～1619），明代南中王門學者。隆慶五年（1571）進士。歷任禮部主事、工部郎、尚寶司丞、光祿寺少卿、太常寺少卿、南京太常等職。其對九流百家、天文地理、稗官野史，無不究極。在理氣觀上繼承並發展了張載的唯物主義思想，力圖糾正王學末流的弊病。認爲氣爲本體，爲第一，否認理的作用。其言心性甚當，把心從精神本源還原爲身體器官，認爲「心不過五臟之心」，性爲「氣之極有條理處」，心與性的關係爲「心之妙處在方寸之虛，則性之所宅也。」即心容納並滯留了性。此說頗具唯物主義傾向。可以說，唐鶴徵其學淵源於王守仁之學，屬於南中王門，但又不

盡同於王學。鶴徵乃唐順之之子，其學術思想受父之影響較大，黃宗羲謂其學「得之龍溪（王畿）者爲多，故言，於龍溪只少一拜」。故其爲從王學中分化出來的唯物主義思想家。同時，其學受道家思想，特別是老莊的影響很大，此不另論。著有《桃溪札記》、《周易象義》、《周易合義》等。

張惟驤《疑年錄彙編》卷七：「唐凝庵八十二鶴徵，生嘉靖十七年戊戌，卒萬曆四十七年己未。」

《明儒學案》卷二六：「唐鶴徵字符卿，號凝庵，荊川之子也。……萬曆己未，年八十二卒。先生始尚意氣，繼之以園林絲竹，而後泊然歸之道術。……先生言：『心性之辨，今古紛然，不明其所自來，故有謂義理之性、氣質之性，有謂義理之心、血氣之心，皆非也。性不過是此氣之極有條理處，捨氣之外安得有性？心不過五臟之心，捨五臟之外，安得有心？心之妙處在方寸之虛，則性之所宅也。』此數言者，從來言心性者所不及也。乃先生又曰：『知天地之間只有一氣，則知乾元之生生皆是此氣。……』此言尚有未瑩。」

《王龍溪先生集》刊刻 《王龍溪先生集》二十卷，王畿著，丁賓刻，周汝登序。王畿師事守仁，學宗良知，持「四無」說，強調「心體」無善無惡，認爲只有達到「心體」無善無惡，方能有心無執。王畿愼談工夫，認爲良知當下現成。其學發揚守仁「利根之人」的認知和判斷，提高了王學的境界，同時，由於「心體」的流動和無執，也使王學走向空疏和玄虛。《王龍溪先生集》是研究王畿思想的重要參考資料，值得學人深掘和鑽研。

周汝登《刻王龍溪先生集序》：「南都文成公祠成，邐邐人士以期聚講，則惟大司空丁公式臨之，公謂：『講其學則當誦其書，《文成全書》都下業有梓者，高弟若龍溪王先生《集》，是宜並著。』於是捐貲鋟木，使廣行之，而命汝登序焉。……文成之徒，悟領者多，而最稱入室則惟先生，……今其言備在，語本體則不墜玄虛，而尋常照察，實地持循；語工夫則不落階級，而一念入微，當下識取。……萬曆己未端陽日，門人剡溪周汝登頓首拜撰。」

案：《王龍溪先生集》的版本很多，最早是萬曆十六（1588）年蕭良幹本，蕭本二十卷，後有萬曆四十三年（1615）丁賓刻本，丁本二十二卷，萬曆四十七年（1619）又有丁賓重刻本，此本二十卷。清代刻本也很多，此不另述。由於文獻原因，本文只錄是年刻本。

神宗萬曆四十八年　庚申（1620 年）光宗泰昌元年

焦竑80歲，高攀龍59歲，劉宗周43歲，黃宗羲11歲。

焦竑卒　焦竑（1541～1620），明代泰州學派學者。明萬曆十七年（1589）進士第一，授翰林院修撰，歷皇長子侍讀、福寧州同知、太僕寺丞、南京司業等職。是年卒，年 81 歲。在心學上，他持現成良知論，倡導「學以復性爲宗」，「性」爲道德規範，「復性」即知性，知性者，知其性自足，不假外求，而後率性。其過程既爲一體驗未發之中的超悟感受，亦是一自由無執的道德愉悅。反對空談，主張考證經史、躬行踐履，將頓悟與漸修、「尊德性」與「道問學」結合起來。同時，其不否定佛學的作用，「以佛學即爲聖學」，認爲儒佛學理一致，互相發明。當然，也必須明曉，焦竑只是在儒佛問題上矜持的理論探索者，而不是躬行實踐者。眞正躬行者只能是狂熱如李贄、何心隱之輩了。在泰州後學中，焦竑不管是道德學問，還是爲人處事都是一時楷模，故影響甚大。著有《澹園集》、《焦氏筆乘》、《焦氏類林》、《國朝獻徵錄》、《國史經籍志》、《老子翼》、《莊子翼》等。

《焦竑年譜》：「萬曆四十八年庚申（西曆一六二〇），竑年八十一。竑卒在這年。」

《明儒學案》卷三五：「焦竑字弱侯，號澹園，南京旗手衛人。……泰昌元年卒，年八十一。贈諭德。崇禎末，補諡文端。先生師事耿天臺、羅近溪，而又篤信卓吾之學，以爲未必是聖人，可肩一狂字，坐聖門第二席，故以佛學即爲聖學，而明道闢佛之語，皆一一紐之。」

徐光啓《尊師澹園先生集序》：「吾師澹園夾生，粵自早歲，則以道德經術標表海內，鉅儒宿學，北面人宗，餘言緒論，流傳人間。亡不視爲冠冕舟航矣。」

熹宗天啓元年　辛酉（1621 年）

高攀龍 60 歲，劉宗周 44 歲，黃宗羲 12 歲。

三月，高攀龍起爲光祿丞　是年，在「東林黨」人大力支持下繼皇帝位的熹宗，爲對「東林黨」人表示謝意，大力起用「東林黨」人。高攀龍即在其列，並被詔爲光祿寺丞，這也結束了高攀龍近三十年的林下生活。

華允誠《高忠憲公年譜》：「熹宗哲皇帝天啓元年，辛酉，六十歲。……三

月，詔起光祿寺丞。」

是年春、夏之際，東林黨人劉宗周、鄒元標、葉向高等入朝主事　是年，熹宗繼位，東林黨人又重新得到重用，劉宗周、鄒元標、葉向高、高攀龍等入朝主事，鄒元標首進和衷之說，希望朝臣和衷，共濟國事。

《明史記事本末》卷六六：「（天啓元年）三月，起劉宗周禮部主事。」

《明史》卷二四三：「天啓元年四月，（鄒元標）還朝，首進和衷之說，言：『今日國事，皆二十年諸臣醞釀所成。往者不以進賢讓能爲事，日錮賢逐能。而言事者又不降心平氣，專務分門立戶。臣謂今日急務，惟朝臣和衷而已。』……且請召用葉茂才、趙南星、高攀龍、劉宗周、丁元薦，而恤錄羅大紘、雒於仁等十五人。帝亦褒納。」

《明通鑒》卷七七：「（天啓元年）葉向高還朝，入閣爲首輔。」

是年

劉元珍卒　劉元珍（1571～1621），明代東林學者。萬曆二十三年進士。歷官禮部、兵部郎。後因彈劾沈一貫遭罷，後起爲光祿少卿。其學宗東林，行義重於時。

高攀龍《劉羽戢知新稿序》：「劉伯先以弱冠舉辛卯，其次君羽戢復以弱冠舉乙卯，世人視其父子取科名猶掇之也。」

《明儒學案》卷六〇：「劉元珍字伯先，別號本孺，武進人。……未幾，卒官，年五十一。先生家居講學，錢啓新爲同善會，表章節義，優恤鰥寡，以先生爲主。有言非林下人所宜者，先生痾瘵一體，如救頭目，惡問其宜不宜也。先生每以子路自任，不使惡言入於東林，講論稍涉附會，輒正色斥之曰：『毋亂我宗旨！』聞謗講學者，曰：『彼訾吾黨好名以爲口實，其實彼之不好名，乃專爲決裂名教地也。』疾小人不欲見，苟其在側，喉間輒如物梗，必吐之而後已。當東林爲天下彈射，先生謂高忠憲曰：『此吾輩入火時也，無令其成色有減，斯可矣！』」

案：劉元珍以「弱冠舉辛卯」，萬曆辛卯爲1591年，故劉元珍是年生。據《明儒學案》記載，其「未幾，卒官，年五十一。」故其卒年爲1621年。

史孟麟卒　史孟麟（？～1621），明代東林學者。字際明，號玉池，江蘇宜興人。萬曆十一年（1583）進士。官至吏科給事中。時廷臣爲立「國本

「之爭已有十餘年，萬曆二十一年（1593），三皇並封之議又起，孟麟與於孔兼等至首輔王錫爵府邸力爭，事遂平息。是年京官考覈中，趙南星被逐，他亦稱病辭官。家居十五年，極注重名節，並講學東林書院，為時望所重。後官復原職，督四夷館。正遇張差挺擊案發，他疏請立皇太孫，以絕群小覬覦之望，神宗怒，貶為兩浙鹽運判官。熹宗立，遷南京禮部主事，擢太僕卿。於鍾山下建明道書院，一時才俊雲集其門下，學者稱其謂「啟新先生」。為人持正不阿，屢忤權倖，氣節動天下。師事顧憲成，為學好談工夫，為學主性善。著有《亦為堂集》。

陳鼎《東林列傳》卷二二《史孟麟傳》：「史孟麟字際明，宜興人。……天啟初，補大理丞，晉太僕卿，未赴卒。」

《明儒學案》卷六○：「史孟麟字際明，號玉池，常州宜興人。萬曆癸未進士。……先生師事涇陽，因一時之弊，故好談工夫。夫求識本體，即是工夫，無工夫而言本體，只是想像卜度而已，非真本體也。即謂先生之言，是談本體可也。陽明言無善無噁心之體，先生作性善說辟之。夫無善無噁心之體，原與性無善無不善之意不同，性以理言，理無不善，安得云無？心以氣言，氣之動有善有不善，而當其藏體於寂之時，獨知湛然而已，安得謂之有善有惡乎？其時楊晉庵頗得其解，移書先生，謂錯會陽明之意是也。獨怪陽明門下解之者，曰『無善無惡斯為至善』，亦竟以無善無惡屬之於性，真索解人而不得矣。」

熹宗天啟二年　壬戌（1622 年）

高攀龍 61 歲，劉宗周 45 歲，黃宗羲 13 歲。

九月，華允誠師事高攀龍　華允誠數年來已實信程朱之嫡傳實為高攀龍先生，雖久聞其學，但實未執贄。是年，華允誠遂師事高攀龍，學主靜之學。

《奉直大夫吏部員外郎豫如府君年譜》：「（天啟）二年壬戌，三十五歲。……九月，受學於高忠憲先生。府君之于忠憲先生也，……尚未執贄也。……認菴引謁忠憲，忠憲授以主靜之學。」

是年

鄒元標等建首善書院　首善書院位於北京宣武門內東牆下，以京師乃天

子腳下，首善之都，故名曰首善書院。是年，因清軍逼近關門，人心崩潰，為振奮士氣、挽回人心，都御使鄒元標，副都御使馮從吾建首善書院，集同志講學，劉宗周、高攀龍等俱有所幫助。魏忠賢等以講學是宋室早亡之由，加以嚴譴，會葉向高力辨，方罷。

《明史》卷二四三：「天啓元年四月，（鄒元標）還朝，……明年典外察，去留惟公。……元標自還朝以來，不為危言激論，與物無猜。然小人以其東林也，猶忌之。給事中朱童蒙、郭允厚、郭興治慮明年京察不利己，潛謀驅逐。會元標與馮從吾建首善書院，集同志講學，童蒙首請禁之。……元標疏辨求去，帝已慰留，允厚復疏劾，語尤妄誕。而魏忠賢方竊柄，傳旨謂宋室之亡由於講學，將加嚴譴。葉向高力辨，且乞同去，乃得溫旨。興治及允厚復交章力攻；興治至比之山東妖賊。」

《劉宗周年譜》：「天啓二年壬戌（西一六二二，滿洲天命七年）。先生四十五歲。……鄒元標、馮從吾因兵逼關門，人心崩潰，率同志講學於首善書院。先生與高攀龍實左右之。每有疑義，必問先生云何。元標宗解悟，從吾重躬行，兩家迭難。」

熹宗天啓三年　癸未（1623 年）

高攀龍 62 歲，劉宗周 46 歲，黃宗羲 14 歲。

薛敷教卒　薛敷教（1565～1623），明代東林學者，薛應旂之孫。萬曆十七年（1589）進士。因上疏忤旨，被勒令回籍。後薦為鳳翔教授，不久遷國子監助教。萬曆二十一年（1593），趙南星被逐，敷教上疏申救，被指為「朋謀亂政」，謫光州學正。萬曆三十二年（1604 年）到東林書院講學，是為東林八君子之一，對東林講學貢獻卓著。是年卒，年 59 歲。卒後賜尚寶司丞。為人徙身嚴苦，為官力持清議。其學承東林，為學尚眞、主正。著有《續憲章錄》、《癸巳錄》、《奏疏》、《泉上雜識》、《眞正銘》、《浮戈集》等。

高攀龍《光州學正薛公以身墓誌銘》（《高子遺書》卷一一）：「諱敷教，號玄臺，字以身，……癸卯，太孺人卒，以身執喪，不飲酒食肉，……以身年五十九而卒。」

《明史》卷二三一：「薛敷教，字以身，武進人。……家居二十年，力持清議，大吏有舉動，多用敷教言而止。後與憲成兄弟及攀龍輩講學。卒，贈尚寶司

丞。」

《明儒學案》卷六○：「薛敷教字以身，號玄臺，常之武進人。……甲辰顧涇陽修復東林書院，聚徒講學，先生實左右之。作《眞正銘》以勉同志。曰：『學尚乎眞，眞則可久；學尚乎正，正則可守。眞而不正，所見皆苟；正而不眞，終非己有。……』年五十九而卒。」

案：薛敷教太孺人卒在萬曆癸卯（1603），其家居二十年，故是年卒。

熹宗天啓四年　甲子（1624 年）

高攀龍 63 歲，劉宗周 47 歲，黃宗羲 15 歲。

六月，左副都御使楊漣彈劾魏忠賢二十四大罪。黃尊素抗疏繼之

是月一日，楊漣攜奏疏準備面奏皇帝，當場揭露魏忠賢。不巧當日免朝，楊漣恐泄機，只好交會極門轉呈皇帝。楊漣在奏疏中列舉了魏忠賢的二十四條罪狀，揭露他迫害舊臣、干預朝政，逼死賢妃，操縱東廠濫施淫威等罪行，最後指出魏忠賢專權的惡果是「致掖廷之中，但知有忠賢，不知有陛下；都城之內，亦但知有忠賢，不知有陛下」。請求熹宗大奮雷霆，以正國法。楊漣此疏，字字句句，如雷霆萬鈞，擊中魏忠賢的要害。魏忠賢聞疏後驚恐萬狀，慌忙跑到熹宗面前哭訴。又叫客氏在旁游說。兩人一唱一和，弄得熹宗眞假難辨，好壞不分。反而溫言撫慰魏忠賢，「嚴旨切責」楊漣。此後，魏忠賢對楊漣恨之入骨。

《楊忠烈公年譜》：「（天啓四年）甲子冬，拜左僉都御史，又進左副都御史，時年五十三歲。……其年六月，公遂盡發奸狀，而二十四罪之疏入矣。」

《黃氏家錄·忠端公黃尊素》：「楊忠烈欲表魏忠賢，草具，公曰：大臣，非諫官比，一擊不中，禍移之國矣！忠烈曰：何謂也？公曰：『從來除君側者，必有內援，公有之乎？忠烈默然。公曰：無已，奏中宮嬪之事，削其風聞：苟毫髮不爲上所實，則上不實其實矣。不聽，琉入。公亦草疏助之。』

《明史》卷二四五：「既而楊漣劾魏忠賢二十四大罪，疏入，被旨譙讓。黃尊素憤，抗疏繼之。有言『天下有政歸近幸，威福旁移，而世界清明乎？天下有中外訩訩無不欲食其肉，而可置之左右乎？』忠賢得疏愈恨。萬燝廷杖重創卒、尊素上疏曰：『律例，非叛逆十惡無死法。今以披肝瀝膽之忠臣，競殞於磨牙礪齒之凶豎。』疏入，益忤忠賢意。」

八月，**高攀龍彈劾崔呈秀** 是年，高攀龍升都檢察院左都御使，揭發崔呈秀在淮揚貪污之事，高攀龍的老師趙南星也極力支持。崔呈秀害怕，並急忙認魏忠賢為父，並誣陷高攀龍、趙南星，高攀龍、趙南星均因此辭官。

華允誠《高忠憲公年譜》：「（天啟）四年甲子，六十三歲。……九月，升都檢察院左都御使。……劾御史崔呈秀。先生謂今日安民之計，只在除貪酷吏，欲吏無貪，……適有魏黨私人崔呈秀，巡按淮揚回，道藏私鉅萬，秩聲流傳，立疏糾之，……輿論稱快。」

《明史》卷二四三：「（天啟）四年八月拜左都御史。……御史崔呈秀按淮、揚還，攀龍發其穢狀，南星議戍之。呈秀窘，急走忠賢所，乞為義兒，遂摭謝應祥事，謂攀龍黨南星。嚴旨詰責，攀龍遽引罪去。」

案：高攀龍升都檢察院左都御使的時間，《明史》記為八月，《年譜》記為九月，查《國榷》卷八十六，亦記為八月，故今從之。

是年

楊東明卒 楊東明（1548～1624），明代北方王門學者。萬曆八年（1580）進士，授中書舍人，官至刑部侍郎。是年卒，年 77 歲。其學主氣本體論，理為氣之條理處。認為人性至善。

張惟驤《疑年錄彙編》卷七：「楊晉庵七十七東明，生嘉靖二十七年戊申，卒天啟四年甲子。」

《明儒學案》卷二九：「楊東明號晉庵，河南虞城人。……天啟甲子卒，年七十七。……其學之要領，在論氣質之外無性，謂『盈宇宙間只是渾淪元氣，生天生地，生人物萬殊，都是此氣為之。而此氣靈妙，自有條理，便謂之理。夫惟理氣一也，則得氣清者，理自昭著，得氣濁者，理自昏暗。蓋氣分陰陽，中含五行，不得不雜糅，不得不偏勝，此人性所以不皆善也。然太極本體，立二五根宗，雖雜糅而本質自在，縱偏勝而善根自存，此人性所以無不善也』。先生此言，可謂一洗理氣為二之謬矣。而其間有未瑩者，則以不皆善者之認為性也。」

鄒元標卒 鄒元標（1551～1624），明代江右王門學者。九歲通五經，少即有志為學，從學歐陽德、羅洪先，並得王守仁之傳。萬曆五年（1577）進士。初出為官，因得罪張居正，謫戍貴州都勻衛。旋任吏科給事中，後罷官家居，建仁文書院，聚徒講學。曾講學白鹿洞書院及嶽麓書院，與趙南星、

顧憲成號爲「三君」。天啓元年（1621）還朝，升刑部右侍郎，轉左部御史。是年卒，年 74 歲。其學宗王陽明的「良知之說」，並把陽明的「良知之說」回歸到本然之眞，無邪之眞。爲學方法主悟，強調以悟入門。鄒元標重氣節，思想及行爲中流漏著儒家「綱常倫理」的種子，不失儒者風釆。同時，其思想受到江右王學及佛學的影響，強調良知「以識心體爲入手」和「空空之心體」，並最終歸知識爲空。著有《願學集》、《宗儒語略》等。

《明史》卷二四三：「鄒元標，字爾瞻，吉水人。……（天啓）四年卒於家。」

《明儒學案》卷二三：「鄒元標字爾瞻，別號南皋，豫章吉水人。……先生之學，以識心體爲入手，以行恕於人倫事物之間、與愚夫愚婦同體爲工夫，以不起意、空空爲極致。離達道，無所謂大本；離和，無所謂中，故先生於禪學，亦所不諱。求見本體，即是佛氏之本來面目也。其所謂恕，亦非孔門之恕，乃佛氏之事事無礙也。佛氏之作用是性，則離達道無大本之謂矣。然先生即摧剛爲柔，融嚴毅方正之氣，而與世推移，其一規一矩，必合當然之天則，而介然有所不可者，仍是儒家本色，不從佛氏來也。」

案：關於鄒元標的生卒，文獻記載不多，據姜亮夫《歷代人物年里碑傳綜表》記載，鄒元標生於嘉靖辛亥（1551），卒於天啓甲子（1624）。

熹宗天啓五年　乙丑（1625 年）

高攀龍 64 歲，劉宗周 48 歲，黃宗羲 16 歲。

七月，毀首善書院　首善書院爲鄒元標、孫愼行等講學處，給事中朱童蒙、郭允厚、郭興治交章劾其植黨沽名等，遂毀之。

《劉宗周年譜》：「天啓五年乙丑（西一六二五，滿洲天命十年），先生四十八歲。……秋七月壬戌，詔毀首善書院。」

《明史》卷二二：「（天啓）五年春正月癸亥，……秋七月壬戌，毀首善書院。」

七月，東林六君子依次死獄　七月二十六日至九月十五日，東林六君子楊漣、左光斗、魏大中、袁化中、周朝瑞、顧大章先後慘死詔獄。世人聞之，慟哭於野。

《明史紀事本末》卷七一：「（天啓）五年春正月，……秋七月，下楊漣、周朝瑞、左光斗、顧大章、袁化中於北鎮撫司。初，獄上，擬漣以移官一案。

許顯純等相與謀，謂不入移宮，則罪名不大，不假封疆，則難予追贓，逐坐以受熊廷弼賄。漣等不肯承，而顯純棰楚甚酷無生理。……（五日一比）比時累累跪階前，訶詬百出，裸體辱之。弛扭則受拶，弛鐐則受夾，弛拶與夾，則仍戴扭鐐以受棍。……（慘酷之狀）見者無不切齒流涕。」

八月，毀天下東林講學書院　是年八月，在逆黨張訥的鼓動下，魏忠賢下旨毀各書院，尤其是東林書院更應被毀。這是東林書院在天啓年間首次被毀，而這次主要毀的是依庸堂，是東林書院的一部分。整個東林書院建築主要有三部分組成，分別為祭祀建築、藏書建築和講學建築等。依庸堂是講學建築中最有代

表性的主要建築，故此次毀壞極具震撼性。

《高忠憲公年譜》：「（天啓）五年乙丑，六十四歲。……十月，東林書院毀。」

《明通鑑》卷七九：「（天啓五年）八月，壬午，記毀天下書院。東林、關中、江右、徽州各書院，俱行拆毀，變價助工，從逆黨張訥議也。訥言：各省私創講堂，皆躃東林為之。」

《明史》卷二五四：「（天啓）四年正月，……明年，忠賢黨張訥請毀天下書院，劾三俊與鄒元標、馮從吾、孫慎行、余懋衡合污同流，褫職閒住。」

《明史》卷三〇五：「初，神宗在位久，怠於政事，章奏多不省。廷臣漸立門戶，以危言激論相尚，國本之爭，指斥宮禁。宰輔大臣為言者所彈擊，輒引疾避去。吏部郎顧憲成講學東林書院，海內士大夫多附之，『東林』之名自是始。既而『梃擊』、『紅丸』、『移宮』三案起，盈廷如聚訟。與東林忤者，眾目之為邪黨。天啓初，廢斥殆盡，識者已擾其過激變生。及忠賢勢成，其黨果謀倚之以傾東林。」

《明史》卷二二：「八月壬午，毀天下東林講學書院。」

案：東林書院被毀的確切月份，《高忠憲公年譜》記為十月，《明史》、《明通鑑》均記為八月，今從八月。

熹宗天啓六年　丙寅（1626 年）

高攀龍 65 歲，劉宗周 49 歲，黃宗羲 17 歲。

三月，「七君子之獄」，高攀龍等卒　當時，高攀龍、周順昌、李應升、繆昌期、黃尊素、周宗建、周起元等七人先後遇害，史稱「七君子之獄」。

《黃梨洲先生年譜》（卷上）：（天啓）六年丙寅，公十七歲。三月，忠端公與高忠憲攀龍、周忠介順昌、繆文貞昌期、周忠毅宗建、李忠毅應升、周忠惠起元先後被逮。公送至郡城，劉念臺先生（諱宗周）之蕭寺，忠端公命公從之遊。閏六月辛丑朔，忠端公卒於詔獄。凶聞至，太夫人痛哭至暈絕。公勸解，大夫人曰：「汝欲解我，第毋忘大父拈壁書耳。」蓋封太僕鯤溟公嘗於公出入處大書「爾忘句踐殺爾父乎」八字黏於壁，公受教痛哭。

三月，高攀龍卒　高攀龍（1562～1626），明代東林學派著名學者。萬曆十七年（1589）中進士，熹宗時官都察院左都御史。因忤魏忠賢，被革職。期間與顧憲成等合力重修東林書院，聚眾講學，議論朝政，指斥時弊。顧憲成去世後，高攀龍專任講席，長達 22 年，世稱「高顧」。高攀龍彈劾崔呈秀之後，崔呈秀並不放過辭官的高攀龍，借「七君子」被誣貪贓罪而除之。是年，高攀龍投水沉園而卒，年 65 歲。其學繼承程朱，認爲「理」爲萬物本源，體現在人身上爲「性」，「性」爲至善，反對王畿等人的「無善無惡」說，反對管志道的儒釋道「三教統一」說，其「格物」說是對程朱格物思想的發展，強調「至善」，反對王守仁的「致知格物」。提倡「治國平天下」的「有用之學」，開明清經世致用之先河。同時，其學又有繼承王學的一面，認同王守仁致良知之說，更多繼承的是江右「尊德性」重工夫的一面，接洽朱王，又不同於朱王，是調和加創新的前進，是新時代對儒學道統重建的開始。著有《高子遺書》等。

《高忠憲公年譜》：「（天啓）六年丙寅，六十五歲。……三月……十七日子時，公拜南祠，自沉園池以終。」

《明儒學案》卷五八：「高攀龍字存之，別號景逸，常州之無錫人。……丙寅，又以東林邪黨逮先生及忠端公七人。緹帥將至，先生夜半書遺疏，自沉止水，三月十七也。年六十有五。……先生之學，一本程、朱，故以格物爲要。但程、朱之格物，以心主乎一身，理散在萬物，存心窮理，相須並進。先生謂『才知反求諸身，是真能格物者也。』頗與楊中立所說『反身而誠，則天下之物無不在我』爲相近，是與程、朱之旨異矣。先生又曰：『人心明，即是天理。窮至無妄處，方是理。』深有助乎陽明『致良知』之說，……先生之格物，本無可議，特欲自別於陽明，反覺多所扞格耳。」

葉裕仁《高子遺書‧跋》：「明正、嘉之際，王學熾行，泊於隆、萬，至倡三

教合一之說，猖狂恣肆，無所忌憚，學術之烈極矣。公與顧端文起而拯之，闢陽儒陰釋之害，辯姚江格物致知之談，其言深切明著，由是絕學復明。」

案：關於高攀龍與王學的關係，學術界早有討論，如黃宗羲、《明史》、梁啓超、錢穆、嵇文甫、張學智、岡田武彥〔日〕等均有討論，不管學者的出發點和結論有多大不同，客觀而言，高攀龍汲取朱王之長肯定是有的，至於孰主孰非次，可以進一步討論。

四月，東林書院徹底被毀　是年三月，高攀龍、周順昌、李應升、繆昌期、黃尊素、周宗建、周起元等七人先後遇害，東林主要人物幾乎損失殆盡，由此蘇州民變，並震動全國。魏忠賢極為憤怒，下令東林書院「盡行拆毀，刻期回奏」，由是至天啓六年五月初旬，整個東林書院全部被強行拆毀。

吳大樸《申拆毀書院緣由》：「天啓六年四月二十八日，奉巡按徐憲牌前事，內開，昨接邸報，欽奉明旨，蘇、常等處，私造書院，盡行拆毀，刻期回奏，欽此。查得常州府無錫縣，原設東林書院一所，擬合亟行拆毀，為此牌仰該縣官吏，即便督同該地方人等，立時拆毀，拆下木料，俱即估價，以憑提解，不許存留片瓦寸椽，限即日俱將毀，星馳申報。（《東林書院志》，中華書局，2004）」

閏六月，黃尊素卒　黃尊素（1584～1626），明末東林學者。萬曆四十四（1616）年進士，授寧國府推官。入為山東道御史。天啓中任御史，繼楊漣彈劾魏忠賢擅權，削職歸籍。不久下獄，受酷刑死，年43歲。崇禎初，贈太僕卿。福王時，追諡忠端。其學以開物成務為主，深為學問不能救時而憂，主張從實際出發，反對賣弄聲名。著有《忠端公集》等。

《黃忠端公年譜》：「（天啓）六年丙寅，公四十三歲。……六月丙子……起攝衣，望闕拜呼天子萬歲，復望南拜曰：『兒子從此逝，無復養父母矣。』各四拜訖。起而賦詩一章，伍伯遂遇害，時閏六月朔日也。」

《明儒學案》卷六一：「黃諱尊素，字真長，號白安，越之餘姚人。……丙寅閏六月朔，賦詩而卒，年四十三。……先生以開物成務為學，視天下之安危為安危。苟其人志不在洪濟艱難，沾沾自顧，揀擇題目以賣聲名，則直鄙之為硜硜之小人耳。其時朝士空疎，以通記為粉本，不復留心於經學。章奏中有引繞朝之策者，一名公指以為問，先生曰：『此晉歸隨會事也。』凡五經中隨舉一言，先生即口誦傳疏，瀾倒水決，類如此。」

是年

吳桂森編著《真儒一脈》 是年，吳桂森編著《真儒一脈》。《真儒一脈》主要收集薛瑄、胡居仁、陳獻章、王守仁、顧憲成、錢一本、高攀龍語錄，辨異彰同，析學術脈略，以真儒教人，並希望東林精神永存，以俟後人。

華貞元《吳觀華先生傳》：「先生名桂森，字叔美，別號觀華，延陵季子後也。……丙寅，高先生歿，乃敘明興以來七先生語錄合為一編，復剖其異而表其同，曰《真儒一脈》。」

《四庫全書總目提要》卷九六：「《真儒一脈》，無卷數（江蘇巡撫採進本），明吳桂森編。……是編前列從祀四先生語錄，薛瑄、胡居仁、陳獻章、王守仁也；後列東林三先生語錄，顧憲成、錢一本、高攀龍也。前有天啟丙寅桂森自序。」

熹宗天啟七年　丁卯（1627 年）

劉宗周 50 歲，黃宗羲 18 歲。

劉宗周著《皇明道統錄》 《皇明道統錄》是劉宗周編纂的明代學譜著作，惜未傳下來。不過，黃宗羲應該是看到過的，所以，《皇明道統錄》部分觀點才會以「師說」形式冠於《明儒學案》之前。

《蕺山劉子年譜》：「天啟七年丁卯，先生五十歲，《皇明道統錄》成。先生輯《道統錄》七卷，仿朱子《名臣言行錄》，首紀平生行履，次語錄，末附斷論。大儒特書，餘各以類見去取，一準孔、孟。有假途異端以逞邪說、託宿鄉原以取世資者，擯弗錄，即所錄者，褒貶俱出獨見。」

劉宗周對守仁之學始信之不疑 劉宗周早年在認識論上與王守仁及其後學有根本分歧，但到他中年以後，卻開始轉向守仁「心學」，沿襲儒家傳統的「內省」、「反求」等內在超越途徑，並把認識論和道德修養論結合起來，走上宋明理學家未竟之路。

《蕺山劉子年譜》：「天啟七年丁卯，先生五十歲，……先生讀《陽明文集》，始信之不疑，為論次曰：「先生承絕學於詞章訓詁之後，一反求諸心，而得其所性之覺，曰良知。因示人以求端用力之要，曰致良知。良知為知，見知不囿於聞見；致良知為行，見行不滯於方隅。即知即行，即心即物，即靜即動，即體即用，即工夫即本體，即下即上，無之不一。以救學者支離眩鶩之病，可謂震

霆啓寐，烈耀破迷，自孔、孟以來，未有若此之深切著明者也。特其急於明道，
往往將向上一機輕於指點，啓後學躐等之弊有之。天假之年，盡融其高明踔絕
之見而底於實地，則範圍朱、陸而進退之，有不待言矣。」

思宗崇禎元年　戊辰（1628 年）

劉宗周 51 歲，黃宗羲 19 歲。

五月，黃宗羲錐刺閹黨　是年，崇禎帝登基，閹黨得以服法。五月，
刑部會審閹黨許顯純、崔應元。此二人均爲毒害忠良的儈子手，其中，黃宗
羲之父黃尊素便死於其手。許顯純嘗以律有議親之條相辯，梨洲嚴詞以駁，
並錐刺顯純。不僅如此，黃宗羲又毆崔應元，拔其鬚，歸而祭父。又與天啓
同難弟子周延祚等錐殺兩牢卒，皆諸君子絕命之兇手。

《黃梨洲先生年譜》（卷上）：「崇禎元年戊辰，公十九歲。袖長錐，草疏，
入京頌冤。……至是，公頌冤，至京，則魏奄已磔。……五月，刑部會訊許顯
純、崔應元。公對簿，出所袖錐錐顯純，流血被體。顯純自訴：『爲孝定皇后外
甥，律有議親之條』。公謂：『顯統與奄構難，忠良盡死其，當與謀逆同科。夫
謀逆，則以親王高煦、宸濠尙不免於戮，況皇后之外甥乎！』卒論二人斬，妻
子流徒。」

黃宗羲《思舊錄・周延祚》：「周延祚，字長生，吳江忠毅公之長子，戊辰，
余年十九，出學入京師，於世故茫然。時李實、李永貞、劉若愚、許顯純、崔應
元、曹欽程、皆逮到獄。會審對簿，長生練達，凡事左提右挈，因以長錐錐彼仇
人，血流被體。獄卒顏咨・葉文仲、諸公皆被其毒手，余與長生登時捶死。」

思宗崇禎二年　己巳（1629 年）

劉宗周 52 歲，黃宗羲 20 歲。

春，周汝登卒　周汝登（1547～1629），明代泰州學派學者。萬曆五年
（1577）進士。授南京工部主事，権稅不如額，謫兩淮鹽運制官。累官南京
尙寶卿。其學承現成良知說，把王守仁心無善無惡轉化爲性無善無惡，提倡
禪機，恣爲高論。著有《海門先生集》、《東越證學錄》、《聖學宗傳》等。

《周海門先生年譜稿》：「崇禎二年己巳（1629），83歲。是年春，海門編
定《四書宗旨》，此後即卒。」

《明儒學案》卷三六:「周汝登字繼元,號海門,嵊縣人。……南都講會,先生拈《天泉證道》一篇相發明。許敬庵言『無善無惡不可爲宗』,作《九諦》以難之。先生作《九解》以伸其說,以爲『善且無,惡更從何容?無病不須疑病。惡既無,善不必再立,頭上難以安頭。本體著不得纖毫,有著便凝滯而不化』。大旨如是。……乃先生建立宗旨,竟以性爲無善無惡,失卻陽明之意。」

劉塙(確)生卒不詳,明代泰州學派學者。劉塙字靜主,號沖倩,浙江會稽人。賦性任俠,慨然有四方之志,任情重諾。學承泰州之學,師事周汝登,著有《證記》。

《明儒學案》卷三六:「劉塙字靜主,號沖倩,會稽人。……時周海門、許敬庵、楊復所講學於南都,先生與焉。周、楊學術同出近溪,敬庵則有異同。無善無惡之說,許作《九諦》,周作《九解》,先生合兩家而刻之,以求歸一。」

案:由於文獻之限,劉塙(確)生卒不能定,其師事周汝登,姑記於周汝登卒年之下。

六月,葉茂才卒　葉茂才(1558~1629),明代東林學者。萬曆進士,授刑部主事。四十年(1612),起南京太僕寺卿。時朝官樹黨,排斥東林,他以不滿引歸。天啓四年(1624),復起爲南京工部右侍郎,僅三月,又稱病辭。與顧憲成、顧允成、高攀龍、安希範、劉元珍、錢一本、薛敷教並稱「東林八君子」。

錢謙益《嘉議大夫南京工部右侍郎葉公墓誌銘》(《牧齋初學集》卷五二):「公諱茂才,字參之,……公卒於崇禎二年六月十七日,享年七十有二。」

《明儒學案》卷六〇:「葉茂才字參之,號園適,無錫人也。……先生在東林會中,於喁無間,而晰理論事,不厭相持,終不肯作一違心語。忠憲歿,先生狀之。其學之深微,使讀者怳然有入頭處。」

是年

黃宗羲等力摧禪說,並師事劉宗周　是時,劉宗周講學紹興,同時,陶奭齡也講學傳道,且其弟子授受皆禪,且流入因果,劉宗周以慎獨爲宗旨,弘揚正學,但卻以石梁陶氏援釋入儒爲憂,黃宗羲不以爲是,遂約吳越高材生力摧其說,並師事劉宗周。

《黃梨洲先生年譜》（卷上）：「（崇禎）二年己巳，公二十歲。郡中劉念臺先生與石樑陶氏蓐齡講學。石樑之弟子授受皆禪，且流人因果。先生獨以慎獨為宗旨，至是，講學蕺山，公邀吳、越知名之士六十餘人，共侍講席，力摧石樑之說，惡言不入於耳。」

黃宗羲《思舊錄・劉宗周》：「先生與陶石樑講學，石樑弟子授受皆禪，且流為因果。先生以意非心之所，則無不起而爭之。余於是邀一時知名之上數十餘人，執贄先生門下。」

思宗崇禎三年　庚午（1630年）

思宗崇禎四年　辛未（1631年）

劉宗周 54 歲，黃宗羲 22 歲。

九月，陳龍正編次《高子遺書》，並為之序　《高子遺書》為陳龍正在 1631（辛未）年編次，並作了序，此書分十二類，一曰語，二曰札記，三曰經說辨贊，四曰備儀，五曰語錄，六曰詩，七曰疏揭問，八曰書，九曰序，十曰碑傳記譜訓，十一曰誌表狀祭文，十二曰題跋雜書。附錄誌狀年譜一卷。高攀龍為人嚴氣正性，立朝有大節，有古君子之風。《高子遺書》是高攀龍的重要著作，在是書中，高攀龍會通朱陸，以「心與理為一」為根基，把王學與宋學合二為一，盡取其長，割捨其短，高攀龍既贊成朱子之格物說，又認同守仁致良知之教，同時，高攀龍提倡性善說、悟修說、主靜說，反對三教合一之論，可以說，高攀龍企圖重建儒家道統，不再拘泥於朱說、陸說之間。

《高子遺書・序》：「自朱陸以來，終莫能合薛，非不悟也，而修居多王；非無力也，而巧偏重一修悟、一巧力、一朱陸。惟吾先生其人遺言，自自訂數種，而外多散漫無次，恐其久而愈紛，敬彙為十二卷，凡於不欲垂不必垂者，胥已之寧簡毋繁，為後世也。所以體先生之志也，崇禎辛未九月壬申，門人嘉善陳龍正謹序。」

《四庫全書總目提要》卷一七二：「《高子遺書》十二卷，《附錄》一卷，浙江巡撫採進本。明高攀龍撰。攀龍有《周易易簡說》，已著錄。攀龍出趙南星之門，淵源有自。其學以格物為先，兼取朱、陸兩家之長，操履篤實，粹然一出於正。初自輯其語錄、文章為《就正錄》，後其門人嘉善陳龍正編為此集，凡分

十二類，一曰語，二曰札記，三曰經說辨贊，四曰備儀，五曰語錄，六曰詩，七曰疏揭問，八曰書，九曰序，十曰碑傳記譜訓，十一曰誌表狀祭文，十二曰題跋雜書。附錄誌狀年譜一卷。其講學之語，類多切近篤實，闡發周密。詩意沖澹，文格清遒，亦均無明末纖詭之習，蓋攀龍雖亦聚徒講學，不免漸染於風尚，然嚴氣正性，卓然自立，實非標榜門戶之流。故立朝大節，不愧古人，發爲文章，亦不事詞藻，而品格自高，此眞之所以異與僞歟。」

是年

劉宗周大會同志於陶望齡（石簣）祠前，並成立「證人」社　是年，蕺山成立「證人」社，所謂「證人」，即反省本心，印證「人心之本善」，並在踐履中加以實證。不久，蕺山便與陶奭齡（號石樑，陶望齡之弟）展開工夫與本體的論辯，力圖掃除王門後學「以禪詮儒」的空疏之弊，在當時產生了很大的影響。

《蕺山劉子年譜》：「崇禎四年辛未，先生五十四歲。春三月癸未，始大會同志於陶石簣先生祠。海內自鄒南皋、馮少墟、高景逸三先生卒後，士大夫爭以講學爲諱。此道不絕如線，惟先生巋然靈光，久而彌信。……因以「證人」名其社。（會期定每月之三日。）著《證人社約》。」

黃尊素被逮，囑黃宗羲讀《獻徵錄》　是年，黃尊素被逮，囑咐黃宗羲學習國史，並讀《獻徵錄》。從此，黃宗羲發憤圖強，明十三朝《實錄》及二十一史俱讀，學業大進。

《黃梨洲先生年譜》：「（崇禎）四年辛未，公二十二歲。忠端公被逮時，途中謂公曰：『學者不可不通知史事，將架上《獻徵錄》略涉可也。』公至是發憤。自明十三朝《實錄》，上溯二十一史，每日丹鉛一本，遲明而起，雞鳴方已，兩年而畢。」

思宗崇禎五年　壬申（1632 年）

劉宗周 55 歲，黃宗羲 23 歲。

十月，劉宗周始有愼獨之悟　是年，爲劉宗周提出自己獨立的「愼獨」學說之始，也是其學術思想發生根本性變化之始。

《蕺山劉子年譜》：「崇禎五年壬申，先生五十五歲。……冬十月，著《第一

義等說》九篇。……（按：是時先生用愼獨工夫。獨體只是個微字，愼獨之功，只於微處下一著子，故專從靜中討消息。久之，始悟獨說不得個靜字，……大抵於先儒成說掀翻無遺，……俱卓然明道之書也。）」

十一月，吳桂森卒　吳桂森（1565～1632），明代東林學者，從顧憲成、高攀龍講學。萬曆四十四（1616）年以序貢應廷試後，遂絕意仕進。學《易》於錢一本。其學以窮經入門，重視道德實踐。著有《像象述》、《像象》、《易隨問》等，編有《眞儒一脈》等。

華貞元《吳覲華先生傳》：「先生名桂森，字叔美，別號覲華，延陵季子後也。……嘉靖乙丑歲八月二十三日先生生。……壬申，懸朱子像，以歿身相遇也，可知井進通矣。十一月朔，余赴會東林，先生竟於是日長逝。」

鄒期楨《吳覲華先生墓誌銘》：「覲華先生萬曆間以明經高等薦，蓋古徵君流也。……先生之學，其入門在窮經，其砥礪在會友，其實踐在體認入德，其妙悟在直見乾元，其涵養在『終日乾乾』一語。」

陳鼎《東林列傳》卷二十二《吳桂森傳》：「吳桂森字叔美，無錫人。……又嘗正王守仁無善無惡四語，曰：『有善無惡性之體，有善有惡意之動，知善知惡是格物，知善無惡是致知。』聞者以爲名言。」

案：《明儒學案》有目無傳。

是年

劉宗周與陶奭齡（號石樑）圍繞本體與工夫展開辯論　陶奭齡爲陶望齡之弟，爲王畿的再傳弟子。陶奭齡與王畿、周汝登、陶望齡等宗旨一致，認爲致良知必先從良知本體入手，「識得本體，則工夫在其中」。這是典型的現成良知路數，在王畿之後，其學特點是可以識得本體，卻把握不住良知本體，缺乏工夫支撐，往往易得也易失，且易受佛道影響，故爲王學後學空疏之風的大弊。劉宗周以王學後學補時救弊的工夫派著稱，對此肯定極力反對。劉宗周認爲，把握本體固然重要，但工夫定不可少，「工夫愈精密則本體愈昭焱」。不然，把握良知本體者雖「縱橫自如，六通無礙」，但終會走上「猖狂縱恣，流爲無忌憚」之路。

《蕺山劉子年譜》：「崇禎五年壬申，先生五十五歲。……按越中自陽明先生倡學後，其門人最著者爲王龍溪，由龍溪而傳及周海門，海門同時爲陶石簣（陶望齡），俱本良知爲宗，而遞衍遞失其旨。石樑先生固嘗從事於斯而有得。

是時會講，乃揭良知以示旨歸。每令學者識認本體，曰：『識得本體，則工夫在其中。若不識本體，說恁工夫？』先生曰：『不識本體，果如何下工夫？但既識本體，即須認定本體用工夫。工夫愈精密則本體愈昭煥，今謂既識後遂一無事事，可以縱橫自如，六通無礙，勢必至猖狂縱恣，流爲無忌憚之歸而後已。』」

思宗崇禎六年　癸酉（1633 年）

思宗崇禎七年　甲戌（1634 年）

劉宗周 57 歲，黃宗羲 25 歲。

八月，劉宗周《人譜》成　是書是劉宗周歷經十一年而成，包括《自序》、《人極圖說》、《證人要旨》、《紀過格》、《訟過法》、《改過說》等數節組成。《人譜》既有儒家道德人本主義，也博採了歷史人物的各種嘉言懿行，以破除佛老虛無主義，證其「譜人之所以爲人」。即「學以學爲人，則必證其所以爲人。證其所以爲人，證其所以爲心而已」，是書重言工夫，標誌蕺山工夫論日趨成熟。

《蕺山劉子年譜》：「崇禎七年甲戌，先生五十七歲。……秋八月，著《人譜》。《人譜》者，譜人之所以爲人者。首《人極圖說》，言人心之體分爲二五，散爲萬善，極而至於天覆地載，民胞物與，不外此心之知能。乃其工夫，要之善補過，以異於不思善惡之旨。次《六事工課》，即發明《圖說》之意，終之以《紀過格》，言過不言功，遠利也。」

《四庫全書總目提要》卷九三：「《人譜》一卷，……浙江巡撫採進本，明劉宗周撰。姚江之學多言心，宗周懲其末流，故課之以實踐。是書乃其主蕺山書院時所述以授生徒者也。《人譜》一卷，首列《人極圖說》，次記過格，次改過說。」

劉宗周指示高攀龍《高子遺書》之禪門路徑於黃宗羲　是年，劉宗周給黃宗羲指出高攀龍《高子遺書》的禪門路徑，以示蕺山之學才爲眞正醇儒。

《劉宗周年譜》：「崇禎七年甲戌（西一六三四，滿洲天聰八年）先生五十七歲。……是歲，門人魏學濂葬其父大中，迎宗周題主。陳龍正拜先生於舟中，投書一卷，……先生在舟中閱之，每至禪門路徑，指以示門人黃宗羲。」

《明儒學案》卷六二：「今日之學者，大概以高、劉二先生並稱爲大儒，可以無疑矣。然當《高子遺書》初出之時，羲侍先生於舟中，自禾水至省下，盡日翻閱，先師時摘其闌入釋氏者以示羲。」

思宗崇禎八年　乙亥（1635 年）

劉宗周 58 歲，黃宗羲 26 歲。

孫愼行卒　孫愼行（1564～1635），明代東林學派學者。萬曆二十三年（1595）一甲三名進士。授翰林院編修，擢禮部右侍郎。曾數度乞假里居，精研理學，講學於東林書院，爲劉宗周所推重。天啓初，拜禮部尙書。光宗朱常洛病，服方從哲所薦李可灼紅丸而卒。愼行追論從哲罪，熹宗朱由校置而不問，遂稱病歸。天啓七年（1627），因魏忠賢黨翻紅丸案，謫戍寧夏，後得免。崇禎八年（1635），廷推爲閣臣，方入都即病逝，年 71 歲。其學以愼獨爲宗，愼獨包括「隱見微顯之獨」（未發）和「愼獨功夫」（已發），未發已爲盡善，已發乃是工夫的落腳點。其「愼獨功夫」是以自主、自覺的戒愼恐懼爲主導，指導生命生活之歷程，並將未發已發論述的重心下移至喜怒哀樂上。其說可謂王守仁及其後學乃知東林學到劉宗周學說之過渡，理論價值自不待言。著有《周易明洛義》、《不語易義》、《困思鈔》、《愼獨義》、《事編內篇》、《玄晏齋集》等。

劉宗周《資政大夫禮部尙書兼翰林院學士加贈光祿大夫太子太保謚文介淇澳孫公墓表》（《劉蕺山集》卷一四，《四庫全書》本）：「今上御極之八年，念前此置相不得其人，無由建太平之業也。始大破資格進群臣於廷，親試才品，拔其尤，未厭，復用夙望，即家起毘陵孫公，屬公已嬰疾，聞命力趨，間關水陸，疾浸劇，抵國門，上亟趣公陛見，而公竟不起，上驚悼良久。……卒年七十二。」

《明儒學案》卷五九：「孫愼行字聞斯，號淇澳，常之武進人。……先生之學……謂：『儒者之道，不從悟入。君子終日學問思辨行，便是終日戒懼愼獨，何得更有虛閒，求一漠然無心光景？故捨學問思辨行，而另求一段靜存動察工夫，以養中和者，未有不流於禪學者也。』……蕺山先師曰：『近看孫淇澳書，覺更嚴密。謂自幼至老，無一事不合於義，方養得浩然之氣，苟有不慊則餒矣。』是故東林之學，涇陽導其源，景逸始入細，至先生而集其成矣。」

案：「今上御極之八年」即崇禎八年，故是年卒。

思宗崇禎九年　丙子（1636 年）

劉宗周 59 歲，黃宗羲 27 歲。

七月，定興失守，鹿善繼殉難死之　鹿善繼（1575～1636），明代學者。萬曆四十一年（1613）進士，授戶部主事。時遼餉絕，廣東金花銀適至，善繼請於尚書借給之，坐降級調外。光宗立，復官。尋改職，方從大學士孫承宗閱視榆關，拓地復城壁，多善繼所贊畫。崇禎初，為太常寺少卿，告歸。清兵攻定興，善繼自鄉入扡城，城陷而死。諡忠節。學近東林，並受王守仁心學的影響，躬行實踐，不蹈虛空。著有《四書說約》、《無欲齋詩鈔》。

《明末鹿忠節公善繼年譜》：「（崇禎）九年丙子，先生六十二歲。……至七月上旬……先生部署方定，而兵薄城下矣，時二十二日也。先生囊所討論於遼左者無不思試之，於今相持至二十七日，敵肉薄環攻城陷，先生死之。」

《明儒學案》卷五四：「鹿善繼字伯順，號乾岳，北直定興人。……先生讀《傳習錄》，而覺此心之無隔礙也。故人問其何所授受，曰：『即謂得之於陽明可也。』先生與孫奇逢為友，定交楊忠愍祠下，皆慨然有殺身不悔之志。嘗寄周忠介詩云：『寰中第二非吾事，好向椒山句裏尋。』首善書院之會，先生將入，聞其相戒不言朝政，不談職掌，曰：『離職掌言學，則學為無用之物，聖賢為無用之人矣。』遂不往。先生之學，頗近東林諸子，一無攙和夾雜，其斯謂之狂狷與？」

案：鹿善繼在《明儒學案》中被列為諸儒學案之中，關於鹿善繼的學術歸屬，黃宗羲認為「頗近東林諸子」，而四庫館臣認為「然學出姚江，大旨提唱良知與洛、閩之學究為少異。」（《四庫全書總目》卷三七。故列入文中，存疑。

劉宗周始以《大學》誠意、《中庸》已發未發之說示學者　為了挽救王守仁心學危機，劉宗周以「誠意」之說示學者，謂：「天下國家之本遞在身，身之本在心，心之本在意，到意處已無可推矣。」自此專舉立誠之旨，一改先儒以「意」為已發的成見，以「意為心之所存」為旨，將工夫推至之「意」，希望人們以至誠的精神進行內心省察，以求得道德上的自我完善。這也是蕺山之學走向獨立創新的關鍵一步。

《劉宗周年譜》：「崇禎九年丙子（西一六三六，清崇德元年）先生五十九歲。……六月乙亥，……此半年中，先生始以《大學》誠意，《中庸》已發未發之說示學者。」

思宗崇禎十年　丁丑（1637 年）

劉宗周 60 歲，黃宗羲 28 歲。

劉宗周以「慎獨」發明《大學》、《中庸》之旨　劉宗周被革職爲民而隱居讀書之後，轉向「心學」。他把世道之壞，歸結爲人心之惡，提倡通過講求內心省察以達到道德的自我完善來解救世道。是年，蕺山在「誠意」的基礎上，進一步整合和提升其學，提出「慎獨」之說，並成爲其理學思想的要旨與皈依。

《蕺山劉子年譜》：「崇禎十年丁丑，先生六十歲。……先生又發明《大》、《中》未盡之意，論誠意曰：或問：『子以意爲心之所存，好善惡惡，非以所發言乎？』曰：『意之好惡，與起念之好惡不同。意之好惡，一機而互見。念之好惡，兩在而異情。以念爲意，何啻千里！』……故自喜怒哀樂之存諸中言謂之中，不必其未發之前別有氣象也，即天道之元亨利貞運於於穆者是也。自喜怒哀樂之發於外言謂之和，不必其已發之時又有氣象也，即天道之元亨利貞呈於化育者是也。惟存發總是一機，故中和渾是一性。如內有陽舒之心爲喜爲樂，外即有陽舒之色，動作態度無不陽舒者。內有陰慘之心爲怒爲哀，外即有陰慘之色，動作態度無不陰慘者。推之一動一靜、一語一默，莫不皆然。此慎獨之妙，所以即隱即見，即微即顯，而慎獨之學即中和，即位育，此千聖學脈也。」

《明儒學案》卷六二：「先生之學，以慎獨爲宗，儒者人人言慎獨，唯先生始得其眞。盈天地間皆氣也，其在人心，一氣之流行，誠通誠復，自然分爲喜怒哀樂、仁義禮智之名，因此而起者也。不待安排品節，自能不過其則，即中和也。此生而有之，人人如是，所以謂之性善，即不無過不及之差，而性體原自周流，不害其爲中和之德。學者但證得性體分明，而以時保之，即是慎矣。慎之工夫，只在主宰上，覺有主，是曰意，離意根一步，便是妄，便非獨矣，故愈收斂，是愈推致，然主宰亦非有一處停頓，即在此流行之中，故曰：『逝者如斯夫，不捨晝夜』。蓋離氣無所爲理，離心無所爲性。佛者之言曰：『有物先天地，無形本寂寥，能爲萬象主，不逐四時凋。』此是他眞贓實犯。奈何儒者亦曰：「理生氣」，所謂毫釐之辨，竟亦安在？而徒以自私自利，不可以治天下國家，棄而君臣父子，強生分別，其不謂佛者之所笑乎？先生大指如是。」

思宗崇禎十一年　戊寅（1638 年）

劉宗周 61 歲，黃宗羲 29 歲。

十月，劉宗周刪定《陽明先生傳信錄》成 《陽明先生傳信錄》，劉宗周編訂，共三卷。是時，談禪者動援引守仁之語而闢朱子，劉宗周不以爲然。認爲守仁與朱子學術殊途同歸，朱子終歸涵養，守仁不越良知。爲糾正學風，劉宗周刪定《陽明先生傳信錄》，以示學者正途。

《劉宗周年譜》：「崇禎十一年戊寅（西一六三八，清崇德三年），先生六十一歲。……十月，……同月，刪定《陽明先生傳信錄》成。是時談禪者動援陽明而闢朱子，先生曰：『朱子以察識端倪爲下手，終歸涵養一路，何嘗支離？陽明先生宗旨不越良知二字，乃其教人惓惓於去人欲存天理，以爲致良知之實功，何嘗雜禪？』因欲刪定二子書，以明學術之同歸。乃先生摘《陽明文集》爲《傳信錄》三卷，每條皆有發明。」

思宗崇禎十二年　己卯（1639 年）

劉宗周 62 歲，黃宗羲 30 歲。

郝敬（1558～1639）卒。

思宗崇禎十六年　癸未（1643 年）

劉宗周 66 歲，黃宗羲 34 歲。

黃百家生 黃百家（1643 － 1709），字主一，原名百學，號不失，又號耒史，別號黃竹農家，黃宗羲季子。浙江餘姚（今浙江餘姚）人。黃百家是黃氏家學的主要傳承者，是清初重要的經學家和科學家。黃百家力倡實學，經世致用，一生最重要的活動，當屬 1687 － 1691 年間兩次以布衣之身進京參修《明史》，並著《明史·曆志》八卷，對《明史》曆志的定稿影響頗大。

《黃百家年譜簡編》：「明崇禎十六年癸未（1643年），一歲。十月二十六日（公曆12月6日），黃百家出生於浙江餘姚通德鄉黃竹浦西園故居。孺名竹（祝），諱百學，後改百家，字主一，號不失，又號耒史，別號黃竹農家。」

思宗崇禎十七年　甲申（1644 年）

劉宗周 67 歲，黃宗羲 35 歲。

劉宗周爲國變幾震絕 是年，崇禎帝自殺，京師被攻破，明代滅亡，劉

宗周聽到消息後，痛不欲生，幾震絕。

《蕺山劉子年譜》：「崇禎十七年，皇清順治元年甲申，先生六十七歲。……先生請撫軍勤王，撫軍不應，彷惶者彌月。初二日，門人蒼黃告北都淪陷，上投繯狀，先生怛然震絕。頃之，諸生秦弘祐、錢永錫、王谷等數十人連奔先生所告變，先生跣而號，迎謂曰：『當日既不能戮力圖君，今又不能身先討賊，夫復何言！願諸生斬我頭以謝先帝，汝輩各守所學，無交臂事賊可也。』」

二月，張履祥偕錢寅如山陰，受學劉宗周之門 是年，張履祥偕錢寅如山陰，受學劉宗周之門。張履祥，明末清初著名學者。字考夫，號念芝，號楊園，學者稱楊園先生。

《明末張楊園先生履祥年譜》：「（崇禎）十七年甲申為大清順治元年，先生年三十四歲，館甑山。二月如山陰受學於劉念臺先生之門。先生偕錢字虎至蕺山，謁劉先生。」

四月，黃宗羲聞京師失守，為招募義旅計，阮大鋮造《蝗蝻錄》，黃宗羲幾死 四月，黃宗羲為復明招募義旅，五月，南京弘光政權建立，阮大鋮為兵部侍郎，編《蝗蝻錄》（誣東林黨為蝗，復社為蝻），據《留都防亂公揭》罷名捕殺，宗羲等幾被捕入獄。

《黃梨洲先生年譜》（卷中）：「大清順治元年甲申（一六四四），公三十五歲。四月，聞京師失守，即從劉念臺先生之杭，寓吳山海會寺。與章公羽侯（正宸）、朱公未孩（大典）、熊公雨殷、汝霖為召募義旅計。已而，福王監國之詔至，公遂之南中，上書闕下。時阮大鋮以定策功驟起，思修報復，遂廣揭中人姓名，（共一百四十人）造《蝗蝻錄》，（以東林黨為蝗、復社為蝻），欲一網殺之。里中有奄黨某，首糾念臺先生及其三大弟子，則祁都御史世培、章給事羽侯與公也。繼而里中奄黨徐大化之侄，署光祿丞者，復特疏糾公，遂與顧子方並逮。陳定生亦逮至。周仲馭並死。沈眉生、吳次尾、沈昆銅亡命。左碩人、子直兄弟入甬南軍。公等惴惴不保。時鄒掌院（虎臣）與子方有姻連，故遲其駕帖，公踉蹌歸浙東。未幾，大兵至，得免。」

結　語

　　伴隨著明代的終結，明代王學也基本走完了自己的歷程。從個人而言，
1645 年，明末王學大儒劉宗周絕食 20 日而亡，標誌著王學後學的努力畫上
了一個小句號。從理論而言，王學之殿軍劉宗周「意」的提出具有重大意義，
標誌著從良知的本體上解讀已經走到盡頭。如果說陸九淵的「心即理」說確
立了道德修養的主體性，王守仁的良知說和致良知說確立了道德主體「心」
的入手處和修養工夫，唯一沒有解決好「心」的至善與「心」是否與其所生
之「意」念落實到具體實踐的關係（是否亦是至善），那麼，劉宗周「意」
的提出徹底決定了道德向善的自覺性和必然性。同時，劉宗周「意」的提出
也杜絕了王守仁良知心性之學再詮釋、發展與爭論的可能性，把致良知的本
體（心）消融於實踐的工夫（「意」的指向）中，本體的闡釋與推演也至此
終結，只剩下工夫的執行。然而，由王守仁所創立的心學本身是一個即本體
即工夫的學說，良知以心的至善之天理存在為前提，在劉宗周淘空心學本體
的一面後，儘管可以保證良知的至善與單一，但客觀上已經摧毀王學向前或
是更深方向演進之路。從心學的角度而言，挖空本體的心學，其發展方向無
非兩條，一如李贄，提出一個沒有本體至善所約束的童心說，一如劉宗周，
提出誠意說。如果說李贄是消極的工夫論，那麼，劉宗周可以算上積極的工
夫論，但他們卻殊途同歸，同樣把王學帶向終結。

　　明代滅亡後，顧炎武、顏元、戴震、王夫之等均以不同方式把明亡之責
推與王學，這不僅是不當的，也過於放大了學術對政治的影響。黃宗羲肩負
家學、師承的原因，毫不吝嗇的為王學辯護，並寫出了表彰一代王學的《明
儒學案》，《明儒學案》不僅是一部明代學術史專著，也是明代王學學者為國

開民智、保社稷之歷程的眞實寫照。轉至清代，考據學興起，王學式微，興旺不再。1712 年康熙下詔朱熹配享孔廟，並編纂《朱子大全》，朱學的地位重新得以確立。然依然有執著的王學捍衛者，如王源、李紱等。逮至近代，民族危難一直是抹不去的陰影，宋教仁、陳天華主張以「致良知」、「知行合一」改造中國，終不能勝。二十世紀以後，中國文化面臨全面被解構的危險，新儒學順勢誕生，他們扛起宋明理學的大旗，汲取著時代的給養，傳承民族文化的種子，以薪火相傳、代代不息的精神走向新的未來。

參考文獻

一、古典文獻

1. 《明實錄》，臺北：中央研究院歷史語言所校印本，1966 年版。

2. 安紹傑編：《安我素先生年譜》，北京圖書館編：《北京圖書館藏珍本年譜叢刊》，北京：北京圖書館出版社，1999 年版，第 55 冊。

3. 陳斗初編：《一齋公年譜》，北京圖書館編：《北京圖書館藏珍本年譜叢刊》，北京：北京圖書館出版社，1999 年版，第 52 冊。

4. 陳敦履、陳敦豫編：《陳紫峯先生年譜》，北京圖書館編：《北京圖書館藏珍本年譜叢刊》，北京：北京圖書館出版社，1999 年版，第 44 冊。

5. 陳九川：《明水陳先生文集》（清鈔本），《四庫全書存目叢書》集部冊 72。

6. 陳麥青：《祝允明年譜》，上海：復旦大學出版社，1996 年版。

7. 陳樹德編，〔清〕宋道南重訂：《陶庵先生年譜》，北京圖書館編：《北京圖書館藏珍本年譜叢刊》，北京：北京圖書館出版社，1999 年版，第 63 冊。

8. 陳獻章著，孫通海校點：《陳獻章集》，北京：中華書局，1987 年版。

9. 陳子龍編。〔清〕王沄續編：《陳忠裕公自著年譜》，北京圖書館編：《北京圖書館藏珍本年譜叢刊》，北京：北京圖書館出版社，1999 年版，第 63 冊。

10. 程錫類編：《金正希先生年譜》，北京圖書館編：《北京圖書館藏珍本年譜叢刊》，北京：北京圖書館出版社，1999 年版，第 62 冊。

11. 馮奮庸編，〔清〕張弘文續編：《理學張抱初先生年譜》，北京圖書館編：《北京圖書館藏珍本年譜叢刊》，北京：北京圖書館出版社，1999 年版，第 54 冊。

12. 高攀龍：《高子遺書》，文淵閣《四庫全書》本。

13. 高世寧編，高世泰訂：《高忠憲公年譜》，北京圖書館編：《北京圖書館藏珍本年譜叢刊》，北京：北京圖書館出版社，1999 年版，第 54 冊。

14. 耿定向：《耿天臺先生文集》（明萬曆二十六年劉元卿刻本），《四庫全書存目叢書》集部冊 131。

15. 耿定向：《觀生記》，北京圖書館編：《北京圖書館藏珍本年譜叢刊》，北京：北京圖書館出版社，1999 年版，第 50 冊。

16. 古之賢等編：《太史來瞿唐先生年譜》，北京圖書館編：《北京圖書館藏珍本年譜叢刊》，北京：北京圖書館出版社，1999 年版，第 50 冊。

17. 谷應泰：《明史紀事本末》，北京：中華書局，1977 年版。

18. 顧憲成：《顧端文公遺書》（清光緒三年刻本），《四庫全書存目叢書》子部冊 14。

19. 顧炎武著、黃汝成集釋：《日知錄集釋》，嶽麓書社，1994 年。

20. 顧與沐紀略，顧樞編：《顧端文公年譜》，北京圖書館編：《北京圖書館藏珍本年譜叢刊》，北京：北京圖書館出版社，1999 年版，第 53 冊。

21. 郭孔延編：《資德大夫兵部尚書郭公青螺年譜》，北京圖書館編：《北京圖書館藏珍本年譜叢刊》，北京：北京圖書館出版社，1999 年版，第 52 冊。

22. 杭州市政協文史和學習委員會、杭州于謙祠編：《于謙年表》，《于謙》，杭州：杭州出版社，1998 年版。

23. 何心隱：《何心隱集》，中華書局，1960 年。

24. 胡居仁：《居業錄》，《正誼堂全書》本。

25. 胡夢琪編：《方孝孺年譜》，西安：陝西人民出版社，1988 年版。

26. 胡鳴盛編：《陳士元先生年譜》，北京圖書館編：《北京圖書館藏珍本年譜叢刊》，北京：北京圖書館出版社，1999 年版，第 49 冊。

27. 華袞黃述略、張夏參訂、華王澄補編：《奉直大夫吏部員外郎豫如府君年譜》，北京圖書館編：《北京圖書館藏珍本年譜叢刊》，北京：北京圖書館出版社，1999 年版，第 60 冊。

28. 黃炳垕編：《黃忠端公年譜》，於浩輯：《明代名人年譜》，北京：北京圖書館出版社，2006 年版。第 9 冊。

29. 黃佛頤編：《文裕公年譜》，北京圖書館編：《北京圖書館藏珍本年譜叢刊》，北京：北京圖書館出版社，1999 年版，第 45 冊。

30. 黃綰：《明道編》，北京：中華書局，1959 年版。

31. 黃宗羲：《黃宗羲全集》，杭州：浙江古籍出版社，2005 年版。

32. 黃宗羲：《明儒學案》，北京：中華書局，1985 年版。

33. 霍韜編，〔明〕霍與瑕補編，〔明〕沈應乾、霍尚守注：《石頭錄》，於浩輯：《明代名人年譜》，北京：北京圖書館出版社，2006 年版。第 4 冊。

34. 季本：《季彭山先生文集》，《北京圖書館古籍珍本叢刊》第 106 冊，書目文獻出版社。

35. 姜寶編：《松溪程先生年譜》，北京圖書館編：《北京圖書館藏珍本年譜叢刊》，北京：北京圖書館出版社，1999 年版，第 46 冊。

36. 焦竑：《國朝獻徵錄》（明萬曆四十四年徐象橒曼山館刻本），《續修四庫全書》史部冊 525～531。

37. 焦竑撰，李劍雄點校：《澹園集》，北京：中華書局，1999 年版。

38. 金鏡編，金鑨訂：《金忠潔年譜》，北京圖書館編：《北京圖書館藏珍本年譜叢刊》，北京：北京圖書館出版社，1999 年版，第 64 冊。

39. 李樂編撰，〔清〕王表正重編，許正綬三編：《唐一庵先生年譜》，《儒藏·史部·儒林年譜》，成都：四川大學出版社，2007 年版，第 21 冊。

40. 李贄：《李贄文集》，北京：中國社會科學出版社，2000 年版。

41. 淩錫祺編：《尊道先生年譜》，叢書集成三編第 85 冊。

42. 劉穎編：《劉職方年譜》，北京圖書館編：《北京圖書館藏珍本年譜叢刊》，北京：北京圖書館出版社，1999 年版，第 57 冊。

43. 劉宗周：《劉宗周全集》，杭州，浙江古籍出版社，2007 年版。

44. 劉作梁編：《呆齋公年譜》，北京圖書館編：《北京圖書館藏珍本年譜叢刊》，北京：北京圖書館出版社，1999 年版，第 39 冊。

45. 盧文輝存稿，〔清〕陳衷瑜編：《三一教主夏午尼林子本行實錄》，北京圖書館編：《北京圖書館藏珍本年譜叢刊》，北京：北京圖書館出版社，1999 年版，第 49 冊。

46. 盧演、翁明英編：《方學正先生年譜》，北京圖書館編：《北京圖書館藏珍本年譜叢刊》，北京：北京圖書館出版社，1999 年版，第 37 冊。

47. 陸九淵：《陸九淵集》，中華書局，1980 年。

48. 呂坤著，王國軒、王秀梅注：《呻吟語》，北京：學苑出版社，1994 年版。

49. 呂柟著，趙瑞民點校：《涇野子內篇》，北京：中華書局，1992 年版。

50. 羅洪先：《念庵集》，文淵閣四庫全書影印本集部冊 1275。

51. 羅欽順：《困知記》，北京：中華書局，1990 年版。

52. 馬其昶編：《左忠毅公年譜定本》，北京圖書館編：《北京圖書館藏珍本年譜叢刊》，北京：北京圖書館出版社，1999 年版，第 56 冊。

53. 繆之鎔編：《文貞公年譜》，北京圖書館編：《北京圖書館藏珍本年譜叢刊》，北京：北京圖書館出版社，1999 年版，第 55 冊。

54. 倪曾鼎撰，李尚英點校：《倪元璐年譜》，中華書局，1994 年版。

55. 聶豹：《雙江聶先生文集》（明嘉靖四十三年刊本），《四庫全書存目叢書》本。

56. 聶豹著，吳可爲編校整理：《聶豹集》，南京：鳳凰出版社，2007 年版。

57. 歐陽德著，陳永革編校整理：《歐陽德集》，南京：鳳凰出版社，2007 年版。

58. 彭澤編：《段容思先生年譜紀略》，北京圖書館編：《北京圖書館藏珍本年譜叢刊》，北京：北京圖書館出版社，1999 年版，第 39 冊。

59. 任訪秋著：《袁宏道年譜》，《袁宏道研究》，上海：上海古籍出版社，1983 年版。

60. 沈德符：《萬曆野獲編》，中華書局，1959 年。

61. 宋儀望：《華陽館文集》（清道光二十二年宋氏中和堂刻本），《四庫全書存目叢書》集部冊 116。

62. 談遷：《國榷》，北京：中華書局，1985 年版。

63. 唐鼎元編撰：《明唐荊川先生年譜》，《儒藏·史部·儒林年譜》，成都：四川大學出版社，2005 年版，2007 年版，第 21 冊。

64. 王艮：《王心齋全集》，南京：江蘇教育出版社，2001 年版。

65. 王國憲編：《海忠介公年譜》，北京圖書館編：《北京圖書館藏珍本年譜叢刊》，北京：北京圖書館出版社，1999 年版，第 49 冊。

66. 王衡編，〔清〕王時敏續編：《王文肅公年譜》，北京圖書館編：《北京圖書館藏珍本年譜叢刊》，北京：北京圖書館出版社，1999 年版，第 52 冊。

67. 王畿：《龍溪王先生全集》，明萬曆十五年蕭良榦刻本。

68. 王畿著，吳震編校整理《王畿集》，南京：鳳凰出版社，2007 年版。

69. 王守仁：《王陽明全集》，上海：上海古籍出版社，1992 年版。

70. 王文才：《楊慎學譜》，上海：上海古籍出版社，1988 年版。

71. 王雲五主編：《明末鹿忠節公善繼年譜》，《新編中國名人年譜集成》第五輯，臺北：臺灣商務印書館，1978 年版。

72. 王雲五主編：《明末申鳧盟先生涵光年譜》，《新編中國名人年譜集成》第三輯，臺北：臺灣商務印書館，1978 年版。

73. 王雲五主編：《明末張楊園先生履祥年譜》，《新編中國名人年譜集成》第十二輯，臺北：臺灣商務印書館，1981 年版。

74. 王雲五主編：《明史憲之先生可發年譜》，《新編中國名人年譜集成》第十輯，臺北：臺灣商務印書館，1980 年版。

75. 王雲五主編：《明魏叔子先生禧年譜》，《新編中國名人年譜集成》第十輯，臺北：臺灣商務印書館，1980 年版。

76. 王雲五主編：《明張江陵先生居正年譜》，《新編中國名人年譜集成》第九輯，臺北：臺灣商務印書館，1980 年版。

77. 魏大中編：《魏廓園先生自譜》，北京圖書館編：《北京圖書館藏珍本年譜

叢刊》，北京：北京圖書館出版社，1999 年版，第 56 冊。

78. 魏良弼《太常少卿魏水洲先生文集》，《四庫全書存目叢書》第 85 冊。

79. 吳尚志、吳梅編，《吳疎山先生年譜》，北京圖書館編：《北京圖書館藏珍本年譜叢刊》，北京：北京圖書館出版社，1999 年版，第 47 冊。

80. 吳廷翰：《吳廷翰集》，北京：中華書局，1984 年版。

81. 吳與弼：《康齋集》，文淵閣《四庫全書》本。

82. 夏燮：《明通鑒》，中華書局，1959 年。

83. 夏炘編：《明翰林學士當塗陶主敬先生年譜》，景紫堂全書本。

84. 徐愛、錢德洪、董沄著，錢明編校整理，《徐愛錢德洪董沄集》，南京：鳳凰出版社，2007 年版。

85. 徐渭：《徐渭集》，北京：中華書局，1999 年重印版。

86. 顏均著，黃宣民點校：《顏均集》，北京：社會科學出版社，1996 年版。

87. 楊士奇著，劉伯涵、朱海點校：《東里文集》，北京：中華書局，1998 年版。

88. 楊徵午等編：《楊忠烈公年譜》，北京圖書館編：《北京圖書館藏珍本年譜叢刊》，北京：北京圖書館出版社，1999 年版，第 56 冊。

89. 殷獻臣編：《周吏部年譜》，於浩輯：《明代名人年譜》，北京：北京圖書館出版社，2006 年版。第 9 冊。

90. 永瑢、紀昀主編：《四庫全書總目提要》，海南出版社，1999 年。

91. 湛若水：《湛甘泉先生文集》，清刊本。

92. 張廷玉等：《明史》，北京：中華書局，1974 年版。

93. 張元忭：《張陽和文選》，《正誼堂全書》本。

94. 周可真：《顧炎武年譜》，蘇州：蘇州大學出版社，1998 年版。

95. 周汝登：《東越證學錄》（明萬曆間刻本），《四庫全書存目叢書》集部冊 165。

96. 鄒守益著，董平編校整理：《鄒守益集》，南京：鳳凰出版社，2007 年版。

二、現代文獻

1. 〔日〕岡田武彥：《王陽明與明末儒學》，上海：上海古籍出版社，2000 年版。

2. 步近智、張安奇：《顧憲成高攀龍評傳》，南京：南京大學出版社，1998 年版。

3. 蔡方鹿：《宋明理學心性論》（修訂版），成都：巴蜀書社，2009 年版。

4. 蔡方鹿：《宋明理學心性論》，成都：巴蜀書社，1997 年。

5. 蔡仁厚：《王陽明哲學》，臺北：三民書局，1992 年版。

6. 陳來：《宋明理學》，上海：華東師範大學出版社，2004 年版。

7. 陳來：《有無之境──王陽明哲學的精神》，北京：人民出版社，1991 年版。

8. 陳來：《中國近世思想史研究》，北京：商務印書館，2003 年版。

9. 陳榮捷：《王陽明傳習錄詳注集評》，臺灣學生書局，1983 年。

10. 陳榮捷：《王陽明與禪》，臺灣學生書局，1984 年。

11. 陳時龍：《明代中晚期講學運動（1522～1626）》，上海：復旦大學出版社，2007 年版。

12. 鄧志峰：《王學與晚明的師道復興運動》，北京：社會科學文獻出版社，2004 年版。

13. 東方朔：《劉宗周評傳》，南京：南京大學出版社，1998 年版。

14. 方爾加：《王陽明心學研究》，長沙：湖南教育出版社，1989 年。

15. 方祖猷：《王畿評傳》，南京：南京大學出版社，2001 年版。

16. 馮友蘭：《中國哲學史新編》第五冊，北京：人民出版社，1988 年。

17. 岡田武彥：《王陽明與明末儒學》，上海：上海古籍出版社，2000 年。

18. 葛兆光：《中國思想史》，上海：復旦大學出版社，2000 年版。

19. 溝口雄三著，索介然、龔穎譯：《中國前近代思想的演變》，北京：中華書局，1997 年版。

20. 侯外廬等：《宋明理學史》（上、下卷），人民出版社，1984～1987 年。

21. 侯外廬主編：《中國思想通史》（第四卷），北京：人民出版社，1980 年版。

22. 嵇文甫：《晚明思想史論》，東方出版社，1996 年。

23. 嵇文甫：《左派王學》，上海：開明書局，1934 年版。

24. 姜廣輝：《理學與中國文化》，上海人民出版社，1994 年。

25. 李劍雄：《焦竑評傳》，南京：南京大學出版社，1998 年版。

26. 李振綱：《證人之境──劉宗周哲學的宗旨》，人民出版社，2000 年。

27. 梁啓超：《中國近三百年學術史》，天津：天津古籍出版社，2003 年版。

28. 林海權：《李贄年譜考略》（第二版），福州：福建人民出版社，2005 年版。

29. 劉宗賢：《陸王心學研究》，濟南：山東人民出版社，1997 年。

30. 呂妙芬：《陽明學士人群──歷史、思想與實踐》，臺北：中央研究院近代史研究所，2003 年版。

31. 呂思勉：《理學綱要》，北京：東方出版社，1996 年。

32. 麥仲貴：《明清儒學家著述生卒年表》，臺灣：學生書局，1977 年版。

33. 牟宗三:《從陸象山到劉蕺山》,上海:上海古籍出版社,2001 年。

34. 牟宗三:《心體與性體》,上海:上海古籍出版社,1999 年。

35. 彭國翔:《良知學的展開——王龍溪與中晚明的陽明學》,北京:生活・讀書・新知三聯書店,2005 年版。

36. 錢穆:《陽明學述要》,臺北:正中書局,1979 年版。

37. 錢穆:《中國近三百年學術史》,北京:商務印書館,1997 年版。

38. 錢穆:《中國學術思想史論叢》(七),臺北:東大圖書公司發行,1979 年版。

39. 錢穆:《朱子新學案》,成都:巴蜀書社,1986 年。

40. 舒大剛主編:《儒藏・史部・儒林年譜》,成都:四川大學出版社,2005 年版,2007 年版。

41. 饒宗頤:《饒宗頤潮汕地方史論集》,汕頭:汕頭大學出版社,1996 年版。

42. 容肇祖:《明代思想史論》,上海:開明書局,1941 年版。

43. 吳光主編:《陽明學研究》,上海:上海古籍出版社,2000 年。

44. 吳震:《羅汝芳評傳》,南京:南京大學出版社,2006 年版。

45. 吳震:《明代知識界講學活動繫年 1522～1602》,上海:學林出版社,2004 年版。

46. 吳震:《聶豹羅洪先評傳》,南京:南京大學出版社,2001 年版。

47. 吳震:《泰州學派研究》,北京:中國人民大學出版社,2009 年版。

48. 吳震:《陽明後學研究》,上海:上海人民出版社,2003 年版。

49. 謝國楨:《明清之際黨社運動考》,遼寧教育出版社,1998 年。

50. 徐定寶主編:《黃宗羲年譜》,上海:華東師範大學出版社,1995 年版。

51. 楊國榮:《王學通論——從王陽明到熊十力》,上海:上海人民出版社,1990 年版。

52. 楊國榮:《心學之思——王陽明哲學的闡釋》,北京:生活・讀書・新知三聯書店,1997 年版。

53. 楊天石:《泰州學派》,北京:中華書局,1980 年。

54. 張立文:《宋明理學研究》,北京:中國人民大學出版社,1984 年。

55. 張豈之主編,劉學智副主編:《中國學術思想編年》,陝西師範大學出版社,2006 年版。

56. 張憲文:《張璁年譜》,上海古籍出版社,1999 年版。

57. 張學智:《明代哲學史》,北京:北京大學出版社,2000 年版。

58. 鄭涵:《呂坤年譜》,鄭州:中州古籍出版社,1985 年版。

59. 鄭曉江主編:《江右思想家研究》,北京:中國社會科學出版社,2003 年

版。

60. 周熾成：《復性收攝——高攀龍思想研究》，北京：人民出版社，2007 年版。

61. 左東嶺：《王學與晚明士人心態》，北京：人民文學出版社，2000 年版。

三、論 文

1. 〔臺〕呂妙芬：《陽明學派的構建與發展》，《清華學報》，1999 年第 2 期。

2. 蔡世昌：《羅近溪先生年譜稿》，《中國儒學》第一輯，北京：商務印書館，2009 年版。

3. 陳來：《明嘉靖時期王學知識人的會講活動》，《中國學術》第一卷第 4 輯。

4. 崔建軍、劉慶華：《王艮的主體存在論》，《思想社科信息》1992 年第 8 期。

5. 丁爲祥：《從「格物」之辨看陽明與甘泉心學的分歧》，《孔子研究》，1994 年第 2 期。

6. 方爾加：《論王陽明對大學的重解》，《安徽師大學報（哲社版）》1988 年第 1 期。

7. 方爾加：《王陽明早期思想研究》，《貴州文史叢刊》1988 年第 1 期。

8. 方國根：《王艮心學思想發微——兼論王艮與王陽明、王畿心學的異同》，《中國哲學史》1999 年第 3 期。

9. 方國根：《王畿心學思想的走向和發展——兼論王畿與王陽明及王門後學的異同》，《中國文化研究》1999 年夏之卷。

10. 方祖猷：《論淮南三王：王艮、王襞、王棟——兼論泰州學派的分化》，《江海學刊》1990 年第 6 期。

11. 方祖猷：《天泉證道·嚴灘問答·南浦請益——有關王陽明晚年宗說的三件大事》，《寧波大學學報》1998 年第 3 期。

12. 馮天瑜：《明代理學流變考》，《社會科學戰線》1984 年第 2 期。

13. 葛榮晉：《王廷相年譜》，《文獻》，1987 年第 4 期。

14. 韓東育：《關於陽明子「龍場悟道」的非學術寓意》，《史學集刊》，1994 年第 3 期。

15. 華山：《從陸象山到王陽明》，《山東大學學報》，1962 年第 1 期。

16. 李寶臣：《論李卓吾的心學修己觀》，《北京社會科學》1991 年第 2 期。

17. 李冬梅：《王艮與王陽明良知思想比較》，《東南大學學報》，2003 年第 6 期。

18. 李鴻然：《海瑞年譜》，《海南大學學報》，1996 年第 3 期。

19. 李振綱：《論蕺山之學的定性與定位》，《河北大學學報》，1999 年第 1 期。

20. 劉學智：《〈中國學術思想編年〉審稿會紀要》，《華夏文化》，2000 年第 2 期。

21. 劉學智：《南大吉與王陽明——兼談陽明心學對關學的影響》，《中國哲學史》，2010 年第 3 期。

22. 劉宗賢：《李贄的叛逆性格與反傳統思想》，《東嶽論叢》，1998 年第 5 期。

23. 羅福惠：《兩捨則兩從，兩守則兩病——耿定向與李贄「論道相左」新解》，《江漢論壇》2002 年第 10 期。

24. 牛建強：《明代中後期講學風氣的擴張及其變異》，《史學集刊》，1993 年第 4 期。

25. 彭國翔：《周海門先生年譜稿》，《中國儒學》第一輯，北京：商務印書館，2009 年版。

26. 錢明：《龍溪心齋異同論》，《中華文化研究輯刊》，2000 年第 2 期。

27. 錢明：《明代儒學思想研究的回顧與展望》，《鑒往瞻來——儒學文化研究的回顧與展望》，復旦大學出版社，2006 年版。

28. 錢明：《陽明學對日本近代文學的影響》，《當代學術信息》，1999 年第 3 期。

29. 容肇祖：《焦竑年譜》，燕京學報，第 23 期。

30. 舒大剛：《談談〈儒藏〉編纂的分類問題》，《四川大學學報》，2004 年第 4 期。

31. 宋志明：《陳獻章的仁學思想》，《孔子研究》1997 年第 4 期。

32. 譚佛祐：《王陽明「主貴陽書院」辯證》，《貴州文史叢刊》1987 年第 1 期。

33. 唐宇元：《朱學在明代的流變與王學的緣起》，《哲學研究》，1986 年第 9 期。

34. 王路平：《王陽明「主貴陽書院」證誤》，《浙江學刊》1997 年第 6 期。

35. 王勇：《王陽明的社會歷史觀》，《湖北大學學報》，1998 年第 4 期。

36. 吳震：《泰州學派芻議》，《浙江社會科學》，2004 年第 2 期。

37. 閻韜：《四句教新探》，《南京大學學報》，2003 年第 3 期。

38. 楊國榮：《本體與工夫：從王陽明到黃宗羲》，《浙江學刊》，2000 年第 5 期。

39. 楊國榮：《論王門後學的歸寂說》，《中州學刊》1989 年第 2 期。

40. 楊小明：《黃百家年譜簡編》，《寧波黨校學報》，2007 年第 3 期。

41. 姚文永：《「共行只是人間路，得失誰知天壤分」——從「一本萬殊」看〈明儒學案〉爲何不給李贄立案》，《雲南民族大學學報》2010 年第 2 期。

42. 姚文永：《〈明儒學案〉百年研究回顧與展望》，《北京理工大學學報》，2010 年第 5 期。

43. 姚文永：《從〈大學〉「格物」「致知」的闡釋看泰州學派的演進──以王艮、羅汝芳、李贄爲例》，《北京理工大學學報》，2012 年第 3 期。

44. 張克偉：《論泰州王門學派對晚明思潮之影響》，《齊魯學刊》，1998 年第 6 期。

45. 張立文：《王陽明思想資料的新發現》，《中國哲學史》，2000 年第 3 期。

46. 張顯清：《明代社會思想和學風的演變》，《中國哲學史研究》1986 年第 4 期。

47. 張學智：《論劉宗周的「意」》，《哲學研究》1993 年第 9 期。

48. 袁爾巨：《明代哲學家吳廷翰資料編年考訂》，《文獻》1987（1）。

49. 袁爾鉅：《論高攀龍與劉宗周哲學思想之異同》，《中州學刊》1986 年第 3 期。

50. 袁爾鉅：《論明代的理學和心學》，《中州學刊》1990 年第 1 期。

51. 周建平：《淺析王陽明的「心學」》，《寧波大學學報》，2000 年第 4 期。

52. 周群：《「二溪」卓吾關係論》，《東南學術》，2004 年第 1 期。

53. 周術槐：《淺析王陽明「破心中賊」的主旨》，《貴州文史叢刊》，1999 年第 4 期。

54. 朱漢民：《良知的裂變──論王艮》，《湖南社會科學》2000 年第 4 期。

四、碩博論文

1. 馬麗：《明末的勸善思想和慈善事業──以袁黃爲中心的考察》，2005 年全國優秀碩士論文。

2. 陳鋆寶：《王九思年譜》，蘭州大學 2007 年碩士研究生學位論文。

3. 郭燕華：《東廓鄒先生年譜簡編》，《鄒守益哲學思想研究》，南昌大學 2008 年全國優秀碩士論文。

4. 王永志：《唐順之年譜簡編》，《唐順之的文學理論與詩文創作研究》，山東大學 2004 年全國優秀碩士論文。

5. 徐泉海：《陳明水先生年譜》，《陳九川思想研究》，南昌大學 2008 年全國優秀碩士論文。

6. 曾向虹《薛應旂年表要略》，《薛應旂的理學思想及其影響》，暨南大學 2007 年中國優秀碩士論文。

7. 張衛紅：《羅念庵思想研究──以致知工夫爲中心的生命歷程與思想世界》，中山大學博士論文，2006 年。

8. 陳百興：《顧憲成（1550～1612）之思想與講學》，臺灣國立中央大學碩士論文，2009 年。

9. 鮑世斌：《明代王學研究》，北京師範大學博士論文，2002 年。

10. 於化民：《明中晚期理學兩大宗派的對峙與合流》，山東大學博士論文，1988 年。

11. 任文利：《陽明及陽明後心學》，中國社會科學院博士論文，1999 年。

12. 王瑞昌：《劉蕺山理學思想研究》，北京大學博士論文，1997 年。

13. 孟曉路：《王龍溪思想研究》，中國人民大學博士論文，2000 年。

14. 林洪兌：《王陽明四句教研究》，中國人民大學博士論文，2001 年。

15. 劉寶村：《東林學派思想研究》，中國人民大學博士論文，2001 年。

16. 彭丹：《二十世紀儒學編年》，四川大學 2007 級碩士研究生論文開題報告。

致　謝

　　時光匆匆，一轉眼負笈來川已近三年。時光雖不停息，但學習的道路依然很長。如今真要離開了，雖說交通便利，如果沒有一些重要之事，就不會像現在這樣天天呆在美麗的成都了，想想這篇論文應是我留給川大的唯一紀念。感謝成都這美麗的城市，感謝川大這大師雲集的學府，更感謝給了我這次學習機遇的舒大剛教授。

　　舒大剛教授是我的指導老師，本文從題目擬定、提綱設定、內容斟酌等方面均在舒老師的指導下完成，並浸潤了舒老師大量的心血。在我所遇到的老師中，舒老師是學術立腳點最具有戰略性、學術視野最為寬廣的老師，每次談話都讓我有高屋建瓴、醍醐灌頂之感。惜我資質駑笨、沉澱不足、又有家室之憂，對於學習的時間和本文的投入均不甚充足，雖勉成此文，自覺遠未達到舒老師的期望。舒師常言：三年的讀書時間來之不易，恐以後難得；讀書切忌浮躁；要多讀書，把書讀好才是一切之本；讀書可以修身、可以經世。並要求學生腳踏實地、持之以恆，以儒者規範要求自己。大約是我還是沒有真正領悟舒老師的深意，如是三年瞬息而過，學問只是剛剛入門，年齡卻是陡增，有負舒老師的教化。想想三年匆忙的生活，舒老師對學生生活上的照顧和學業上的嚴厲使我受益良多。師恩浩蕩，已非語言所能及。

　　古籍所的李文澤先生、郭齊先生、楊世文先生、彭華先生、霞紹暉先生，他們都是具有高度責任心的老師，特別是楊世文先生，楊老師雖不是我的指導老師，但其以師者的風度授我知識，其間經歷，令我回味。

　　感謝師兄金生楊、潘斌、范增、劉平中，師姐馬泓波、李梅、王小紅、李冬梅、張尚英、夏微，師弟彭丹、屈永剛、董濤、李東峰、程得中、鄭偉，師妹汪舒旋、鍾雅瓊、向娜依、梁冰、仇利萍。你們惠我良多，不僅在學業